# DEUSES SUPREMOS

*Outras obras de Charles King*

Midnight at the Pera Palace
Odessa
Extreme Politics
The Ghost of Freedom
The Black Sea
The Moldovans
Nations Abroad *(coeditor)*

— Charles King —

# DEUSES SUPREMOS

COMO UM CÍRCULO *de*
ANTROPÓLOGOS DESERTORES
REINVENTOU *a* RAÇA, *o* SEXO
*e o* GÊNERO *no* SÉCULO XX

ALTA/CULT
EDITORA
Rio de Janeiro, 2021

# Deuses Supremos

**Produção Editorial**
Editora Alta Books

**Diretor Editorial**
Anderson Vieira

**Gerência Comercial**
Daniele Fonseca

**Coordenação Financeira**
Solange Souza

**Editor de Aquisição**
José Rugeri
acquisition@altabooks.com.br

**Produtores Editoriais**
Illysabelle Trajano
Maria de Lourdes Borges
Thiê Alves

**Produtor da Obra**
Thales Silva

**Marketing Editorial**
Livia Carvalho
Gabriela Carvalho
Thiago Brito
marketing@altabooks.com.br

**Equipe Ass. Editorial**
Brenda Rodrigues
Caroline David
Luana Rodrigues
Mariana Portugal
Raquel Porto

**Equipe de Design**
Larissa Lima
Marcelli Ferreira
Paulo Gomes

**Equipe Comercial**
Adriana Baricelli
Daiana Costa
Fillipe Amorim
Kaique Luiz
Victor Hugo Morais
Viviane Paiva

Atuaram na edição desta obra:

**Tradução**
Carolina Palha

**Revisão Gramatical**
Hellen Suzuki
Joris Bianca

**Copidesque**
Wendy Campos

**Diagramação**
Luisa Maria Gomes

Dados Internacionais de Catalogação na Publicação (CIP) de acordo com ISBD

K52d     King, Charles
          Deuses Supremos: como um círculo de antropólogos desertores reinventou a raça, o sexo e o gênero no século XX / Charles King ; traduzido por Carolina Palha. - Rio de Janeiro : Alta Books, 2021.
          448 p. : il. ; 17cm x 24cm.

          Tradução de: Gods of the Upper Air
          Inclui bibliografia e índice.
          ISBN: 978-85-5081-511-4

          1. Antropologia. I. Palha, Carolina. II. Título.

2021-3694                            CDD 301
                                      CDU 572

Elaborado por Vagner Rodolfo da Silva - CRB-8/9410

Ouvidoria: ouvidoria@altabooks.com.br

Editora afiliada à:

Rua Viúva Cláudio, 291 — Bairro Industrial do Jacaré
CEP: 20.970-031 — Rio de Janeiro (RJ)
Tels.: (21) 3278-8069 / 3278-8419
www.altabooks.com.br — altabooks@altabooks.com.br

**PARA MAGGIE,**

*a quem mais?*

Não digo que minhas conclusões sobre o que quer que seja se apliquem ao Universo, mas as vivi em muitos contextos, doces e amargos, e elas me parecem certas... Cruzei tempestades com uma coroa de nuvens sobre minha cabeça e raios ziguezagueando entre meus dedos. Os rostos dos deuses supremos foram revelados diante de meus olhos.

— ZORA NEALE HURSTON, antropóloga, 1942

Uma nova verdade científica não triunfa convencendo os detratores e fazendo-os ver a luz, mas, sim, porque seus detratores, um dia, morrem, e uma nova geração cresce familiarizada com ela.

— MAX PLANCK, físico, 1948

## Sobre o Autor

Charles King é autor de sete livros, incluindo *Midnight at the Pera Palace* e *Odessa: Genius and Death in a City of Dreams*. Seus ensaios e artigos foram publicados no *New York Times, Washington Post, Wall Street Journal, Foreign Affairs* e *The New Republic*. Ele leciona sobre assuntos internacionais e governo na Universidade de Georgetown.

# AGRADECIMENTOS

Este livro é fruto de conversas com minha esposa, Margaret Paxson, a antropóloga da casa. Todos os dias com ela são maravilhosos, e ela me fez viver o que acabou se tornando uma espécie de seminário privado em teoria social, métodos de trabalho de campo e muito além disso. Eu nunca teria pensado em escrever este livro — e, na verdade, nem poderia tê-lo escrito — sem ela. Hoje percebo como as grandes ideias podem surgir nos círculos mais próximos, como aconteceu com Boas. Obrigado, minha querida.

Nos últimos cinco anos, também tive outra Margaret em minha vida. Sabemos muito sobre o círculo de Boas porque Margaret Mead era a chefe da matilha. Seu acervo, abrigado na Biblioteca do Congresso, contém meio milhão de itens de todo tipo imaginável: justificativa de ausência, recomendação de pauta, apólice de seguro de um ex-marido, cadernos de campo e relatórios e cartas trocadas com amigos, amantes e colegas. Agradeço profundamente aos assistentes de Mead e à sua família, em particular a Mary Catherine Bateson e aos especialistas da Divisão de Manuscritos da biblioteca, que preservaram essa maravilha.

Os outros acervos que consultei para este projeto também têm seu valor, e sou grato aos arquivistas e bibliotecários das seguintes instituições: Instituto de Pesquisa sobre Estudos dos Indígenas Americanos, da Universidade de Indiana; Museu Americano de História Natural, especialmente a Kristen Mable, Rebecca Morgan, Gregory Raml e Diana Rosenthal, que me conduziram em um tour empolgante pelos antigos escritórios de Mead e pelo labiríntico sótão; Sociedade

Americana de Filosofia, especialmente à guardiã dos textos de Boas, Bayard Miller; Biblioteca de Manuscritos e Livros Raros da Universidade Columbia; The Keep, em Brighton, Sussex; Museu Peabody; Biblioteca de Medicina Francis A. Countway; Biblioteca Houghton e Biblioteca Tozzer, da Universidade de Harvard; a biblioteca e os arquivos da Universidade das Nações Indígenas de Haskell, especialmente Dacotah R. Hasvold; Universidade de Vassar, a divisão de arquivos e coleções especiais da Biblioteca Memorial Thompson, especialmente Dean M. Rogers; Biblioteca Lauinger, da Universidade de Georgetown, especialmente o Centro de Coleções Especiais da Família Booth e o serviço de empréstimo entre bibliotecas; Arquivos de Antropologia do Instituto Nacional Smithsonian, especialmente Caitlin Haynes e Katherine Crowe; e a Sala de Leitura de Livros Raros e Coleções Especiais e a Sala de Leitura Principal da Biblioteca do Congresso.

Biografias coletivas não existiriam sem as biografias, e sou grato pelo trabalho minucioso e pelas interpretações levantadas por muitos autores antes de mim. Embora minhas ênfases e conclusões pessoais possam diferir das deles, eu não teria conseguido concluir este projeto sem suas pesquisas. Entre eles estão Lois Banner, Valerie Boyd, Margaret Caffrey, Douglas Cole, María Eugenia Cotera, Regna Darnell, Robert Hemenway, Jane Howard, Carla Kaplan, Hilary Lapsley, Herbert S. Lewis, David Lipset, Ludger Müller-Wille, Virginia Heyer Young, Rosemary Lévy Zumwalt, e os historiadores pioneiros em tratar a antropologia como ciência e vocação, George W. Stocking Jr., Lee D. Baker e David H. Price. O professor Zumwalt tirou uma folga de sua própria biografia de Boas para ler todo o meu manuscrito e, no processo, ajudou a preencher as lacunas.

Andrew Bickford e Marjorie Mandelstam Balzer, colegas antropólogos de Georgetown, ajudaram a aprimorar minhas ideias e meu texto. Outras pessoas colaboraram com indícios, ideias e conselhos úteis, além de terem sido, muitas vezes, extremamente generosas com seu tempo. Entre elas estão Kristy Andersen, Raymond Arsenault, Tom Banchoff, Katherine Benton-Cohen, Warren Cohen, Darcy Courteau, Desley Deacon, Philip J. Deloria, Lois Gaston, John Leavitt, Gary Mormino, Terry Pinkard, Charles Weiss e Sufian Zhemukhov. Krisztina Samu, da East-West Concepts, fez as traduções do samoano. Agradeço especialmente também ao "nosso grupinho", como Boas o teria chamado — meus assistentes de pesquisa há anos, que desenterraram documentos arquivados, compilaram bibliografias e, de alguma maneira, viabilizaram o desenvolvimento do projeto: Abraham Fraifeld, Rachel Greene, Erum Haider, Rabea Kirmani, Andrew Schneider e Andrew Szarejko.

Sou muito grato pelo apoio da minha instituição de origem, a Universidade de Georgetown, em especial à Escola de Serviço Estrangeiro Edmund A. Walsh e à Faculdade de Georgetown, e aos reitores Joel Hellman, Chester Gillis e Christopher Celenza. Parte deste projeto foi financiada pelo Prêmio Nacional de Investigação, do Fundo Nacional para Humanidades, NEH (código de concessão FZ-250287-16). Nenhuma opinião, descoberta, conclusão ou proposta aqui expressa reflete necessariamente a do NEH.

Will Lippincott, que era meu agente quando este livro foi contratado, não fugiu quando eu lhe disse que queria escrever sobre teoria antropológica. Ele me motivou e aconselhou desde o princípio do projeto, do pensamento ao argumento. Agradeço também a Rob McQuilkin e a Maria Massie, da Massie & McQuilkin, por gerirem vários aspectos da jornada, da ideia à estante. Rob foi o primeiro leitor do manuscrito completo, e não consigo imaginar como um livro seria produzido sem um olhar editorial tão criativo e receptivo. Sinto-me incrivelmente sortudo por trabalhar com Kris Puopolo, mago das palavras, na Doubleday, cujas observações tornaram o livro muito melhor do que seria, e com Bill Thomas, que levou este livro a público. Janet Biehl, Maria Carella, Rose Courteau, Marina Drukman, Kathleen Fridella, Michael Goldsmith, Lorraine Hyland, Lisa Kleinholz, Diane McKiernan, Daniel Meyer, John Pitts, Carolyn Williams e Michael J. Windsor foram gentis, encorajadores e profissionais na medida certa. Will Hammond, da Bodley Head, foi um maravilhoso defensor desta proposta, quando a apresentei, em Londres.

—

Escrever de maneira honesta significa se esforçar para usar as palavras da maneira como foram usadas quando foram originalmente ditas ou escritas, mesmo que aqueles significados estejam obsoletos ou, agora, sejam passíveis de má interpretação. Neste livro, uso *primitivo* para descrever o que hoje chamaríamos de sociedades tradicionais ou pré-modernas, pois era o termo comumente usado por Boas e por seus contemporâneos. Eles, por sua vez, distanciaram-se um pouco do que seus antecessores queriam dizer com o termo. Outras palavras e expressões — *nativos*, *negros*, *indígenas* e *débeis mentais*, por exemplo — aparecem em seus contextos apropriados. Também adotei os nomes coletivos para os povos indígenas que os estudiosos de que este livro fala usavam ao se referir a eles ou quando dou voz a suas ideias. Alguns desses títulos não são mais usados pelos membros das respectivas comunidades, como biwat (Mundugumor) e chambri (Tchambuli), da Papua-Nova Guiné; e kwakwaka'wakw (Kwakiutl), da Colúmbia Britânica. A história marca não só o tempo, mas também a distância entre os termos.

# SUMÁRIO

*Capítulo Um*

# DISTANTE

.................

No último dia de agosto de 1925, o navio a vapor *Sonoma*, de três andares, no meio da travessia regular de São Francisco a Sidney, entrou em um porto formado por um vulcão extinto. A Ilha de Tutuila estava arrasada pela seca, mas as encostas ainda eram um emaranhado de abacateiros e gengibres florescendo. Falésias negras erguiam-se sobre a praia de areia branca. Atrás de uma fileira de palmeiras delgadas, havia um conjunto de casas de palha vazadas, o estilo de construção local próprio do conjunto de ilhas do Pacífico conhecido como Samoa Americana.

A bordo do *Sonoma*, estava uma mulher de 23 anos oriunda da Pensilvânia, pequena, mas robusta, que não sabia nadar, estava com conjuntivite, um tornozelo quebrado e tinha uma doença crônica que às vezes inutilizava seu braço direito. Abandonara um marido em Nova York e um namorado em Chicago, e passara a viagem de trem transcontinental nos braços de uma mulher. Na bagagem[1], carregava cadernos, uma máquina de escrever, vestidos de festa e uma foto de um homem com cabelos rebeldes e rosto envelhecido, marcado por cicatrizes de uma cirurgia malfeita, que ela chamava de Papa Franz. Ele era o motivo da saga de Margaret Mead.

Mead havia acabado de escrever sua tese de doutorado, sob orientação dele. Ela fora uma das primeiras mulheres a concluir o exigente curso do Departamento de

Antropologia da Universidade Columbia. Até então, seus escritos se baseavam mais nas pilhas de textos da biblioteca do que na vida real. Mas Papa Franz — como o professor Franz Boas, diretor do departamento, era conhecido entre os alunos — a instigara a ir a campo, a encontrar um lugar no qual deixasse sua marca como antropóloga. Com o planejamento correto e um pouco de sorte, sua pesquisa poderia se tornar "a primeira iniciativa séria para conhecer a atitude mental de um grupo em uma sociedade primitiva"[2], escreveria para ela meses depois. "Acredito que seu sucesso marcará o começo de uma nova era de investigação metodológica de tribos nativas."

Agora, enquanto observava do guarda-corpo do convés, seu coração gelou.

Cruzadores, contratorpedeiros e embarcações de apoio cinzentas lotavam o porto. A superfície da água se tornara um arco-íris de óleo. A Samoa Americana e seu porto, Pago Pago, na Ilha de Tutuila, eram controlados pelos EUA desde a década de 1890. Apenas três anos antes da chegada de Mead, a Marinha deslocara a maioria de seus navios do Atlântico para o Pacífico, uma reorientação estratégica baseada nos interesses dos EUA, cada vez mais maiores, na Ásia. As ilhas logo se tornaram estações de abastecimento e centros de reparos da frota reorganizada — que, por acaso, aportava em Pago Pago no mesmo dia que Mead. Foi a maior mobilização naval desde que Theodore Roosevelt enviou a Grande Frota Branca ao redor do mundo como demonstração do poderio marítimo norte-americano.

Os aviões zuniam dos céus. Embaixo, dezenas de Fords se enfileiravam ao longo de uma estreita estrada de concreto. No *malae*, o espaço comum ao ar livre no centro de Pago Pago, os samoanos instalaram um mercado improvisado de tigelas de madeira, colares de miçangas, cestos trançados, saias havaianas e canoas de brinquedo. As famílias estavam espalhadas pelo espaço verde, desfrutando de um almoço antecipado. "A banda de algum navio não para de tocar ragtime"[3], reclamou Mead. Não era assim que se estudavam tribos primitivas. Ela jurou ficar o mais longe possível de Pago Pago.

O problema de sua pesquisa fora sugerido por Papa Franz: a transição da infância para a vida adulta, com a rebeldia de jovens contra pais repressores seria produto de uma transformação puramente biológica, isto é, o despertar da puberdade? Ou a adolescência é considerada um *evento* simplesmente porque uma determinada sociedade decidiu tratá-la como tal? Para descobrir, Mead passou os meses seguintes caminhando pelas montanhas, morando em aldeias remotas, elaborando histórias de vida de crianças e adolescentes locais e interrogando adultos sobre suas experiências mais íntimas relacionadas a amor e sexo.

Não demorou muito para concluir que a Samoa parecia ter poucos adolescentes rebeldes. Mas, em grande parte, isso se devia ao fato de terem pouco contra o que se rebelar. As normas sexuais eram fluídas. A virgindade era celebrada na teoria, mas subestimada na prática. A fidelidade absoluta nos relacionamentos lhes era estranha. Mead relatou que os modos samoanos não eram primitivos e atrasados, mas extremamente modernos. Os samoanos já pareciam confortáveis com muitos dos valores da geração de Mead: a juventude norte-americana da década de 1920 que frequentava festas mais liberais [*petting parties*, festas em que o carinho mais íntimo entre os presentes era comum] tomava porres de gim clandestino e dançava o Charleston, uma dança baseada no estilo dos cabarés. O objetivo de Mead passou a ser descobrir como os samoanos conseguiam evitar as birras, os grupos de delin-quentes e o medo da degeneração civilizacional que obcecava os críticos de seu país. Como eles formavam adolescentes sem as angústias típicas dos norte-americanos?

Ou isso era uma ilusão? "Estou exausta de falar de sexo, sexo, sexo"[4], escreveu à sua amiga mais próxima, Ruth Benedict, alguns meses após sua chegada. Ela havia preenchido cadernos inteiros, redigido fichas e digitado montes de relatórios de campo, que enviava de canoa atravessando ondas e recifes até o barco-correio. Assistia com o coração apertado, com medo de que as ondas virassem e destruís-sem a única razão de ela estar do outro lado do mundo — ou, melhor dizendo, a única evidência de que tinha algo que poderia ser vagamente chamado de carreira. "Tenho um monte de fatos incríveis e relevantes"[5], escreveu, o sarcasmo escorrendo pelas páginas, mas ela duvidava que resultassem em algo relevante. "Estou comple-tamente descontrolada em relação ao tempo, a meus pensamentos... Vou arrumar um emprego como cobradora no metrô quando chegar em casa."[6]

Ela não sabia disso na época, mas, entre os banquetes acolhedores e a pesca nos recifes, em tardes úmidas e sob os ventos fortes das tempestades tropicais, Mead estava no meio de uma revolução. Tudo começou com algumas perguntas incômo-das no cerne da filosofia, da religião e das ciências humanas: quais são as divisões naturais da sociedade humana? A moral é universal? Como devemos tratar pessoas cujas crenças e hábitos são diferentes dos nossos? E culminaria na reformulação total do que significa ser um animal social e na renúncia da cômoda confiança na superioridade da nossa própria civilização. As consequências de uma descoberta impressionante estavam em jogo: que nossos ancestrais distantes, em algum momento da evolução, inventaram algo que chamamos de cultura.

—

**ESTE LIVRO FALA SOBRE** mulheres e homens que se viram na linha de frente da maior batalha moral do nosso tempo: a luta para provar que — apesar das diferenças de cor de pele, gênero, habilidades e costumes — a humanidade é indivisível. Ele conta a história dos globalistas em uma era de nacionalismo e divisão social, e as origens de uma perspectiva que, hoje, chamamos de moderna e de mente aberta. Fala da pré-história das mudanças sociais sísmicas dos últimos cem anos, desde o sufrágio feminino, o movimento dos direitos civis até a revolução sexual e a igualdade no casamento, bem como das forças que nos empurram na direção oposta, em direção ao chauvinismo e à intolerância.

Mas este não é um livro sobre política, ética ou teologia. Não é uma lição de tolerância. Na verdade, conta uma história sobre ciência e cientistas.

Há pouco mais de um século, qualquer pessoa minimamente educada sabia que o mundo funcionava de certas maneiras óbvias. Os seres humanos eram indivíduos, mas cada um também representava um tipo específico, que era o somatório de um conjunto particular de características raciais, nacionais e sexuais. Cada tipo era destinado a ser mais ou menos inteligente, acomodado, submisso ou aguerrido. A política pertencia aos homens, enquanto as mulheres, quando admitidas na vida pública, eram consideradas mais úteis nas organizações de caridade, no trabalho missionário e no ensino das crianças.

Os imigrantes tendiam a diluir o vigor natural do país e a gerar extremismos políticos. Os animais mereciam a bondade, e os povos atrasados, alguns degraus acima dos animais, mereciam nossa ajuda, mas não nosso respeito. Os criminosos nasceram para uma vida fora da lei, mas podiam ser endireitados. As safistas e os sodomitas escolheram suas depravações, mas, provavelmente, eram um caso perdido. Vivia-se uma era de aperfeiçoamento: uma era que superara as justificativas para a escravidão, que começara a se livrar das restrições de classe e que poderia em algum momento destituir os impérios. Os lembretes dos defeitos da humanidade — indivíduos chamados de cegos, surdos-mudos, aleijados, idiotas, débeis mentais, loucos e mongoloides — mereciam levar uma vida tranquila, mas isolados da sociedade.

A experiência confirmara essas verdades naturais. Nenhum país soberano permitia que as mulheres votassem e ocupassem cargos políticos. Nos EUA, os censos dividiam a sociedade em tipos raciais definidos e exclusivos, que incluíam brancos, negros, chineses e indígenas norte-americanos. O censo de 1890 acrescentou os termos *mulatto*, *quadroon* e *octoroon* para distinguir as tonalidades da cor da pele. A categorização apropriada era considerada tão óbvia que não importava o que *você* se considerava, mas o que *outra pessoa*, o recenseador — geralmente, um homem branco — dizia que você era.

Se você entrar em qualquer grande biblioteca, seja de Paris, Londres ou Washington, D.C., encontrará volumes eruditos que concordam com todos esses pontos. A primeira edição completa da *Encyclopaedia Britannica*, do século XX, concluída em 1911, define "raça" como um grupo de indivíduos "descendentes de um ancestral comum", o que sugeria que brancos e negros, entre outros, tinham linhagens totalmente distintas ao longo da evolução. A *civilização* era definida como o período em que "as raças humanas mais desenvolvidas adotaram sistemas de escrita". A versão mais antiga, do mesmo século, do dicionário *Oxford*, a edição concisa publicada em 1911, não continha entradas para *racismo*, *colonialismo* ou *homossexualidade*.

A perspectiva comum da sociedade humana era a de que as diferenças de crenças e práticas se deviam a diferenças no desenvolvimento e a desvios. Uma linha mais ou menos reta ligava as sociedades primitivas às complexas. Na cidade de Nova York, é possível refazer essa odisseia natural apenas andando de um lado a outro do Central Park. Exposições sobre povos africanos, das ilhas do Pacífico e de indígenas norte-americanos eram mantidas (como hoje) sob o mesmo teto que os dioramas de alces e ursos no Museu Americano de História Natural. Era preciso atravessar o parque, até o Museu Metropolitano de Arte, para ver os verdadeiros avanços da humanidade. A sociedade contemporânea ainda tinha suas falhas: os pobres, as pessoas com comportamento sexual aberrante, os débeis mentais e as mulheres excessivamente ambiciosas. Mas eles eram apenas evidências do trabalho que ainda precisava ser feito para aperfeiçoar uma civilização já avançada.

A ideia de que uma classificação natural para os tipos humanos moldou tudo: currículos escolares e universitários, decisões judiciais, estratégias de policiamento, políticas de saúde, cultura popular, o trabalho do Escritório de Assuntos Indígenas e dos administradores coloniais dos EUA nas Filipinas, bem como seus equivalentes na Grã-Bretanha, França, Alemanha e muitos outros impérios, países e territórios. Os pobres eram pobres por causa das próprias inadequações. A natureza favoreceu o forte colonizador em detrimento do ignorante nativo selvagem. As diferenças de aparência física, costumes e linguagem eram reflexos de uma diversidade profunda e inata. Os progressistas também aceitavam essas ideias, acrescentando apenas que era possível, por meio de missionários, professores e médicos, erradicar as práticas primitivas e anormais, e substituí-las por hábitos evoluídos. Foi por isso que o principal periódico norte-americano, sobre política mundial e relações internacionais, publicado desde 1922, e agora o influente *Foreign Affairs* [Relações Exteriores], foi originalmente chamado de *Journal of Race Development* [Jornal do Desenvolvimento da Raça]. As raças primitivas eram basicamente aquelas que ainda não haviam desfrutado dos benefícios do cristianismo visceral, do saneamento e da Ford Motor Company.

No entanto, desde então, nossas ideias sobre tudo isso vêm mudando.

Conceitos como raça, etnia, nacionalidade, gênero, sexualidade e deficiência continuam sendo algumas das categorias mais básicas que usamos para compreender o mundo social. Alguns deles são objeto de pergunta em entrevistas de emprego. Outros são medidos em formulários de censos. Falamos sobre todos eles — incessantemente nos EUA do século XXI — nas salas de aula de ciências humanas e nas redes sociais. Mas, hoje, essas discussões não significam o mesmo que outrora.

No censo de 2000, pela primeira vez, os norte-americanos puderam dar várias respostas a perguntas sobre sua identidade racial ou étnica. A Common Application [Solicitação Geral], o formulário de admissão usado por mais de seiscentas universidades norte-americanas, ainda exige que o sexo de um candidato corresponda à descrição legal de sua certidão de nascimento, mas agora permite que ele complemente a informação de forma mais detalhada de como se percebe ou se apresenta. Em 2015, a maioria dos juízes da Suprema Corte dos EUA decidiu que a proteção federal da instituição do casamento não exige que um casal consista em uma mulher e um homem biológicos. Nas escolas, prédios públicos, universidades e locais de trabalho, características que não há muito tempo eram consideradas defeitos — como a surdez, o uso de cadeiras de rodas e os estilos de aprendizagem específicos — são agora tratadas como diferenças que demandam adaptações externas para garantir que nenhuma ideia, habilidade ou talento seja limitado por causa de uma onda sonora ou de uma escada.

Geralmente, relatamos essas mudanças como uma expansão ou contração do nosso universo moral. Nos EUA, a esquerda política tende a traçar uma longa, e necessária, linha evolutiva desde o desmantelamento do autoritarismo racial na era de Jim Crow, passando pelos protestos de Stonewall, a Lei dos Americanos com Deficiência até a primeira candidata à presidência dos EUA. A narrativa tem um tom de progresso, de uma observância cada vez maior dos direitos consagrados nos documentos fundadores dos Estados Unidos.

Na direita política, diz-se que algumas dessas mudanças restringem a capacidade das comunidades de determinarem os próprios costumes sociais. Uma nova forma de intolerância, sancionada pelo Estado, protegida em espaços seguros e monitorada pela polícia da linguagem, das escolas públicas aos locais de trabalho, que insiste em que todos devemos concordar a respeito do que é o casamento, uma boa piada ou uma sociedade próspera. A narrativa se pauta no exagero e na irracionalidade de um Estado soberbo que infringe a expressão, o pensamento e os valores individuais. Há pontos de conflito semelhantes em outros países — entre a celebração de certos tipos de diferenças e a preservação dos valores consagrados pelas gerações passadas.

No entanto, uma mudança mais fundamental precedeu todos esses debates. Ela foi o resultado de algumas descobertas feitas por um pequeno grupo de pesquisadores de vanguarda, que Franz Boas chamou humildemente de "nosso grupinho"[7]. Eles acreditavam que análises reais, baseadas em evidências, derrubariam um dos princípios mais profundamente arraigados na modernidade: que a ciência diria quais indivíduos e grupos são naturalmente mais inteligentes, capazes, honestos e aptos para governar. A resposta deles foi mostrar que a ciência indicava justamente o oposto, uma teoria da humanidade que abraça todas as muitas maneiras que nós, seres humanos, inventamos para viver. As categorias sociais nas quais normalmente nos dividimos, incluindo rótulos como raça e gênero, são artificiais — produtos do artifício humano, arraigados nas estruturas mentais e nos hábitos inconscientes de uma determinada sociedade. Somos animais culturais, alegaram eles, sujeitos a regras de nossa própria criação, mesmo que essas regras sejam, muitas vezes, invisíveis ou consideradas naturais pelas sociedades que as elaboram.

Vale a pena conhecer a história do círculo de Boas, não só porque incluía as únicas pessoas a desafiarem antigos mitos. A unicidade da humanidade é uma ideia sedimentada por religiões, sistemas éticos, arte e literatura de todo o mundo. Mas se Boas e seus alunos foram especialmente hábeis em perceber a distância entre a realidade e o que dizemos que é real, foi porque viviam dentro de um estudo de caso. Os EUA, na primeira metade do século XX, proclamaram suas origens em valores esclarecidos, mas lapidaram um vasto sistema de negação de direitos em função de raça. Seus habitantes acreditavam ser privilegiados como nação, mas insistiam na aplicabilidade universal de sua ideia do que era uma boa sociedade. Seu governo se esforçou para impedir a entrada de certos tipos de estrangeiros, enquanto gastava riquezas e poderio militar sem precedentes para reestruturar seus países de origem. A ciência do círculo de Boas nasceu de uma época e de um lugar que pareciam carecer especialmente dela.

Eles se autodenominavam antropólogos culturais — um termo que inventaram — e batizaram sua teoria emergente de relatividade cultural, hoje conhecida como relativismo cultural. Por quase um século, os detratores os acusaram de tudo, desde criar justificativas para a imoralidade até enfraquecer os alicerces da própria civilização. Hoje, o relativismo cultural ainda é listado entre os inimigos da tradição e do bom comportamento, ao lado de termos como pós-modernismo e multiculturalismo. O trabalho do círculo de Boas é mostrado como motivo de preocupação e objeto de escárnio pela mídia conservadora e em sites da direita alternativa, entre os ativistas contra programas em prol da diversidade e do politicamente correto e em listas estilo "Dez Livros que Destruíram o Mundo". Como podemos fazer julgamentos sobre certo e errado, debocham os críticos, se tudo é relativo e muda conforme o tempo, o lugar e o contexto em que julgamos?

A crença de que nosso jeito de ser é o único moral e sensato exerce um fascínio poderoso, principalmente quando corroborada pela ciência, racionalidade, religião ou tradição. Todas as sociedades tendem a ver as próprias características como realizações e as de outras, como deficiências. Mas a mensagem central do círculo de Boas era que, para viver de maneira inteligente no mundo, deveríamos ver a vida dos outros através de uma lente de empatia. Deveríamos refrear nosso julgamento sobre outros modos de enxergar a realidade social até que realmente os entendêssemos e, em seguida, olhar para nossa própria sociedade com o mesmo desapego e ceticismo com os quais estudamos povos distantes.

A cultura, como Boas e seus alunos a entendiam, é a fonte derradeira do que entendemos por senso comum. É ela que define o que é óbvio ou inquestionável. Ela nos diz como criar um filho, escolher um líder, encontrar alimentos adequados para consumo, o que é um bom casamento. Com o tempo, esses aspectos mudam; às vezes, de forma lenta; outras, rápida. Ainda assim, não há realidade mais determinante no mundo social do que aquela que os próprios seres humanos, em certa medida, criam.

As implicações da ideia de que criamos nossas próprias verdades, sob acordo coletivo tácito, foram profundas. Elas minaram a alegação de que o desenvolvimento social é linear, transformando sociedades supostamente primitivas em civilizadas. Questionaram alguns dos elementos básicos da ordem política e social, da crença na obviedade da raça à convicção de que gênero e sexo são simplesmente a mesma coisa. Boas acreditava que o conceito de raça deveria ser entendido como uma realidade social, não biológica — não diferente de outras linhas divisórias criadas pelo homem e profundamente arraigadas, como casta, tribo e seita, que perpassam as sociedades de todo o mundo. Também na arena do sexo, a vida de mulheres e homens é moldada não por sexualidades fixas e exclusivas, mas por ideias flexíveis de gênero, atração e erotismo que diferem de um lugar para outro. A valorização da pureza — uma raça imaculada, uma sociedade casta, uma nação que nasceu totalmente formada a partir de seu solo ancestral — deveria dar lugar à percepção, confirmada pela observação, de que a miscigenação é o estado natural do mundo.

Com o tempo, essas transformações embasariam o entendimento dos sociólogos sobre a integração ou a exclusão de imigrantes; das autoridades de saúde pública sobre as doenças endêmicas, desde a diabetes até o uso de drogas; da polícia e dos criminologistas sobre as causas da criminalidade; e dos economistas sobre as ações, aparentemente irracionais, de compradores e vendedores.

A crença na normalidade da identidade "multirracial", no gênero como algo além do binarismo, na enorme vastidão da sexualidade humana, no fato de que as normas sociais moldam nosso senso de certo e errado — tudo isso tinha que ser pensado e, de alguma forma, *comprovado* antes que pudesse começar a definir as leis, o governo e as políticas públicas. Quando visitamos um museu ou preenchemos um formulário do censo, ou quando nossos filhos entram na aula de saúde do ensino fundamental, os efeitos dessa revolução intelectual estão lá. Se hoje é comum um casal gay se despedir com um beijo em uma estação de metrô, um universitário ler o *Bhagavad Gita* em uma aula de clássicos, o racismo ser considerado uma falha moral e evidente estupidez, e qualquer pessoa, independentemente de sua expressão de gênero, ocupar postos de trabalho e altos cargos — se tudo isso não é considerado inovação ou aspiração, mas a maneira normal e natural de organizar uma sociedade —, devemos agradecer às ideias defendidas pelo círculo de Boas.

—

**COM O CABELO DESGRENHADO** e o forte sotaque alemão, Papa Franz era a própria imagem de um cientista louco. Na década de 1930, teve a honra de aparecer na capa da revista *Time*, fotografado, como de costume, do ângulo direito para esconder o lado esquerdo deformado do rosto; na publicação, recebia parabéns pelo seu aniversário de personalidades públicas como Franklin Roosevelt e Orson Welles. Após a ascensão de Adolf Hitler ao poder, em sua Alemanha natal, os livros de Boas foram os primeiros a ser lançados às chamas pelos fanáticos nazistas, assim como os de Einstein, Freud e Lênin. Quando ele morreu, em 1942, o *New York Times* publicou uma nota especial lamentando a perda. Agora, era responsabilidade de seus ex-alunos, escreveu o *Times*, continuar "o trabalho de iluminação do qual fora um ousado pioneiro"[8].

E seus discípulos se tornariam algumas das estrelas intelectuais, reconhecidas ou não, do século XX: Mead, a eloquente pesquisadora de campo e uma das maiores cientistas públicas dos EUA; Ruth Benedict, assistente-chefe de Boas e paixão de Mead, cuja pesquisa para o governo dos EUA ajudou a definir o futuro do Japão após a Segunda Guerra Mundial; Ella Cara Deloria, que preservou as tradições dos indígenas das planícies, mas passou a maior parte de sua vida na pobreza e na obscuridade; Zora Neale Hurston, a proeminente e polêmica integrante do Renascimento do Harlem, cujos estudos etnográficos orientados por Boas serviram de base para seu romance, agora clássico, *Seus Olhos Viam Deus*; e alguns outros acadêmicos e pesquisadores responsáveis pela criação de alguns dos principais departamentos de antropologia do mundo, em universidades como Yale, de Chicago, e da Califórnia, em Berkeley.

Esses cientistas e pensadores eram apaixonados pelo desafio de entender outros seres humanos. A ciência mais profunda da humanidade, acreditavam eles, não era a que nos ensinava os aspectos enraizados e imutáveis da natureza humana. Pelo contrário, era a que revelava a ampla variedade das sociedades humanas — o imenso e diverso vocabulário que definia propriedade, costumes, moral e integridade. Nossas tradições mais estimadas, insistiam eles, são apenas uma pequena fração dos muitos modos que os seres humanos inventaram para resolver problemas básicos, desde como organizar a sociedade a como marcar a passagem da infância para a vida adulta. Assim como a cura para uma doença fatal pode estar em uma planta desconhecida, em alguma floresta remota, também a solução para os problemas sociais pode ser encontrada nos modos como outras pessoas, em outros lugares, resolveram desafios comuns da humanidade. E há urgência nesse trabalho: à medida que os países mudam, e o mundo se torna cada vez mais conectado, o catálogo de soluções humanas, inevitavelmente, diminui.

Além disso, ao visitar lugares distantes, aprendemos algo profundo sobre o próprio quintal — que ele não precisa ser com é. Ruth Benedict chamou isso de "a iluminação que surge do vislumbre das muitas maneiras diferentes de lidar com problemas invariáveis"[9]. Esse era o objetivo do trabalho cotidiano que Boas incentivava seus alunos a fazerem — as viagens ao exterior, as exposições em museus e os artigos técnicos sobre idiomas nativos e costumes sexuais: mostrar que não somos as primeiras pessoas a casar, criar um filho, lamentar a perda dos pais ou decidir quem faz as regras.

Boas e seus alunos não eram céticos quanto às possibilidades para a verdade e à nossa capacidade de conhecer a realidade. Eles acreditavam que o método científico — a suposição de que nossas conclusões são provisórias e sempre sujeitas à contestação por novos dados — era, na verdade, um dos maiores avanços da história humana. Ele reformulou nossa compreensão do mundo natural e, na visão deles, também revolucionou nossas concepções do mundo social.

Uma ciência da sociedade tinha que ser uma espécie de operação de resgate, acreditavam. Tornamo-nos quem somos por meio de um esforço monumental para esquecer: como chamar esse tipo de árvore, quando plantar essa semente, como os deuses preferem ser tratados. Podemos reverenciar nossos antepassados, mas nenhum de nós realmente os reconheceria. Conhecer a sociedade humana, passada e presente, é uma corrida contra o esquecimento. Você precisa reunir o tesouro das culturas humanas antes que as pessoas se esqueçam — ou, pior, que se lembrem de forma equivocada — das peculiaridades de quem eram antes.

Os velhos modos de agir desapareceram. O nosso, um dia, desaparecerá também. Nossos bisnetos se perguntarão como fomos capazes de pensar e nos comportar como fazemos hoje. Eles se espantarão com nossa ignorância e criticarão nosso julgamento moral. É por isso que "cultura" só faz sentido no plural — um uso que Boas popularizou. Van Gogh e Dostoiévski integram a cultura, assim como a tatuagem facial, a construção de canoas e quem é considerado parente.

"A cortesia, a modéstia, as boas maneiras [e] a conformidade com padrões éticos definidos são universais"[10], escreveu Boas, "mas o que define o que é cortesia, modéstia, boas maneiras e padrões éticos não é universal". Ele e seus alunos sabiam que a crença em uma natureza humana atemporal santificava certos comportamentos e condena outros. Mesmo em uma época de descobertas científicas, é difícil abalar a convicção de que Deus e a tradição estão do lado de um tipo de família ou de um tipo de amor — sempre aqueles com os quais estamos familiarizados. Mas a mensagem essencial do círculo de Boas era a de que todos somos, a nosso modo, peças de museu. Temos nossos próprios tabus e totens, nossos próprios deuses e demônios. Como esses elementos são, em grande parte, criações nossas, a escolha de venerá-los ou execrá-los é nossa.

Mais do que ninguém em sua época, Boas entendeu que os preconceitos mais profundos de sua própria sociedade não se baseavam em argumentos morais, mas em argumentos supostamente científicos. Afro-americanos privados de direitos eram intelectualmente inferiores porque as pesquisas mais recentes assim o diziam. As mulheres não podiam ocupar posições de influência porque suas fraquezas e disposições peculiares estavam bem comprovadas. Os "débeis mentais" deveriam ser isolados, porque o segredo para a melhoria social era reduzi-los na população em geral. Os imigrantes carregavam consigo as aflições de suas terras selvagens, de doenças a crimes e desordens sociais.

Uma ciência que parecia provar que a humanidade tinha divisões intransponíveis tinha que ser combatida por uma ciência que mostrava que não era assim. Ao fazer com que os norte-americanos, especialmente, vissem a si mesmos com certa estranheza — sua crença insistente em algo que chamavam de raça, sua cegueira para a violência cotidiana, suas atitudes inconstantes em relação ao sexo, seu relativo atraso em relação ao papel das mulheres em posições de governança —, Boas e seu círculo deram um passo gigantesco para que eles enxergassem o resto do mundo com um pouco mais de familiaridade. Essa foi a grande descoberta dos pensadores nestas páginas. Eles ensinaram que nenhuma sociedade, incluindo a norte-americana, é o ápice da evolução social humana. Ela não está sequer em um estágio distinto no desenvolvimento humano. A história se move em espirais e círculos, não em linhas retas rumo a um fim específico. Seus próprios vícios e pontos cegos são tão passíveis de ser expostos quanto os de qualquer sociedade, em qualquer lugar.

Os membros do círculo de Boas brigaram e discutiram, escreveram milhares de páginas de cartas, passaram inúmeras noites sob mosquiteiros, em cabanas encharcadas pela chuva, e se apaixonaram. Para cada um deles, a fama, se é que ela chegou, foi cercada pela infâmia — suas carreiras tornaram-se sinônimo de libertinagem e primitivismo, ou da ideia maluca de que os norte-americanos, talvez, não tivessem criado o melhor país que já existiu. Eles foram demitidos de seus empregos, vigiados pelo FBI e perseguidos pela imprensa, tudo por sugerir que a única maneira científica de estudar as sociedades humanas era tratá-las como partes de uma humanidade indivisível.

Há um século, nas selvas e nos campos de gelo, nos *pueblos* e nos pátios dos subúrbios de classe média, esse bando de outsiders começou a descobrir uma verdade perturbadora, que, ainda hoje, estrutura nossa vida pública e privada.

Eles descobriram que, na verdade, os costumes não fazem o homem.

É exatamente o contrário.

*Capítulo Dois*

# ILHA DE BAFFIN

......................

Meio século antes de Margaret Mead partir para Samoa, Franz Boas nutria sonhos de viver aventuras na própria terra natal, nas colinas e pântanos do que mais tarde se tornaria o Norte da Alemanha. O que menos gostava era de ficar em casa[1]. Seu livro favorito era *Robinson Crusoe*[2], segundo declarou em um livro de memórias escolar, e isso o convenceu a se preparar para uma futura expedição à África, "ou de qualquer maneira aos trópicos". Ele praticava a privação comendo grandes quantidades de comidas que odiava. Quando um colega de escola se afogou em um rio próximo[3], passou dias em um barco a remo procurando, sem sucesso, o corpo.

Nasceu em 9 de julho de 1858, em uma família judia aculturada em Minden, uma pequena cidade na Vestfália, então parte do Reino da Prússia. Todos os alunos da Europa conheciam a província natal de Boas. Ela dera nome a um dos mais importantes acordos de guerra da história, o Tratado de Paz da Vestfália, em 1648, que encerrou a Guerra dos Trinta Anos e estabeleceu a base da diplomacia moderna. O tratado lançou as bases para o direito internacional e estruturou o mundo como um sistema de Estados-nação soberanos. Ordem, poder limitado e racionalidade foram aclamados como a base das questões globais, assim como os filósofos proclamavam os mesmos elementos como essência da vida civilizada em geral.

Mesmo em um lugar relativamente atrasado, como Minden, as pessoas da geração de Boas vislumbravam os resquícios da resplandecência do Iluminismo. Schiller e Goethe haviam morrido poucas décadas antes. O naturalista, viajante e filósofo prussiano Alexander von Humboldt — "o maior homem desde o dilúvio"[4], segundo um observador —, embora incapacitado por um derrame, permaneceu como elo vivo com os *filósofos* do século XVIII. As ideias defendidas por esses homens — debate fundamentado, governança responsiva, uma vida estimulada por indagações objetivas — haviam inspirado a maior onda de revoluções liberais que a Europa já vira.

Dez anos antes do nascimento de Boas, em 1848, levantes armados se espalharam pelo continente, desafiando governantes autocráticos do Atlântico aos Balcãs. Estudantes, trabalhadores, intelectuais e pequenos agricultores pediam justiça e reforma. Grandes manifestações públicas em favor de uma imprensa livre, do direito de reunião e da unificação nacional se espalharam pelos vários reinos e principados alemães. Barricadas foram erguidas em Paris e derrubaram a monarquia constitucional do rei Luís Filipe. Patriotas húngaros e croatas lutaram contra seu governante, o imperador Habsburgo. Os meses de agitação social, violência e esperança viriam a ser chamados de Revoluções de 1848, ou "primavera dos povos". Mas o inverno logo chegou. País por país, os monarcas reafirmaram seu poder. Os indivíduos que aderiram aos velhos "Forty-Eighters" [ativistas ou apoiadores das revoluções], tanto nas calçadas quanto em termos ideológicos, refugiaram-se em universidades e profissões liberais ou foram exilados em países estrangeiros. A política foi deixada para Otto von Bismarck, primeiro-ministro da Prússia.

O recolhimento à vida local era especialmente comum no caso de judeus. A Prússia, na época, era um "reino de trapos e remendos"[5], segundo um viajante contemporâneo, um país com uma complexa gama de códigos legais, restrições religiosas, privilégios corporativistas e jurisdições municipais e provincianas. A população judaica de Minden, como em muitas cidades do Norte da Alemanha, era pequena se comparada ao número de protestantes. O antissemitismo cotidiano, como em quase todos os lugares da Europa, era uma realidade. No entanto, mesmo em uma era de autocracia renovada, judeus abastados garantiam seu lugar na sociedade local. Para a família de Meier e Sophie Boas, os pais de Franz, ser *bürgerlich* —

urbano, educado, burguês com as próprias opiniões — era tanto uma característica definidora da vida quanto indicativa da integração a uma fé minoritária.

Os judeus estavam no centro dos assuntos municipais, em todos os sentidos; em geral, moravam no centro da cidade e trabalhavam em empresas nas ruas principais. Eram varejistas e banqueiros de Minden, artesãos e profissionais em geral, e governavam a si mesmos como uma comunidade distinta mesmo antes de a Prússia conceder aos judeus plenos direitos civis e de cidadania, em 1869. Pagavam impostos comunitários para manter as sinagogas e seguiam os feriados judaicos, mas — como a família Boas — também trocavam presentes no Natal[6]. Faziam parte de uma rede transnacional de comércio, viagens e cosmopolitismo assumido. Meier, que fora um modesto comerciante de grãos, havia se casado bem o suficiente para mergulhar ainda mais fundo naquele mundo. Ele mudou sua carreira[7] para cuidar dos negócios de família que Sophie, nascida Meyer, levou como dote: a exportação de lençóis finos, louças e móveis para a empresa Jacob Meyer, de Nova York.

Como o único filho de uma família de mulheres, o jovem Franz era motivo de frustração para o pai, um homem muito prático, e objeto de preocupação para a mãe amorosa. Ele tinha uma tendência a viver no próprio mundo. Apesar de depressivo[8] e propenso a dores de cabeça, era também aventureiro e corajoso quando algo realmente importava para ele. Como membro de uma família relativamente rica, acabou se matriculando na escola local, ou *Gymnasium*, com ênfase em línguas clássicas e filosofia. Ele tirava boas notas[9] em latim, francês e aritmética, e até mesmo em geografia. Era o tipo de criança que os professores descreveriam como bom aluno, embora não fosse aplicado, era um garoto que pulava de novidade em novidade, sem se ater a determinado interesse por muito tempo.

Se tinha uma inclinação real[10], dizia ele, resumindo sua carreira escolar, era fazer comparações sistemáticas entre as coisas que observava na natureza. Quando a família voltou das férias de verão[11], em Heligoland, um arquipélago, na época, sob o domínio britânico no Mar do Norte, Franz atravancou a alfândega alemã tentando importar um baú cheio de rochas que coletara para pesquisas geológicas. Guardava as carcaças de pequenos animais que encontrava na floresta[12]. Sua mãe lhe deu uma panela para que as fervesse e removesse os ossos, para fazer um estudo mais aprofundado.

Quando chegou a hora de pensar na universidade — para onde os rapazes de sua classe social deveriam ir se não pudessem ser persuadidos a ingressar nas empresas das famílias —, ele hesitou e regateou. Rejeitara a sugestão do pai de seguir carreira médica. Como opção, poderia estudar matemática ou física, embora não tivesse ideia dos empregos que acabaria tendo. Seu princípio orientador era o mesmo de muitos adolescentes talentosos: organizar as coisas para que ele não se tornasse "desconhecido e relegado"[13], como escreveu a uma de suas irmãs. Em 1877, ele se matriculou na Universidade de Heidelberg, a Oxford da Alemanha, onde os pináculos dos sonhos* erguiam-se sobre uma cidade medieval. Ele comemorou sua primeira noite na cidade de forma extravagante[14], contratando um coche para buscá-lo na estação de trem e pedindo um jantar completo em um hotel local.

Na época, a Alemanha era um império, unificado poucos anos antes, após a Guerra Franco-Prussiana. Quando menino[15], Boas testemunhou uma banda militar liderando soldados uniformizados em direção às distantes linhas de frentes na França. Agora, jovens que ouviram histórias da glória do combate transformaram suas patotas universitárias em campos de honra improvisados. Os universitários dividiram-se quase instantaneamente em associações de amigos e aliados, cujo único dever real era policiar os limites das próprias associações que fundaram. Calibrados pela bebida, trajando quepes extravagantes e, ocasionalmente, armados com sabres afiados, viviam em uma sociedade na qual os insultos pessoais só podiam ser retificados por meio de uma luta organizada.

Em dada ocasião, quando alguns vizinhos reclamaram do piano de um amigo, Boas envolveu-se em uma acalorada discussão com um deles e aceitou o desafio para um duelo. Ele cortou a bochecha do oponente — um golpe de sorte, já que sua parca noção de esgrima se originara de algumas aulas improvisadas com dois amigos — e emergiu com um pequeno talho no couro cabeludo. Mas, de alguma forma[16], acreditava-se que ele havia vencido. Os dois duelistas foram embora com algo que os jovens alemães iam à universidade para conseguir: uma *Schmiss*, ou cicatriz de briga, ostentada com tanto orgulho quanto uma túnica brocada de um hussardo. Foi o primeiro de, pelo menos, cinco desses duelos que Boas teria ao

---

* No original, *dreaming spires*, referência ao poema "Thyrsis", do poeta vitoriano Matthew Arnold, sobre a cidade. [N. da T.]

longo da carreira universitária, brigas de facas enobrecidas por um código cava-
lheiresco. Mais tarde[17], as cicatrizes o deixariam todo recortado, como uma presa
de morsa velha, com *Schmisse* na testa, nariz e bochecha, uma linha irregular que
corria da boca à orelha.

Era comum os estudantes percorrerem as grandes universidades da Alemanha
como itinerantes, participando de palestras aqui, de tutoriais com professores
famosos lá, antes de colarem grau. Boas foi de Heidelberg a Bonn, e, em 1879, a
Kiel, uma instituição razoável, localizada nas planícies do Norte, ao longo do Mar
Báltico. A escolha foi, em grande parte, acidental. Uma de suas irmãs[18], Toni, estava
se recuperando de uma doença sob os cuidados de um médico na cidade; Boas se
mudou para lá para ajudar em seus cuidados. Ele continuou seus estudos em matemática e física, e esperava que um projeto de pesquisa independente culminasse
na concessão de um doutorado, no ingresso na carreira acadêmica e, se galgasse a
trajetória correta, em um renome expressivo.

—

**TODAS AS INSTITUIÇÕES EM QUE** Boas estudou — e duelou — eram herdei-
ras do pensamento que o filósofo Immanuel Kant chamou de *Aufklärung*, a versão
alemã do Iluminismo. Pensadores franceses como Descartes, Montesquieu e Di-
derot especularam sobre a estrutura da lei natural e o poder da razão para moldar
a lei e o governo. Eles descobriram a elegância matemática subjacente ao aparente
caos do mundo natural. Seus colegas ingleses e escoceses, como John Locke e David
Hume, advertiram que o verdadeiro conhecimento decorre da experiência direta,
não da especulação abstrata. Mas, enquanto esses escritores se preocupavam com
o homem e sua capacidade de conhecer o mundo, os alemães se preocupavam com
os homens e sua capacidade imperfeita de imaginá-lo.

Para Kant, em particular, os limites humanos à razão abstrata deveriam ser um
dos principais assuntos de filósofos, especialistas em ética e teóricos do mundo natural. Talvez vivêssemos em um universo governado por leis, acreditava Kant. Toda
a criação poderia muito bem se encaixar em um plano divino de ordem e perfeição.
Seus segredos mais profundos, no entanto, seriam sempre deturpados pela fragilidade de nossas próprias mentes. Nossas ideias sobre a realidade chegam até nós

por meio de nossos sentidos, que devem ser tratados como informantes suspeitos. No entanto, em vez de sermos céticos em relação a tudo o que afirmamos perceber, o caminho mais seguro para o conhecimento verdadeiro era voltar nossa atenção para nossas próprias percepções.

Afinal, embora haja muitas maneiras equivocadas de percebermos algo — como uma miragem ou alguém na rua que confundimos com um velho amigo —, não podemos nos equivocar a respeito de nosso senso particular de realidade. Todos somos, por definição, especialistas em nossa própria experiência. O trabalho dos filósofos deve ser o de estudar a lacuna entre as percepções sensoriais que nos bombardeiam e as imagens mentais que criamos do mundo como acreditamos que ele é. Para entender algo sobre o mundo, bastava traçar o caminho entre a crença no poder universal da razão e o ceticismo inflexível no tocante a nossa capacidade de conhecer algo de fato. Um dos alunos de Kant, Johann Gottfried von Herder, chegou a sugerir que povos inteiros poderiam ter as próprias estruturas particulares para atribuir sentido às coisas — um "gênio" peculiar à *Kultur* específica que o originou. A civilização humana era um quebra-cabeça desses modos distintos de ser, em que cada um adicionava a própria peça, algumas mais irregulares que outras, à grande imagem dos feitos humanos.

Nenhum universitário alemão escapava dessas ideias arrebatadoras e libertadoras. Boas leu Kant[19], comprou quarenta volumes das obras escolhidas de Herder e debruçou-se sobre os escritos de Alexander von Humboldt, que havia proposto que toda a natureza deveria ser vista como um sistema interconectado. Kiel acabou tendo um foco particular na aplicação prática dessas ideias. O corpo docente da universidade enfatizava o rigor científico, a observação empírica e a preocupação com as mudanças estéticas dos elementos no mundo. Alguns dos professores mais jovens começaram a propor experimentos que exporiam a relação entre a realidade física e a percepção humana. Seguindo sua liderança, Boas propôs um problema de pesquisa sobre as propriedades fotométricas dos líquidos. Ele propôs estudar o modo como a luz é polarizada pela água, mudando sua aparência à medida que se move por um meio. Era um tópico que lhe permitia fazer observação real e usar o equipamento de laboratório de Kiel para realizar pesquisas inéditas, um requisito para o doutorado.

Logo ele se ocupou lançando luz através de tubos de ensaio contendo diferentes tipos de água e observando as propriedades do outro lado. De um barco alugado balançando no movimentado porto de Kiel[20], afundou pratos de porcelana e espelhos na água turva para testar o ponto em que a luz refletida se desviava nas profundezas. Era tudo amador e improvisado, mas bastou para que a banca lhe desse, relutante, a aprovação. Em julho de 1881, Boas recebeu o título de doutor em física.

No entanto, naquele momento, ele decidiu fazer uma mudança. Estava entediado com a pesquisa, como a maioria das pessoas que acabam de escrever uma tese, e os resultados medíocres de seus experimentos na água — que lhe conferiu um diploma *magna cum laude*[21], não *summa* — nunca impressionariam um conselho ou comitê de contratação. Além disso, para lecionar em uma universidade alemã, ele precisaria defender uma dissertação em pós-doutorado, chamada de *Habilitation* [o grau acadêmico mais alto na Alemanha], o que exigiria mais um projeto inédito de pesquisa. Aos poucos, Boas começou a perceber que seus verdadeiros interesses não estavam em elaborar as leis atemporais da física ou em construir provas matemáticas rigorosas, mas em compreender o abismo entre seus olhos e os pratos de porcelana que mergulhava nas águas do porto.

Como Boas sabia, existe um espectro de cores objetivo que muda de acordo com leis previsíveis quando a luz passa por um meio como a água. Mas é outra coisa, completamente diferente, entender como nossas mentes interpretam as mudanças sutis nas frequências de luz — o ponto em que tomamos a decisão de que algo não é mais azul, digamos, mas verde-azulado. Na verdade, essas eram perguntas de pesquisa diferentes, percebeu. Uma dizia respeito ao mundo da realidade concreta, enquanto a outra tinha a ver com a percepção sensorial, ou, como os universitários alemães haviam aprendido a nomeá-las, de acordo com Kant, o reino "numenal" e o "fenomenal". Boas queria se dedicar a esta última, para descobrir não o que o mundo natural *faz*, mas como determinamos, por nós mesmos, o que *achamos* que ele está fazendo. Uma maneira de fazer isso era entender como pessoas muito diferentes de você entendem as coisas. E isso, por sua vez, exigia ficar o mais longe possível de lugares familiares, como Minden e Kiel.

———

COMO MUITOS JOVENS de sua geração, Boas cresceu ouvindo histórias sobre aventuras no Ártico. Desbravar o Norte era o equivalente gelado da luta dos estados europeus pela África. Mas as condições inóspitas e as populações escassas no Ártico significavam que normalmente não eram soldados e comerciantes, mas cientistas e patriotas que se juntavam à corrida nos polos. Em vez de exaurir a terra e o trabalho dos habitantes locais, o objetivo era a exploração em seu sentido mais primário. Boas havia absorvido o chamado ao dever, incutido em todos os meios escolares alemães, para ampliar a grandeza nacional da Alemanha, alcançando os confins da Terra antes que outras nações o fizessem.

Quarenta anos antes, uma expedição britânica fora vítima de deslocamentos de geleiras, escorbuto e fome. Nas décadas seguintes, outros exploradores britânicos e norte-americanos mapearam o Mar Ártico, coletaram informações sobre povos nativos da região e testaram os limites da resistência humana em climas extremos. No final da década de 1860 e início da década de 1870, aventureiros e acadêmicos alemães também se engajaram. Duas expedições polares alemãs enfrentaram o gelo, mapearam a costa da Groenlândia e coletaram amostras botânicas para estudos posteriores pelas universidades alemãs. Elas nunca chegaram ao Polo Norte, mas seu fracasso reforçou as expectativas para novas investidas. Uma Alemanha unida agora poderia se lançar no grande jogo da exploração global.

Pouco depois de defender sua tese[22], Boas elaborou cuidadosamente um plano para a própria expedição: um estudo dos padrões de migração dos povos nativos que viviam na Ilha de Baffin, a quinta maior do mundo. Era um lugar já razoavelmente familiar para os pesquisadores científicos alemães e para os baleeiros escoceses e norte-americanos que frequentavam a costa. Boas passou meses[23] folheando a literatura científica, aprendendo um pouco do inuktitut, a língua dos Inuítes nativos, e fazendo contato com geógrafos e exploradores que poderiam ajudar um jovem cientista que quisesse recomeçar em uma nova área de pesquisa. Ele convenceu um jornal, o *Berliner Tageblatt*, a publicar uma série de artigos sobre suas aventuras. Disse ao editor que poderia muito bem se tornar a versão alemã de Henry Morton Stanley, o jornalista famoso por localizar o explorador David Livingstone na África Central. Os artigos de Stanley para o *New York Herald* causaram furor, e Boas supôs que também teria o mesmo sucesso — principalmente se conseguisse, como Stanley, escrever "com um cunho sensacionalista"[24], como propunha.

Boas fez grande parte do planejamento inicial sem falar nada à sua família[25]. Quando finalmente deu a notícia ao pai, também lhe fez um pedido modesto — que arcasse com a maior parte dos custos. Era uma grande loucura, deve ter pensado Meier Boas, outro entusiasmo repentino típico do filho. Pelo menos, conseguiu o grau de *Habilitation* e, a partir daí, um emprego de verdade. Meier concordou com relutância, mas com uma condição: Boas deveria levar um empregado da família, Wilhelm Weike, como assistente e acompanhante.

De volta a Minden, Boas chamou Weike e se despediu da família. Para enfrentar o perigo[26], treinou tiro com um revólver, o que o deixou com um zumbido nos ouvidos. Em meados de junho de 1883, Boas e Weike chegaram a Hamburgo, um dos mais movimentados centros comerciais do império, onde navios a vapor das longínquas América do Sul, Índia e Leste da Ásia subiam o rio Elba. Nas docas, os dois rumaram para o *Germania*, um antigo veleiro equipado pela Comissão Polar Alemã, o principal órgão de coordenação do império para expedições ao Ártico. Sua missão era buscar outro grupo de pesquisadores que acabara de concluir a estada de um ano na Ilha de Baffin. A comissão permitiu que dois viajantes independentes os acompanhassem, de graça.

Os homens carregavam seus suprimentos a bordo: instrumentos científicos, roupas de inverno, mapas, remédios, tendas e toda a comida que conseguiam, além de tabaco, facas, agulhas e outras mercadorias para troca, fruto das doações da Comissão Polar e generosidade de um dos pais. Eles então começaram a lenta jornada rumo ao Mar do Norte. "Adeus, minha querida pátria! Querida pátria, *adieu*!"[27], anotou Boas dramaticamente em seu diário. O *Germania*, com dois mastros, preso por um cabo a um reboque, logo levantou âncora e virou a proa em direção ao mar aberto. Multidões aplaudiram sua passagem[28]. Na era do vapor, ainda era emocionante ver um navio antiquado partindo, mesmo com as velas recolhidas. Meier assistiu do cais ao *Germania* desaparecer rio abaixo[29].

—

**BOAS JÁ COMEÇARA** a chamar o povo da Ilha de Baffin de *"meus* esquimós"[30] na primavera anterior. Ao longo do século anterior, as comunidades Inuítes da região haviam tido maior contato com os baleeiros europeus e norte-americanos.

Agora, eram agentes indispensáveis no aumento da exploração polar. Como Boas sabia, não haveria viagens pelo Ártico sem a assistência deles, embora raramente figurassem nos relatórios que os europeus escreviam quando voltavam para casa. Havia poucas descobertas a serem feitas que os Inuítes já não soubessem. "Também contratarei alguns esquimós para me auxiliar em minha empreitada"[31], escreveu com confiança no rascunho de seu plano de duas páginas.

Os Inuítes eram conhecidos pelos europeus desde, pelo menos, o século XVI, quando o corsário inglês Martin Frobisher partiu para encontrar a famosa Passagem do Noroeste, entre o Atlântico e o Pacífico. Os primeiros relatos os classificavam como ferozes e ardilosos, vivendo com grupos de cães que pareciam lobos. "Eles comem tudo cru, carne, peixe e vísceras ou algo fervido com sangue e um pouco de água, que eles bebem. Por falta de água, mastigam gelo, com o mesmo prazer que chuparíamos uma bala"[32], relatou um dos homens de Frobisher, Dionyse Settle, em 1577. A equipe coletou evidências para provar suas descobertas. "Nós capturamos duas mulheres, não tão aptas a escapar quanto os homens, uma pela idade e a outra porque carregava uma criança pequena"[33], escreveu. Quatro Inuítes — um homem, Kalicho; uma mulher, Arnaq; e seu filho, Nutaaq; além de outro homem inominado — foram enviados à Inglaterra. Eles se tornaram objetos de curiosidade para os elizabetanos, antes de morrer em decorrência de doenças e ferimentos sofridos na captura. Eles foram os primeiros cativos aborígines norte-americanos a serem listados em fontes europeias por nome[34], e não apenas como "um esquimó" ou "um indígena".

No século XIX, os viajantes europeus descobriram que os Inuítes eram menos interessantes do que o ambiente em que viviam. Os cientistas que o *Germania* estava prestes a buscar — membros de uma expedição de onze países na exploração polar, lançada em 1882 — estavam preocupados em observar padrões meteorológicos e entender os campos magnéticos da Terra. Mas Boas ficou fascinado pelos próprios Inuítes — seus deslocamentos por vastas distâncias, e sua capacidade de sobreviver em um ambiente desafiador e de compreender uma paisagem que pareceria, para quem a via de fora, sombria e amorfa.

Ele formulou algumas hipóteses preliminares sobre a relação entre a disponibilidade de alimentos, os padrões de migração e o meio ambiente. Mas ainda eram nebulosas, pautadas apenas pela leitura dos relatórios científicos e pela participação em seminários acadêmicos. Fazer pesquisas inéditas, preenchendo cadernos com as próprias descobertas obtidas de fontes locais, supôs, o lançaria muito além dos experimentos amadores que fizera para o doutorado. "Eu seria aceito no ato nos círculos de geografia"[35], escreveu ao tio Abraham Jacobi, um Forty-Eighter e proeminente médico de Nova York, meses antes de partir.

Agora, enquanto Boas e Weike se preparavam para a longa viagem, os ventos do Mar do Norte zuniam, quando o *Germania* se virou para Heligoland, um arquipélago na foz do Elba. Com apenas dois dias de viagem[36], Boas já estava mareado. O capitão e a tripulação de quatro homens seguiram um longo percurso em arco, contornando as ilhas Shetland e Faroé, depois, Islândia e Groenlândia, e, por fim, rumo à Baía de Baffin, a entrada do Ártico Canadense.

O frio aumentava a cada dia, e o mar parecia mudar de cor da manhã para a tarde, um fenômeno que Boas registrava em seu diário. Ele passava o dia ensinando inglês a Weike — "mas ele é muito cabeça-dura"[37], escreveu Boas — e registrava suas condições no mar: "enjoado" em muitos dias, "muito enjoado" em outros. Semanas passaram-se na viagem de quase 5 mil quilômetros[38], sem nada, além dos icebergs que emitiam ruídos similares a trovoadas, nos arredores do navio. Miragens pairavam no mar gelado[39], enganando os olhos e fazendo os passageiros pensarem que uma bela igreja fora construída, de algum jeito, no meio do oceano. Era difícil saber o que era real.

Em meados de julho, a Ilha de Baffin finalmente surgiu no horizonte, mas era impossível chegar à costa. Outras seis semanas se passaram antes que o capitão e os marinheiros encontrassem uma maneira de vencer os ventos instáveis e a constante movimentação dos icebergs mortais. Por fim, em 26 de agosto, o *Germania* chegou a Cumberland Sound, ao sul do Círculo Polar Ártico, rumo ao pequeno povoado na Ilha de Kekerten.

Os cães do povoado uivaram ao avistar o navio. As mulheres Inuítes, vestidas com jaquetas de pele de foca[40] cobertas com uma espécie de bata de algodão, apressaram-se e entregaram um cabo ao *Germania* para atracá-lo. Homens da estação baleeira hasteavam bandeiras britânicas e norte-americanas como forma de saudação. Assim que desembarcaram, Boas e Weike beberam uma caneca de rum de boas-vindas e observaram os cães arrastarem uma morsa morta em meio às barracas que circundavam o assentamento Inuíte. "Elas não são tão sujas quanto eu pensava"[41], escreveu Boas sobre as tendas, depois que foi convidado a entrar. "Na praia, vi as primeiras flores; eu estava muito feliz." Ele arrancou ervas selvagens[42], que cuidadosamente prensou em seu caderno, e coletou espécimes, como na infância. "Após alguns dias, o navio partiu"[43], recordou Boas mais tarde, "e me vi sozinho com meu criado, no meio dos esquimós".

O plano original de Boas era documentar o deslocamento dos Inuítes pela ilha e mapear bancos de gelo, montes de neve e hábitos dos bandos de focas. Ele logo percebeu como isso seria difícil na prática. O gelo e o clima castigante forçaram ele e Weike a permanecerem por vários meses em Cumberland Sound, mantendo uma base principal em Kekerten. Mas o tempo não foi desperdiçado. Boas estava munido de um estoque de cadernos, encadernados em couro, com bordas marmorizadas, daqueles que, imaginava, um explorador profissional deveria ter. Na viagem, ele havia preenchido as páginas com números, observando devidamente a direção do vento, a latitude e a longitude. Quando chegou à metade do segundo caderno, passou a escrever também palavras Inuítes — uma lista que desenvolveu a partir de longas conversas nas tendas e casas nativas.

Lá estava ele cercado pelos Inuítes. A aldeia superava em número a pequena comunidade baleeira e os dois aventureiros amadores, e ele descobriu, com o passar das semanas, que era impossível fazer qualquer coisa sem eles. Boas passava as longas noites de inverno conversando com Signa[44], um Inuíte local, em uma mistura de línguas estrangeiras, enquanto aprendia cada vez mais a língua do novo amigo. Para surpresa de Boas, Signa tinha uma história pessoal que valia por si só. Nascera na costa do estreito de Davis e chegara a Kekerten menino. Cresceu caçando veados nos grandes lagos a oeste do estuário. Sua esposa, que os baleeiros conheciam como Betty[45], geralmente se mostrava alegre e acolhedora, mas exigia que Signa levasse carne e gordura de foca sempre que saísse em exploração com os visitantes alemães, como uma dona de casa de Minden pediria ao marido para passar no açougue. Signa não era um nativo atemporal que apenas lutava pela sobrevivência em uma costa inalterada. Ele tinha um passado relevante, com deslocamentos e andanças, uma linhagem familiar e recordava momentos de sofrimento e de alegria.

Boas ouvia as histórias do povo Inuíte de Signa e de outros membros da comunidade, e passou a anotá-las, como fizera com a velocidade do vento e a cor da água do mar durante a navegação. Suas habilidades linguísticas eram rudimentares, mas ele se virava com uma combinação de inuktitut e inglês pidgin, a língua franca das estações baleeiras. Ele escreveu sobre os jogos que os Inuítes faziam em suas tendas, a estrutura de seus trenós de cães, como vestir um traje de couro cru de caribu da maneira adequada, construir um iglu e lidar com as frustrações repentinas da vida em um mundo inclemente. Em pouco tempo, suas listas de vocabulário se transformaram em textos mais longos em inuktitut. Ele desenhou uma árvore genealógica, rabiscando as primeiras tentativas com um lápis enquanto procurava descobrir quem era parente de quem. Usou a notação musical[46], fruto das aulas de piano da infância em Minden, para anotar canções, transcrevendo as melodias nota por nota nas claves de dó e de sol.

Reuniu o conhecimento dos locais, pedindo às pessoas para desenhar mapas dos lugares que conheciam, além de informações sobre rotas de trenó e passagens seguras. Ele esboçou insetos a lápis — um mosquito, uma formiga, uma aranha no meio de uma teia — e anotou seus nomes em Inuíte. Em seguida, escreveu histórias inteiras[47], em uma versão fonética do inuktitut. Fez uma espécie de censo[48], tenda por tenda, de todos os que viviam nos arredores de Cumberland Sound. Ninguém em Minden, e poucos de seus estimados professores de Heidelberg ou Kiel, teria imaginado isso: que sua vida seria afetada pela textura de um banco de gelo ou pela quantidade de cães para puxar um trenó. Agora ele sabia o quanto era difícil montar uma tripulação de barqueiros se todos estivessem fora caçando caribus, e como era quando as correntes do mar arrastavam uma carcaça de foca para dentro de um buraco no gelo e, com ela, seu jantar.

—

**NO FINAL DE OUTUBRO,** uma Inuíte de Kekerten procurou Boas com febre, tosse e os pulmões congestionados. De seus suprimentos[49], ele lhe ofereceu terebintina para passar no peito, quinino e ópio para a febre e a tosse, e amônia para inalar para aliviar o congestionamento. Ela tirou a blusa, tentando desesperadamente respirar melhor, e Boas colocou o próprio xale em volta de seus ombros para protegê-la do frio. Os aldeões pediam que ela a examinasse regularmente. Afinal, ele era a pessoa a quem Weike sempre se referia, em público e em particular, como "Herr Doktor". Para os Inuítes, ele era *Doktoraluk* — grande médico —, a pessoa a quem alguém procuraria para consulta e tratamento médico, apesar de ele ser físico, não médico.

Dois dias depois, a mulher estava morta. No mês seguinte, um menino morreu também. Boas sentou-se ao lado dele e observou sua respiração pesar cada vez mais. As pessoas sempre morriam por exposição às intempéries ou durante as caçadas de focas. Às vezes, os baleeiros se perdiam no mar. Mas esse tipo de morte nunca havia sido visto antes. Algo parecia dizimar mulheres, homens e crianças saudáveis em terra firme.

Boas não era médico, mas conhecia aqueles sintomas. Era difteria[50], até então desconhecida em Cumberland Sound, mas que, agora, corria de assentamento em assentamento, deixando em seu rastro uma série de famílias devastadas. Ele via os Inuítes arrancarem as roupas e correrem loucamente entre barracões e tendas, gritando quando descobriam um parente morto. Ele os via destruir toda a tenda se alguém tivesse morrido nela, por medo de que o espírito da pessoa morta se apoderasse do mundo dos vivos. "Fico dizendo a mim mesmo que não sou o culpado pela morte da criança"[51], escreveu sobre uma vítima, em 18 de novembro, "mas sinto o peso do remorso de ter sido incapaz de ajudar". Agora, as crianças de todos os lares Inuítes estavam doentes[52], e, nas semanas seguintes, notícias de mortes em outros povoados chegaram até Kekerten.

A epidemia coincidiu com a chegada de Boas e Weike, e as pessoas fizeram a conexão óbvia. Na melhor das hipóteses, Boas era um falso médico. Na pior, segundo os rumores, de alguma forma, causara as mortes. Um curandeiro nativo chamado Napekin, que morava na Costa Oeste do estuário, orientou que nenhum Inuíte o hospedasse em sua casa, trabalhasse como guia nem oferecesse seus cães de trenó para suas expedições. Em janeiro, Boas foi ao estuário lhe fazer uma visita e pediu que o deixasse entrar em seu iglu. Ele lembrou Napekin de que era sua principal fonte de munição e de outros suprimentos. Boas disse que reteria as mercadorias, a menos que Napekin lhe permitisse entrar em sua casa. Napekin cedeu[53] e, mais tarde na primavera, retribuiu a visita levando peles de foca como presente e uma oferta de serviço em outras expedições na ilha.

Houve muitos desses encontros — negociações e bajulações, desculpas e reparações, presentes oferecidos e negados, sentimentos feridos e erros de interpretação se acumulando ao lado de momentos de perdão, e, por fim, um pouco de paz. Para

Boas, os habitantes da Ilha de Baffin eram objetos de pesquisa, uma característica da paisagem a ser mapeada e estudada. Eles nunca foram pessoas. Mas, como viveu entre eles, Boas sentiu uma mudança na própria lógica, na própria visão da vida. "Sabe[54], eu achava que não tinha coração, porque não sentia intensamente as coisas, talvez ainda não as sinta", escreveu em dezembro a Marie Krackowizer, uma amiga próxima, que as pessoas suspeitavam ter sido algo mais.

> Muitas vezes, pergunto-me que vantagens nossa "boa sociedade" tem em relação à dos "selvagens"[55], e, quanto mais observo seus costumes, mais vejo que não temos o direito de menosprezá-los. Onde, entre nós, há uma hospitalidade como a daqui? Onde estão as pessoas que realizam *qualquer* tarefa que lhes é solicitada com tanta boa vontade e sem resmungar? Não devemos censurá-los por suas convenções e superstições, uma vez que as pessoas "altamente instruídas" são relativamente muito piores.

Ele planejara descobrir os princípios gerais subjacentes à relação entre paisagem, mau tempo e economia de caça. Conseguiu traçar alguns dos movimentos dos caçadores Inuítes e desbravar áreas da Ilha de Baffin até então desconhecidas. Mas também estava percebendo algumas coisas sobre si mesmo, não apenas por ouvir histórias Inuítes e compartilhar suas refeições, mas também ao estudar suas interações com eles — percebendo as próprias percepções, de certa forma. A verdadeira iluminação, notou, originava-se de assumir seus pontos fracos e fracassos, de ver a si mesmo como inexperiente e impotente, com o vento soprando do lado de fora de uma pequena cabana ou um xamã o denunciando como portador do mal e da morte.

O ambiente parecia forçar a reflexão sobre si mesmo. A única maneira de evitar que o frio fizesse seu nariz gangrenar[56], percebera, era ter alguém de olho em você avisando quando sua pele ficasse com um tom de branco anormal. Em longas viagens com Signa em trenós puxados por cães, a sobrevivência dependia de seu guia Inuíte agir como espelho humano — encarando-o — enquanto ele retribuía o favor. "Acredito que, para cada pessoa[57], e para todas elas, renunciar à tradição para seguir a trilha da verdade envolve uma luta muito severa", escreveu a Marie, de Anarnitung, um acampamento Inuíte no topo de Cumberland Sound. A maior lição que estava aprendendo, disse ele, era "minha noção da relatividade sobre tudo o que consideramos educação"[58].

Entre os Inuítes, uma pessoa com título de "doutor" não era capaz de curar uma criança doente. Um universitário não sabia nada sobre neve e vento. Um explorador dependia dos caprichos de uma equipe de cães. Ele mesmo já tinha percebido isso — a desorientação que surge quando se olha para a própria ignorância, tão óbvia quanto um ponto preto no gelo branco. Ser inteligente era algo relativo, dependia das circunstâncias e dos arredores. Boas encontrou uma palavra em alemão nos escritos de Alexander von Humboldt, e de outros filósofos que lera em suas viagens pelas grandes universidades da Alemanha, que definia a consideração que os anfitriões demonstravam por ele, bem como a educação recíproca que estava vivenciando, e era perfeita para descrever a mudança interna que o dominara no Norte: *Herzensbildung*, o treinamento para que um coração veja a humanidade de outro. Mudar-se para outro lugar no mundo mudou sua perspectiva.

Naquele inverno em Anarnitung[59], depois em Kekerten, e, mais tarde, durante a primavera, ele mapeou as áreas a oeste do estuário e caminhou até as águas cristalinas do lago Nettilling, e voltou com queimaduras de frio e de sol. Na maioria das noites[60], ficava em uma tenda ou iglu, talvez tendo Weike a sua direita, uma Inuíte secando suas coisas à esquerda, Signa e outros homens Inuítes conversando com a boca cheia de carne de foca congelada. No meio disso, estava o próprio Boas, descongelando a tinta para escrever em um caderno com a letra minúscula e peculiar que chamava de *Krackelfüsse*, seus garranchos[61].

—

**SE ELE PRECISASSE** de provas desses momentos de epifania, bastava olhar para as páginas onde os registrara. Ainda hoje[62], o sangue de um fígado cru é visível no papel. Boas e Weike permaneceram na Ilha de Baffin até o final de 1884. No começo do segundo inverno no Ártico, eles passaram por uma sucessão de embarcações a vela para Halifax, Nova Escócia, de onde pegaram um navio veloz para os EUA. Suas bagagens estavam cheias de cadernos e mapas feitos à mão, muitos produzidos pelos próprios Inuítes, com listas de vocabulário, textos, esboços e outros materiais. Boas já havia devolvido placas fotográficas e despachado artigos, como prometido, ao *Berliner Tageblatt*, o que lhe rendeu uma grande quantidade de ávidos leitores pela Europa Central.

Quando o navio a vapor *Ardandhu* chegou a Nova York, em 21 de setembro, fazia quinze meses desde que Boas pusera os pés em qualquer coisa que se assemelhasse a uma cidade. Ele e Weike tinham apenas os trajes de couro de caribu[63], então Boas precisou pegar roupas do capitão do navio para se apresentar aos parentes que o esperavam no cais — incluindo Jacob Meyer, proprietário da empresa familiar que subsidiara indiretamente uma boa parte de suas viagens.

Eles logo compartilharam as principais novidades. Durante o tempo em que esteve no Norte, Boas mantinha secretamente um noivado com Marie, uma jovem austríaca filha de um respeitado médico de Nova York, a pessoa com quem dividira seus pensamentos mais íntimos. A cabine de Boas no *Germania* fora decorada com uma bandeira bordada com o nome dela, e ele deixara na Ilha de Baffin um barco batizado de *Marie* em sua homenagem. Os dois se conheceram anos antes, em um resort nas serras da Alemanha. Quando ele chegou, percebeu que ela não estava entre as pessoas no píer. Ela estava no lago George, no norte do estado, um local de férias de que gostava, e Boas logo pegou um trem para o Norte.

Não demorou para que recebesse permissão de suas famílias para divulgar o noivado[64], com provável relutância. As condições de vida de Marie eram impecáveis — muito mais próximas das de Sophie, mãe de Boas, do que do pai, menos abastado —, e Boas não tinha como sustentar uma casa. Sua vida profissional ainda era um projeto. Ele não tinha garantias de uma carreira como professor na Alemanha, muito menos uma forma de obter algo similar nos EUA. Agora ele se dispunha a se casar com alguém que morava a um oceano de distância de sua família imediata. Até seu flerte com o jornalismo foi, mais uma vez, subsidiado pelo pai: Meier dera uma garantia financeira ao *Berliner Tageblatt* de que o filho entregaria os artigos e não fugiria com o adiantamento em dinheiro que o jornal lhe dera[65].

O que Boas tinha de fato era disposição. Era eloquente, sem reservas para contatar desconhecidos ou aparecer em seus escritórios com uma longa lista de planos para expedições ou com hipóteses revolucionárias que estava ansioso para descrever. Ele contava a origem de suas cicatrizes faciais[66], resultantes de um ataque de urso-polar, deixando o ouvinte sem saber se era brincadeira. Após visitar Marie, no norte do estado, começou a compilar os resultados científicos da expedição ao

Ártico, enviando-os para revistas especializadas e escrevendo textos curtos para a imprensa alemã e a norte-americana. Sabia que em Washington, D.C., tinha uma coleção particularmente ampla de materiais do Ártico, dentro de um novo museu que estava sendo organizado não muito longe de Capitol Hill. Deixando Marie mais uma vez, pegou o trem para o Sul, para uma reunião que, ele esperava, lançaria a próxima fase de sua carreira errante.

—

**NO OUTONO DE 1884,** a capital federal estava no meio de um turbilhão de mudanças políticas e sociais. Chester A. Arthur, presidente republicano em exercício, assistiu da Casa Branca ao seu partido apresentar James G. Blaine na corrida presidencial daquele ano. Seu rival, Grover Cleveland, disputava para ser o primeiro democrata a assumir a presidência desde antes da Guerra Civil. Cleveland era um mulherengo inveterado, que gerou um filho fora do casamento. "Ai, ai, cadê meu pai?", tornou-se o canto favorito dos republicanos em comícios de campanha. A sufragista Belva Ann Lockwood se convidou para ingressar no Equal Rights Party [Partido dos Direitos Iguais], mesmo que a maioria das mulheres não tivesse permissão para votar. O gigantesco obelisco branco dedicado à memória de George Washington estava quase concluído no National Mall, na metade do caminho entre o Capitólio e a grande curva do Potomac que corria ao longo da antiga plantação em Arlington, Virgínia. Quando a ponta de granito foi colocada no topo do obelisco, em dezembro, virou um dos pontos de referência da capital.

Passageiros vindos de Nova York podiam ver a estrutura assim que desembarcavam do trem, no terminal ferroviário próximo à encosta oeste de Capitol Hill. De lá, Boas fez uma curta caminhada passando pelo National Mall até dois edifícios de arenito e tijolos vermelhos. Quase cinquenta anos antes, James Smithson, químico amador e filho ilegítimo de um duque inglês, legara sua considerável propriedade ao povo dos EUA para fins de pesquisa e educação científica. Após anos discutindo a disposição do legado, o Congresso autorizou a criação do Instituto Smithsonian, em 1846.

Para abrigá-lo, os arquitetos projetaram dois edifícios bizarros: um era um castelo extravagante, e o outro, uma mistura entre uma estação ferroviária europeia e um carrossel de Coney Island. No interior, as coleções incluíam uma gama ímpar de doações com rótulos duvidosos[67], como "Enfeite de cabeça usado por Atahualpa, o último dos incas" e "Um pedaço do sicômoro sob o qual a tradição diz que 'José e Maria se sentaram'". Mas, na época de Boas, qualquer pessoa interessada em exploração e artesanato os considerava atrativos. Eles eram o núcleo do que as pessoas já chamavam de Museu Nacional da América, um nome que, ainda hoje, é encontrado esculpido em pedra na maior das duas estruturas.

Smithson decretou que a parte dos fundos seria usada para "o aumento e a difusão do conhecimento". Nenhum país tinha um símbolo mais explícito da relação entre educação e um bom governo: os EUA decidiram colocar o novo complexo de museus perto das principais instituições de governança da república, no coração da capital. Nenhum país tinha um porta-voz mais exuberante e convincente para esse esforço: o soldado, explorador e erudito John Wesley Powell — a pessoa que Boas fora ver.

Com a manga direita presa por alfinetes para esconder a ausência de um braço, e uma longa barba chegando ao peito roliço, Powell tivera uma vida que mais parecia saída de um livro de aventura infantil. Ele era quase 25 anos mais velho que Boas, e era perdoável que qualquer viajante ou geógrafo ambicioso pensasse que todos os grandes feitos já haviam sido realizados por pessoas da geração de Powell — se não pelo próprio.

Nascido no estado de Nova York, Powell crescera na fronteira ocidental em uma época em que os colonos brancos ainda se agrupavam no que viam como uma imensidão de florestas intocadas e inimigos a serem conquistados. Ingressava e abandonava a faculdade, um intelectual do interior com um apetite voraz pela leitura e um desejo vago pela exploração. Atravessou a pé o Wisconsin. Remou sozinho pelos rios Illinois, Ohio e Mississippi, até o Golfo do México.

Quando a guerra chegou, em 1861, alistou-se como soldado na infantaria da União. Powell logo criou a própria companhia de artilharia, onde poderia usar os estudos informais que fizera da trajetória, pontaria e sequência de tiros de canhão. Em abril de 1862, na época um oficial, lutou na terrível Batalha de Shiloh, no sudoeste do Tennessee. Quando levantou o braço direito para ordenar o disparo, um projétil atravessou seu pulso. Um cirurgião removeu seu antebraço. Depois de se recuperar, voltou ao campo e ajudou a arrastar seus homens e armas para outros acampamentos ao longo do Mississippi e, depois, por todo o fronte ocidental. Entre as batalhas, coletava fósseis das trincheiras[68].

No final da guerra, Powell mal descansou antes de retomar as viagens que fizera casualmente quando jovem; dessa vez, com o objetivo de publicá-las. Em 1869, comissionado pelo Smithsonian, fez o primeiro registro pelos rios Green e Colorado e pelo Grand Canyon. Ele voltou a fazer uma viagem semelhante em 1871 e em 1872, uma expedição que produziu os primeiros mapas, diários e fotografias das maravilhas do sudoeste norte-americano.

Quando Powell publicou *Exploration of the Colorado River of the West and Its Tributaries* ["Exploração do Rio Colorado do Oeste e Seus Afluentes", em tradução livre], em 1875 — ditado a um escriba, já que ele mal conseguia rabiscar uma assinatura com a mão esquerda —, logo se tornou o explorador mais conhecido do país. O título desinteressante da obra ocultava a decisão literária que sedimentaria sua fama: escrevera o relato inteiro no tempo presente. "A boa gente de Green River City[69] reunida para nos ver partir", iniciava. "Erguemos nossa pequena bandeira, empurramos os barcos até a água, e a forte correnteza nos carrega." Seu estilo de fazer com que os leitores se sentissem na cena conferia uma sensação de urgência e incerteza, como se eles também vencessem as corredeiras, cercados pelos paredões contrastantes do Grand Canyon elevando-se sobre suas cabeças. Gravuras da época mostram Powell manejando o leme com um braço, o rio engolindo o pequeno barco e ameaçando afundá-lo.

Quando Boas chegou a Washington, Powell era o líder reconhecido entre naturalistas e aventureiros do país. Exploradores amadores e ex-soldados, burocratas e clérigos, o círculo de Powell foi se fundindo em um novo establishment, leigo, mas intelectualmente curioso, comprometido em descobrir a riqueza natural dos EUA e explicá-la aos planejadores do governo. As reuniões informais que Powell realizava em sua casa, na M Street, N. W., acabariam culminando no Cosmos Club, um ponto de encontro para os principais estudiosos da capital. Seus relatórios e conselhos práticos ao Congresso sobre a gestão de terras e recursos hídricos no Ocidente renderam muitos amigos e apoiadores. Em 1879, criou o primeiro Instituto de Pesquisa Geológica dos Estados Unidos, para informar os formuladores de políticas sobre geografia física, geologia e hidrografia.

Ao mesmo tempo, Powell foi nomeado para dirigir o novo Departamento de Etnologia do governo. Assim como o Instituto de Pesquisa Geológica realizava trabalhos sobre as riquezas físicas dos territórios ocidentais, a tarefa do departamento era fazer o mesmo com os povos que moravam lá. Nos anos posteriores, muito do que os norte-americanos pensavam saber sobre as próprias fronteiras — sua topografia e sistemas fluviais, cadeias de montanhas e pradarias, suas populações indígenas e seus idiomas — seria moldado pelas vigorosas pesquisas e levantamentos de Powell. Em meados da década de 1880[70], o Instituto de Pesquisa Geológica e o Departamento de Etnologia tinham mais funcionários, mais dinheiro e projetos mais ambiciosos do que qualquer outra organização do mundo, superando qualquer coisa que Boas vira na Alemanha. Seus relatórios anuais eram calhamaços de mil páginas de descobertas, meticulosamente editadas e ilustradas; cada uma começava com um resumo de Powell sobre as descobertas daquele ano sobre os povos nativos e seus costumes. Eram tão importantes que passaram a ser registrados, na íntegra, nos arquivos da Câmara dos Deputados dos Estados Unidos, supervisor direto do Smithsonian.

Outros países tinham academias reais e museus particulares, mas, nos EUA, a ciência básica agora tinha a chancela do maior órgão representativo do país — como se o próprio povo pesquisasse a terra que a Providência lhes concedera. Era tudo muito impactante, e, para qualquer jovem explorador ambicioso, estar perto de Powell era sentir-se no centro de algo grandioso e maravilhoso. Todo o continente era matéria-prima para pesquisas inéditas, e o governo nacional disponibilizara o dinheiro e a mão de obra necessários para realizá-las. Não havia ninguém no mundo a quem Boas desejasse mais conhecer — ou, verdade seja dita, *ser* — do que Powell.

Contudo, foi também por isso que, para Boas, conhecer Powell acabou sendo decepcionante. Powell informou-lhe de que não havia vagas no Departamento de Etnologia. O Smithsonian, em geral, também não estava preparado para fazer novas contratações. Apesar do orçamento generoso de ambas as instituições — e dos planos de sua fusão em um novo museu de história natural —, Boas chegara, parecia, alguns anos atrasado. Todos os cargos da equipe já tinham sido preenchidos. Os planos para novas expedições de exploração e mapeamento já haviam sido implementados[71]. Enquanto ele falava[72], os pesquisadores da agência concluíam grandes estudos sobre as relações de aliança dos cherokee, cânticos e cerimônias dos navajos, costumes dos seminoles da Flórida, educação das crianças entre os Zuñi e outros tópicos.

Boas tinha pouco a lhe mostrar, além da recente experiência de campo, e nenhuma nos EUA. Ainda assim, Powell concordou em publicar alguns de seus trabalhos sobre a Ilha de Baffin, depois de redigidos na próxima edição do relatório anual da agência. Isso era, pelo menos, algo a mostrar como resultado de sua viagem a Washington[73], mas mesmo assim Boas temia que o dinheiro oferecido por Powell não fosse suficiente para cobrir o custo total do projeto. Os mapas teriam que ser desenhados, e as gravuras, feitas. Ele também precisaria de ajuda com o inglês. Seu domínio da língua podia ter impressionado Weike ou Signa, mas não convenceria os anfitriões norte-americanos. Ele não conseguiu acompanhar as discussões durante uma reunião de uma das sociedades acadêmicas de Washington, e uma secretária foi designada para ler o artigo de Boas em voz alta, enquanto ele a observava, em silêncio. Ele logo voltou para Nova York, deprimido e envergonhado. Duas palestras que foi convidado a fazer na Universidade de Columbia[74], organizadas pelo tio Jacobi, provaram-se mais um desastre linguístico.

Todas as suas candidaturas de emprego em Nova York e em Washington foram rejeitadas. Nenhum museu ou universidade parecia estar contratando[75]. Ele tinha poucas opções. Teria que voltar para a Alemanha. A notícia deve ter animado Meier e Sophie, mas, para Boas, representava uma derrota. Marie ficaria para trás, o casamento, adiado, até que conseguisse credenciais que o tornassem apto a conseguir um emprego de verdade. Em março de 1885, fez a viagem de volta pelo Atlântico[76], sem saber ao certo quando, ou se, retornaria.

Seu único consolo foi ver que seu inglês havia melhorado o suficiente para definir como se sentia. Era um estado de espírito que, aprendera com Marie, chamava-se "melancolia"[77].

*Capítulo Três*

# "TUDO É INDIVIDUALIDADE"

...................................................

"**Q**uando ele chegou"[1], escreveu Sophie Boas, de Minden, a Abraham Jacobi, em Nova York, "estava tão desanimado e descrente por suas falhas que me deixou de coração na mão". Boas não poderia ter escolhido momento pior para deixar os EUA. O campo científico que rondava desde a viagem à Ilha de Baffin estava à beira de uma explosão, e ele estava no lugar ideal para perdê-la.

Desde Aristóteles, existe uma versão da palavra *antropologia*, mas, no século XIX, era mais provável que se referisse ao estudo do desenvolvimento dos seres humanos como espécie: a descoberta de ossos e crânios que levaria ao entendimento de como o *Homo sapiens* surgira. Os estudiosos estavam começando a reconhecer que o assunto era digno de ser ostentado em seu título profissional ou departamento universitário. Um dos primeiros professores reconhecido como "antropólogo", Edward Burnett Tylor, da Universidade de Oxford, definiu a área como "a ciência do homem". Seu livro, de 1881, sobre o assunto convidava os leitores a irem às docas de Liverpool ou de Londres para observar a ampla variedade humana que desfilava por lá: "o negro africano"[2], com "nariz chato, narinas largas, lábios grossos e protuberantes e... mandíbulas salientes" ou "os chineses... [com] sua pele amarela como icterícia, e os cabelos pretos grossos e lisos". Alguns dos primeiros corpos acadêmicos a usar o termo — o Instituto Real de Antropologia, da Grã-Bretanha, ou a cadeira de antropologia do Museu de História Natural francês — também concebiam o campo como um ramo da anatomia ou da história natural, o estudo das mudanças físicas nas plantas e nos animais ao longo do tempo geológico.

A palavra que definia a área de interesse de John Wesley Powell — *etnologia* — era muito mais nova, cunhada apenas na década de 1840. Se a antropologia era o estudo dos *anthropos* gregos, ou, literalmente, "seres humanos", como uma espécie de ser, a etnologia era o estudo dos seres humanos no contexto de seu *ethnos*, as sociedades ou comunidades específicas — nações, grupos étnicos, tribos, raças — em que se organizam. Tal "ciência da Cultura"[3], como Tylor a chamava, revelaria como "uma ponta de flecha de pedra, um bastão esculpido, um ídolo, um monte sepulcral [...], ritos de feitiçaria [...], a conjugação de um verbo" representavam os modos de vida dos povos primitivos como as tabelas de importações e exportações descreviam os civilizados. Como esses grupos sociais surgiram? Como diferiam uns dos outros quanto a idioma e hábitos? Que visão de mundo os movia e como chegavam a seus modos peculiares de pensar sobre tudo, desde quem era considerado parente até a maneira correta de evocar os deuses?

Para deter o devido reconhecimento para responder a essas perguntas, os principais requisitos eram uma cátedra acadêmica e o acesso ao serviço postal. Tylor entrou em Oxford, em parte, revisando escritos de colecionadores e aventureiros que descreviam como as coisas eram supostamente feitas e expressas, e as crenças em meio a uma população remota e exótica. Um de seus contemporâneos, o advogado e professor de Cambridge James G. Frazer, fez um estudo comparativo de textos clássicos e relatou práticas religiosas na obra *O Ramo de Ouro* (1890). Frazer pesquisou fontes escritas clássicas sobre as origens da magia e da mitologia — ou a "religião primitiva" da "raça ariana", como a entendia —, mas também acreditava que havia evidências além do próprio quintal. "Na verdade, o ariano primitivo[4], em tudo o que diz respeito a sua essência e estrutura mental, não está extinto", escreveu na introdução. "Ele está entre nós até hoje" nas "crenças e observâncias supersticiosas dos camponeses". Para estudiosos como ele, os segredos das sociedades humanas estão, principalmente, nos textos que produziram: literatura sagrada, inscrições, hieróglifos ou contos épicos anotados por escribas medievais ou tradutores modernos. As tradições orais e a "religião [contemporânea] dos madeireiros e fazendeiros"[5], como dizia Frazer, eram úteis pois explicavam as práticas antigas.

A missão do Departamento de Etnologia, de Powell, no entanto, era ser mais sistemático, profissional e baseado em dados — para ir além do que era antigo e estava escrito e abranger o que estava vivo e era observável. Sua tarefa, respaldada por todo o poder e orçamento do governo dos EUA, era definir e catalogar origens, idiomas e costumes dos vários grupos que habitavam a paisagem norte-americana antes da chegada dos europeus. E um caminho para entender seus remanescentes vivos — as mulheres e os homens nativos que qualquer viajante ainda encontrava nas viagens de trem para o oeste. Isso foi ainda mais importante, pois, na época, o governo estava encarregado de geri-los.

Com a aprovação da Lei de Apropriação Indígena, de 1871, o Congresso rejeitou o antigo sistema de negociação com as tribos indígenas. Washington não via mais os grupos indígenas como coletividades, nações locais com as quais firmava tratados formais, como fizera com as potências estrangeiras. Daí em diante, cada indígena deveria ser tratado como um "tutelado" do governo federal. Eles agora pertenciam a uma subclasse legal entre os estrangeiros e os cidadãos plenos, um status que só lhes seria concedido várias décadas depois. Suas identidades tribais deixaram de ser motivo de preocupação dos oficiais do Estado e passaram a ser objeto de colecionadores de artefatos e curadores de museus.

—

FOI O MENTOR INTELECTUAL de Powell — um empresário e acadêmico de Rochester, Nova York — que forneceu o arcabouço filosófico que orientava como os "etnólogos" da agência deveriam continuar seu trabalho de descrever e explicar as sociedades indígenas. Lewis Henry Morgan era, como Powell e Boas, um entusiasta que tropeçara em sua vocação. Ele nasceu em 1818, em uma família de cidadãos instruídos e proprietários de terras. O norte de Nova York estava em franca expansão, com a ascensão da manufatura local e a inundação de produtos comerciais que desciam o Canal Erie, inaugurado em 1825. Pode ter sido o ritmo de mudança o que deixou os habitantes do norte ansiosos para buscar raízes. Enquanto Morgan crescia, as pessoas nos arredores pareciam obcecadas com a ideia de que os EUA eram mais antigos do que achavam.

Cidade após cidade, as pessoas despertavam para realidades ocultas, reveladas por uma sucessão de videntes, místicos e guias espirituais. Perto de Rochester, o fazendeiro Joseph Smith afirmou ter encontrado tábuas de metal contendo os escritos de um antigo profeta Mórmon, que teria descrito uma civilização norte-americana perdida, visitada por Jesus Cristo. Os seguidores de Smith adotaram o nome de Santos dos Últimos Dias para se destacar dos que habitaram as mesmas colinas e florestas em tempos mais prosaicos e menos corrompidos. Ao leste, os membros da Comunidade Oneida acreditavam que a perfeição humana viria da constatação de que a segunda vinda de Cristo ocorrera há muito tempo. A receita da felicidade era ressuscitar os velhos caminhos abandonados pela sociedade moderna, do amor livre à propriedade coletiva.

Para Morgan, o passado recuperável constituía o presente visível. Situava-se nas comunidades indígenas dispersas, espalhadas ao sul e ao leste do lago Ontário. Sua obsessão particular era a antiga Confederação Iroquois, a aliança dos povos Mohawk, Onondaga, Oneida, Cayuga, Seneca e Tuscarora em uma complexa unidade política e econômica. A confederação desaparecera aos poucos após a chegada de colonos franceses e britânicos; mas, na década de 1840, Morgan e vários associados elaboraram um esquema quixotesco para recriá-la. Eles esperavam que reviver aquela união fizesse com que os indígenas e os europeus se familiarizassem com um modo de vida mais puro e autêntico, ressuscitando a civilização que outrora habitou o solo norte-americano.

Foram elaborados rituais para a "inindianation" [transformação em iroqueses] de recrutas brancos[6], que ganharam nomes iroqueses, escritos de forma fonética, e foram divididos em tribos e bandos. Os maçons lhes emprestaram um espaço para realizarem suas reuniões secretas. Foram elaborados planos para o ensino de idiomas nativos. Mas, como muitos esquemas similares do que veio a ser chamado de Segundo Grande Despertar — a ampla renovação espiritual norte-americana em meados do século XIX —, todo o projeto caiu no ostracismo. A nova confederação chegou a ter quatrocentos membros homens[7]. Morgan seguiu em frente, fundando o próprio negócio e construindo uma família. O que sobreviveu, no entanto, foi seu interesse contínuo em documentar o passado e o presente de seus vizinhos iroqueses.

Em suas viagens pelo distrito de Finger Lakes, em Nova York, conheceu muitos homens e mulheres indígenas, e, inclusive, fez amizade com alguns. Ficou chocado ao ver quantas famílias foram enganadas por acordos de terra e expulsas de seus territórios ancestrais. Em 1851, publicou tudo o que descobriu em *The League of the Ho-de'-no-sau-nee or Iroquois* ["A Liga dos Ho-de'-no-sau-nee ou Iroqueses", em tradução livre]. O livro foi considerado o estudo definitivo da história, do idioma e dos costumes da maior aliança indígena firmada no continente, notável pela política peculiar, que levou as mulheres ao papel de tomadoras de decisão e líderes de clãs. "Este trabalho surgiu do desejo de promover um sentimento gentil em relação ao indígena[8], baseado no conhecimento real de suas instituições civis e domésticas, e de suas capacidades de atingir a elevação", escreveu no prefácio. O "resquício" desses modos antigos, como o chamou, ainda estava lá para quem quisesse ver; e, se compreendido de forma adequada, contribuiria para a "reivindicação" dos indígenas como cidadãos plenos dos EUA. Ele dedicou o livro a Ely Parker, tradutor e advogado Seneca, que se tornara seu principal informante e parceiro de pesquisa.

*The League of the Ho-de'-no-sau-nee or Iroquois* foi seguido por *A Sociedade Antiga*, de 1877, um trabalho mais amplo, no qual Morgan criou um modelo global da organização das sociedades humanas e de suas propriedades, com base em seu conhecimento dos iroqueses, mas embasado, também, em casos da Grécia, Roma e de todo o mundo. Todas as sociedades passam pelos mesmos estágios de evolução, acreditava. Na antiguidade e no momento vigente, era possível discernir as leis que governavam a transição das formas mais simples de organização — famílias, irmandades, tribos — para os modernos e complexos Estados-nação. O trabalho de Morgan foi considerado tão inovador que outros teóricos o creditaram como autoridade da mudança social. Charles Darwin citou-o em *A Origem do Homem* (1871), a respeito do desenvolvimento de padrões de casamento e sistemas de parentesco. Karl Marx se inspirou nas ideias de *A Sociedade Antiga*, principalmente o que Morgan identificou como os três principais estágios da evolução social, que chamou de selvageria, barbárie e civilização. Friedrich Engels teve forte inspiração em Morgan, em seu *A Origem da Família, da Propriedade Privada e do Estado*, publicado em 1884. John Wesley Powell corroborou sua perspectiva. Quando começou a planejar como o Departamento de Etnologia faria seu trabalho[9], tornou *A Sociedade Antiga* leitura obrigatória para todo o seu pessoal.

—

**EM MARÇO DE 1886,** Powell se pronunciou em uma grande reunião da elite científica de Washington para propor uma visão do futuro, baseada no pensamento de Morgan. "O curso dos eventos humanos não é um ciclo eterno"[10], começou. Vemos o progresso à nossa volta, não uma sucessão reiterada dos mesmos eventos. A história tem uma direção. A antropologia deve ser a ciência da mudança, seja ao tratar da aparência dos seres humanos ou de todo o arsenal de comportamentos, instituições e costumes que definem o *ethnos*, que os etnólogos adotaram como objeto de estudo.

Para Powell, havia uma rota clara na sucessão dessas mudanças. "A cultura humana tem estágios", afirmou, endossando Morgan. As sociedades humanas passam naturalmente da selvageria à barbárie, e à civilização, cada uma com suas características particulares em "todas as grandes classes de atividades", a "cultura" específica de dado estágio de desenvolvimento. As pessoas podem não exibir as características do estágio em que se inserem; podem ser versões "degradadas", "deterioradas" ou "parasitárias" da cultura humana — "como os ciganos", argumentou. (Se quisesse um exemplo — da selvageria potencial da civilização, digamos — bastava olhar para o próprio braço direito decepado, perdido pelos horrores modernos de Shiloh.) Mas "o progresso geral da cultura" rumava para conquistas cada vez maiores.

Os estágios do progresso se misturam. "Para o homem científico, a luz e as trevas absolutas são inacessíveis, mas os fenômenos de luz e trevas abrangem nuances infindas, com a luz absoluta de um lado e as trevas absolutas de outro, além dos limites dos fenômenos observados e existentes apenas em teoria." O etnólogo deve viver nessa penumbra, estudar as fronteiras entre os estágios do progresso humano e descrever como diferentes povos passaram de uma era da cultura humana para a outra; o desenvolvimento de línguas e outras particularidades que definem cada uma; as várias instituições — de tribos a Estados — que lhes permitiram ser uma unidade coerente; e suas opiniões mutáveis sobre a vida e o universo, seu funcionamento mental ou "mentações", como as chamava.

Às vezes, tudo isso acontecia em velocidades glaciais; em outras — por exemplo, quando as comunidades selvagens entravam em contato com as civilizadas, como estava acontecendo naquele momento no Oeste norte-americano —, era muito rápido. Mas o ponto de partida era entender que pessoas diferentes de nós não eram simplesmente versões degradadas ou inferiores de um ideal óbvio. Elas estavam em estágios diferentes do caminho comum do progresso humano, cada um com as próprias características e lógica interna.

"A era da selvageria é a idade da pedra", disse Powell. "A era da barbárie é a era do barro; a da civilização, do ferro." Os selvagens se apegavam aos grupos de parentesco primário, pequenas famílias de descendentes do mesmo ancestral. Os bárbaros eram agrupados em unidades maiores, como as tribos. Os povos civilizados inventaram o Estado-nação, com seu sistema de governo formal e fronteiras territoriais claras e protegidas contra eventuais ataques. Os selvagens lidavam apenas com palavras e conceitos simples; enquanto os bárbaros se expressavam em frases complexas; os povos civilizados usavam línguas capazes de articular ideias abstratas e complicadas. A música também diferia de um estágio para o outro. Os selvagens batucavam o ritmo em troncos e pedras, mas os bárbaros cantavam linhas melódicas, enquanto os civilizados acrescentaram contrapontos e harmonias. Os selvagens tinham muitos deuses, muitas vezes, representados como feras e aves. Os bárbaros transformaram as forças da natureza em deuses. Os homens civilizados, por fim, perceberam que o divino era uma força única, com um nome e uma identidade.

A essência da humanidade era o que Powell chamou de "humanidades", a capacidade de criar linguagem e instituições, e entender o mundo por meio da razão. Sua tautologia gramatical era de fato uma parte ousada da filosofia, pois transformava o esquema de Morgan em uma arma. Ele mirava aqueles que acreditavam que a mudança nas sociedades humanas operava de acordo com as mesmas leis que regiam a diferenciação das espécies no mundo natural. O biólogo inglês Herbert Spencer havia cunhado a ideia da "sobrevivência do mais apto" para descrever a luta pela superioridade biológica descrita por Darwin em *A Origem das Espécies* (1859). Para Spencer e outros teóricos, as sociedades também estavam envolvidas em uma luta pela sobrevivência, e a própria natureza determinava quais povos, por meio de suas realizações e visões de mundo superiores, dominariam os menos dotados pela Providência. Pelo contrário, afirmou Powell, a evolução social não era nada parecida com a biológica. A mudança na sociedade era, em vez disso, uma progressão centrada no homem, das formas mais baixas para as mais altas de pensamento, comportamento e instituições. Ninguém era inerentemente incapaz de completar a mesma jornada transformadora já realizada pelos outros. A etnologia, então, era simplesmente o ato de um homem civilizado conectar-se àqueles que ainda tinham que seguir o mesmo caminho que ele trilhou.

A resposta ao discurso de Powell não foi registrada, mas deve ter sido entusiástica. A patrocinadora, a Sociedade Antropológica de Washington, que era composta dos principais curadores e professores da cidade, e até a Sociedade Antropológica das Mulheres foram autorizadas a participar. Powell institucionalizara o esquema tripartido de Morgan como a estrutura de qualquer sociedade. Ele separou o objeto de preocupação dos etnólogos — a cultura — do objeto de estudo dos biólogos. Essa reformulação abriu um mundo de possibilidades para seu departamento. Poderia estudar os selvagens Sioux, que perambulavam por tribos deslocadas pelas planícies ocidentais; ou os meramente bárbaros iroqueses, cuja política confederal foi elaborada pelo próprio Morgan, que a descrevera com eloquência; ou mesmo os ingleses civilizados que levaram a indústria e o comércio para o Novo Mundo. Em vez de uma massa indiferenciada de pessoas, o mundo virara um conjunto finito de tipos, cada um em diferentes estações ao longo da mesma estrada da humanidade.

Alguns anos depois, do outro lado de onde Powell morava em Washington, começaram as obras de um magnífico prédio para abrigar a Biblioteca do Congresso. Quando foi concluída, em 1897, os visitantes que subiam a grande escadaria exterior ficavam praticamente cara a cara com a hierarquia esquemática de Powell do mundo humano. Uma série de 33 cabeças de granito, projetada a partir dos modelos de suas coleções, servia de arabesco acima das janelas do segundo andar. Os povos europeus civilizados foram colocados perto da entrada, de frente para o Capitólio. Chineses e árabes bárbaros, ao longo das laterais. Africanos selvagens e ilhéus do Pacífico se escondiam nos fundos. Ainda hoje, circulando as paredes externas do edifício principal da Biblioteca Jefferson, os visitantes fazem uma jornada visual ao longo do caminho que Morgan e Powell traçaram.

—

**BOAS JÁ PERCEBERA** que os estudiosos norte-americanos estavam trilhando um caminho rumo a uma estrutura científica que ajudaria a organizar as observações desconectadas que ele fizera na Ilha de Baffin. Levou poucos meses para perceber que a decisão de retornar à Alemanha fora um erro terrível.

Ele conseguiu publicar um pequeno livro em alemão sobre sua expedição à Ilha de Baffin, o que lhe concedeu o título mais alto de doutor, necessário para ocupar um cargo de professor. Agora, só tinha que esperar que um dos catedráticos fizesse a gentileza de morrer para abrir uma vaga. Ele conseguiu dar algumas aulas, recebendo por hora, e foi contratado como assistente de pesquisa no prestigiado Museu Real de Etnologia, de Berlim. Lá, trabalhou por um tempo à sombra de duas das principais figuras das ciências humanas da Alemanha, Rudolf Virchow e Adolf Bastian, que encorajaram o exato tipo de trabalho de campo que Boas organizara por conta própria. Mas, mesmo assim, tinha poucas esperanças de ir além da catalogação de artefatos. Tudo parecia muito monótono, e a atração do outro lado do Atlântico era imensa. Marie, por um lado, dificilmente deixaria sua família, em Manhattan, por um futuro incerto na Alemanha. A decisão se fez sozinha. Em julho de 1886, pouco mais de um ano após seu relutante regresso, Boas embarcou em um transatlântico com destino a Nova York. Na época, ele ainda não sabia bem disso, mas voltara para ficar.

Boas foi um dos quase 1,8 milhão de falantes de alemão que se mudaram para os EUA entre 1880 e 1900[11], o pico da imigração alemã. A família de Marie, os Krackowizers, e o tio de Boas, Abraham Jacobi, estavam entre os profissionais e ativistas políticos que fugiram da Europa Central após as fracassadas Revoluções de 1848. Em certa medida, foram pioneiros, ansiosos para se diferenciar dos agricultores e comerciantes que lotavam as classes econômicas dos mesmos navios. Mas agora, para quem embarcara na onda de Boas — pessoas mais urbanas e habilidosas do que as da geração anterior, muitas vezes protestantes e judeus, em vez de católicos, e, como Boas, normalmente homens e solteiros —, chegar aos EUA não era um recomeço em um país estranho. Nova York era, ao mesmo tempo, uma cidade alemã e norte-americana.

Apenas duas cidades do mundo na época, Viena e Berlim, tinham populações alemãs maiores. Se os moradores de um único bairro de Manhattan[12], conhecido como Kleindeutschland ou Dutchtown — famoso nos últimos anos como Lower

East Side —, fossem transportados de volta ao Reich de Kaiser Wilhelm, formariam a quinta maior cidade do império. Os alemães eram tão bem-sucedidos e abundantes em Nova York que, mesmo fora de Kleindeutschland, era comum ouvir um médico, professor universitário, livreiro, barman e professor de piano — tocando em um Steinway norte-americano/alemão, talvez — falando inglês com o mesmo sotaque estrangeiro.

Crescer na vida significava subir no mapa[13], e é por isso que a primeira parada de Boas não foram as pequenas lojas e fábricas artesanais de Kleindeutschland, mas a casa dos Krackowizer, na West 60th Street. O reencontro com Marie foi adiado, pois ela estava novamente visitando parentes no norte do estado; assim, nas semanas seguintes, Boas se ocupou desenvolvendo uma rede de contatos acadêmicos. Procurou membros da família e conhecidos da comunidade alemã para obter recomendações e até um empréstimo. Ele não tinha emprego e, mesmo com a recém-adquirida *Habilitation*, não tinha nem perspectiva de um. Seu inglês ainda era tão hesitante que recusou a oportunidade de mostrar um artigo para a prestigiada Associação Americana para o Avanço da Ciência[14], temendo que seus erros gramaticais o rotulassem como caipira. Mas ele estava mais otimista do que estivera há mais de um ano. "Vejo um campo de trabalho tão amplo e livre diante dos meus olhos que a mera ideia me motiva"[15], escreveu aos pais em agosto.

Enquanto isso, não perdeu tempo em explorar um novo local de campo para a próxima fase de sua pesquisa. Enquanto trabalhava no museu, em Berlim, conheceu um grupo de indígenas Bella Coola, ou Nuxalk, originários da Colúmbia Britânica. Ficou fascinado por sua língua e danças rituais, executadas com máscaras de madeira ricamente esculpidas. Os povos indígenas do Noroeste do Pacífico eram conhecidos pelas grandes cabanas de toras de madeira, seus totens monumentais complexos e a instituição do *potlatch*, na qual os chefes de família competiam por quem doava mais comida e tesouro para o resto da comunidade, às vezes a ponto de chegar à ruína pessoal. Boas achou que a região seria uma boa continuidade para seu trabalho na Ilha de Baffin, porque lhe proporcionaria a oportunidade de trabalhar com um tópico norte-americano. Também o ajudaria a arrumar emprego permanente em Nova York ou em Washington. No outono de 1886, com um empréstimo do tio Jacobi e a chance de ganhar mais dinheiro colecionando artefatos para vender a um museu, foi para outra parte do Ocidente.

—

**O FERROVIÁRIO DO NORTE DO PACÍFICO** chegara há pouco tempo ao oceano, depositando seus passageiros em uma jovem cidade portuária chamada Tacoma, Washington. De lá, Boas poderia pegar um navio a carvão no Mar Salish até a província canadense da Colúmbia Britânica. Enseadas e fiordes definiam a costa irregular, com grandes áreas de abetos de Douglas e cedros do Alasca envoltos em uma névoa densa, escondendo acampamentos de madeira e pesqueiros. Mais adiante, os picos nevados da cordilheira contrastavam com o céu. "Vancouver causa uma impressão muito estranha"[16], escreveu.

> Não faz nem um ano que a cidade surgiu do deserto, no momento em que se soube que o Pacífico Canadense faria um porto aqui. Onde não há casas, mesmo no meio da cidade, há tocos de árvores queimados ou em chamas. Pessoas de todos os lugares, ninguém parece realmente estar em casa, pululam pelas ruas, cobertas de tábuas de madeira. As ruas ainda não estão acabadas, e, onde não há ruas laterais de madeira, nem ruas não cobertas de madeira, não há nada além do pântano intransitável. Um colarinho branco ainda é um acontecimento inusitado em Vancouver, mas tudo parece estar desaparecendo rapidamente.

"O estrangeiro que vem pela primeira vez a Victoria se assusta com o grande número de indígenas que vivem na cidade"[17], relatou Boas sobre a capital da província. Ele estimou que a população indígena total da Colúmbia Britânica era de 38 mil pessoas[18], a maioria morando ao longo da costa, o que superava em número os descendentes de europeus. Eles se vestiam, surpreendeu-se ao notar, à moda europeia e trabalhavam como estivadores, peixeiros e lavadeiras, seus barracos e tendas permeavam os subúrbios. Falavam vários idiomas não relacionados, e sua organização social também era diferente: algumas tribos, como os Tlingit, dividiam-se em clãs poderosos, e outras, como as que Boas conhecia como Kwakiutl, adotavam um sistema complexo de sociedades secretas muito reverenciado, e até temido, pelas pessoas comuns. O que unificava os indígenas, no entanto, era "seu gosto artís-

tico altamente desenvolvido"[19], escreveu, em particular, as impressionantes esculturas em madeira e pinturas estilizadas de animais que decoravam suas cabanas.

As chuvas transformavam as limitadas estradas em pântanos intransitáveis,
mas, pelo menos, eram mais suportáveis do que o gelo e as temperaturas abaixo de
zero da Ilha de Baffin. Boas começou seu trabalho. "Vou visitar e ouvir histórias"[20],
escreveu aos pais, "depois, escrevo até meus dedos ficarem dormentes". No final de
cada dia de conversas e viagens, ele se apressava para anotar tudo o que ouvira. Nos
meses seguintes[21], preencheu mais de trezentas páginas de seus cadernos de couro,
mantendo uma conta em aberto dos custos de suas correspondências para Meier e
Sophie, na Alemanha.

Ele decidiu se concentrar em inventariar mitos e contos populares por toda a
costa, principalmente na Ilha de Vancouver. Ele já registrara algumas palavras de
Bella Coola, que captou de indígenas visitantes em Berlim, e podia fazer o mesmo
em Chinook, uma linguagem simplificada usada para o comércio. Mas ele con-
fiava mais na técnica que usava em casa: abordar alguém que mal conhecia, um
missionário cristão talvez, ou um anglófono local, e pedir que o acompanhasse a
uma reunião urgente. George Hunt, um homem meio Tlingit e meio inglês[22], que
se casara na sociedade Kwakiutl, serviu como guia e mediador, como Signa o fora
na Ilha de Baffin.

As coisas funcionaram melhor em alguns momentos do que em outros. Em
dada ocasião, passou duas horas anotando um texto complexo, ditado por uma
mulher da vila costeira de Comox, e depois descobriu que tudo o que ela lhe dissera
era inventado. Ela pensou que ele queria praticar a língua[23].

O problema era como decifrar tudo aquilo. Um homem e uma mulher idosos
quase se engalfinharam ao tentar responder às perguntas de Boas, relatou ele de
Somenos, uma vila no vale do rio Cowichan.

> Ele disse que um homem estava morto há nove dias[24], e ela disse que eram
> dez, e ele então ficou tão zangado que não consegui tirar mais uma pala-
> vra dele [...] A cada cinco minutos, ele me garantia que era o melhor entre
> todos os homens daqui e sabia de tudo. Enquanto isso, gritando, crianças
> sujas corriam; às vezes, fazia-se uma refeição. Cães e galinhas abrem ca-
> minho entre as pessoas; o fogo faz tanta fumaça que mal se enxerga. O

velho observa que eu escrevo cada palavra que ele diz e, quando não o faço, ele considera um insulto pessoal, proferindo um longo discurso, do qual não entendo uma palavra.

Mesmo assim, alguns mitos eram tão cheios de linguagem grosseira e libertinagem[25], que temia nunca poder publicá-los. "Eles sempre tentam enganar estranhos"[26], reclamou Boas. Isso era um problema para a ciência, mas também para a história. O que não conseguisse coletar naquele momento poderia ser perdido para sempre.

Certa vez, vagando pela costa rochosa perto de Comox, na Ilha de Vancouver, descobriu que toda a área estava cheia de ossos humanos. Era tudo o que restava de um antigo cemitério que fora lavrado por um fazendeiro local[27]. A nova Ferrovia do Pacífico Canadense logo atravessaria aquelas terras, levando vagões de mercadorias industriais e de passageiros cheios de colonizadores brancos. Mas coisas desse tipo eram esperadas: cabanas de madeira seriam demolidas para dar lugar a casas modernas, um cemitério seria coberto por uma nova estrada, ossos velhos desbotariam na praia de seixos. O trabalho foi uma corrida contra o tempo, como fora com os Inuítes. Seja em razão da difteria ou por causa dos motores a vapor, os modos antigos, ou o que restava deles, logo desapareceriam. Boas ficou surpreso ao descobrir que ninguém — nem os colonizadores locais, nem os próprios indígenas — via a situação como uma tragédia. As notícias de sua chegada e partida — um doutor alemão realizando pesquisas etnológicas na fronteira — eram o assunto das manchetes. Ele partira como uma pequena celebridade[28].

—

QUANDO VOLTOU A NOVA YORK, em dezembro, Boas esperava ter tempo para escrever suas descobertas e apresentá-las a uma editora norte-americana. Um livro em inglês certamente faria sua reputação como um estudioso sério. Em vez disso, um mês depois, uma oportunidade caiu em seu colo. Havia uma vaga para assistente da revista *Science*, e, após um jantar com o editor, Nathaniel D. C. Hodges, conseguiu o trabalho. Ele informou à sua família que estava morando oficialmente nos EUA. E disse a Marie que agora eles poderiam fazer planos para um casamento na primavera[29].

A *Science* era uma revista novata em dificuldades, fundada em 1880 como um "registro semanal do progresso científico", como anunciava a folha de rosto. A tarefa de Boas era gerir a publicação de artigos sobre geografia — como ele ainda nomeava sua principal área de interesse — e preparar mapas e notas sobre os desenvolvimentos da área de estudo. Mas também lhe deu algo que nunca tivera: uma plataforma segura para apresentar, além de suas observações de campo e descrições geográficas, algumas das ideias mais amplas que começara a formular sobre as emergentes ciências sociais.

Geógrafos e etnólogos deveriam desistir de se igualar aos físicos e a outros teóricos do mundo natural, escreveu em uma de suas primeiras incursões pelas páginas da *Science*, no início de 1887. Era impossível generalizar o que dependia fundamentalmente do contexto, como por que um mito sobre um corvo significava uma coisa em Comox e outra na costa de Salish. Pela própria natureza, a etnologia dependia de um tempo e de um lugar. Nasceu do impulso de entender "a vida do homem atrelada ao país em que vive"[30].

Ele achava que um lugar, em particular, havia interpretado tudo de forma muito equivocada: o Museu Nacional de Washington, D.C., e a comunidade de estudiosos eminentes reunidos em torno de John Wesley Powell.

Pouco depois de retornar da Colúmbia Britânica, Boas viajou a Washington para estudar as coleções do Smithsonian sobre os povos da Costa Noroeste. A instituição, de várias maneiras, ainda exibia suas marcas, uma espécie de protomuseu conhecido em alemão como *Kunstkammer*, uma reunião de curiosidades que o Renascimento e os primeiros reis e príncipes modernos usavam para o deleite próprio e o de seus amigos. Era um emaranhado de excentricidades: roupas de uma tribo distante e talvez imaginária, o esqueleto de um animal malformado, um tumor especialmente grande, ou o mais famoso, no Museu Ashmolean, de Oxford, os restos fragmentados de um dodô, que, mais tarde, inspiraria um personagem de Lewis Carroll em *Alice no País das Maravilhas*.

Por outro lado, os museus modernos de história natural e etnologia, que se desenvolveram ao longo do século XIX, preocupavam-se com a classificação. Seu objetivo não era surpreender ou entreter, mas instruir o público. Os objetos eram alocados de acordo com uma lógica, em vez de serem jogados nos armários ou empilhados nas mesas. Os novos edifícios do Museu Britânico (inaugurados na década de 1850), o Museu Real de Etnologia, onde Boas trabalhou, em Berlim (fundado na década de 1870) e o Museu Pitt Rivers, em Oxford (fundado na de 1880), transformaram o que fora uma bagunça de penas, pedras e madeira em um arranjo mais coerente. Percorrer as galerias abertas e arejadas era passear por um mundo racional e compreensível, ver a lógica interna da natureza — flora, fauna, fóssil e pegadas — acontecendo diante de seus olhos.

Boas percebeu que o Museu Nacional do Smithsonian contava uma história semelhante. Seu curador de etnologia, Otis Tufton Mason, era um dos parceiros de Powell e supervisionara a transferência das coleções da agência para o novo prédio, a leste do Castelo Smithsonian. Foi cofundador da Sociedade Antropológica de Washington, onde Powell proferiu seu discurso sobre os estágios do desenvolvimento humano e estruturou o museu pautado nessas ideias. Como rituais, ferramentas, armas, vestuário, hábitos e práticas tinham estágios definidos — como Morgan e Powell insistiam —, era apropriado agrupar todos os chocalhos de ossos ou tambores de pele de animais, independentemente da origem geográfica, no mesmo lugar. Afinal, eram expressões comuns de dado estágio evolutivo. Como vagões em um trem, todos circulavam mais ou menos na mesma velocidade pelas estações marcadas como "selvageria" e "barbárie", rumo ao terminal da "civilização".

Quanto mais Boas circulava pelas vitrines, mais estranho tudo parecia. Em Vancouver e Victoria, ele viu como a etnologia era confusa na prática. A realidade do trabalho de campo estava muito longe da clareza apresentada aos visitantes do museu. A organização das coleções refletia as ideias do responsável pela *coleta* sobre determinado objeto, em contraste à visão de mundo do artesão que o criara. O espectador não saberia o uso que o fabricante lhe destinara, nem como era empregado em seu contexto original.

Quando voltou a Nova York, Boas colocou alguns desses pensamentos no papel. Em junho, escreveu ao "Major Powell", como o grande homem era chamado, afirmando que se deparara com uma "questão fundamental" para a etnologia, na qual queria concentrar sua pesquisa: "Até que ponto a influência dos arredores se estende?"[31], escreveu. Foi a primeira declaração clara — mesmo em seu inglês ainda imperfeito — da pergunta que o motivara desde que fora para a Ilha de Baffin. "Quanto mais eu estudava[32], mais me convencia de que fenômenos como costumes, tradições e migrações são muito complexos em sua origem [...] para que estudemos suas causas psicológicas sem um conhecimento profundo de sua história." Ele não chegou a conclusões claras sobre como a geografia moldara os padrões de migração de "seus esquimós". Da mesma forma, na Costa Noroeste, descobriu que músicas, histórias e mitos não seguiam um padrão óbvio, mesmo entre os povos que moravam muito próximos. Ele se perguntava, portanto, se "os fatos históricos são de maior influência que os arredores"[33]. A próxima edição da *Science*, falou, apresentaria algumas reflexões nesse sentido — bem como uma crítica completa de um dos colegas de Powell, o venerável curador do Smithsonian, Otis Tufton Mason.

"Não concordamos com as principais premissas das pesquisas etnológicas do professor Mason"[34], escreveu na edição de maio. Em seus escritos e na organização do museu, Mason havia ignorado uma possibilidade óbvia. Condições semelhantes podem produzir efeitos similares, mas havia vários casos em que as condições semelhantes produziram efeitos muito diferentes. Na Costa Noroeste, Boas havia encontrado tanto distinções quanto semelhanças notáveis entre as comunidades indígenas, sem nada que sugerisse que Bella Coola e Salish, por exemplo, estavam no mesmo estágio de desenvolvimento. O mesmo ambiente — florestas de pinheiros e pesca, invernos chuvosos e ondas agitadas — produzira uma riqueza de práticas e artefatos sobrepostos, compartilhados ou totalmente distintos. No Museu Nacional, no entanto, um visitante poderia percorrer todas as galerias sem nunca perceber esse fato básico. Pelo contrário, os artefatos retirados do Noroeste estavam espalhados pelas exposições, não agrupados, mas unidos a itens supostamente semelhantes de lugares totalmente diferentes, aqueles que se pensava representar a mesma fase da evolução cultural. "Ao considerar um único utensílio fora de seu contexto"[35], escreveu Boas, "longe de outras invenções do povo a que pertence e dos outros fenômenos que afetam esse povo e suas criações, não podemos entender seu significado". O contrário era como organizar um sótão, colocar os itens grandes ali, os pequenos lá, as decorações de Natal disputando espaço com sapatos velhos e um baú empoeirado. Sem dúvida, isso não era ciência.

Mason respondeu nas páginas da revista mais tarde naquele verão. "É uma convicção emergente"[36], escreveu, "que tanto os costumes quanto os artefatos surgem de invenções anteriores, assim como a vida brota da vida, e quanto mais cedo reconhecermos o fato de que, no estudo das artes, instituições, línguas, conhecimento, costumes, religião e raças humanas, devemos sempre aplicar os métodos e instrumentos do biólogo, mais cedo nossa amada ciência se embasará em um fundamento sólido". A classificação foi o primeiro passo rumo à verdadeira compreensão científica, afirmou Mason. Ao rejeitar o fato óbvio de que características semelhantes surgem de causas semelhantes, Boas inviabilizava a comparação. "O explorador que adentra um povo para estudar suas crenças e atividades faz um trabalho melhor, equiparando cada aspecto a seus equivalentes em outros tempos e lugares."[37]

Em junho, Boas retomou a conversa, terminando com o que considerava uma declaração grandiosa e abrangente. Escreveu uma crítica pessoal a Mason, por causa do importante papel do etnólogo no campo e dos efeitos de longo alcance do museu cujas coleções supervisionou. Foi por isso que o arranjo esdrúxulo que Mason fizera dos objetos foi um erro muito crítico. Ele alegava que os povos cujos objetos estavam expostos viviam em uma espécie de presente eterno, suas obras supostamente congeladas no tempo. Mas aquelas pessoas tinham uma história. Elas migraram. Viveram sob a influência de diferentes povos e ideias. Boas vivera essa situação na Ilha de Baffin, quando investigou a história de vida de seu guia, Signa. Ele a vivera na Colúmbia Britânica, onde pessoas que falam línguas muito diferentes contavam as mesmas histórias e repetiam os mesmos mitos.

A única maneira de chegar àquelas questões era por meio do que Boas conhecia como método indutivo, ou seja, examinando uma variedade de grupos em detalhes e congelando a teoria de alguém até que se coletassem dados do máximo de fontes possíveis. A alternativa, raciocinar de maneira dedutiva, consistia em propor princípios gerais e depois aplicá-los ao caso em questão. Mas Boas sentia que, até serem encontradas evidências para confirmar tais princípios, a abordagem era investigar até encontrar as que confirmassem suas preconcepções. A ciência exigia que os pesquisadores deixassem suas noções preconcebidas no laboratório. Eles deveriam permitir que suas teorias sobre a sociedade humana emergissem ao estudar os ambientes em que as pessoas viviam. Pode haver leis para a evolução social, mas descobri-las exigiria que um pesquisador passasse um tempo lutando contra a própria ignorância. "Tudo isso está começando a fazer eu me sentir muito estúpido"[38], escreveu Boas da Costa Noroeste. No entanto, ele transformou esse sentimento — a sensação de estar perdido dentro de um ciclone de dados — em um método científico.

"Na etnologia, tudo é individualidade"[39], concluiu de maneira um tanto enigmática. "Acredito que o objeto das coleções etnológicas deva ser a disseminação do fato de que a civilização não é absoluta, mas relativa, e que nossas ideias e concepções são verdadeiras apenas no contexto da nossa civilização." Essa era a conclusão em que ele trabalhava desde que escrevera para Marie com suas revelações sobre a Ilha de Baffin. As únicas pessoas que podiam dizer se um instrumento similar a um arco era uma arma, um brinquedo ou um utensílio para fazer fogo eram os verdadeiros especialistas — ou seja, aqueles que o usavam, em um determinado local, em uma determinada época. Esse chocalho de osso pode fazer música. Aquele outro, afastar os maus espíritos. Ainda outro, distrair uma criança chorosa. Tudo depende de seu lugar *no mundo*, não de um lugar no *suposto caminho linear* da evolução social. A maneira de montar um museu não era seguindo a fórmula "selvageria, barbárie e civilização" de Morgan e Powell. Era agrupando os objetos em exibição para que correspondessem aos povos que os criaram.

Boas poderia, com razão, achar que vencera a batalha — até que o editorial da *Science* recebesse uma longa carta do próprio Grande Powell. Foi impressa na edição seguinte. Powell considerou as propostas de Boas impraticáveis e cientificamente suspeitas. Boas não tinha uma concepção das diversas funções dos museus, sugeriu Powell, e seu desejo de agrupar itens com base nas sociedades que os produziram não ofereceria orientação às massas nem esclarecimento aos estudiosos. Era muito melhor ficar com as "atividades humanas [universais] que caracterizam a humanidade"[40], concluiu Powell — "artes, instituições, idiomas e opiniões ou filosofias" —, e qualquer museu digno do título deveria ser montado de acordo com alinhamentos igualmente óbvios.

Boas não pôde fazer nada além de responder timidamente com uma nota curta que ele e Powell concordavam em muitos pontos fundamentais[41]. A situação toda[42], escreveu aos pais, havia lhe causado muita dor de cabeça. Ele atacara duas das figuras mais importantes da área, de sua posição instável de assistente editorial, e o consenso geral parecia dizer que ele havia perdido. Seu contrato com a *Science* estava terminando, e ele agora se encontrava na mesma posição em que estivera dois anos antes, embora um pouco melhor. Foi eleito como membro da Associação Americana para o Avanço da Ciência e até começou a fazer apresentações em inglês improvisado[43]. Sua publicação mais longa em seu segundo idioma — *The Central Eskimo*, resultado da pesquisa na Ilha de Baffin — deveria aparecer nos relatórios anuais do Departamento de Etnologia. Ainda assim, o momento dificilmente poderia ter sido pior. Ele e Marie deram as boas-vindas à primeira filha, Helene, no outono de 1888, e ele era, mais uma vez, um erudito itinerante.

# Capítulo Quatro

# CIÊNCIA E CIRCO

.............................

A mudança de Boas para os EUA coincidiu com a era emergente da antropologia — um termo que cada vez mais pessoas usavam para a combinação de viagens, coleta de artefatos, aprendizado de idiomas e caça a ossos que Boas fizera na Ilha de Baffin e no Noroeste do Pacífico. Usar esse rótulo era se colocar na vanguarda. Reinos inexplorados se revelavam diante de seus olhos. Era poder observar as origens da própria humanidade ao longo do tempo. Antepassados perdidos emergiam do pó ao toque de sua espátula. O homem primitivo falava com você em sua língua confusa, uma que, com grande persistência, você era capaz de decifrar. Ser um bom antropólogo exigia um desejo de viajar, uma disposição de suportar a disenteria e a suprema confiança de que o que estava construindo, pouco a pouco, era uma ciência mestre da humanidade.

Em uma viagem de trem para uma conferência em Cleveland, Boas conversou com alguém que entendia essas ambições melhor do que qualquer um que conheceu: o empresário acadêmico Granville Stanley Hall. Como estudante de Harvard, Hall foi o primeiro doutor dos EUA no novo campo da psicologia. Ele montou o primeiro laboratório experimental da disciplina na nova Universidade Johns Hopkins, em Baltimore. Hall acreditava que o estudo da mente humana deveria ser abordado como ciência, não como um ramo da filosofia, como era visto até então. Era preciso abandonar os arroubos de fantasia especulativa e se concentrar no teste cuidadoso de hipóteses em condições controladas. Ele não se via como um experimentalista por excelência, mas como um impulsionador da verdade em uma época em que todos compreendiam que a ciência ajudaria a tornar a vida mais saudável, rica e longa.

Como psicólogo, entendia os desejos e as fraquezas humanas. Talvez esse talento lhe tenha dado a habilidade de convencer as pessoas a apoiarem seus grandes planos acadêmicos. Em 1887, fundou o *American Journal of Psychology*, em uma época em que mal havia uma disciplina para preencher suas páginas. Fundou a Associação Americana de Psicologia (APA) quando toda a população de psicólogos cabia confortavelmente em uma sala de seminários — que foi exatamente o que aconteceu na primeira reunião da associação. Hall reunia pessoas da mesma forma que os etnólogos colecionavam contos populares. Com sua gravata listrada e eloquência, era uma presença carismática, o tipo de pessoa que sempre parecia ter uma multidão de jovens ansiosos ao seu redor no final de uma palestra. Ganhou fama desmascarando médiuns e adivinhos, como autoridade controversa sobre sexualidade adolescente e autor de livros populares com títulos arrepiantes, como *Senescence: The Last Half of Life* ["Senescência: A Última Metade da Vida", em tradução livre], *A Study of Dolls* ["O Estudo das Bonecas", em tradução livre] e *Jesus, the Christ, in the Light of Psychology* ["Jesus, o Cristo, à Luz da Psicologia", em tradução livre], em dois volumes.

Quando o contrato de Boas na *Science* estava chegando ao fim, ele recebeu uma mensagem inesperada do acadêmico confiante que conhecera no trem. Boas estaria interessado em uma vaga para dar aulas na Universidade Clark, uma nova instituição em Massachusetts, que Hall estava fundando? Ele seria a primeira pessoa dos EUA a ser contratado para lecionar uma matéria ainda incipiente[1], chamada antropologia. Era uma promessa de concretizar o sonho de Boas de, um dia, ter o título de professor. Ele aceitou sem hesitar. No outono de 1889[2], mudou-se com sua família para o subúrbio de Worcester e começou a escrever seu programa de aulas, ainda preocupado com o inglês errante.

A Clark era retratada para novos professores e futuros alunos como um salto na educação científica. Seu principal financiador[3], Jonas Gilman Clark, um bem-sucedido comerciante de ferragens, foi na onda de outros empresários que cediam suas fortunas — e nomes — às instituições de ensino superior. Ezra Cornell, um dos primeiros investidores no sistema nacional de telégrafo, dedicou seus últimos anos à criação de uma universidade em Ithaca, Nova York, que abriu as portas em 1865. Cornelius Vanderbilt, o magnata dos transportes e ferrovias, fundou a própria versão em Nashville, Tennessee, em 1873. O petroleiro John D. Rockefeller concedeu a doação inicial para o que se tornaria, em 1890, a Universidade de Chicago, enquanto o negociante de ouro Leland Stanford fez o mesmo, um ano depois, em Palo Alto, Califórnia.

No entanto, a Universidade Clark teria um diferencial. Ofereceria apenas turmas de pós-graduação. O plano era combinar ensino avançado com um corpo docente cujas funções incluíssem menos aulas teóricas e provas, e mais pesquisas inéditas em seus campos de especialização. Poucos lugares além da Johns Hopkins conseguiram incorporar esse novo ideal de "universidade de pesquisa". A educação de pós-graduação era cara, já que os estudantes de doutorado esperavam bolsas de estudo e aulas gratuitas, pois precisavam dedicar suas vidas a atividades puramente acadêmicas, em vez de Direito ou Administração, e as universidades competiam agressivamente pelo talento limitado de professores. Pessoas com diplomas de universidades focadas em pesquisa no exterior — como Boas — eram particularmente atraentes, e a Clark estava comprometida em usar seus recursos para criar uma comunidade dedicada ao avanço do conhecimento original. Quando Boas entrou na Clark, com seus dois edifícios espaçosos cercados pelas cores exuberantes do outono na Nova Inglaterra, a instituição era cheia de promessas. Seu fundo de doações, de cerca de US$700 mil, a equiparava às Universidades de Stanford, Cornell e de Chicago.

A universidade era um projeto pessoal de Hall. Como presidente, supervisionava todas as nomeações do corpo docente e discente. Contudo, Boas não demorou muito para perceber que as coisas não iam bem. Em sua primeira aula[4], no início de novembro, havia apenas oito alunos na sala, que estava tão escura que ele mal conseguia ver as próprias anotações. Hall tinha o hábito de prometer muito e entregar pouco. As despesas do primeiro ano superaram o investimento recebido, e uma tragédia após a outra parecia atingir o próprio Hall[5]: um surto de difteria que o deixou sem falar, e, em seguida, a asfixia da esposa e do filho em um vazamento de gás.

O corpo docente logo se revoltou. Todos os anos, administradores da Universidade de Chicago chegavam em uma expedição surpresa[6], e partiam de Worcester levando professores com seus paletós de tweed a tiracolo, para ganhar o dobro do salário. Boas se sentia incapaz de se juntar a eles. Ele prometeu a Marie que eles sossegariam por um tempo, principalmente após a chegada do filho, Ernst, durante um gelado fevereiro de Massachusetts, em 1891. "Eu só queria ter mais fé na universidade"[7], escreveu aos pais.

Boas continuou redigindo seu material para a Colúmbia Britânica, incluindo os resultados de outros verões de coleta. A única vantagem da Clark foi ter conseguido reunir um grupo de acadêmicos talentosos — embora insatisfeitos — de diversas áreas. Boas se viu influenciado pelo trabalho em estreita colaboração com pesquisadores treinados, pessoas guiadas pela própria curiosidade para resolver algumas das maiores questões que a ciência tinha a oferecer. Seu primeiro aluno de doutorado[8], A. F. Chamberlain, obteve o título de doutor em 1892, o primeiro do país em antropologia. Mas foi difícil. Hall, que antes parecia visionário, tornou-se um administrador teimoso e, às vezes, até vingativo. Ele dependia inteiramente de Clark, o fundador da escola, para obter recursos, e o doador mostrou-se tão errático quanto invasivo.

Os verões na Colúmbia Britânica eram um refúgio para Boas, mas depois chegava o outono e, com ele, o retorno à mistura de labuta e intrigas em Worcester. Em 1892, o descontentamento dos professores era tema diário de conversas pelos corredores e no refeitório. No final daquele ano acadêmico[9], dois terços do corpo docente se demitiram — um evento que Hall chamou de "a hégira", em referência à fuga de Maomé para Meca. Foi um golpe devastador, do qual a universidade nunca se recuperou. A maioria foi para a Universidade de Chicago, o destino típico das pessoas que se cansavam das deficiências de Hall.

Boas logo seguiu o mesmo caminho, mas não para a universidade. Em novembro, mudou-se com Marie e os dois filhos[10], Helene e Ernst, para Englewood, no sul de Chicago. De lá, era fácil se deslocar até os subúrbios pantanosos ao longo do lago Michigan, que logo estariam repletos de atividades. A cidade estava se preparando para a maior exposição pública de ciência, tecnologia e artes que o mundo já vira. Boas havia se tornado cidadão norte-americano há pouco tempo e estava ansioso para assumir seu papel na exibição das maravilhas do país que o adotara[11]: trabalhar dentro de um prédio que — pela primeira vez nos EUA — tinha a palavra ANTROPOLOGIA esculpida na entrada.

—

**BOAS SONHAVA SER** contratado para a equipe da feira mundial de Chicago — oficialmente, a Exposição Universal de Chicago — prevista para abertura em 1º de maio de 1893. Como ocorreu em sua mudança para a Clark, essa última reviravolta em sua carreira ocorreu por meio de outro acadêmico dos EUA que rondara com avidez — o curador do Museu Peabody de Arqueologia e Etnologia de Harvard, Frederic Ward Putnam.

Arqueólogo de destaque em sítios indígenas norte-americanos, a afiliação acadêmica de Putnam remontava a seu mentor, o grande naturalista de Harvard Louis Agassiz. No período que antecedeu a feira de Chicago, ele elaborou uma audaciosa proposta detalhada para "uma coleção das habitações dos moradores das três Américas, desde os selvagens primitivos até os dias atuais"[12], publicada no *Chicago Tribune*. Os organizadores da feira ofereceram um orçamento generoso[13] de US$300 mil para a criação de um departamento de etnologia e arqueologia, nomeado Departamento M. Putnam, que logo contratou assistentes para montar coleções, projetar galerias públicas e reunir os materiais originais solicitados nos documentos de planejamento da exposição.

A feira mundial foi uma comemoração do 400º aniversário da viagem de Colombo ao Novo Mundo e uma oportunidade para os fomentadores de Chicago mostrarem a renovação da cidade após o incêndio devastador de 1871. Mas, como Putnam sabia, era uma rara oportunidade para a antropologia se definir como um campo de conhecimento coeso. Primeira revista a usar o termo em seu título, a *American Anthropologist* [Antropólogo Americano] foi lançada em 1888 pelo círculo de estudiosos de Powell, em Washington. Sua primeira edição continha uma série de assuntos: o desenvolvimento evolucionário da mão humana, a natureza da medição de tempo na Grécia e Roma antigas, a metalurgia entre os indígenas Algonquinos, os jogos infantis na capital do país e até a palestra "Da selvageria à civilização", que Powell proferira dois anos antes. O plano de Putnam era que o Departamento M. Putnam capturasse essa disciplina indomesticada e a colocasse, metaforicamente, sob o mesmo teto. Ele apresentaria itens escavados de montes sepulcrais indígenas por arqueólogos, roupas nativas e objetos rituais resgatados por etnólogos, canções e cânticos reunidos por linguistas e habitantes de comunidades indígenas que criariam dioramas vivos para instruir e surpreender os visitantes.

Putnam sabia que tinha vários concorrentes. Otis Tufton Mason e outros curadores de Washington coletaram algumas riquezas do Smithsonian para enviar a Chicago. O antigo Departamento de Etnologia teria a própria galeria no pavilhão dos EUA, no coração da feira. Nos arredores, havia uma atração chamada Midway Plaisance, na qual os povos do mundo desfilariam, com dançarinos, acrobatas e fornecedores de alimentos oferecendo delícias de todo o mundo. O Departamento M. Putnam tinha que fazer algo diferente, e talvez por isso Putnam tenha escolhido Boas para uma tarefa especial: criar uma exibição sobre a área da antropologia que se aproximava da ciência real, uma disciplina de números, precisão e medição cuidadosa, especialmente, das proporções do corpo humano. Era uma área de estudo etérea, conhecida como antropometria.

A partir do final do século XVIII, os estudantes de história natural catalogaram as diferenças humanas reunindo coleções *ad hoc* de crânios humanos e esqueletos inteiros. O próprio Boas fizera isso na Colúmbia Britânica, retirando ossos de cemitérios em ruínas que encontrou ao redor da Ilha de Vancouver. Mas por que medir pessoas vivas? Na década de 1890, a resposta era óbvia e veio diretamente da visão evolucionista do desenvolvimento social defendida por Morgan, Powell e outros.

Assim como os seres humanos mudam fisicamente ao longo do tempo, da infância em diante — ficando mais altos, com ossos mais fortes e cabeças maiores, depois regredindo, quando seus ossos se tornam frágeis e suas espinhas se curvam na velhice —, acreditava-se que a sociedade humana mostraria evidências de uma mudança padronizada. Os seres humanos haviam evoluído de versões anteriores de si mesmos, e bastava observar o mundo, as sociedades selvagens e bárbaras, para ter pistas sobre como o homem civilizado era nos estágios anteriores do desenvolvimento. Além disso, as características físicas estavam agrupadas de acordo com a geografia. Pessoas de tons de pele escuros, por exemplo, moravam em determinadas regiões; as com tom de pele mais claro, em outras. A ciência exigia a mudança de tais observações superficiais para o registro cuidadoso de distinções físicas mensuráveis, do formato da cabeça à altura, peso e comprimento do fêmur, a fim de categorizar as pessoas de acordo com as características físicas que as distinguiam.

Pinças e fitas métricas poderiam ser usadas tão facilmente nos vivos quanto nos ossos das sepulturas antigas. Os pesquisadores da Europa mostravam o caminho. Na Grã-Bretanha, Francis Galton, primo de Charles Darwin e um dos pioneiros dos métodos estatísticos modernos, construiu um mapa das Ilhas Britânicas com base no que acreditava ser a beleza objetiva e mensurável de seus habitantes. Paul Broca, professor de cirurgia e fundador da Sociedade Antropológica de Paris, coletou os cérebros de animais selvagens e de humanos eminentes, para comparar seus tamanhos e explicar suas diferentes faculdades mentais. Qualquer reunião de antropometristas fervilhava com as últimas descobertas relatadas em índices, médias e vocabulário grego. Diziam que os indivíduos dolicocefálicos, com suas cabeças relativamente longas, são encontrados entre muitos povos da África e do Mediterrâneo. Os braquicefálicos, ou de cabeça curta, estavam localizados principalmente na Ásia Central. Os mesaticefálicos, ou de cabeça mediana, ocupavam toda a Europa e a América do Norte e a do Sul. O fascínio da quantificação era irresistível. Era o caminho mais seguro para a mais jovem das ciências humanas obter o devido respeito.

Porém, nada disso se limitava a uma coleta descritiva de dados. A teoria geral subjacente ao trabalho da antropometria era a crença de que as diferenças físicas dariam pistas sobre outros enigmas alvos do interesse vigente, da saúde pública à inteligência. Poucas décadas antes, o anatomista sueco Anders Retzius desenvolvera um cálculo conhecido como índice cefálico: a largura máxima do crânio dividida por seu comprimento máximo, multiplicada por cem. Os números gerados pela fórmula de Retzius eram o foco de interesse dos antropometristas. Com um pouco de aritmética, um pesquisador gerava um número para comparar a cabeça de um indivíduo com a de outro. Mas o valor real estava na comparação dos índices cefálicos médios em populações inteiras.

Se você calculasse o valor médio de uma grande quantidade de pessoas e o mapeasse, teria um panorama da evolução e da migração humana ao longo do tempo, como se distinguiram de algum tipo anterior e se transformaram nas diversas variedades de seres humanos que havia no planeta. Era uma maneira de olhar para o passado, traçando diferenças humanas essenciais para determinar os limites de impérios e reinos perdidos, ou os gradientes de temperatura invisíveis que variavam dos desertos aos picos das montanhas — os protótipos da natureza revelados no agrupamento dos seres humanos contemporâneos, pelo formato de suas cabeças e pelo volume de seu crânio.

E, como a cabeça contém o cérebro, o índice cefálico e outros aspectos cranianos eram o segredo para a compreensão do comportamento. Alguns anos antes de Boas se mudar para Chicago, um funcionário da polícia francesa, Alphonse Bertillon, propusera o uso sistemático da fotografia para estudar criminosos. As delegacias de polícia passaram a ser equipadas com câmeras e policiais treinados para coletar dados visuais dos suspeitos que prendiam. Bertillon propôs que os suspeitos fossem fotografados em duas poses, uma mostrando uma vista frontal e outra, de perfil. A questão não era simplesmente a facilidade de identificação, pois, afinal, o suspeito já estava sob custódia.

Em vez disso, a ideia de Bertillon era fornecer uma imagem que fosse usada para fins de pesquisa, para correlacionar os principais traços faciais com os de criminosos conhecidos — do formato da testa e do queixo até o volume do crânio. Isso não só facilitaria a *descoberta de um criminoso*, mas também a determinação de *quem poderia se tonar um*. Talvez a criminalidade fosse característica de famílias ou tipos específicos de seres humanos; talvez fosse visível pelo formato da testa ou do maxilar, se soubéssemos o que procurar. O sistema que evoluiu para a icônica foto da polícia resultou da ação da antropometria: toda uma teoria de normalidade e de desvios humanos padronizada em uma pose fotográfica, que seria correlacionada a um único número, o do índice cefálico.

Para Putnam e para a maioria dos outros cientistas da época, a psicologia, a etnologia e a antropometria tinham um propósito comum: usar a observação sistemática das características externas dos indivíduos para chegar a conclusões sobre as diferenças aparentes dos grupos sociais. Boas deveria chefiar o trabalho do Departamento M. Putnam para vincular esses campos de estudo. Ele estudara matemática e estatística como parte do doutorado na Alemanha, uma raridade entre os geógrafos e exploradores amadores que compunham a maior parte da pequena comunidade de etnólogos dos EUA. Ele já tinha uma experiência de campo significativa em vários locais, da Ilha de Baffin à Colúmbia Britânica. Conseguiu a bênção de Hall, um dos fundadores da psicologia norte-americana, e, enquanto esteve na Universidade Clark, atuou como antropometrista. Em 1891, formulou um plano em larga escala para avaliar crianças em escolas públicas de Worcester, um projeto de pesquisa aprovado pelo conselho escolar como forma de estudar crescimento, nutrição e desenvolvimento mental. No entanto, foi denunciado por um jornal local. A ideia de um alemão com sotaque carregado, "couro cabeludo, assim como o nariz e uma das bochechas, marcado por cortes", pedir às crianças que deixassem "medirem sua anatomia"[14] era demais para os pais de Massachusetts.

A controvérsia sobre o projeto — e a fraca defesa pública de Hall — foi um dos motivos para Boas querer deixar a universidade, que passava por dificuldades. Mas essa pesquisa inicial lhe deu as credenciais que atrairiam o interesse de Putnam. Agora, todas as manhãs, ele deixava Marie e as crianças em Englewood e partia na direção do som de martelos e serras na margem do lago.

—

**QUANDO BOAS CHEGOU** à feira, as coisas já estavam atrasadas. O prédio que abrigaria as exposições de Putnam era pouco mais que um projeto. As coleções ainda não haviam sido montadas, muito menos organizadas para exposição ao público. Além de projetar o laboratório de antropometria, Boas colaborou com outras exposições etnológicas. Coordenou a própria equipe de mais de setenta trabalhadores de campo[15], cada um designado para coletar artefatos de uma tribo da Costa Noroeste. Ele mobilizou os contatos que fizera desde a primeira visita à s Britânica, e, por intermédio de uma série de agentes locais, conseguiu artefatos cerimoniais, máscaras, canoas, totens e outros itens para serem enviados a Chicago. Outros assistentes fizeram pedidos semelhantes a seus agentes no México e na América do Sul, todos com o objetivo de preencher o grande salão de dois andares que Putnam estava ocupado construindo.

Em 1º de maio, a feira foi inaugurada com grande aclamação. Uma "Grande Cidade Branca", projetada pelo arquiteto paisagista Frederick Law Olmsted, espalhava-se por quase três quilômetros quadrados na antiga costa pantanosa. Mais de duzentos pavilhões, iluminados por energia elétrica, exibiam a marcha da ciência e da tecnologia em todos os domínios imagináveis. O monstruoso Edifício de Manufatura e Artes Liberais[16], uma estrutura de madeira de quase duzentos metros quadrados, envolta em mármore industrializado e colunas coríntias, era na época o maior espaço coberto do planeta. O Midway Plaisance exibia exposições sobre os modos peculiares dos povos do mundo, de um acampamento beduíno a um café vienense, a maioria, meros disfarces para ambulantes de mercadorias e entretenimento barato. Um edifício inteiro foi dedicado à vida e ao progresso das mulheres, enquanto outros destacaram os avanços na agricultura, na eletrificação e nas artes plásticas. Um novo fecho, chamado zíper, estreou nos seis meses de duração da feira, assim como uma goma de mascar chamada Juicy Fruit, a primeira roda-gigante apresentada por Ferris, uma cerveja premiada oferecida pela família Pabst, e um prato de café da manhã com o nome um pouco confuso de Creme de Trigo.

Do complexo agrícola, os visitantes atravessavam uma ponte sobre o South Pond e subiam a bordo de uma ferrovia elevada que os levava à área etnológica. Uma réplica das ruínas maias da península de Yucatán ficava ao lado das barracas de bétula dos indígenas Penobscot, que por sua vez ficavam ao lado de seis totens esculpidos, um deles, um urso de dois andares saltando sobre os espectadores. Duas casas comunais em escala real eram habitadas por dezessete Kwakiutl[17], incluindo duas crianças, que foram levadas para Chicago pelos agentes de campo de Boas. Bem ao lado de uma imensa réplica de uma moradia-penhasco dos habitantes do sudoeste dos Estados Unidos, estava o Prédio de Antropologia, que, finalmente, foi aberto para os visitantes bem a tempo do feriado de 4 de julho.

Era como se uma feira de ciências de Ensino Médio de nível mundial se tornasse uma exibição circense. O edifício estava abarrotado de itens que os assistentes de Putnam reuniram, agrupados por país ou povo — exatamente como Boas orientara o Smithsonian a fazer anos antes. Os dois andares do edifício levavam os visitantes pela história da evolução humana[18], destacavam a ampla gama de práticas, vestimentas e crenças nas regiões do mundo e, então, conduziam os visitantes a exposições mais contemporâneas, sobre higiene, instituições de caridade públicas e prisões — um lembrete de que a ciência da humanidade também foi um caminho para tornar os seres humanos mais asseados, seguros e gentis. Esteiras de junco se empilhavam ao lado de cestos de bétula e pedaços de barbante. Ornamentos de tornozelo dividiam vitrines com pandeiros de couro, saias de cabelo humano e amuletos de dentes de macaco. Manequins vestindo roupas feitas à mão estavam ao lado de uma maquete de uma vila Haida diante de um cenário pintado de pinheiros enevoados. Um jardim de estátuas gregas levava às exposições de redes de pesca, cestos de palha e túnicas de camurça, com milhares de cartazes, etiquetas, gráficos e mapas, muitos deles corrigidos à mão pelo próprio Boas.

Ao longo da galeria norte do Edifício de Antropologia, havia as oito salas que abrigavam a seção de antropometria, de Boas. Eram dedicadas a três grandes áreas de estudo: uma exibição sobre as características físicas dos indígenas norte-americanos e "mestiços"; outra com material sobre o crescimento e desenvolvimento das crianças e um laboratório de trabalho que fazia pesquisas em tempo real — incluindo o uso de visitantes como sujeitos de pesquisa — de psicologia, neurologia e craniologia, o estudo das formas da cabeça humana. Nada igual já havia sido criado: um experimento em larga escala na ciência pública que visava ser uma exposição e um centro de pesquisa. Os visitantes podiam ver os esqueletos completos de um gorila[19], um homem australiano, um Hotentote, dois peruanos e um europeu, além de um crânio coletado em Atenas, considerado o de Sófocles.

O público podia fazer suas medições físicas no local com os mais recentes instrumentos para aquisição e processamento de dados humanos: compassos de calibre para medir comprimento, goniômetros para ângulos faciais, comptômetros mecânicos usados para somar grandes números, um instrumento conhecido como taquicraniograma de Zambelli, para desenhar seções transversais do crânio e, como Boas o descreveu no programa oficial da feira "o Medidor de Crânio Vertical da Organização Científica de Cambridge [...], um instrumento destinado a medir com acurácia a altura do vértice sobre o plano que passa pela borda inferior da órbita e a entrada da orelha".[20] Uma série de diagramas e pôsteres ilustrava as últimas descobertas da antropometria.

No entanto, as conclusões de quem se aventurou pelas oito salas da exposição de Boas em Chicago, com toda essa quantificação e cálculo, devem ter sido bastante confusas. Se a ciência visava a certeza, havia pouco a mostrar. Medições de mulatos norte-americanos mostravam que sua altura era, aproximadamente, a mesma que a dos brancos. Uma exposição sobre as impressões digitais dos indígenas norte-americanos informava aos visitantes que elas eram únicas para cada indivíduo, sem nenhum padrão para grupos.

A distribuição de pessoas por estatura na cidade de Paris variou bastante, como ocorreu em um estudo com veteranos da Guerra Civil (embora tenha sido constatado que as pessoas do Oeste eram mais altas que as do Leste). Uma tentativa de mostrar as alturas dos italianos não encontrou uma diferença de padrão nítida entre os oriundos da região Norte e os do Sul. As formas de cabeça dos tiroleses e dos bávaros eram altamente variáveis[21] — mais ainda, na verdade, do que entre os muitos norte-americanos brancos, de variadas origens, submetidos à análise. Os povos da "Velha Europa" eram, talvez de modo surpreendente, ainda mais diversos fisicamente do que a população reconhecidamente de imigrantes dos EUA.

Boas desenvolveu uma aversão por teorias não respaldadas em evidências, e, quando tinha a opção de escolher entre apresentar dados e extrair grandes lições, tendia a preferir a primeira. Foi isso que provocara sua polêmica com Mason e Powell, e levara à criação de seu laboratório, em Chicago. Já em 1889[22], publicou um pequeno ensaio sobre como os pesquisadores entendiam algumas coisas de forma terrivelmente errada. O ensaio tratava do que Boas chamava de "cegueira sonora", ou seja, a incapacidade de perceber distinções na pronúncia de certas palavras, como daltônicos com certas distinções de cores. A visão dominante entre os estudiosos era a de que diferentes sociedades demonstravam uma maior ou menor propensão à cegueira, com base, em grande parte, em seu nível de desenvolvimento. As línguas dos povos primitivos permitiam um alto grau de variação na fala, com pronúncias que permaneceram oscilantes, e não fixas. Os povos mais avançados cristalizavam sua pronúncia, principalmente pelo advento das regras de escrita e ortografia. Eles podiam facilmente perceber — e corrigir — declarações errôneas de seus compatriotas, algo que o próprio Boas viveu ao começar a praticar o inglês.

Contudo, segundo Boas, essa visão da linguagem não se apoiava apenas em dados ruins, mas em teorias ruins. Em suas viagens com os Inuítes e os Kwakiutl, os povos indígenas não demonstraram mais propensão à variação de pronúncia do que os etnólogos que os observavam. Na verdade, a cegueira do som se aplicava com mais frequência aos próprios observadores. Boas comparou os vocabulários de idiomas nativos compilados por exploradores europeus e norte-americanos, e descobriu que o mesmo pesquisador registrava palavras nativas de várias maneiras. Olhando para seus próprios cadernos de couro, Boas percebeu que cometera o mesmo erro.

Os pesquisadores não estavam observando o mundo em sua realidade objetiva, mas, como percebeu, por meio do sistema de fala que conheciam: os sons produzidos pelas próprias línguas, dentes, gargantas e narizes nas conversas cotidianas no próprio idioma. "Constata-se que o vocabulário dos coletores, embora usem marcas diacríticas ou alfabetos especiais, evidencia a fonética de suas próprias linguagens"[23], escreveu Boas. "Isso se explica pelo fato de as pessoas perceberem os sons desconhecidos por meio dos sons da própria linguagem." A conclusão poderia ser apenas que a cegueira não se restringia aos povos primitivos. Era uma característica geral da compreensão do mundo pelo homem, ou "percepção", como Boas a definia: a tendência universal de interpretar novas experiências à luz daquelas com as quais estamos familiarizados.

O que contava como dado científico social — as observações que os pesquisadores registravam em seus cadernos de campo — era relativo à visão de mundo, às habilidades e às categorizações preexistentes dos próprios pesquisadores. Toda ciência é provisória, começara a acreditar Boas. As teorias não eram verdadeiras nem falsas. Eram mais bem descritas como bem-sucedidas ou malsucedidas: elas se encaixam nos dados observáveis ou não. Quando a observação contrariava uma teoria, era a teoria que precisava ser mudada. O primeiro passo era obter bons dados e, depois, extrair a teoria; esse era o objetivo de todas aquelas tabelas e gráficos confusos em seu laboratório de antropometria de Chicago.

Como o Prédio de Antropologia ficava nas margens da feira, era "passível de ser ignorado pelos visitantes"[24], alertou um guia. Apesar do considerável orçamento inicial[25], as despesas de Putnam foram um pouco mais de US$83 mil, 0,25% do custo da feira, e atraiu um público relativamente pequeno. Mais de 25 milhões de visitantes atravessaram os portões da feira, mas, para a grande decepção de Putnam, poucos visitaram a mostra de antropologia. As pessoas pareciam mais atraídas pelo Edifício de Laticínios[26], ao lado, com suas vacas e queijos, ou pelo Prédio do Comércio de Couro e Calçados, que compunha um cenário incoerente para os dançarinos de Kwakiutl. A coleção etnológica rival, organizada pelo Smithsonian, também desviou a atenção da mostra da equipe de Putnam, assim como as tendas do show do Velho Oeste de Buffalo Bill, situado do lado de fora da área oficial da feira. Nem mesmo o "congresso de antropologia"[27], organizado às pressas, atraiu uma quantidade relevante de professores.

A feira de Chicago fora uma chance para Boas projetar um espaço de museu de acordo com os princípios que expusera em seu debate com Mason e Powell alguns anos antes — apresentando dados brutos e as últimas pesquisas de campo, não teorias preconcebidas, ao público. De modo geral, a ideia fracassou. O diretor da feira[28], Harlow N. Higginbotham, nem se deu ao trabalho de visitar a área de etnologia. Até os Kwakiutl atraíram um número modesto de espectadores. Aqueles que vagavam por acaso se escandalizavam com o que viam. Quando o Kwakiutl simulou derramamento de sangue, no ritual da "dança canibal", um participante interrompeu a apresentação gritando: "Pare! Pare com isso! Este é um país cristão!"[29] "Do ponto de vista científico[30], o verão foi um fiasco", escreveu Boas a Meier e a Sophie quando a feira chegava ao fim. Ele prometeu a si mesmo "nunca mais brincar de empresário de circo".

Ele sentia que tudo fora desperdício e confusão, para ele e para Chicago. Uma epidemia de varíola se espalhou por toda a cidade, seguida de um surto de gripe. O popular prefeito de Chicago, Carter Harrison, foi atingido por uma bala pouco antes da cerimônia de encerramento da feira, e um incêndio causado por desempregados destruiu a maioria dos edifícios da exposição. A casa que Boas alugara em Englewood ficava a poucos quarteirões da pensão de H. H. Holmes, um *serial killer* que, segundo as notícias, equipara seus quartos com tubulações especiais para asfixiar hóspedes desavisadas. Outra tragédia, mais próxima, ocorreu. Na casa de Boas, sua nova filha, Hedwig, chegara em março de 1893, quando ele batalhava para abrir o laboratório de antropometria. Não muito tempo depois do encerramento da feira[31], ela faleceu.

Boas foi contratado temporariamente para ajudar a transferir os materiais antropológicos para um local permanente, que se tornaria o Museu de Campo de Chicago. Mas, sem a necessidade da grande equipe organizada para a feira, logo foi dispensado — algo que descobriu por terceiros. Foi "uma ofensa imperdoável"[32], escreveu aos superiores em um acesso de orgulho. Altamente instruído e sem uma explicação para sua situação, além da ausência de vagas para sua qualificação, ele estava, novamente, desempregado.

Sua personalidade não ajudou. Irascível, teimoso, impaciente e não muito afeito a concessões, criara inimizades com alguns colegas antigos. Tornara-se um hábito pular de trabalho em trabalho, com a sensação de ter sido prejudicado — e um sentimento entre seus ex-associados de que era melhor deixá-lo ir embora. Boas foi liberado para voltar a Nova York e ganhar dinheiro fechando contratos de trabalho para museus, enquanto fazia várias visitas consecutivas a universidades. Ele continuou a fazer coleções, em paralelo, levando máscaras e outros artefatos de suas expedições para a Costa Noroeste. Para ajudar o Smithsonian em uma nova exposição[33], posou para uma série de fotografias — ridículas, em um terno de lã e até de roupas íntimas — para ilustrar a dança ritual característica de uma sociedade secreta de Kwakiutl, algo que, provavelmente, vira pela primeira vez na feira de Chicago. Quando a exposição foi inaugurada, em 1895, poucos visitantes perceberam que a exposição não se embasava na vida real, mas em uma encenação que não passava de um antropólogo fazendo estripulias vestindo ceroulas. "De que adianta saber que sou um dos melhores da minha área nos EUA"[34], escreveu a Marie de outra expedição ao Ocidente, "se não posso usar minhas habilidades e sou forçado a trabalhar aqui e ali para ganhar a vida".

Entretanto, a experiência de Chicago trouxe vários benefícios[35]. Boas conseguiu mostrar seu trabalho com os povos da Costa Noroeste. Ele havia adquirido experiência gerindo uma grande empreitada acadêmica, focada em um campo de pesquisa de ponta: as medidas físicas de tipos antropológicos e a categorização de diferenças no formato da cabeça e do nariz, e em outras características de grupos humanos distintos. Essas habilidades — e sua ligação com Putnam — acabariam valendo a pena. Putnam foi contratado como curador do Museu Americano de História Natural de Nova York, uma instituição moribunda, que ganhara vida nova com Morris K. Jesup, ferroviário e financista, que direcionara seu sucesso comercial para a filantropia. Boas foi convidado a ingressar na nova empreitada em 1896. A família Boas mudou-se de Chicago e se estabeleceu em uma casa de três andares na West 82nd Street, não muito longe do inconfundível prédio rosado do museu, próximo ao Central Park.

—

FUNDADO EM 1869[36], o Museu Americano de História Natural foi montado a partir de coleções particulares de nobres, naturalistas e taxidermistas europeus, tudo empilhado em um antigo depósito no Central Park. Em 20 de junho de 1874[37], o presidente Ulysses S. Grant lançou a pedra angular de um novo edifício em um enorme terreno descampado ao norte da West 77th Street. Três anos depois, o edifício neorromânico de granito e arenito rosa, que se estendia até a Columbus Avenue, finalmente, abriu suas portas. Somente na década de 1930, o edifício seria reorganizado, com uma entrada maior com colunas na Central Park West, guardada por uma estátua de Theodore Roosevelt montado em um cavalo. Já na época em que Boas chegou[38], a adição de vários edifícios ao terreno de cerca de 72 mil metros quadrados o tornara um dos maiores complexos de museus do mundo.

A nomeação de Putnam como curador de antropologia garantiu a boa organização do trabalho, com parte da energia que ele colocara na feira de Chicago agora aplicada à criação de uma coleção permanente em Nova York. Sob a direção de Putnam, Boas começou a trabalhar na montagem do material para um novo salão sobre os povos da Costa Noroeste, onde suas próprias expedições e contatos de campo eram cruciais. Uma canoa pintada de quinze metros, equipada com manequins de remadores e de um xamã mascarado, roubava a cena. Com o apoio de Jesup, presidente do museu, Boas ajudou a organizar uma equipe de pesquisadores para realizar grandes expedições pelo Pacífico Norte, a fim de explorar a relação entre os povos indígenas da Ásia e das Américas. Outro programa focado na documentação dos grupos tribais extintos do Oeste norte-americano. Ambos os projetos aumentariam as coleções do museu e produziriam uma montanha de relatórios e publicações. A escrita minúscula de Boas percorria volumes e mais volumes de catálogos de admissões, com suas anotações meticulosas sobre a procedência de cestas, barcos, totens e ossos.

A família Boas também estava se expandindo. Uma nova filha, Gertrude, chegou na primavera, depois que ele e Marie voltaram para o Leste. Outro garoto, Henry, veio dois anos depois. Outra filha, Marie Franziska, nasceu no início de 1902, totalizando cinco filhos vivos. O retorno a Nova York também gerou uma mudança na sorte que Boas não poderia ter imaginado durante o sombrio inverno após o encerramento da feira de Chicago: ele ganhou um cargo acadêmico e um título de professor em uma instituição estável e ambiciosa. No início de 1897, foi nomeado professor na Universidade Columbia. Só aconteceu aos 40 anos, mas ele finalmente alcançou o objetivo que definira quando embarcou no *Germania*, rumo à Ilha de Baffin. Ele suspeitava, mas não tinha certeza, de que isso só ocorrera por causa das conexões familiares. O tio Jacobi intercedeu secretamente na administração e se ofereceu para pagar seu salário[39]. No entanto, o trabalho era de meio período e estava vinculado a suas responsabilidades de coletar, curar e catalogar no museu.

Fundada como King's College, em 1754, Columbia adotou seu nome mais patriótico após a Guerra da Independência. Sob o regime de seu promissor presidente, o político do Brooklyn e republicano progressista Seth Low, redefiniu-se como universidade, oferecendo pós-graduação e um currículo totalmente revisado, incluindo uma nova ênfase nas ciências sociais. No mesmo ano em que Boas ingressou na faculdade de filosofia, como professor de antropologia, Low planejou a mudança da Columbia do centro para novos bairros, na parte alta de Manhattan, a alguns quarteirões ao norte do Museu de História Natural. Boas poderia dividir seu tempo entre as duas instituições — o trem elevado da Ninth Avenue, ladeando a fachada oeste do museu, o levava ao campus em ascensão de Morningside Heights.

Boas estava agora em uma posição mais segura do que jamais desfrutara. Ele mergulhou no trabalho acadêmico. Na primavera de 1899, supervisionou o lançamento de uma nova série da *American Anthropologist*, de Powell, com um novo conselho editorial e ambições de se tornar uma publicação nacional, em vez da publicação interna da pequena sociedade de antropologia de Washington. Boas incitava os próprios colegas a contribuírem para a nova publicação, e, à medida que sua reputação na Universidade Columbia crescia, pôde recorrer à pesquisa de um pequeno círculo de pós-graduandos para escrever páginas de relatórios de campo e novas descobertas. No ano seguinte, Boas foi informado de sua eleição para a Academia Nacional de Ciências, um sinal de honra. Com o surgimento de uma geração mais jovem de estudiosos, ligada ao Museu de História Natural, e a atenção e o financiamento convenientes do presidente Jesup, o centro de gravidade da pesquisa antropológica foi gradualmente se deslocando de Washington para Nova York. Durante todos os anos em que Boas esteve nos EUA, o estimado John Wesley Powell permaneceu como diretor do Departamento de Etnologia, mas sua morte, em 1902, foi a extinção simbólica desse primeiro grupo de exploradores. O futuro parecia pertencer a pessoas da geração de Boas. No ano da morte de Powell, Boas ajudou a organizar o renascimento de uma sociedade acadêmica mais antiga e a renomeou como Associação Americana de Antropologia, o primeiro corpo acadêmico nacional com esse nome. A *American Anthropologist* tornou-se sua publicação oficial.

Boas apareceu na primeira edição do periódico reformulado com uma crítica das convicções que acreditava terem definido seus antepassados teóricos. Ninguém deveria criar grandes teorias sobre as diferenças humanas, argumentou, até que mais dados fossem coletados. Mas ele defendeu a ideia de que medir formas corporais — desde o cálculo do índice cefálico até a anotação de diferenças de altura ou formato do nariz — levaria a uma definição clara das variedades naturais da humanidade. "Esses fatos são argumentos muito fortes para a suposição de uma grande continuidade dos tipos humanos"[40], escreveu Boas. "A análise das distribuições de medições precisa ser realizada de forma muito mais profunda do que aconteceu até o presente momento; isso está sendo feito, e acredito que chegaremos a um meio de determinar, com uma precisão considerável, as relações sanguíneas das variedades geográficas do homem."

No entanto, havia limites para tudo isso, sentia Boas. A antropologia exigia abordar problemas de vários ângulos, cada um com os próprios dados, teorias e explicações. As diferenças físicas catalogadas pelos antropometristas poderiam mostrar algo importante sobre a mistura de populações humanas distintas ao longo do tempo. Os etnólogos poderiam revelar como rituais, canções e mitos se deslocavam no espaço. Os linguistas, entender como os idiomas se difundiam e mudavam. Cada um deles poderia descrever um "tipo" único de comunidade humana, mas nenhum, por si só, bastaria para descrever o escopo das diferenças que se observam no mundo. Esse era especialmente o caso quando se tratava de uma palavra que Boas sondou de várias maneiras desde que embarcara no *Germania*, quase duas décadas antes — *cultura*.

Em um artigo publicado na *Science*, no momento em que ingressou no Museu de História Natural, Boas alternava entre usar a palavra no singular e no plural. Às vezes, ele a aplicava à totalidade do pensamento e práticas humanas universais; em outras, parecia se referir a um modo de ser e de agir específico para um determinado vilarejo ou região. A antropologia em geral, escreveu, "não será proveitosa até renunciarmos ao vão esforço de construir uma história sistemática uniforme da evolução da cultura"[41]. A descoberta de "ideias universais", adjacentes a todas as sociedades humanas, fora apenas o ponto de partida. O próximo passo foi "responder a duas perguntas em relação a elas: primeira, qual é sua origem? Segunda, como se firmaram em várias culturas?"[42] Os seres humanos podem organizar seus mundos sociais de maneiras comuns no tempo e no espaço; pode muito bem haver leis universais que governem o comportamento social. Mas, a partir dos próprios estudos, tanto como etnólogo quanto como antropometrista, Boas percebera que essas leis — se existissem — pareciam se expressar de muitas maneiras diferentes. A *cultura* comum da humanidade só poderia ser abordada por meio das *culturas*, que podemos realmente observar.

A pluralidade do termo fazia toda a diferença. Na década seguinte, Boas argumentaria que a preponderância das evidências confirma a natureza plural, fluida e infinitamente adaptável dos corpos humanos e das sociedades que eles compõem. Exatamente o oposto do que alegara em *American Anthropologist*, que cada pessoa é uma expressão de um dos tipos biológicos imutáveis nos quais a humanidade é naturalmente dividida. Foi uma das grandes mudanças de opinião na história da ciência, que derivou amplamente de seu método básico: raciocinar de modo indutivo e se adaptar aos dados. O caminho resultante levou a uma colisão direta com a maneira tradicional que os EUA, seu país adotivo, entendiam a si mesmos, uma obsessão cultural que europeus e norte-americanos aprenderam a chamar de raça.

*Capítulo Cinco*

# CAÇADORES DE CABEÇAS

······································

Como qualquer antropólogo de sua época, Boas acreditava que os seres humanos se enquadravam em categorias naturais. Um dos objetivos da antropologia, então, era identificar e entender esses elementos básicos da sociedade humana. Pensava-se que a cor da pele, a forma, o tamanho e a textura das partes externas do corpo forneciam dados brutos, segundo os quais essas classificações poderiam ser feitas. A função do laboratório de Boas na Clark e de sua exposição de antropometria na feira de Chicago era coletar dados suficientes para chegar a uma certeza razoável de que os tipos nos quais se classificavam os corpos humanos eram a representação fiel de uma realidade biológica mais profunda.

O conceito de raça era central para a área. Para praticamente qualquer observador, tipo e raça — ou "cor", como o censo dos EUA, a partir de 1790, classificava — eram praticamente sinônimos. As comunidades humanas podem se vestir ou cantar de maneiras diferentes, com refrões polifônicos ou grunhidos primitivos; podem viver em desertos, planícies ou pântanos, em cabanas de barro ou em casas de alvenaria. Mas, subjacente a esse caos de comportamentos, havia uma ordem natural inabalável. Os seres humanos tinham raças, da mesma maneira que outros animais têm raças, ou linhagens: pelagem lisa ou crespa, de porte grande ou pequeno, com ou sem chifres. Bastava abrir os olhos — e observar, digamos, os lábios de alguém, a textura do cabelo, o formato do nariz e o tom de pele — para confirmar esse fato.

Mais de um século antes, o anatomista alemão Johann Blumenbach criara cinco categorias que serviriam de base para a definição de raça. Em seu tratado *On the Natural Variety of Humankind* ["Sobre a Variedade Natural da Humanidade", em tradução livre], de 1775, Blumenbach classificou os seres humanos com base na localização geográfica e nas características visíveis que se supunha defini-los. Havia os povos da África, a quem chamou de "etíopes"; os nativos das Américas e do Ártico, os "americanos"; aqueles que residiam na Ásia, os "mongoloides"; os povos do Pacífico, ou "malaios"; e uma categoria que abrangia as nações da Europa e suas diásporas mundo afora, às quais deu o nome de "caucasianos".

As quatro primeiras categorias já eram amplamente utilizadas, uma lista que remontava, com ligeiras alterações, a Carl Linnaeus (1707–1778), o grande naturalista sueco criador do moderno sistema de classificação por espécie. A última categoria foi invenção de Blumenbach. Ele criou sua lista com base em uma coleção particular de crânios humanos, o mesmo tipo de fonte de dados que Boas e outros antropometristas, cem anos depois, ainda usavam. Um crânio em particular chamou sua atenção: de uma jovem da Geórgia, nas montanhas do Cáucaso, no extremo sul do Império Russo.

Blumenbach considerou seu crânio, com suas linhas graciosas e proporções modestas, de uma beleza particular — o tipo de cabeça que deve ter sido criada à imagem de Deus, como os primeiros seres humanos. Ele propôs o nome *caucasiana* não apenas porque a garota era do Cáucaso, mas também porque a cordilheira era localizada perto de onde alguns cartógrafos identificaram como o Jardim do Éden bíblico. Deus criou a perfeição — a garota da Geórgia provou isso —, mas, com o tempo, as pressões do ambiente e as vicissitudes da vida cobraram seu preço: os cabelos finos se encresparam, a pele branca se escureceu, o nariz estreito se achatou e alargou. Para Blumenbach, os caucasianos eram a fonte primária da qual todas as variedades subsequentes de seres humanos se originaram.

Esse esquema teve um forte poder de permanência. A compreensão blumenbachiana da diferença humana abriu caminho para praticamente todas as esferas de esforço intelectual, desde as ciências naturais até a história e as artes. Os livros de geografia a repetiram. As revistas médicas a aceitaram como verdade. Exposições de museus a explicavam ao público. No final da década de 1890, o Departamento de Etnologia, de Powell, mudou seu nome para Departamento de Etnologia *Americana*, um reconhecimento não de sua missão geográfica, mas de sua vocação racial: estudar os povos nativos dos Estados Unidos, ou seja, os "americanos" de Blumenbach. Na época de Boas, até as crianças reproduziam de maneira inconsciente a estrutura de Blumenbach. "Vermelho, marrom, amarelo, preto e branco", cantavam, conforme a letra de um hino popular de escola dominical do final do século XIX. "São todas preciosas aos Seus olhos/Jesus ama as criancinhas do mundo."

Contudo, a raça não se resumia a classificar as pessoas pela aparência. Ela foi amplamente associada a outros aspectos, como habilidades físicas, inteligência, linguagem e nível de civilização. Todas as raças pareciam vir pré-configuradas com modos próprios de falar, comer, dançar e se vestir. Pensava-se que tudo isso era um pacote, da mesma forma que, para um pássaro, a plumagem, o gorjeio, o padrão de voo e os instintos de nidificação e migração definiam sua espécie. "A *permanência* dos tipos físicos existentes não é passível de questionamento por nenhum arqueólogo ou naturalista dos dias atuais. Por esses árbitros competentes, a consequente permanência de peculiaridades morais e intelectuais de tipos tampouco pode ser negada", declarou o mais importante livro norte-americano de geografia e biologia humana, *Types of Mankind* ["Tipos da Humanidade", em tradução livre], com várias edições desde 1854. "O homem intelectual é inseparável do homem físico; e a natureza de um não pode ser alterada sem uma mudança equivalente no outro."[1]

O mistério, para qualquer observador bem informado, não residia em saber se esses aspectos se alinhavam naturalmente; a história mostrara claramente que as raças variavam em capacidade — os povos complexos e conquistadores do mundo da Europa, por exemplo, contra os povos mais simples e incivilizados da África. A beleza "predomina nas raças brancas, principalmente por causa da variação individual, relativamente grande, entre elas"[2], concluiu o primeiro curador de antropologia física do Smithsonian — como o campo da antropometria era chamado pelo tcheco Aleš Hrdlička, em 1906. "É menos aparente entre os povos marrom-amarelos, e menos entre os negros puros, cuja individualização física também é mais limitada."

Poucos antropólogos da época discordavam. Daniel G. Brinton, um notável etnólogo e presidente da Associação Americana para o Avanço da Ciência, aproveitava-se de seu posto de liderança para endossar em várias sociedades eruditas a visão de que "as raças negra, marrom e vermelha diferem tanto anatomicamente da branca [...] que, mesmo com capacidade cerebral igual, nunca atingiriam resultados semelhantes"[3]. A profunda desigualdade de potencial e conquistas entre as raças era um fato consumado. A verdadeira questão que preocupava os cientistas era como essas gradações da humanidade surgiram. Neste ponto, a opinião científica se ramificava em dois campos rivais, que, no início do século XX, trocavam farpas.

Os chamados monogenistas defendiam que todos os seres humanos eram variedades do mesmo tipo básico. Os estudiosos cristãos embasavam essa visão em evidências bíblicas, declarando que todos os seres humanos eram descendentes de um único casal criado, os edênicos Adão e Eva. Escritores mais empíricos compartilhavam da mesma opinião, mas por razões diferentes. Hábitos sociais ou influências externas, como padrões de reprodução ou meio ambiente, tinham criado as variedades que eram rotuladas como raça. Para Blumenbach e seus seguidores monogenistas, a variedade racial moderna era simplesmente evidência de quão longe os seres humanos haviam chegado desde que foram expulsos do Paraíso.

Até os europeus brancos, com suas cidades imundas e corpos degenerados por doenças, eram certamente uma má representação da criação mais antiga e pura que existira nas épocas passadas. "Supor que diferentes espécies do mesmo gênero[4], ou variedades da mesma espécie, possuam qualificações diferentes não contraria a experiência", escreveu Thomas Jefferson, em seu *Notes on the State of Virginia* ["Notas sobre o Estado da Virgínia", em tradução livre], de 1785. "Será que um amante da história natural, então, que vê as gradações de todas as raças de animais com os olhos da filosofia, não descarta um esforço para manter os que se enquadram no departamento do homem tão distintos quanto a natureza os formou?" Jefferson sugeriu que a humanidade era uma entidade única, mas que possuía os próprios "departamentos" naturais, com características tão distintas quanto as que distinguiam um puro-sangue de um pangaré.

Por outro lado, os poligenistas acreditavam que as raças modernas haviam surgido por desígnios divinos isolados, ou de distintos progenitores antigos. Essa visão parecia contradizer a história bíblica, é claro, mas muitos naturalistas achavam que as desigualdades civilizacionais e as diferenças físicas entre as raças não podiam ser explicadas de nenhuma outra maneira. No Iluminismo, o poligenismo teve um elenco estelar de defensores, de Linnaeus a Voltaire e David Hume. No século XIX, o pensamento poligênico era corroborado pelas mesmas técnicas antropométricas que Boas empregava desde os tempos na Universidade Clark. Pesquisadores amadores, como o cirurgião da Filadélfia Samuel Morton e o médico do Alabama Josiah Nott, bem como o zoólogo Louis Agassiz — que fora orientador de Putnam, em Harvard —, publicaram estudos bastante populares mostrando as diferenças fundamentais e inerentes entre as raças. A própria ciência parecia explicar a aversão natural decorrente da transgressão dessa ordem racial. "Ao ver seus rostos negros[5], com seus lábios grossos e dentes monstruosos, o cabelo encarapinhado, os joelhos arqueados, as mãos alongadas, as unhas grandes e curvas, e, em particular, a cor lívida da palma das mãos", escreveu Agassiz à mãe após ver negros pela primeira vez, na Filadélfia, "eu não conseguia tirar os olhos do rosto deles, para que não se aproximassem".

Na época em que Boas nasceu, no entanto, os monogenistas pareciam ter vencido a discussão, pelo menos nos círculos científicos. Em 1859, *A Origem das Espécies*, de Charles Darwin, mostrou como as distinções na aparência física dos organismos vivos podiam se originar de pequenas mudanças aleatórias ao longo do tempo. Todas as formas de vida se conectavam por meio do processo de diferenciação das formas anteriores. Espécies isoladas eram o resultado da seleção natural decorrente de períodos muito longos. Quando Darwin passou sua atenção dos tentilhões aos seres humanos, em *A Origem do Homem* (de 1871), mirou diretamente o conceito de raça. Ninguém chegaria a um consenso de quantas raças havia, escreveu, zombando sutilmente dos opositores acadêmicos:

> O homem foi estudado com mais cuidado do que qualquer outro animal[6], e ainda há discórdia entre os exímios julgadores se deve ser classificado como uma única espécie ou raça, ou como 2 (Virey), 3 (Jacquinot), 4 (Kant), 5 (Blumenbach), 6 (Buffon), 7 (Hunter), 8 (Agassiz), 11 (Pickering), 15 (Bory St. Vincent), 16 (Desmoulins), 22 (Morton), 60 (Crawfurd) ou como 63, de acordo com Burke.

A conclusão foi clara. "Os naturalistas [...][7], que admitem o princípio da evolução, e isso é agora admitido pela maioria dos homens proeminentes, não terão dúvidas de que todas as raças humanas descendem de um único exemplar primitivo." Darwin acreditava que os seres humanos têm variedades mais retrógradas e mais avançadas, mas, em grande parte, elas resultam do ambiente e do hábito, e não de distinções biológicas inatas, derivadas de caminhos separados do desenvolvimento evolutivo.

No entanto, mesmo depois de Darwin, as ideias poligenistas nunca desapareceram de fato da pesquisa científica ou do discurso público. No final do século, voltaram com grande representatividade. Nos Estados Unidos, o fim da Guerra Civil produziu, além do desmantelamento do Velho Sul, uma difusão de muitas de suas principais características em nível nacional. Os indultos de ex-generais e oficiais confederados permitiram a muitos retornar ao Congresso ou ocupar cargos de confiança no governo federal[8]. Com o fim formal da Reconstrução, esses líderes lançaram uma nova onda de legislação com foco nas raças. A segregação legalmente imposta, proibições de casamento inter-racial, restrições de voto e outras políticas inseridas a partir da década de 1890 criaram um sistema de política e relações sociais baseado em raças — o esquema autoritário do apartheid, também conhecido como Leis de Jim Crow.

Da mesma forma, o sistema judicial dos EUA desenvolveu um amplo corpo de jurisprudência que transformou a branquitude em uma categoria legal bem definida. Os advogados recorreram ao conhecimento de historiadores, etnólogos e outros especialistas para confirmar a validade científica do esquema fundamental do país para codificar os seres humanos. Em 1878[9], um julgamento criou o precedente ao afirmar que os chineses não eram brancos. Decisões semelhantes determinaram o status não branco dos havaianos em 1889, birmaneses e japoneses em 1894, dos nativos norte-americanos em 1900, dos filipinos em 1916 e dos coreanos em 1921, enquanto os juízes consideraram mexicanos, armênios, "indianos asiáticos" e sírios como "caucasianos" biológicos em 1897, 1909 e 1910, respectivamente. As consequências dessas decisões foram imediatas e práticas. Elas determinaram a capacidade de comprar imóveis em um bairro com restrição de raça, dar à luz em um hospital com restrição de raça, matricular uma criança em uma escola com restrição de raça ou ser enterrado em um cemitério com restrição de raça. Em vez de uma herança da era da escravidão, as Leis de Jim Crow e a jurisprudência em relação às raças eram novas, nacionais e supostamente naturais, com base nas mais recentes descobertas da ciência racial.

Essa perspectiva funcionava de forma similar em proporção global. No final da década de 1870, a disputa pela África entre as potências coloniais europeias criou um novo interesse pelos povos nativos e uma busca pelas melhores maneiras de administrá-los ou explorá-los. Um novo sistema efetivo de escravidão se espalhou por todo o continente, das plantações de seringueiras do Congo Belga às minas de ouro da África do Sul. Não foram exatamente as ideias sobre raça que levaram os imperialistas europeus e os legisladores norte-americanos a adotarem políticas raciais. Pelo contrário, a afirmação de poder por pessoas de ascendência europeia — colonizadores da África ou a maioria branca legitimada pelos Estados Unidos pós-reconstrução — clamava por uma justificativa. Teóricos raciais de todas as searas estavam ansiosos para apresentá-la.

A adoção da raça como fundamento do poder político fomentou seu estudo científico. Não faltava quem a popularizasse, e, em uma rede científica global de pessoas obcecadas por raça, os artigos produzidos eram lidos por todos. Nott leu Arthur de Gobineau, o teórico francês cujo *Essay on the Inequality of Human Races* ["Ensaio sobre a Diferença entre as Raças Humanas", tradução livre] (1853–1855) postulava uma antiga população "ariana", da qual descendiam os brancos modernos, e censurava sua espoliação pela endogamia com tipos inferiores. Gobineau, por sua vez, leu Morton, cujo estudo de egípcios mumificados o convencera de que os construtores das pirâmides eram europeus brancos. Todos leram Agassiz, que, como diretor do Museu de Zoologia Comparada de Harvard, até sua morte, em 1873, participou de debates jurídicos e da formulação de leis e políticas públicas sobre tudo, desde a naturalidade da escravidão até a proibição do casamento inter-racial. *Types of Mankind*, o livro amplamente referido, coeditado por Nott, deixou claro os usos práticos da ciência baseada na raça:

Há razões pelas quais a Etnologia deve ser eminentemente uma ciência da cultura norte-americana[10]. Nos EUA, três das cinco raças em que Blumenbach dividiu a humanidade são reunidas para determinar o problema de seu destino da melhor maneira possível, enquanto a imigração chinesa para a Califórnia e a proposta de importação de trabalhadores Coolie ameaçam nos colocar em contato igualmente íntimo com uma quarta. É manifesto que nossa relação e gestão dessas pessoas devem depender, em grande parte, do caráter intrínseco de sua raça [...] Para o estadista, o filantropo e o naturalista norte-americanos, o estudo se torna, portanto, de grande interesse.

No entanto, entre o panteão de escritores, pensadores e palestrantes do assunto, ninguém foi mais importante que uma pessoa chamada Madison Grant. Seu dom particular era a facilidade para traduzir dados misteriosos sobre o crânio humano em sugestões práticas de como os norte-americanos deveriam viver. Grant, ao que parece, compreendeu um fato sobre o próprio país melhor do que qualquer outra pessoa. A verdadeira utilidade da ciência racial não era determinar quem se encaixava em dada categoria de Blumenbach — isso era tão fácil quanto olhar um pedaço de pele ou acariciar um fio de cabelo. O verdadeiro truque era definir as melhores e as piores "marcas" de pessoas brancas.

—

**BEM-APESSOADO, ELOQUENTE E ARISTOCRATA,** com um grosso bigode encerado com as pontas viradas para baixo, Madison Grant exibia um indiscutível pedigree norte-americano. Seus antepassados estiveram entre os primeiros colonizadores puritanos e holandeses do Novo Mundo, lutando em todas as guerras norte-americanas e assinando seus principais documentos de governança. Nascido em Nova York, Grant se graduou em Yale e Columbia, antes de iniciar uma vida de serviço público, usando sua energia, ambição e riqueza familiar para projetos que beneficiavam a sociedade em geral. Como seu amigo íntimo e companheiro de ação Theodore Roosevelt, incorporou ideais progressistas: que o governo melhorasse a vida dos governados, que as pessoas voltassem suas habilidades para melhorar a comunidade e que os últimos avanços da ciência eram a tábua de salvação. Aos 40 anos, ele explorou o Oeste norte-americano, fez estudos originais sobre alces e caribus, insistiu na criação de um sistema de parques nacionais e colaborou com a fundação do zoológico do Bronx, inaugurado em 1899.

O zoológico se tornou uma das paixões de Grant. Ele acreditava que cabia à sociedade humana conservar as riquezas do mundo natural em sua forma mais original. Como Roosevelt, fora um ávido caçador de animais selvagens, e a estreita interação com as magníficas espécies encontradas nas Montanhas Rochosas e nas Grandes Planícies o convencera de que o manejo bem planejado da vida selvagem garantiria a preservação da fauna peculiar dos EUA e preveniria as tragédias ambientais. Por meio de campanhas de conscientização pública e lobby incansável no Congresso, Grant garantiu refúgios nos estados de Dakota do Sul, Dakota do Norte e Montana para os bisões-americanos, em risco de extinção. Na verdade, se não fosse Grant[11], a espécie talvez não existisse mais.

Você não precisava se preocupar com *todos* os bisões-americanos, acreditava Grant, mas precisava ter certo respeito pela espécie. Esse era o objetivo de uma área de proteção ou de um zoológico. Eram locais de pureza, preservação e educação pública. Cada animal representava sua espécie, com todas as características que se poderia esperar ver em todos os outros. Era impossível ver todos os leões ou todos os hipopótamos do mundo, é claro, mas visitar um zoológico daria a impressão de que sim. Cada indivíduo era uma materialização perfeita de sua categoria.

Deixada à própria sorte, a natureza produzia a própria grandeza — um bisão-americano com uma imponente corcova atrás do pescoço; uma mãe alce que enfrenta uma matilha de lobos para salvar seu filhote. Mas, em seu trabalho de campo, Grant vira como espécies nobres poderiam se degenerar. Populações inteiras desapareceram após seus representantes mais exemplares terem sido vítimas de caçadores irresponsáveis. Os habitats foram transformados pela inserção de animais não nativos. Criaturas majestosas desapareciam sob o estresse de invasores furtivos.

De volta à sua casa, em Nova York, Grant convenceu-se de que os mesmos processos aconteciam nas praças e ruas da parte baixa de Manhattan. Como escreveu ao presidente William Howard Taft, no outono de 1910, qualquer pessoa que tivesse a oportunidade de "descer a Fifth Avenue ao meio-dia até a Washington Square"[12] veria os efeitos de espécies invasoras. Era impossível não perceber os judeus imigrantes que andavam de caftans e barbas não aparadas, os italianos escandalosos e os eslovacos incômodos, os ambulantes insistentes recém-chegados de algum porto estrangeiro, a babel de línguas ininteligíveis. A cidade inteira estava abarrotada de tipos humanos recém-chegados, ignorando como se manter fora da rua ou andar corretamente do lado direito da calçada. Naquela época, com o zoológico do Bronx recebendo multidões de visitantes e outros esforços de conservação em crescente sucesso, Grant decidiu direcionar seus conhecimentos para uma nova área de estudo e ativismo: a preservação da própria raça contra um ataque imigratório.

A literatura sobre o assunto era abundante. Em 1899, a compilação da bibliografia alcançou cerca de 2 mil títulos[13]. Os trabalhos de Nott, Gobineau, Agassiz e outros poligênicos estavam disponíveis em qualquer boa biblioteca. Na primeira década do século XX, houve uma efusão de pesquisas sobre a relação entre as raças humanas e a aptidão e a capacidade — e até a sobrevivência — das pessoas mais poderosas do mundo, europeus brancos e seus descendentes no exterior. As descobertas mais recentes usavam a observação antropométrica para definir em termos científicos claros as linhagens precisas da associação racial. O estatístico Frederick L. Hoffman mostrou que o comprimento do calcanhar do negro[14] — 2cm, em média — apresentava um contraste marcante com o do caucasiano, de 1cm. O sociólogo alemão Otto Ammon[15], por meio de investigações genealógicas e medições de cabeça, demonstrou que os dolicocefálicos tendiam a se agrupar em centros urbanos, e que as classes altas das cidades tendiam a ter uma cabeça mais longa do que as demais. "Os nórdicos dolicocefálicos são dominantes[16], empreendedores e protestantes", dizia um resumo, enquanto "os alpinos, braquicefálicos, são indolentes, conservadores e católicos".

O sociólogo de Harvard William Z. Ripley — a cuja palestra de 1908 Grant provavelmente assistiu[17] — sintetizou esses estudos em um relato abrangente das contribuições para a história humana de cabeças longas, cabeças largas e outros tipos. *The Races of Europe* ["As Raças da Europa", em tradução livre] (1899), de Ripley, dividiu os povos europeus nos tipos "teutônico", "alpino" e "mediterrâneo"; os primeiros, amplamente responsáveis pelas realizações da civilização mundial. A história europeia era um grande espetáculo racial, em que pessoas entravam e saíam do palco, acrescentando falas ao roteiro ou maculando a narrativa com seus modos estrangeiros. A Europa moderna era um registro de migrações raciais, dada a colcha de retalhos de tipos que definiam o continente na época. Os teutônicos de cabeça longa foram impelidos a se mover para redutos no Norte e Oeste da Europa, regiões com os registros mais altos de influxos anteriores de povos de cabeça curta do Sul e do Leste. Como Ripley informou a seus leitores: "A África começa além dos Pirineus."[18]

Para Grant, essas obras deveriam ser reveladoras. Ele logo percebeu que testemunhava, em tempo real, as ondas de migração racial que Ripley descrevera com tanta erudição em seu tratado. E também descobriu que havia agora uma palavra para descrever a preocupação pública com a aptidão racial e a erosão da paisagem humana. Foi um termo cunhado no início da década de 1880 por Francis Galton, naturalista e estatístico britânico, que também estabelecera as bases da antropometria. O campo de estudo e ativismo que Galton chamou de "eugenia" objetivava a melhoria da humanidade por meio da perpetuação intencional das boas qualidades, em detrimento das más. Derivadas das palavras gregas literais para um "bom tipo", ou alguém "bem-nascido", a eugenia aplicava aos seres humanos os mesmos princípios científicos que Grant aplicara tão bem em refúgios de bisões-americanos e recintos de leões. Se os seres humanos tinham raças naturais, a maneira ideal de melhorar a humanidade era fomentar as qualidades raciais que Ripley e outros documentaram com tanto brilhantismo no longo curso da história da Europa: os traços dinâmicos, inovadores, aventureiros e inteligentes dos melhores tipos de pessoas brancas.

Grant não era historiador nem antropólogo; nunca havia feito pesquisas originais sobre esses temas nem jamais usara compassos de calibre para calcular um índice cefálico, como Boas fizera com o escasso público da feira de Chicago. Mas sua capacidade de resumir uma vasta quantidade de acadêmicos era impressionante. A isso, ele acrescentou o apoio irrevogável de um relevante patrício de Nova York. Na primavera de 1916, compartilhou com os amigos o primeiro rascunho de um manifesto sobre raça e história humana, que o encorajaram a enviar a um editor. Naquele outono, a Charles Scribner's Sons — cuja lista de autores já incluía Theodore Roosevelt e Rudyard Kipling — incluiu o texto de Grant com o título de *The Passing of the Great Race* ["A Passagem da Grande Raça", em tradução livre]. As livrarias não o classificaram como um estudo da história europeia[19], embora fosse seu tema principal, mas como um trabalho científico.

O livro abre com uma discussão sobre raça e democracia. "Nos EUA, quase conseguimos destruir o privilégio do nascimento"[20], escreveu Grant, "isto é, a vantagem intelectual e moral que um homem de boa estirpe traz ao mundo com ele". O sufrágio universal criava a "regra da média" na sociedade norte-americana. As reivindicações de um governo para falar em nome do povo haviam se tornado "um lamento interminável por direitos"[21]. A história havia mostrado, no entanto, que "a humanidade emergiu da selvageria e da barbárie, sob a liderança de indivíduos selecionados, cuja destreza, sabedoria e capacidade pessoal lhes davam o direito de liderar e o poder de obrigar a obediência"[22]. Grant concluiu que essas pessoas deveriam ser selecionadas com a ajuda das ideias apresentadas pelas novas ciências da raça e da eugenia.

Há muito que a ciência descarta a "teoria adâmica"[23], segundo a qual a humanidade é oriunda de um casal original, dizia ele, repetindo a crítica poligenista padrão. Antes, cada pessoa era um somatório dos traços de sua raça, uma biblioteca de acasalamentos e misturas passadas. Os próprios corpos eram a evidência. O nariz humano, dizia ele, era "a maior prova". O nariz humano original era largo e sem ponte[24], como o dos bebês, que recapitulam em seus traços faciais as formas mais antigas da humanidade. Narizes compridos, estreitos e aduncos eram associados às raças e civilizações mais avançadas. Os lábios também mereciam um estudo cuidadoso. "Lábios grossos, salientes e virados para fora são traços muito antigos, característicos das raças primitivas"[25], escreveu.

Em tudo isso, Grant apenas repetia o que muitos antropometristas defendiam há muito tempo. Mas ele levou as hipóteses a outro nível. Primeiro, as próprias raças poderiam ser divididas com base em diferenças físicas discerníveis. Até os brancos, dizia, enquadravam-se em "subespécies". Segundo, as características das raças eram imutáveis. Tanto as físicas quanto as comportamentais derivavam de profundas diferenças entre as raças e seus subtipos, que a ciência, devidamente focada, poderia elucidar. Assim como usar uma toga não transforma um sírio em romano, "levamos cinquenta anos para aprender que falar inglês[26], vestir boas roupas, ir à escola e à igreja... não transforma um negro em branco".

Os rostos e os corpos humanos eram "uma intrincada massa de hieróglifos"[27] que os cientistas ainda se esforçavam para ler. Uma vez que fossem capazes de fazê-lo, seria finalmente possível não apenas classificar os seres humanos adequadamente, mas selecionar esses traços para transmissão subsequente, a fim de produzir populações genuinamente melhores. "Uma das maiores dificuldades em classificar o homem"[28], escreveu ele, "é a sua predisposição perversa para cruzamentos inadequados". O estudo científico apresentava maneiras de corrigir isso. Como as raças primitivas eram resquícios das versões mais primitivas dos seres humanos — "primitivas" porque eram reversões para uma forma "primária" da humanidade —, sua mistura com raças avançadas tendia a produzir uma reversão para esse tipo inferior e mais antigo. "O cruzamento de um homem branco com um indígena gera um indígena; o de um homem branco com um negro, um negro; o de um homem branco com um hindu, um hindu; e o cruzamento de qualquer uma das três raças europeias com um judeu gera um judeu."[29]

Como Ripley — que ele destacou como modelo nos agradecimentos —, Grant assumiu uma abordagem abrangente da história europeia, desde os tempos do paleolítico, passando pelos povos antigos e pelas invasões bárbaras, até a era moderna, todos recontados por meio do prisma do embate entre as subespécies europeias. "Assim que a verdadeira influência e importância dos fatos forem apreciadas pelos legisladores, ocorrerá uma inevitável mudança radical em nossa estrutura política"[30], concluiu Grant, "e nossa atual confiança na influência da educação será suplantada por um reajuste baseado nos valores raciais". O que isso significava na prática, dizia ele, era que os "valores altruístas" e o "sentimentalismo obsceno" que permitira a entrada de milhões de europeus de nível inferior estavam "varrendo a nação em direção a um abismo racial". O país não poderia mais permanecer como um "asilo para os oprimidos". Caso contrário, os Estados Unidos seguiriam o caminho de Atenas e de Roma, enxotados do palco da história mundial por uma invasão de espécies inferiores.

Os norte-americanos nórdicos brancos eram a grande raça, cuja extinção ele historiara desde o início. Se precisasse de uma representação visual, bastava ir ao final do volume, em que os mapas desdobráveis, em cores fortes, mostravam o surgimento e o declínio dos tipos físicos na paisagem europeia, uma lição histórica sobre a transitoriedade das raças que ignoraram a própria fragilidade.

*The Passing of the Great Race* foi considerado um marco na aplicação de ideias científicas à história e às políticas públicas. Inspirou toda uma geração de acólitos que escreveriam os próprios tratados, aconselhariam os formuladores de políticas e adotariam uma nova legislação. Três quartos das universidades norte-americanas[31], de Harvard à Universidade da Califórnia, criaram cursos sobre eugenia, muitos usando Grant como principal referência. Lothrop Stoddard — um jovem inglês bem-educado da Nova Inglaterra, associado de Grant, como um dos cientistas raciais mais confiáveis dos EUA — escreveu o best-seller *The Rising Tide of Color* ["A Maré Crescente da Cor", em tradução livre] (1920), que alertava sobre a inundação racial causada pela pele escura, e *The New World of Islam* ["O Novo Mundo do Islã", em tradução livre] (1921), que pesquisou a ameaça ao Ocidente pelo "renascimento maometano" entre árabes, turcos e persas. "Bem, esses livros são todos científicos", dizia Tom Buchanan, baseado em *O Grande Gatsby*, de F. Scott Fitzgerald, referindo-se a Grant e Stoddard. "Cabe a nós, que somos a raça dominante, ficar alertas, ou essas outras raças assumirão o controle das coisas."

Em 1910, a população estrangeira dos EUA havia aumentado para cerca de 13,5 milhões[32], resultado de uma grande onda de migração nas duas décadas que se seguiram à virada do século. Os imigrantes representavam 14,7% de toda a população dos EUA, apenas um pouco menor do que o maior pico de todos os tempos, 14,8%, em 1890. A taxa de aumento era impressionante. Quase um terço a mais das pessoas era estrangeiro em 1910, em comparação a 1900. (Levaria outro século, até a década de 2010, para que os números referentes à imigração voltassem a se aproximar de níveis semelhantes. Na época, Donald J. Trump anunciou sua campanha para presidente denunciando "estupradores" mexicanos[33], por exemplo, quando o número de estrangeiros estava um pouco acima de um ponto percentual em relação ao nível de 1910.)

A maioria desses recém-chegados vivia em áreas urbanas densas, razão pela qual intelectuais e políticos se preocupavam tanto com eles. Os recém-chegados se instalavam muito perto das famílias norte-americanas mais ricas e tradicionais, como a de Grant. O Ato de Exclusão da China, de 1882, interrompera a chegada legal de trabalhadores chineses, mas, a partir da década de 1890, as portas do país foram abertas a milhões de europeus, principalmente do Leste e do Sul do continente. Na virada do século[34], quase 90% da população estrangeira indicava seu local de nascimento como algum lugar da Europa. A velha e organizada cidade de Kleindeutschland fora tomada por judeus, poloneses, italianos e eslovacos. É por isso que, para Grant e outros teóricos da época, o problema da raça não era distinguir caucasianos de asiáticos ou negros. Tais distinções eram claramente evidentes para qualquer pessoa instruída. A preocupação mais profunda era distinguir europeus do norte, superiores, saudáveis e vigorosos, das sub-raças menores, que agora se amontoavam nas ruas e becos do Lower East Side.

No entanto, Grant não decidiu escrever apenas para expressar sua posição acadêmica. Nas primeiras páginas de *The Passing of the Great Race*, citou um estudo recém-financiado pelo governo cujos resultados — se levados a sério — seriam a sentença de morte da raça mais apta dos Estados Unidos. De acordo com Grant:

> Iniciativas entre nossos imigrantes[35], voltadas aos interesses das raças inferiores, tentam demonstrar que a forma do crânio muda, não necessariamente em um século, mas também de uma geração para outra. Em 1910, o relatório do especialista em antropologia da Comissão de Imigração do Congresso declarou, em tom solene, que um judeu de crânio redondo, ao atravessar o Atlântico, poderia e, de fato, teve um filho de crânio redondo, mas que, alguns anos depois, em resposta ao sutil elixir das instituições norte-americanas, como exemplificado em um cortiço do East Side, não só poderia como, de fato, teve um filho cujo crânio era consideravelmente mais longo; e que um crânio longo no Sul da Itália, reproduzindo-se livremente, sofreria a mesma experiência, só que na direção inversa. Em outras palavras, o caldeirão de raças estava agindo sob a influência de um ambiente alterado.

Isso não fazia sentido, declarou Grant, e seu livro mostraria o porquê. Sua referência a um obscuro relatório do governo não fora acidental. Na verdade, era um de seus principais alvos — assim como seu autor, o "especialista em antropologia". Enquanto Grant lia Ripley e Galton, Boas andava quieto, ocupado com o próprio trabalho, que envolvia de fato visitar os bairros da parte baixa de Manhattan, sobre os quais Grant apenas teorizava de seu lado nobre da cidade.

—

**APÓS SUA NOMEAÇÃO EM** Columbia, os laços de Boas com o Museu Americano de História Natural começaram a se desfazer. Ele tinha o hábito de se tornar mais respeitado do que querido. O tempo que passou no museu resultou novas pesquisas e exposições, mas também decepções, conflitos profissionais e mágoas entre seus colegas, que o achavam excessivamente arrogante, impertinente e irascível. Quando ele renunciou formalmente à curadoria, em 1905, ninguém insistiu para que ficasse.

A mudança para trabalhar em tempo integral na universidade deu a Boas a oportunidade de montar a própria equipe de pesquisadores. "Nem Berlim, com suas cinco cadeiras de antropologia, nem Paris, com sua faculdade de antropologia, nem Holanda, com sua escola colonial, oferecem um treinamento adequado aos observadores de que precisamos"[36], escreveu ele a um colega, em 1901. Ele reorganizou os cursos do departamento para incluir treinamento em linguística e em etnologia, não apenas em antropometria tradicional. "Com a arqueologia bem instituída"[37], disse ele ao presidente da universidade, Nicholas Murray Butler, "conseguiremos treinar antropólogos em todas as frentes".

Boas havia se mudado com Marie e os filhos para uma casa ampla do outro lado do rio Hudson, em Grantwood, Nova Jersey. Logo ela se tornou um local de encontros informais para um círculo crescente de pós-graduandos[38]. Muitos já estavam consolidando os próprios nomes como eruditos entendidos de etnologia, linguística, arqueologia e antropologia física, os quatro campos que Boas via como base de uma boa antropologia. O primeiro deles a concluir o doutorado em Columbia, em 1901, foi Alfred Kroeber, membro da comunidade de imigrantes alemães de Nova York, que pouco depois já estava a caminho da Califórnia, onde montou o novo departamento de antropologia em Berkeley. Robert Lowie, um emigrante austríaco especialista na evolução dos índios das planícies, formou-se em 1908 e depois se juntou a Kroeber na Costa Oeste. Edward Sapir, um imigrante judeu do Império Russo, obteve seu doutorado sob a orientação de Boas em 1909, com uma tese sobre as línguas do Noroeste do Pacífico. Ele logo se mudou para Ottawa para liderar a pesquisa geológica do governo canadense. Alexander Goldenweiser e Paul Radin, imigrantes judeus de Kiev e Łodź, concluíram os respectivos doutorados em 1910 e 1911, com trabalhos sobre teoria antropológica e etnologia norte-americana nativa. "É gratificante notar que a demanda por pós-graduandos do Departamento de Antropologia da Universidade Columbia sempre foi tamanha que praticamente todos os jovens de museus e faculdades de antropologia se formaram aqui ou estudaram uns bons anos neste departamento"[39], gabou-se Boas ao presidente Butler.

Em poucos anos, no entanto, esse impulso inicial pareceu se estagnar. Butler desaprovava que os professores dedicassem tanto tempo à pesquisa, e não à sala de aula. Ele informou a Boas que não haveria aumentos de verba para a antropologia[40]. Não havia dinheiro para os materiais de ensino. Havia poucos professores para cobrir todas as áreas de estudo. As coisas estavam em "uma condição lamentável"[41], escreveu Boas a Kroeber, no início de 1908, "e, por enquanto, todas as nossas esperanças e aspirações sucumbiram". A única solução era buscar novas fontes de renda e até "uma completa mudança de interesses", acrescentou, o que daria uma base financeira mais estável para o trabalho de campo que ele esperava continuar.

Boas começou a enviar cartas para praticamente toda fonte que conseguiu pensar, propondo grandes projetos de pesquisa, que, de alguma forma, poderiam atrair novos recursos. Ele entrou em contato com seus antigos colegas do Departamento de Etnologia Americana[42], com a ideia de criar um manual de idiomas dos indígenas norte-americanos, que esperava arrecadar recursos adicionais para arcar com as viagens de seus alunos e colegas de trabalho. No ano acadêmico de 1907–1908[43], ele ampliou a oferta de cursos, incluindo uma nova turma sobre "O Problema do Negro". "Estou me esforçando para organizar certos trabalhos científicos sobre a raça negra que[44], acredito, serão de grande valor prático para modificar as visões de nosso povo em relação ao problema do negro", disse ele a Booker T. Washington. Ciente de que mais alunos em sala de aula significavam mais motivos para o presidente Butler aumentar o orçamento do departamento, ele lhe pediu que abrisse turmas para estudantes de graduação. Então, na primavera de 1908, surgiu uma oportunidade especial, que prometia resolver uma série de dificuldades de uma só vez.

Um ano antes, o Congresso dos EUA havia estabelecido uma comissão especial para estudar o aumento da imigração e seus efeitos práticos nos Estados Unidos. Circularam boatos de que alguns governos estrangeiros enviavam criminosos e enfermos como forma de se livrar de pessoas indesejáveis e, no processo, enfraquecer a sociedade norte-americana. Guiados pelo senador William P. Dillingham, republicano de Vermont, os comissários acabaram incluindo pessoas célebres, como Henry Cabot Lodge, republicano de Massachusetts e opositor à imigração, e LeRoy Percy, democrata do Mississippi e renomado agricultor de Delta. Trajando chapéus-palheta e ternos de linho, esse distinto grupo de comissários partiu em uma viagem de navio a Nápoles, Marselha e Hamburgo, entre outros portos europeus. Lá, encontraram campos de detenção miseráveis, cheios de italianos, gregos e sírios, todos dispostos a pagar a capitães inescrupulosos o valor que pedissem pela travessia pelo Atlântico. Eles não descobriram evidências de conspiração para diluir a "grande raça", como Madison Grant a chamaria em breve. Ainda assim, quando retornaram[45], decidiram organizar uma série de grupos de trabalho para esmiuçar o problema geral da imigração, reunir dados estatísticos e emitir recomendações detalhadas para a criação de uma política mais racional para lidar com as ondas de estrangeiros que chegavam à costa norte-americana.

Em março de 1908, visando preparar um relatório sobre "a imigração de diferentes raças para o país [os EUA]"[46], a comissão contatou Boas e lhe pediu ideias. Boas logo respondeu. Ele propôs estudar as mudanças físicas em imigrantes recém-chegados aos Estados Unidos. Afinal, se a imigração estava afetando a sociedade norte-americana, seus resultados mais claros seriam vistos nos corpos dos norte-americanos mais novos: os filhos dos imigrantes. Eles estavam se assimilando a um tipo norte-americano comum? Ou os traços hereditários comuns às várias raças da Europa eram tão poderosos que sobreviveriam ao tempo e à distância, sendo transmitidos aos filhos, fruto de casamentos entre linhagens raciais ou étnicas? Esses traços conservados, os vestígios de raças e sub-raças antigas, criariam barreiras naturais ao que estava sendo chamado de "caldeirão de raças" ideal dos Estados Unidos?

"A importância dessa questão é inestimável"[47], escreveu Boas à comissão, "e o desenvolvimento de métodos antropológicos modernos torna perfeitamente viável dar uma resposta definitiva ao problema que se apresenta para nós". Ele propôs um orçamento de quase US$20 mil, que pagaria uma equipe de observadores para medir cabeças, levantar histórias de família e compilar o gigantesco conjunto de dados estatísticos necessários para responder às perguntas em aberto. "Acredito que os resultados práticos dessa investigação serão importantes à medida que resolverem, de uma vez por todas, a dúvida sobre a assimilação dos imigrantes do Sul da Europa e do Leste da Europa pelo nosso povo." A comissão recuou em razão dos custos do projeto, mas concordou em financiar um estudo preliminar. Naquele outono, o governo concordou em expandir o trabalho em um projeto de pesquisa em grande escala.[48]

Os pós-graduados de Boas, os colegas da Columbia e os assistentes contratados logo se espalharam pela cidade. Eles carregavam muitos dos mesmos dispositivos de medição que Boas usara na feira mundial de Chicago[49], além de um conjunto de bolinhas de vidro feitas por uma oculista de Nova York para comparar a cor dos olhos. Eles mediram as cabeças de estudantes em escolas judaicas no Lower East Side. Distribuíram questionários para famílias italianas em Chatham Square e Yonkers. Interrogaram os boêmios em seus bairros no East Side, entre a Third e a First Avenue e o leste das ruas 70th e 84th. Rastrearam húngaros, poloneses e eslovacos no Brooklyn. Ficavam nas docas de Ellis Island, com compassos de calibre e medidores de cor dos olhos nas mãos, enquanto as pessoas aguardavam os exames médicos. Nos reformatórios e orfanatos[50], nas escolas paroquiais e privadas, na Associação Hebraica de Rapazes e na ACM, cerca de 17.821 pessoas se submeteram aos medidores e fitas métricas de Boas. Nada do tipo ocorrera antes, pelo menos não sob os auspícios de uma comissão oficial do governo, encarregada de entender como os imigrantes afetavam o corpo político de seu novo país, e isso era um tanto literal. Na primavera de 1910, Boas escreveu a colegas do Departamento de Etnologia Americana para dizer-lhes que seu trabalho estava produzindo "resultados totalmente inesperados e [fazia] todo o problema aparecer sob uma ótica totalmente nova"[51].

Após inúmeras horas de coleta, análise e descrição dos dados, as conclusões foram finalmente publicadas, em 1911, sob o título *Changes in Bodily Form of Descendants of Immigrants* ["Mudanças nas Formas Corporais de Descendentes de Imigrantes", em tradução livre], como parte do registro oficial da Comissão de Dillingham. Boas expressou sua principal conclusão em uma frase simples, na segunda página: "A adaptabilidade do imigrante parece ser muito maior do que conseguiríamos supor antes de iniciarmos nossas investigações."[52] As crianças nascidas nos Estados Unidos tinham mais em comum com outras crianças nascidas nos EUA do que com as do grupo nacional — ou raça, como Grant teria chamado — de seus pais. As cabeças redondas dos judeus se alongavam na geração seguinte. As cabeças longas dos sicilianos se comprimiam. Os rostos largos dos napolitanos se estreitavam, assimilando-se aos dos imigrantes por quem estavam cercados, não aos de seus irmãos raciais do antigo país. Em outras palavras, classificações — em termos puramente físicos — como "judeu", "polonês" ou "eslovaco" não se aplicavam aos corpos dos filhos de imigrantes de primeira geração. As condições de vida, da dieta ao ambiente, estavam tendo um efeito rápido e mensurável no formato das cabeças, o que era considerado fixo, hereditário e indicativo da espécie.

As raças eram instáveis, concluiu Boas. E, se não existiam como realidades físicas em nosso momento presente, também não poderiam ter existido no passado — o que significava que qualquer história da humanidade que se apresentasse como uma batalha real de raças era essencialmente falsa. Se não havia permanência física no conceito de raça, pelo menos como fora definido popularmente, não havia aspectos inerentes a ela, como inteligência, habilidades físicas, aptidão coletiva ou inclinação para o progresso civilizacional. "Esses resultados são tão definitivos que[53], embora outrora tivéssemos o direito de presumir que os tipos humanos eram estáveis", escreveu, "todas as evidências que agora temos se inclinam a favor de uma grande plasticidade dos tipos humanos e que sua permanência de tipos em novos ambientes parece ser mais uma exceção do que uma regra".

Boas já estava chegando a essa conclusão na Ilha de Baffin, mas agora tinha mais do que a mera intuição para respaldar suas alegações. Ele tinha dados, em grande quantidade, todos apontando para uma conclusão revolucionária — e, para muitos, desconcertante — de que os "povos" que ele ajudava a documentar em museus e exposições, desde sua própria imigração para os Estados Unidos, não eram variedades naturais da humanidade. Não havia razão para acreditar que uma pessoa de uma categoria racial ou nacional fosse um pária social, mais propensa à criminalidade ou mais difícil de assimilar do que qualquer outra. O que as pessoas *faziam*, em vez de quem *eram*, deveria ser o ponto de partida para uma ciência legítima da sociedade e, por extensão, a base para a política governamental de imigração.

No mesmo ano em que o relatório da Comissão de Dillingham foi publicado, Boas elaborou essas ideias em seu primeiro livro para o público leigo, *A Mente do Ser Humano Primitivo*. Para alguém que queria uma voz pública desde suas expedições para documentar os povos do Ártico, foi um passo há muito tempo esperado — na verdade, mais um mergulho — nos debates agitados sobre raça, ciência e poder. Foi também sua primeira investida para transformar enormes quantidades de dados empíricos — construídos camada por camada — de seus trabalhos na feira mundial de Chicago, no Museu Americano de História Natural e na sala de seminários em Columbia — em algo que poderia ser chamado de visão de mundo.

Os europeus e seus descendentes transformaram florestas em campos produtivos, começou Boas, escavaram tesouros minerais escondidos nas profundezas de montanhas pedregosas e criaram máquinas que magicamente cumprem suas ordens. Os povos primitivos, sucumbindo aos elementos em vez de subjugá-los, não têm nada disso, e é natural que as pessoas civilizadas olhem para eles com "um sorriso de pena"[54]. Mas, por trás do sorriso, argumentou, havia uma suposição não comprovada: que os sucessos da própria sociedade hoje se deviam a alguma superioridade inerente das pessoas tipicamente chamadas de civilizadas, em particular "o tipo do Norte da Europa", em detrimento das primitivas e menos capazes de grandes feitos.

Boas escreveu que essa suposição não tinha base científica. O acaso e o tempo poderiam ser explicações igualmente corretas para as disparidades nas realizações, uma vez que as civilizações relativamente "altas" se desenvolveram no Novo Mundo, em uma época em que o Velho Mundo permanecia na infância civilizacional. A disseminação de europeus no exterior durante a era das explorações e, em seguida, o estabelecimento de impérios pelas terras que conquistaram, apenas abreviou qualquer desenvolvimento cultural e material que já estivesse em curso. "Em suma"[55], concluiu, "os eventos históricos parecem ter sido muito mais poderosos em guiar as raças para a civilização do que suas faculdades, e daí se conclui que as realizações das raças não justificam a presunção de que uma raça é mais dotada que a outra".

Os traços físicos também eram um péssimo guia para distinguir os povos avançados dos mais atrasados, escreveu Boas. As pessoas tinham o hábito de se referir a "raças superiores", o que implica que havia um caminho linear que levava dos animais até os europeus de alto desempenho, com as chamadas raças inferiores mantendo algumas das características físicas dos animais, dos quais todos os humanos derivaram. Na corrida da civilização, os que ficaram para trás foram aqueles cujos corpos eram tão primitivos quanto seus costumes. Mas um momento de reflexão revelava que isso não fazia sentido, ressaltou Boas. As criaturas mais simiescas entre os seres humanos[56] — do ponto de vista antropométrico — não eram as raças "inferiores", mas certos europeus, aqueles que tendiam a ter lábios finos e pernas curtas, com muito pelo nas costas.

Em seguida, Boas voltou-se para o problema dos tipos humanos, que envolvia o que ele chamava de "indefinição das distinções"[57]. Era possível, é claro, encontrar duas pessoas, uma da África subsaariana, por exemplo, e outra do Norte da Europa, com distinções físicas marcadas e facilmente observáveis: diferenças significativas na cor da pele, no formato do nariz, na textura do cabelo e assim por diante. Mas acreditar que esses traços necessariamente se agrupavam em todos os casos era tudo, menos observação científica. As diferenças físicas envolviam gradações diminutas, a mistura de características físicas de população para população, não traços óbvios que separavam um tipo físico de outro.

A cor do cabelo e da pele, o comprimento do fêmur e o formato da cabeça difeririam amplamente *dentro* das populações humanas comumente classificadas sob um mesmo tipo, se alguém parasse para observar — ou, como Boas fizera, para fazer as medições numéricas que o consumiram em Chicago e, depois, no Lower East Side. Acreditar no contrário era colocar a teoria antes da observação empírica, raciocinar de forma dedutiva, não indutiva. E Boas acreditava que isso não era ciência. "Quando… comparamos todas as raças e tipos de homens, descobrimos que há inúmeras transições[58], o que tornaria difícil afirmar que qualquer característica em particular pertence a todos os indivíduos de um tipo, com exclusão de todas as outras." Além disso, dado que muitas dessas características mudam de geração para geração, ou mesmo durante a vida de um indivíduo, "não se pode presumir que o homem tem uma forma estável"[59].

Sem "raças" homogêneas e facilmente identificáveis, toda a hierarquia racial desmoronou. "As diferenças entre os diferentes tipos de homem são, em geral, pequenas quando comparadas ao espectro de variação dentro de cada tipo"[60], concluiu Boas. Não apenas não havia uma linha clara que separasse uma raça da outra, como a imensa variação dentro das categorias raciais questionava a utilidade do próprio conceito. Propor-se a definir o que era uma raça, a ponto de quantificá-la com compassos e métricas, era como tentar segurar água.

*A Mente do Ser Humano Primitivo* representava um compêndio da pesquisa antropométrica de Boas. Foi também uma incursão para definir uma maneira de não apenas se debruçar sobre raças e diferenças físicas, mas sobre o mundo em geral. Embora na primeira metade do livro ele desconstrua a ideia de hierarquia racial e, de fato, a própria ideia de raça, ele pretendia que o livro abordasse a *mente* dos povos primitivos. Descobriu-se que as "atividades da mente humana exibem uma variedade infinita de formas entre os povos do mundo"[61], que não era menos pronunciada do que suas diferenças físicas.

"É uma observação comum dizer que desejamos ou agimos primeiro"[62], escreveu Boas, "e depois justificamos nossos desejos e ações". Ele identificou um mecanismo que chamou de "interpretação secundária das ações costumeiras": a tendência de racionalizar nossas práticas culturais de acordo com outro conjunto de explicações — geralmente sem sentido. Por exemplo, dizia-se que as sociedades civilizadas criaram os garfos devido ao risco de cortar a boca ao se comer com uma faca, como os bárbaros faziam. No entanto, isso é esdrúxulo. É tão fácil machucar a boca com um garfo quanto com uma faca. Todas as sociedades tendem a tratar os próprios costumes, em especial aqueles que envolvem as emoções — por exemplo, modos à mesa dos norte-americanos da alta sociedade — como o produto de um desenvolvimento racional prévio. Mas era muito mais razoável acreditar que esses costumes surgiam por inúmeras razões, de empréstimos históricos a puro acaso, do que buscar suas origens em uma lógica universal. Se você se aborrece com os costumes de outras sociedades, argumentou Boas, a atitude científica a fazer é analisar sua própria reação. Ela era uma boa pista das coisas que sua cultura considerava preciosas. O melhor gerador de dados era seu sentimento de aversão.

Nesse aspecto, Boas acreditava que o método era tudo. Se você queria entender o que estava acontecendo em uma aldeia de Kwakiutl ou em um acampamento Inuíte, precisava fazer o máximo possível para se despojar das opiniões comuns ao ambiente em que nasceu. Você tinha que lutar para seguir novas linhas de pensamento e nova lógica, agarrar-se a novas emoções. Demorava um pouco para sentir um emaranhado de medo em suas entranhas, uma raiva crescente, uma profunda tristeza — tudo por razões que podem parecer estranhas e desconhecidas —, e depois se propor a agir de acordo com esses sentimentos: a contração de um pé pronto para fugir ou o tremor de uma mão prestes a golpear. Caso contrário, você não poderia alegar entender nada. Estava simplesmente encarando os próprios vieses, refletidos para você no espelho da cultura de outra pessoa.

Se aplicasse esse método ao que viajantes, jornalistas e até pessoas que se denominavam antropólogos geralmente diziam sobre pessoas primitivas, escreveu Boas, você veria que a maioria dos comentários deles era absurdo. Dizia-se que as pessoas tribais eram preguiçosas, mas e se sua preguiça estivesse relacionada apenas a coisas com as quais não se importavam? Por que deveríamos esperar que todas as pessoas de todos os lugares necessariamente prestassem atenção às mesmas coisas com igual zelo ou abordassem os mesmos projetos com diligência e comprometimento? Dizia-se às vezes que os povos primitivos eram rápidos em se enfurecer e atacar loucamente de acordo com suas emoções. Ser civilizado, afinal, era ser contido e racional. Mas não era preciso ter cabeça fria e pensamento lógico para seguir um bando de focas por um bloco de gelo monótono ou rastrear uma baleia em uma canoa a remo até que ela, e você mesmo, se cansasse? "A maneira correta de comparar a inconstância do selvagem e do branco"[63], escreveu, "é comparar o comportamento deles em empreendimentos igualmente importantes para cada um".

Em *A Mente do Ser Humano Primitivo*, Boas não só elaborou um método e um conjunto de princípios preliminares para a compreensão das sociedades humanas. Ele também elaborou o que se tornaria seu estilo de argumentação. Capítulo após capítulo, sua abordagem era a mesma. Afirmava uma ideia comum e admitia que tinha certos atrativos como um modo de ver o mundo. Demonstrava como ela se alinhava com nossa experiência normal, como explicava diferentes fenômenos, como fazia sentido para uma ampla variedade de observações. Mas então veio a epifania: e se nossas próprias experiências e observações fossem o problema? E se estivermos olhando o mundo através de lentes criadas por nós mesmos, inerentemente confinados por nossa própria experiência? Se realmente quisermos testar nossas teorias de desenvolvimento humano e organização social, precisamos, primeiro, abrir nossos olhos.

É difícil para nós reconhecer que o valor que atribuímos à nossa própria civilização se deve ao fato de participarmos dela e de ela ter controlado todas as nossas ações desde que nascemos;[64] mas é certamente concebível que existem outras civilizações, baseadas, talvez, em tradições diferentes e em um equilíbrio diferente entre emoção e razão, que não têm menos valor que a nossa, embora possa ser impossível apreciarmos seus valores sem termos crescido sob sua influência. A teoria geral da avaliação das atividades humanas, desenvolvida pela pesquisa antropológica, ensina-nos a ter uma tolerância maior do que a que hoje professamos.

Boas começara a ver sua profissão não apenas como uma ciência, mas também como um estado de espírito, até mesmo uma receita para uma vida boa. Se fosse praticada adequadamente, cultivaria uma disposição que alcançaria "uma tolerância maior" — que deixaria para trás o tal sorriso de pena. Ela foi um projeto para como a antropologia poderia se transformar na mais promissora das ciências, cujo trabalho não se resumiria a catalogar as muitas maneiras diferentes de o ser humano se manifestar como tal, mas também, de certa forma, de amá-las.

*Capítulo Seis*

# IMPÉRIO NORTE-AMERICANO

.................................................

O ano de 1911 havia sido um triunfo para Boas. Suas cartas e a rede de contatos que criara o levaram ao departamento de antropologia, conseguindo um status financeiro mais estável. A Comissão de Dillingham viabilizara o maior projeto estatístico que já havia elaborado. Ele publicou o primeiro volume de *Handbook of American Indian Languages* ["Manual das Língua Indígenas Norte-americanas", em tradução livre], financiado pelo Smithsonian, que prometia ser uma fonte contínua de fundos de pesquisa. E *A Mente do Ser Humano Primitivo*, embora não tivesse sido um grande sucesso comercial, marcou sua primeira grande incursão além dos muros da academia.

No verão em que completou 53 anos, ele finalmente era o intelectual notório que desejava ser desde sua saga na Ilha de Baffin. "Reconhecemos, assim[1], que toda classificação da humanidade é um tanto artificial, de acordo com o ponto de vista escolhido", escreveu na introdução ao primeiro volume de *Handbook*. Ele era agora considerado um especialista nas mesmas classificações que vinha trabalhando para desfazer. Choviam convites para apresentar trabalhos científicos e palestrar em reuniões sobre a questão racial.

Anos antes, ele dera um emocionante discurso de formatura, a convite de W. E. B. Du Bois, na Universidade de Atlanta, conclamando os norte-americanos a rejeitarem as velhas ideias sobre a hierarquia racial. Agora, ele e Du Bois voltaram ao mesmo palco em Londres[2], no Primeiro Congresso Universal sobre Raças, uma assembleia global de autoridades notáveis sobre tudo, desde "economia inter-racial" a "sugestões positivas para promover a amizade inter-racial". "A suposição de que há uma estabilidade absoluta dos tipos humanos não é plausível"[3], disse Boas claramente em seu discurso, repetindo as conclusões de seu relatório da Comissão de Dillingham — algo que fazia sempre que tinha chance, em palestras públicas e em artigos populares. Boas sugeriu que nossas ideias sobre raça são produtos da história, uma racionalização para algo em que um grupo de pessoas deseja desesperadamente acreditar: que são superiores, melhores e mais avançadas do que algum outro grupo. A raça foi a forma de os europeus explicarem a si mesmos o próprio senso de privilégio e conquista. A existência das raças, pelo menos como os europeus as entendiam, dava-se por meio de um ato de atribuição cultural, e não de destino biológico.

Em seu próprio país, no entanto, tudo parecia ir na direção oposta à que suas conclusões científicas ditavam. A Comissão de Dillingham gastou quase US$1 milhão nos 41 volumes que integravam seu relatório final — e basicamente ignorou toda a contribuição que Boas fizera. Dillingham, Lodge, Percy e seus colegas do Congresso, a maioria dos quais era opositora inveterada da imigração, reafirmaram suas convicções. As conclusões da comissão reafirmaram o poder e o significado das distinções raciais. Ao pensar nos imigrantes, dizia o relatório resumido, a comissão "considerou razoável seguir a classificação empregada por Blumenbach[4], uma vez que a geografia ensinada nas escolas já familiarizara os norte-americanos, a saber, às raças branca, amarela, negra, marrom e vermelha". As pessoas que chegavam desde a década de 1880 eram majoritariamente do primeiro grupo, mas, infelizmente, dos "países menos progressistas e avançados da Europa". Sua propensão a assimilar a cultura tinha sido "lenta, em comparação com as raças anteriores que não falavam inglês". Eram "uma classe muito menos inteligente que a antiga"[5] e "essencialmente diferente" das advindas das Ilhas Britânicas e das terras alemãs. Atraídas principalmente para aproveitar as vantagens oferecidas pelos Estados Unidos, sem contribuir para o bem comum, elas sempre teriam um pé na porta, com lealdade duvidosa ao novo país e uma paixão inconfessa pela inculta pátria-mãe.

Boas também era imigrante, é claro, mas, pelo menos, de acordo com a Comissão de Dillingham, sua comunidade de origem era o mais próxima possível de uma minoria modelo: os falantes de alemão bem-sucedidos e bem integrados, cuja diferença dos italianos, poloneses e judeus recém-chegados a comissão fazia questão de destacar. Apesar do aumento de imigrantes do Leste e Sul da Europa[6], as pessoas oriundas das terras alemãs ainda eram o maior grupo não anglo-saxão dos Estados Unidos como um todo e o maior em quase metade de seus 48 estados. Nas décadas anteriores, os germano-americanos ascenderam em papéis de liderança em praticamente todos os aspectos da vida pública do país. Eles povoavam os sindicatos e os corpos docentes. Editavam jornais, cultivavam terras da Pensilvânia às Dakotas, lecionavam em universidades de elite e em pequenas escolas, e pregavam nos púlpitos diante de congregações de luteranos, evangélicos e católicos romanos. Até judeus de língua alemã, pelo menos aqueles que permaneceram religiosos, frequentavam sinagogas cuja arquitetura e decoração — bancos, capelas-mores, vitrais — enfatizavam suas conexões com os vizinhos cristãos.

Foi por isso que foi um choque quando, apenas alguns anos após o relatório da Comissão de Dillingham ser submetido ao Congresso, Boas se viu em uma posição que nunca previra — a de membro de uma das mais temidas, e até odiadas, minorias nos Estados Unidos. Boas chegou ao mundo em meio à reafirmação do regime autocrático em toda a Europa, após as fracassadas Revoluções de 1848. Agora, na meia-idade, percebia uma mudança semelhante no país que adotara — não porque era judeu, mas por ser alemão. Com o início da Primeira Guerra Mundial, as duas maiores comunidades de imigrantes europeus nos Estados Unidos — com laços ancestrais com as Ilhas Britânicas e com ligações com a Alemanha — viam-se cada vez mais em lados opostos de um conflito internacional.

O ataque brutal da Alemanha à Bélgica, em agosto de 1914, gerou severas críticas por parte dos apoiadores das Forças Aliadas. Por sua vez, os germano-americanos pediram calma e uma consideração justa de todos os lados do conflito. No ano seguinte, à medida que a marinha alemã aumentava a atividade de submarinos no Atlântico — culminando no infame naufrágio do *Lusitania*, em maio de 1915, matando quase 1.200 passageiros, inclusive norte-americanos —, a justificativa pública passou a ser a de que os alemães étnicos eram uma ameaça direta à segurança dos Estados Unidos. As empresas alemãs enfrentaram boicotes informais. Beethoven e Wagner foram removidos dos repertórios das principais orquestras. Monumentos a Goethe e a Schiller foram alvejados com tinta. Os quadrinhos dos principais jornais e revistas retratavam os alemães como conspiradores e bárbaros enrustidos, à espera de uma oportunidade de destruir uma fábrica ou de envenenar um reservatório de água. A cidadania norte-americana não era mais garantia de lealdade, advertiu o presidente Woodrow Wilson em seu discurso sobre o Estado da União, em dezembro de 1915. Alegou que espiões e sabotadores "nascidos sob outras bandeiras[7], mas bem recebidos por nossas generosas leis de naturalização" usariam dessa condição para disfarçar seus planos terroristas.

No verão seguinte, agentes secretos a serviço da Alemanha explodiram o imenso depósito de munições de Black Tom, em Jersey City, Nova Jersey. Prédios viraram escombros em um raio de mais de um quilômetro. Janelas se quebraram até Manhattan e à Estátua da Liberdade foi atingida por estilhaços. Cerca de 600 mil alemães que ainda não eram cidadãos foram obrigados a se registrar no governo federal e foram impedidos de frequentar portos[8], viajar de trem ou residir no Distrito de Columbia. O Departamento de Justiça orientou os norte-americanos a permanecer vigilantes e a denunciar atividades suspeitas, principalmente se envolvessem pessoas que se encaixavam no perfil cultural de agente inimigo ou simpatizante — qualquer um que parecesse ou falasse como alemão ou que expressasse opiniões favoráveis aos alemães. Louisiana, Kentucky[9], Dakota do Sul e Iowa proibiram o uso do idioma alemão em reuniões públicas e ao telefone. Quase metade de todos os estados proibiu[10], total ou parcialmente, o ensino do idioma nas escolas (legislação que acabou levando a uma decisão da Suprema Corte). A reação do público a essas mudanças nas normas e na retórica política era previsível. Assassinatos, perseguições aos "comitês de cidadãos" improvisados, linchamentos, humilhações públicas e vandalismo generalizado foram relatados, de Wisconsin à Flórida. As famílias pararam de falar alemão, até mesmo em suas casas, e adaptaram os *k* e *sch* suspeitos de seus sobrenomes.

Boas e Marie haviam encontrado uma comunidade considerável e acolhedora de alemães em Nova York, com os próprios restaurantes, instituições religiosas e centros culturais, de Kleindeutschland ao Upper West Side e aos subúrbios de Nova Jersey. Mas o governo dos EUA e a sociedade norte-americana em geral pareciam se voltar rapidamente contra esse grupo predominantemente assimilado. Pela primeira vez, Boas não era mais o imigrante confiante, ganhando a vida em um novo país, partindo do pressuposto de que fazia parte do mesmo espaço civilizacional da Alemanha natal. Ele era um outsider. Logo, o *New York Herald* começou a publicar regularmente os nomes e endereços de pessoas consideradas cidadãs alemãs ou austro-húngaras[11]. A cidadania norte-americana de Boas, adquirida em 1892, tornara-se uma proteção frágil.

Não ajudou o fato de que Boas se tornou um dos críticos mais conhecidos da guerra. Em 1915, declarou seu apoio à causa alemã em uma carta ao *New York Times*, argumentando que esse ponto de vista pessoal não deveria de modo algum ser motivo para condenar um concidadão. Se as coisas continuassem como estavam, a Alemanha teria boas razões para declarar estado de guerra contra os Estados Unidos. "Não importa qual seja a letra da lei"[12], escreveu ele, "a mente do homem nas ruas que simpatiza com a causa alemã não entenderá por que um homem que envia provisões para um navio de guerra alemão deve ser processado por nosso governo, com a punição mais severa existente, enquanto o que envia munição, que custa milhões de dólares, aos exércitos opositores deve ser protegido e afagado por nossa administração". Se os Estados Unidos estivessem na mesma posição que a Alemanha ou a Áustria — cercados por vizinhos instáveis, governados por um pequeno grupo, desafiado pelas ambições de outras potências imperiais —, provavelmente reagiriam da mesma maneira. Na verdade, pouco mais de uma década antes[13], eles o fizeram, durante a Guerra Hispano-Americana, quando os norte-americanos ameaçavam a paz internacional e os europeus é que pediam trégua.

Boas reiterou sua posição no início do ano seguinte, argumentando em outra longa carta ao *Times* que os Estados Unidos estavam se estabelecendo não apenas como partidários do conflito europeu, mas também como uma espécie de "árbitros do mundo". A carta era uma espécie de biografia intelectual. Ele dizia que chegara aos Estados Unidos cheio de otimismo de que os conflitos nacionalistas que conheceu na Europa não existiriam em uma nação em que várias culturas se misturavam. Mas, em 1898, levou um "choque de realidade" e vivenciou um período de "profunda decepção". Os Estados Unidos haviam embarcado na própria expansão imperialista na guerra contra a Espanha e em sua brutal administração colonial das Filipinas. Sua fé política sempre se baseara na convicção de que o autocontrole deveria definir a política externa norte-americana. A ignorância dos norte-americanos a respeito dos modos de vida dos outros exigia isso. "Sempre serei da opinião de que não temos o direito de impor nossos ideais a outras nações"[14], escreveu ele, "por mais estranho que nos pareça seu modo de vida, por mais lentos que sejam na utilização dos recursos de seus países ou que seus ideais sejam opostos aos nossos".

No início de 1917[15], Boas denunciou o aumento do envolvimento dos EUA na guerra europeia e culpou o presidente Wilson pela hostilidade em relação à Alemanha, que só crescia. Em abril, quando os Estados Unidos finalmente entraram no conflito, as opiniões de Boas não eram apenas suspeitas, mas, em um período inflamado da guerra, claramente antipatriotas. "O que antes era tolerado se tornou intolerável"[16], declarou o reitor da Universidade Columbia, Butler, no início do ano letivo, aparentemente visando professores radicais como Boas. "O que antes era insensatez, agora era traição." Outro colega da universidade escreveu ao *Times* acusando as opiniões de Boas como "não norte-americanas"[17], certamente, não compartilhadas pela maioria dos "homens da Columbia".

Os chefes de Boas na universidade pediram que limitasse seus pronunciamentos públicos. Como ele não acatou, os curadores cortaram seu salário, negaram-lhe acesso aos fundos de pesquisa e criticaram abertamente sua propensão a ensinar "antropologia do ponto de vista alemão"[18], como disse um membro do conselho. À medida que as contas se acumulavam[19], e os custos de pesquisa cresciam, sua subsistência dependia de um fundo coletado por amigos acadêmicos e benfeitores solidários.

Só que Boas era indomável. Ele continuou divulgando artigos e cartas ao editor. Criticava os políticos, do então presidente Wilson aos escalões mais baixos, e comprou brigas com as principais figuras públicas dos EUA. Quando solicitaram que revisasse *Passing of the Great Race*, de Madison Grant, aproveitou a oportunidade. Grant produziu "uma profecia a la Cassandra[20] de todos os males que ocorrerão por conta do aumento dos tipos de olhos escuros", escreveu Boas no *New Republic*. Na verdade, disse ele, havia poucas evidências confirmando essas alegações, eram pouco mais do que "suposições dogmáticas"; a maioria, claramente equivocada. As categorias que os norte-americanos chamavam de "raças" não tinham base hereditária. Quando você media o corpo de pessoas pertencentes a qualquer raça, o que encontrava não eram agrupamentos de características físicas — muito menos intelectuais ou morais —, mas uma imensa diversidade de tipos. "Falar das caracte-rísticas hereditárias de uma raça humana, como se fosse estanque, não faz sentido."

Grant também cometera um pecado grave, segundo Boas. O racismo não ape-nas se resumia à ideia de que algumas raças eram superiores ou inferiores às outras. Era fundamentalmente a crença na realidade herdável da própria raça — uma ideia maquiada pela linguagem científica e, como tal, um produto da cultura ocidental, da mesma forma, digamos, que uma máscara dos Kwakiutl. Quando não havia res-paldo para uma teoria, defendeu Boas em *A Mente do Ser Humano Primitivo*, era preciso deixá-la de lado — principalmente se servisse para colocar pessoas como você no centro do universo. Do contrário, o que se dizia ciência não passava de um monte de bobagens sob um manto de credibilidade.

As alegações de Boas exigiam dos leitores um difícil salto conceitual: que os norte-americanos e os europeus ocidentais se desprendessem da crença na pró-pria grandeza. Grant, por sua vez, tinha algo mais simples e mais poderoso do seu lado: a profunda autoconfiança da sociedade ocidental, fundada na realidade observável do domínio anglo-saxão no mundo. Segundo Grant, a aliança precipi-tada da Alemanha com os otomanos e os japoneses era uma prova do destino que as raças privilegiadas teriam ao se associar às atrasadas. Por outro lado, tudo que Boas possuía eram medições enigmáticas de cabeças e uma teoria científica que confrontava a sabedoria convencional. Previsivelmente, o livro de Grant, *Passing of the Great Race,* continuou vendendo como água. Logo teve uma reedição; desta vez, as referências aos "teutônicos" — contra quem os soldados norte-americanos agora lutavam nas trincheiras — haviam sido substituídas por "nórdicos", mais aceitáveis do ponto de vista político.

—

**DEPOIS QUE A GUERRA ACABOU,** os problemas profissionais de Boas só pio-raram. A ciência era um poderoso chamariz, achava. Utilizada de forma indevida, atraía os formuladores de políticas para águas perigosas. Ele publicou um artigo na *Nation* criticando, embora sem dizer os nomes dos santos, os acadêmicos que, segundo ele, fizeram espionagem no exterior usando o trabalho de campo como pretexto, e denunciando o uso da pesquisa antropológica para fins políticos. A resposta da Associação Americana de Antropologia — que ajudou a fundar — foi censurá-lo por politizar a pesquisa acadêmica e removê-lo do conselho. Os principais estudiosos escreveram ao Smithsonian pedindo que a instituição cortasse seus vínculos com ele, por, entre outros motivos, "contestar o presidente dos Estados Unidos"[21]. O secretário do Smithsonian, Charles D. Walcott, já havia decidido demitir Boas de seu cargo de filólogo honorário no Departamento de Etnologia Americana, que ocupava desde o início dos trabalhos no *Handbook of American Indian Languages*. Além disso, Walcott pediu ao presidente Wilson que o Departamento de Justiça investigasse Boas por radicalismo. O procurador-geral A. Mitchell Palmer — que logo lançaria os infames "ataques de Palmer" contra esquerdistas e outros supostos dissidentes — abriu um processo contra ele.

Boas "agora ocupa uma posição relativamente obscura e sem influência"[22], escreveu Henry Fairfield Osborn, presidente do Museu Americano de História Natural, a Walcott. Osborn sucedera Jesup como chefe do museu e há muito tempo via Boas como um empecilho. Ele até escrevera um prefácio louvável à edição revisada de *Passing of the Great Race* e estava ocupado reformulando as exposições do museu para ilustrar a filosofia de Grant sobre a superioridade racial[23]. Sentiu certo prazer em ver Boas receber a devida punição.

Boas também enfrentava dificuldades em sua vida pessoal. Seus familiares mais próximos ainda estavam na Alemanha, e Boas, como muitos germano-americanos, estava no meio do caminho entre a lealdade à terra natal e à que o acolhera. Após a assinatura do Tratado de Versalhes, sua família foi pega pela crise financeira e pela turbulência social decorrente. Sua irmã mais velha[24], Toni, conseguiu se mudar para os EUA, mas, como cidadã alemã, e, portanto, como uma forasteira ex-inimiga, teve seus bens confiscados pelo governo. Ela se estabeleceu na casa em Grantwood, sob os cuidados de Boas.

Toni havia entrado no país pouco antes da mudança radical na política de imigração dos EUA, fruto dos esforços da Comissão de Dillingham. De acordo com a Lei Johnson-Reed, de 1924, o Congresso dos EUA passou a permitir a entrada de recém-chegados apenas em uma certa proporção à população de origem nacional existente em 1890. Esse enquadramento bastante misterioso pretendia restabelecer a composição demográfica do país ao que era antes das migrações em massa da virada do século. A imigração de grande parte da Ásia — uma fonte de mão de obra barata e, como tal, uma preocupação tanto para políticos nacionalistas quanto para sindicatos — foi proibida por completo, embora nenhum limite tenha sido imposto aos oriundos da América Latina, de onde o fluxo de pessoas tinha sido pequeno. O ato foi explicitamente projetado para reduzir as populações futuras daquelas pessoas do Lower East Side que Boas conhecia muito bem — judeus, italianos, poloneses, eslovacos e outros, cujas comunidades cresceram — e impedir o afluxo de pessoas consideradas perigosas ou culturalmente inadequadas. A política permaneceria a peça central do sistema de imigração dos Estados Unidos por mais de quatro décadas, até sua reversão, em 1965.

Novas restrições logo criaram uma defesa contra forasteiros. O Departamento de Estado dos EUA implementou uma ferramenta burocrática — o visto — para monitorar a entrada no país. Somente viajantes que atendessem a determinados critérios e pagassem a taxa correspondente teriam acesso a ele. Os oficiais do consulado incentivaram o reagrupamento familiar — hoje às vezes denominado pejorativamente como "imigração em cadeia" —, mas por um motivo muito específico: como a Lei Johnson-Reed privilegiava imigrantes que eram classificados como brancos, permitir que chamassem familiares estrangeiros para seus lares era uma maneira de aumentar a parte branca da população. Outras leis barravam famílias que eram consideradas mal estruturadas. A Lei de Mulheres Casadas, de 1922, por exemplo, revogou a cidadania de mulheres norte-americanas que se casaram com estrangeiros que não eram elegíveis para a cidadania por causa de sua raça ou origem — em outras palavras, retirou os direitos de cidadania de muitas mulheres que se casassem com estrangeiros não brancos. Naquele mesmo ano, a Suprema Corte afirmou a constitucionalidade de todo o sistema em *Ozawa v. United States*[25], um de uma série de processos judiciais que ditavam os limites da branquitude, negando, neste caso, elegibilidade para a naturalização ao povo japonês por causa de sua raça.

"Fechamos as portas a tempo de impedir que nossa população nórdica fosse tomada pelas raças inferiores"[26], disse Madison Grant na época. O novo sistema baseado em origens, adotado pelo Congresso, foi, segundo ele: "Um dos maiores avanços na história deste país." Sua pressão foi fundamental para a aprovação da série de restrições à imigração que culminaram na legislação de 1924. Scribner publicou mais duas edições de *The Passing of the Great Race*[27], em tamanho quase dobrado e acompanhada de um apêndice bibliográfico substancial. Até o empregador de Boas, a Universidade Columbia, começou a limitar as raças indesejadas e os estrangeiros, como a maioria das principais faculdades do país. Os formulários de inscrição passaram a exigir que o aluno indicasse a religião de sua família e o local de nascimento dos pais[28]. Novas bolsas de estudo foram criadas para pessoas "da raça anglo-saxônica, germânica, escandinava e latina"[29]. A cada turma de calouros, ficava mais fácil "pronunciar todos os nomes sem dar um nó na língua"[30], observou o reitor de graduação, Herbert Hawkes, orgulhoso.

Em 1925, *The Passing of the Great Race* ganhou uma tradução alemã. No mesmo ano, um radical austríaco, recém-saído da prisão, escreveu uma carta a Grant elogiando a obra, chamando-a de "minha Bíblia"[31]. Pouco tempo depois, quando publicou o próprio tratado sobre história e assuntos mundiais, endossou Grant, argumentando que os estados europeus haviam sido vítimas de populações mestiças, que agora alegavam ser britânicas, francesas e alemãs. Houve um país, no entanto, "no qual é visível, pelo menos, uma ligeira inclinação para uma concepção melhor"[32]. Ao excluir expressamente as raças forasteiras, escreveu Adolf Hitler, em *Mein Kampf*, os Estados Unidos deram as coordenadas para uma forma mais brilhante e científica de construir uma comunidade política. "Um Estado que, nesta era de envenenamento racial[33], dedica-se ao cuidado de seus melhores elementos raciais, um dia se tornará o senhor da terra."

—

**FRANZ BOAS EMERGIU DOS ANOS DE GUERRA PROFUNDAMENTE MUDADO.** Seu filho Ernst se voluntariara para as Forças Armadas dos EUA[34], contra a vontade de Boas, e, até que ele retornasse da França com segurança, sua preocupação seria quase insuportável[35]. Na primavera de 1915, surgiu um tumor em uma das glândulas salivares de Boas. Ele o via como uma espécie de sentença de morte[36], e talvez por isso se sentisse tão confiante em suas mordazes críticas à guerra: um moribundo não tinha nada a perder. O tumor foi removido, mas a operação cortou um nervo. Seu olho esquerdo e bochecha ficaram caídos, sua visão ficou embaçada e seu rosto tinha a sensibilidade de "uma tábua"[37], como ele costumava dizer. Sua fala acentuada se tornou mais arrastada. Ele negligenciou os dentes por medo de que o tratamento odontológico reativasse o câncer[38]. Quando, mais tarde, submeteu-se aos compassos e fitas métricas de um colega antropometrista, os efeitos cumulativos foram registrados em detalhes gritantes: dois terços dos cabelos, grisalhos, "rosto deformado"[39].

"A decepção da minha vida"[40], disse a Ernst, foi o fato de os norte-americanos terem sucumbido ao nacionalismo. Seu país de adoção passou a se parecer cada vez mais com a Alemanha, ou com qualquer outro Estado-nação europeu: obcecado pela própria pureza, desconfiado dos outsiders e mais preocupado em ter uma boa imagem do que em fazer o bem. Os norte-americanos acabaram sendo menos excepcionais do que qualquer outro, inclusive ele mesmo, supusera.

"Seja a vida familiar,[41] o patriotismo local, o espírito acadêmico, o nacionalismo, a intolerância religiosa — é sempre a mesma coisa", disse ele. "É preciso sempre desmerecer o outro apenas porque se gosta do próprio modo de vida?"[42] Ele se sentia mais distante[43], mais à margem das coisas, do que em qualquer momento desde que se tornou imigrante. Seu departamento, reformulado pelo reitor Butler, agora consistia em três salas, subindo sete lances de escada, no Prédio de Jornalismo: uma para Boas, outra para sua secretária e a terceira ficava vazia. Ele duvidava de que tivesse poder para fazer algo a respeito dessa situação. Em uma espécie de exílio interno em Columbia, dependia da gentileza de alguns amigos abastados para obter fundos de pesquisa e, quando era possível, um salário.

Chegou a notícia da Alemanha de que seu antigo companheiro de viagem, Wilhelm Weike, havia morrido. "É muito doloroso quando toda a juventude começa a morrer em toda parte"[44], escreveu Boas a Ernst. Toda essa incursão na academia pública fora um erro? Afinal, ele era cientista, não um problematizador, por mais interessante que fosse a ideia. "Não domino os modos de expressão que me permitem falar de forma eloquente..."[45], disse a Ernst. "Vai contra os meus princípios discursar sobre algo com o qual não concordo... Isso naturalmente impede que uma pessoa assuma a liderança ativa em um grande movimento. Além disso, também a impede de desempenhar papéis significativos em atividades menores. O que se pode fazer é trabalhar em silêncio na própria área, onde as coisas dependem do conhecimento e controle dos fatos, onde os fatores emocionais desempenham um papel relativamente pequeno."

O que ele de fato comandava era a sala de aula. O programa de graduação em antropologia de Columbia fora interrompido durante a guerra[46], outra maneira planejada pelo reitor Butler para isolar os "homens da Columbia" da influência radical de Boas. O que restou foi o programa de pós-graduação e uma série de palestras introdutórias populares, "cursos de vaudeville"[47], como os chamava, fazendo uma referência à comédia ligeira, baseada na intriga e no equívoco, predominante nos EUA e Canadá do início dos anos 1880 ao início dos anos 1930. Seu público mais entusiasmado era o grupo de estudantes de Columbia segregado do outro lado da rua e mais próxima da Broadway: as mulheres.

—

**COMO A MAIORIA DAS UNIVERSIDADES** da época, Columbia foi criada para educar jovens homens. Mas, no início da década de 1880, o conselho e os diretores instituíram um programa especial, que permitia que as mulheres fizessem exames para os cursos de graduação — mesmo que não lhes fosse permitido participar das aulas para se preparar para eles.

Uma das primeiras graduadas do programa foi uma mulher chamada Annie Nathan Meyer. Ela era descendente de uma das famílias judias sefarditas mais antigas de Nova York, cuja árvore genealógica de muitas ramificações incluía a poeta Emma Lazarus e o jurista Benjamin Cardozo. Uma minoria dentro de uma minoria, as raízes dos sefarditas remontavam aos judeus de língua espanhola expulsos pela monarquia católica da Espanha no século XV. As credenciais norte-americanas de Meyer, no entanto, eram tão impecáveis quanto as de Madison Grant. O bisavô de Meyer, o Rabino Gershom Seixas, presidira uma sinagoga de destaque na era colonial de Nova York. Quando se recusou a orar pelo rei George III,[48] as autoridades britânicas a fecharam. Mais tarde, o rabino compareceu à posse de George Washington.

Casada com Alfred Meyer, um respeitado médico judeu, Annie Nathan Meyer transformou suas importantes conexões — e seu status de *alumna de fato* da Columbia — em um movimento para erguer um prédio para a faculdade de mulheres. A ideia era que a faculdade integrasse formalmente a universidade, mas que ficasse do outro lado da rua, para evitar que o campus principal se tornasse misto. "Eu tinha uma teoria perspicaz de que[49], para colocar qualquer esquema radical em prática, ele deveria ser implementado da maneira mais conservadora possível", lembrou ela. Depois que a faculdade foi inaugurada, em 1889, Meyer se tornou sua padroeira e guia. Se os tempos fossem outros, a faculdade teria sido nomeada em sua homenagem. Mas apesar de não levar o seu nome, sua astúcia estava toda ali. Foi ideia dela chamar a faculdade de Frederick A. P. Barnard, um ex-reitor muito querido da universidade. Essa sugestão pareceu convencer os curadores da Columbia de que as mulheres não arruinariam a instituição. Até 1983, quando a universidade finalmente abandonou a política focada nos homens, a Barnard College era a principal porta de entrada para as candidatas à Columbia.

Apesar de suas visões progressistas sobre educação, Meyer era uma antissufragista declarada. Ela acreditava que primeiro era preciso se aperfeiçoar para depois exigir uma voz política, se fosse o caso. Mas esse não era o tipo de aluna — ou professor — que a Barnard costumava atrair. Após a Primeira Guerra Mundial, o ensino de ciências sociais — psicologia, estudos sobre o governo, estatística aplicada e antropologia — era tão bom na Barnard quanto na universidade principal e, muitas vezes, melhor. Virginia Gildersleeve, visionária e diretora de longa data de Barnard, valorizou a contratação dos melhores professores da Columbia para palestras adicionais a oeste da Broadway. Ela abordou Boas, em particular, para que orientasse as alunas de Barnard, garantindo que, mesmo que seu relacionamento com o reitor Butler fosse tenso, ele permaneceria em sala de aula.

O estilo de ensino de Boas englobava pesquisas profundas[50], fazendo as alunas se dedicarem em nível avançado e de forma autônoma desde o início, preenchendo as lacunas deixadas pelas teorias gerais, conforme necessário. Ele não usava livros didáticos[51], em vez disso, incentivava as alunas a compartilharem anotações de aulas e leituras especializadas. Se alguém precisasse de orientações em métodos estatísticos ou cálculo[52], para entender o básico de um curso de antropometria, ele rapidamente preenchia os quadros com equações e fórmulas, esperando que elas entendessem tudo rapidamente. Colocar as mãos em dados empíricos e criar hipóteses com base no que você pode realmente observar — era assim que se fazia ciência de verdade, dizia. Todo o resto produzia mentes como as de Madison Grant e de Lothrop Stoddard.

Boas fazia o mesmo em suas aulas de pós-graduação a leste da Broadway, no campus principal de Columbia. Atrasado com as notas e com pouco feedback concreto, estava convencido de que um trabalho árduo era mais importante para os estudantes do que cumprir requisitos formais. Eles aprenderiam o que precisavam quando entrassem em campo[53]. Ele também fazia questão de deixar suas opiniões políticas bem claras, o que afastou alguns estudantes. Quando Ralph Linton[54], um veterano de guerra recém-desmobilizado, apareceu para seus estudos de doutorado vestindo seu uniforme militar, Boas o repreendeu com tanta veemência que Linton pediu transferência para um programa rival, em Harvard. Mais tarde, ele reclamaria de que o "Círculo Judaico"[55] da Columbia havia conspirado para afastá-lo. Mas, principalmente para alguém cujo comportamento mudara de indiferente para ferino, Boas era surpreendentemente acolhedor. Por mais de uma década[56], dedicava-se a levar mais mulheres para o programa de pós-graduação, que não tinha restrições de gênero. Uma ciência que tinha acesso a apenas metade dos dados disponíveis — práticas, histórias e rituais de homens — não merecia ser chamada assim, acreditava.

Para uma jovem alta e de rosto redondo que apareceu na sala de aula de Boas em 1921, essa perspectiva era nada menos que emocionante. Ela não tinha muita experiência com o mundo das ideias, além de lecionar e ser dona de casa para o marido acadêmico, muito menos com a aventura que começou a descobrir nos documentos de antropologia que Boas designava como leitura obrigatória. Ela não havia frequentado aulas de história, filosofia nem antropologia de nenhum nível na Barnard, mas, por conta própria, estudava Mary Wollstonecraft e Nietzsche, e participava de alguns seminários gratuitos sobre ciências sociais no centro da cidade. "Não tenho filhos"[57], disse a um amigo, "então é melhor eu ter minha tribo".

Em pouco tempo, Ruth Benedict se encontraria no meio de uma mudança generalizada do corpo do departamento de antropologia. "Tive uma experiência curiosa na pós-graduação nos últimos anos"[58], escreveu Boas a um colega. "Todos os meus melhores alunos são mulheres."

—

**RUTH FULTON, SEU NOME DE BATISMO**[59], diria mais tarde que sua vida começou após a morte do pai, que sucumbiu a uma infecção quando ela estava com apenas 21 meses. A perda devastou sua mãe. Durante o velório, levou a filha para a sala onde o corpo do pai jazia no caixão e, chorando descontroladamente, implorou que ela se lembrasse dele. Todo mês de março, no aniversário de sua morte, a mãe repetia a cena, chorando alto, fazendo da morte do marido "um culto à dor"[60]. Desde a infância[61], Ruth aprendeu a viver em dois mundos: um da morte, sereno e bonito; e outro da vida, confuso, explosivo e cheio de preocupações. Ela achava que conseguiria ter um pouco de paz quando chegasse aos 50 anos[62] — depois das torturas do início da idade adulta, de descobrir o trabalho de sua vida, de encontrar um marido —, o que de alguma forma parecia improvável. Até então, ela não tinha escolha, a não ser lidar com a escuridão, uma presença tão palpável quanto a rajada de vento quente de um metrô se aproximando.

Ela nasceu em Nova York, em 5 de junho de 1887, mas se mudou com a mãe para a fazenda da família no norte do estado, pouco antes da morte do pai. Formou-se em Vassar em 1909 e logo se casou com Stanley Benedict, bioquímico da Cornell Medical College. O casal voltou para a cidade, mas Ruth estava à deriva. A casa tornou-se o foco de suas atividades[63]: cozinhar, limpar e ficar quieta, para que Stanley se entregasse a seus hobbies de reparo de motores e processamento fotográfico. "Tudo o que ele pede"[64], dizia a si mesma, "é que se mantenha uma uniformidade". Ela se reconfortava com a rotina, que mais tarde disse ser sua técnica "para impedir que o suicídio se tornasse uma opção muito atraente em um momento de fraqueza"[65].

Quando Stanley buscou a tranquilidade dos subúrbios[66], Ruth concordou em se mudar, mas manteve um quarto na cidade. Foi a primeira vez no casamento que ela conseguiu preservar seu espaço. Escreveu poesia, iniciou um diário e acabou se matriculando em aulas na Free School, uma instituição experimental de cursos livres, que funcionava fora da parte residencial da West Twenties, e mais tarde se tornou a Nova Escola em Pesquisa Social. Lá, ingressou em uma turma de pós-graduação ministrada por Elsie Clews Parsons, uma graduada na Barnard e autoridade emergente em indígenas norte-americanos do sudoeste.

Aventureira, brilhante e herdeira de Wall Street, Parsons era magnética. Ela adorava quebrar convenções e tinha a segurança financeira e a confiança so-

cial para tal. Após Barnard, fez doutorado em sociologia na Columbia e tornou-
-se a principal patrocinadora do departamento de antropologia, na fase em que
Boas enfrentava os problemas da guerra. Um de seus primeiros livros, *Fear and
Conventionality* ["Medo e Convencionalidade", em tradução livre], de 1914, teve
a mesma popularidade de *A Mente do Ser Humano Primitivo*, de Boas. Desista de
suas velhas formas de pensar, insistia ela com seus leitores, e imagine um mundo
em que tudo o que você considera normal se torne estranho e desconhecido. "O
medo da mudança é um tipo de medo que o homem já viveu[67], mas aprendeu a começar a evitar… O que ele agora chama de convencionalidade integra seu sistema
de proteção contra as mudanças que passou a questionar e, aplacando seu medo,
até a renunciar."

Todos somos prisioneiros das classificações que herdamos, acreditava
Parsons. As coisas que aparentemente nos unem em unidades identificáveis —
nossas famílias, tribos ou nações — são na verdade barreiras para "o amor perfeitamente destemido"[68] por outras pessoas e sociedades. São também as mesmas
coisas que fazem com que os indivíduos se sintam mal em suas pátrias (ou mesmo em seus lares), sofrendo por nunca se encaixarem nas categorias predefinidas
que a sociedade insiste que devem moldar suas vidas. O começo da ciência social,
então, baseava-se em aprender a reconhecer os pinos quadrados e os buracos redondos — a desconexão entre os indivíduos e os comportamentos sociais que se
esperam deles — tanto em sociedades exóticas e distantes quanto na nossa. Caso
contrário, nossa "predisposição natural para categorizar…"[69] pode ser a fonte de
falhas desastrosas e o impedimento de grandes realizações". Os editores de *Social
Register* provaram que ela estava certa. Após uma série de livros que enalteciam
as virtudes do amor livre[70], do divórcio e da contracepção, o nome de Parsons foi
removido das listas oficiais de melhores famílias de Nova York.

Tudo isso foi uma revelação para Ruth Benedict. Ela ficou encantada com a
atmosfera que Parsons e outras pessoas criaram na Free School. Em seu curso de
orientação de TCC, ela experimentou algumas das ideias de Parsons, para averiguar sua validade. Uma sociedade que defendia o amor livre[71], escreveu ela, era claramente mais avançada em termos de liberdade humana do que a que restringia a
vida sexual das mulheres às categorias de donzela, esposa e prostituta. O mundo era
um compêndio de potencialidades, não de dados, e a ciência social era o processo

para aguçar a compreensão dessas potencialidades. Parsons convidava os leitores a se afastarem do ambiente e a começarem a ver os próprios costumes como bizarros. Mas Benedict não precisava praticar o que lhe parecia natural desde a infância: ver o mundo como algo inerentemente caótico — uma "perplexidade da alma"[72], como chamava, capaz de gerar terror, mas também aventura e epifanias. Todas as suas conversas, na verdade, eram um exercício de tradução. O sarampo que teve na infância a deixara quase surda, e ela se esforçava para entender as palavras e frases que pareciam cristalinas para todos. O mundo para ela tinha contornos difusos, não as linhas claras que pareciam tão óbvias para o marido.

Outro dos professores de Benedict, Alexander Goldenweiser — um dos alunos de Boas —, incentivou-a a explorar ainda mais seus interesses se matriculando no programa de doutorado da Columbia, no centro da cidade. À época, o departamento se recuperava do banimento efetivo de Boas, com Parsons e outros filantropos pagando pelas novas expedições de trabalho de campo, publicações e até mesmo pelo secretário do departamento. A geração mais velha de estudantes — Kroeber e Lowie, em Berkeley; Goldenweiser, na Free School; Sapir, no Canadá — deu lugar à de recém-chegados: Gladys Reichard, recém-formada em Swarthmore, com um trabalho dedicado aos Navajo; Melville Herskovits, veterano do exército e ex--aluno da Universidade de Chicago, interessado em cultura afro-americana; e logo Benedict, também — dolorosamente tímida, alheia à maioria das conversas e muito mais velha, com 34 anos, do que a maioria dos colegas. Ela passava seus dias examinando livros e relatórios de campo com avidez, para escrever sua tese.

A maioria das teses de doutorado era mais retórica do que pesquisa original, um exercício para convencer os examinadores de que o estudante dominara um corpo de conhecimento técnico. Mas Benedict estava genuinamente inspirada. Pelo que recolhera na biblioteca, sentiu que os velhos modos de avaliar a experiência religiosa eram inadequados. Os estudiosos dividiam as crenças primitivas em categorias estanques — animismo, magia e misticismo. Ao se aprofundar nos artigos e nos relatórios de campo, porém, logo viu uma riqueza desordenada, por exemplo, nas práticas de grupos tribais nas Grandes Planícies. "Todas as classificações conhecidas de religião[73] [...] são conflitantes nessa área", escreveu ela em seu primeiro artigo publicado, em 1922. "Não é nossa principal tarefa investigar com o máximo

cuidado possível o que a experiência religiosa diz de si mesma, e estimar sua hete-
rogeneidade e multiplicidade indefinida?"

Era uma maneira desajeitada de uma estudiosa novata dizer exatamente o que
estava aprendendo com Boas: que nossas categorias de experiência humana deveriam começar com a própria experiência, não com modelos mentais que o observador já carrega consigo. Ela também tocou algo mais profundo, no entanto. A religião, como era praticada no Ocidente norte-americano — visões eufóricas, provações torturantes, aparições de um espírito guardião que poderia ser tão real quanto
o leiteiro —, envolvia uma série de "atitudes psicológicas da maior diversidade"[74].
Ela agora tinha um jeito científico de dizer algo que conhecia intimamente desde a
infância. A mente também resiste a categorizações óbvias.

Benedict passou o verão de 1922 na Califórnia, trabalhando com Kroeber em
uma reserva indígena. Naquele outono, Boas pediu que ela se tornasse sua assistente de ensino em Barnard, supervisionando seminários, controlando o horário
de expediente e levando estudantes em viagens de campo ao Museu Americano de
História Natural. Foi sua primeira experiência como acadêmica de verdade, mesmo
sem título nem cargo. Ela tinha poucas opções na época. Levou apenas três semes-
tres para produzir um longo manuscrito chamado "The Concept of the Guardian
Spirit in North America" [O Conceito do Espírito Guardião na América do Norte,
em tradução livre][75], o que foi suficiente para ela obter o doutorado em antropologia, em 1923, entre os apenas quarenta títulos concedidos no país a mulheres
naquele ano em todas as áreas das ciências sociais. Mas suas propostas de apoio
à pesquisa foram, uma a uma, rejeitadas. Qualquer pessoa que não estivesse efe-
tivada em um cargo universitário aos 35 anos, respondeu o Conselho Nacional de
Pesquisa, um órgão federal de financiamento, "não é um material promissor para
o desenvolvimento"[76].

No verão de 1924, no entanto, combinando o trabalho de meio período, a be-
nevolência de Boas, o auxílio constante de Parsons e o firme apoio do departamento, Benedict conseguiu dinheiro suficiente para partir em uma expedição própria,
para um dos antigos locais de campo de Parsons. Logo ela estava em um trem para
Gallup, Novo México.

—

**QUATRO SÉCULOS ANTES,** os povos do sudoeste norte-americano estavam entre as primeiras populações indígenas a viver em assentamentos, o que os primeiros exploradores espanhóis reconheceram como cidades, ou *pueblos*, que se estendiam pelas terras fluviais e pelos desertos do Texas a Nevada.

Em Zuñi, ao sul de Gallup, camadas de apartamentos robustos, de tijolo cru e madeira, aglomeravam-se ao fundo do vale. Eles abrigavam uma pequena comunidade que falava um idioma distinto de todos ao seu redor. Os invasores navajo e apache nas redondezas costumavam atacar os campos de milho irrigados e os rebanhos de gado. O imponente planalto listrado de vermelho chamado Dowa Yalanne, ou Corn Mountain, pairava ao longe, lembrando os tempos em que o povo de Zuñi o considerava a última fortaleza. Um dos etnólogos do Smithsonian, Frank Hamilton Cushing, descreveu seu primeiro encontro com a paisagem deslumbrante em 1879. "O sol afundava atrás da colina"[77], escreveu impressionado, "transformando-o em uma silhueta irregular de pirâmide, coroada com uma auréola brilhante, de onde uma aparente aurora da meia-noite irrompia pelas nuvens fragmentadas, margeando cada ilha azul enevoada de bordô e ouro, erguendo-se em vastas linhas de luz, como se repetisse no céu seu esplendor terrestre".

Parsons avisara a Benedict que entrar em Zuñi era como tentar violar "uma cerca de lanças afiadas"[78]. Os locais desconfiavam dos pesquisadores desde que Cushing, meio século antes, publicou cerimônias sagradas e segredos religiosos nos relatórios do Departamento de Etnologia. Seu legado entre o povo foram ressentimentos e uma profunda desconfiança de outsiders. Mas, junto com Ruth Bunzel, outra aluna de Boas e companheira de viagem, Benedict encontrou informantes dispostos a conceder longas entrevistas, às vezes, em troca de dinheiro. Ela se sentava durante a noite transcrevendo contos populares e tentando entender suas anotações de horas de conversa. Mesmo quando todos falavam em inglês, ela precisava se esforçar para entender o que estava sendo dito. Os *puebloanos* perguntavam por que "uma surda"[79], como a chamavam, estava tão interessada em coletar histórias antigas que mal conseguia ouvir. Mas Benedict se encantou com o que encontrou. Os homens trabalhavam para as mulheres, que possuíam direitos exclusivos de propriedade. As mães transmitiam seus bens para as filhas, que reproduziam a ordem de dominância feminina. A sociedade privilegiava a descendência matrilinear, o que significa que considerava como principais ancestrais a linhagem familiar da mãe, e não do pai. As pessoas nomeavam as árvores genealógicas ancestrais de suas bisavós da mesma maneira que os velhos nova-iorquinos sabiam qual de seus antepassados holandeses desembarcara pela primeira vez em Nova Amsterdã.

O povo de Zuñi, como outros grupos tribais ocidentais, também tinha uma tradição bem estabelecida de troca de gênero. Os exploradores franceses deram a isso o nome de *berdache*. Os homens biológicos podiam assumir o papel social das mulheres, vestindo roupas femininas, realizando tarefas atribuídas a elas e até se relacionando com homens não *berdache*. O fato de essas pessoas serem descritas em inglês como "homens-mulheres" — ou com a palavra em francês, estranhamente derivada de um termo árabe para menino escravo sexual, algo que os *berdaches* claramente não eram — era simplesmente uma evidência do quão difícil era traduzir as realidades zuñi para a linguagem da normalidade norte-americana. Uma mulher poderia ter um pênis; um homem, usar um vestido de noiva. Benedict logo entendeu por que tudo isso fora tão intrigante para Parsons.

Zuñi já era um território bem explorado à época. Até Boas o visitara brevemente. Benedict não esperava fazer muitas contribuições inéditas. Mas, nas tardes quentes, apenas com uma parede de tijolos crus para fazer sombra, ela começou a elaborar a ideia de que ritual, história e personalidade formavam uma espécie de sistema. Com Boas, aprendeu que as culturas tinham que ser entendidas nos próprios termos. Ela descobriu na pesquisa de sua tese que as mentes eram formadas de acordo com a sociedade em que viviam. Já tinha uma certa experiência em reunir evidências sozinha, por mais imperfeitas e obtidas de maneira indireta que fossem. Para ela, era normal que a riqueza e a identidade seguissem a linhagem familiar feminina, em vez da masculina. De volta para casa, Stanley Benedict teria rido da ideia de se tornar Stanley Fulton.

"Um dos fatos mais impressionantes que se destacam em estudos de culturas amplamente variadas"[80], escreveu mais tarde, em um ensaio sobre a antropologia e o anormal, "é a facilidade com que nossos anormais funcionam em outras culturas". Para quase todos os desviados ou malfeitores que você poderia citar, era possível identificar uma sociedade em que suas questões produziam não apenas vidas aceitáveis, mas fáceis e até honrosas. As pessoas mais excêntricas poderiam encontrar locais onde não seriam bizarras. Pessoas que entravam em transe e catalépticos, neuróticos e possuídos, esquizofrênicos e cronicamente deprimidos eram categorias impossíveis de definir fora dos contextos locais em que se manifestavam.

A homossexualidade era outro bom exemplo, escreveu Benedict. Em sociedades como Zuñi, em que a estrutura social "permitia" comportamentos aparentemente aberrantes, como ela os chamava, os homossexuais eram "socialmente encaixados". Ou seja, tinham um papel específico, que os diferenciava na estrutura da sociedade e ainda os protegia dentro dela. *Berdaches* não eram párias. Em vez disso, eram pessoas que todos entendiam, sem considerá-las atípicas. "Em geral, a normalidade, dentro de uma faixa muito ampla[81], é culturalmente definida. É principalmente um termo que designa um segmento socialmente criado de comportamentos humanos de qualquer cultura, considerados socialmente aceitáveis; e a anormalidade, os segmentos que essa civilização, em particular, não legitima."

O desvio de qualquer tipo, argumentou ela, não passava de uma incompatibilidade entre a maneira de um indivíduo viver e o catálogo de comportamentos e emoções que sua sociedade preferia e valorizava. A normalidade, em qualquer sociedade, era apenas uma versão editada do grande texto de todos os comportamentos humanos possíveis; não havia razão para esperar que toda sociedade fizesse a edição da mesma maneira. As formas de ser no mundo só eram anormais no sentido de que o contexto local criava "os dilemas psíquicos dos socialmente isolados"[82]. A frase veio diretamente de sua experiência. As longas horas na biblioteca estudando questões atinentes à perspectiva entre os indígenas das planícies e as entrevistas de campo nos *pueblos* a ensinaram a entender sua própria surdez vacilante, seu humor sombrio, sua timidez — a não ver essas coisas como inadequações inatas, mas como o produto de forças invisíveis que tornaram a cultura que ela conhecia inadequada para pessoas iguais a ela.

Depois de concluir seu trabalho de campo, retornou a Nova York e iniciou um novo ciclo de envio de currículos e pedidos de financiamento para pesquisas. Como no passado, não havia empregos na academia, apesar do apoio de Boas. Seu casamento com Stanley alcançou um ponto de equilíbrio confortável, os dois viviam basicamente separados, mas sem evoluir para um divórcio formal. Suas anotações no diário estavam cheias de registros de trabalho e reuniões, jantares ocasionais com Boas, manhãs passadas na biblioteca, dias inteiros avaliando os artigos dos alunos. Mas, silenciosamente, aos trancos e barrancos, sua vida dava uma guinada, totalmente inesperada, mas, de alguma maneira, indescritivelmente acertada.

Depois de sua experiência no Sudoeste, ela parecia finalmente descartar as convenções herdadas dos contos populares, das pseudociências e dos dogmas religiosos da própria sociedade. A causa imediata era alguém que ela auxiliava nos cursos introdutórios de Boas na Barnard, uma aluna pequena, de ombros largos, chamada Margaret.

*Capítulo Sete*

# "UMA GAROTINHA FRÁGIL COMO MARGARET"

....................................

S e Margaret Mead tinha interesse em rituais e regras, era porque era o tipo de criança que costumava criá-las. Ela reunia suas amigas em um clube que exigia que todas anotassem tudo de interessante que acontecia em casa ou na escola[1]. Ela registrava o desenvolvimento mental dos irmãos em um caderno[2], ao lado de comentários julgando suas ações como astutas ou meramente infantis. Ela fazia listas[3], como muitas crianças fazem, e lhes dava títulos como "O que eu mais gosto nos estudos" e "Os anos em que tivemos doenças contagiosas".

Ela nasceu em 16 de dezembro de 1901[4], a primeira criança na nova maternidade do West Park Hospital, na Filadélfia. A liberdade para experimentar, a possibilidade da perfeição e a urgência da reforma — na política, na vida social e no próprio comportamento — faziam parte da herança familiar transmitida a todos os quatro filhos de Edward e Emily Mead que sobreviveram à infância. Emily estudou sociologia na Universidade de Chicago, onde conheceu Edward, e acabou fazendo um doutorado sobre a difícil vida dos imigrantes italianos nos Pinelands de Nova Jersey. O primeiro casamento a que a jovem Margaret assistiu, aos 6 anos, foi o de dois italianos recém-chegados que Emily conhecera no trabalho. Depois, Emily pediu que Margaret relatasse em detalhes os pratos e costumes desconhecidos que acabara de ver[5]. Edward[6], professor de finanças da Wharton School, da

Universidade da Pensilvânia, passava as tardes na varanda da família, de chapéu-coco, lendo um volume de Thorstein Veblen. Por causa da tradição da família[7], Margaret aprendeu a pronunciar as palavras *sociologia* e *economia* antes mesmo de saber o que significavam.

Os Meads se mudavam com frequência, mas suas casas mais estáveis foram as dos vales e desfiladeiros do condado de Bucks, na Pensilvânia. As crianças passavam o verão encenando peças originais em Longland, a fazenda da família, que ficava perto da pequena comunidade de Holicong, o primeiro endereço que Mead imprimiu em seus artigos pessoais de papelaria. A avó paterna de Mead, Martha, queria transformá-la em uma jovem lida e confiante, alguém que conhecesse a linha tênue que separa a inteligência da tolice. A juventude de Mead se tornou um exemplo perfeito de como a retidão poderia ser uma forma de rebelião. Aos 11 anos[8], ela informou ao pai, que crescera em uma família metodista, mas na prática era ateu, que queria ser batizada na Igreja Episcopal.

Em 1919, Mead entrou na DePauw University, a universidade *alma mater* de Edward. Ela criou alegorias contundentes, que foram premiadas em concursos no campus. Decorou seu dormitório com cortinas personalizadas[9], e fotografias de Rabindranath Tagore, a filósofa bengali, e de Catherine Breshkovsky, uma revolucionária russa. Desenhou o próprio vestido para a semana de recrutamento das irmandades, inspirado nos campos de trigo locais, pontilhados de papoulas. As Kappa Kappa Gammas educadamente a ignoraram[10]. Nenhuma garota inteligente se veste em homenagem ao estado de Indiana.

Não foi uma rejeição devastadora[11], mas contribuiu para que Mead se sentisse em uma espécie de exílio. Foi a primeira vez na vida que se sentiu completamente inaceitável para os colegas. As coisas das quais se orgulhava[12] — seu senso de moda, seu episcopalismo, seu sotaque mesoatlântico cuidadosamente estudado — repentinamente passaram a ser estranhas e duvidosas. A Costa Leste parecia um mundo distante de Greencastle, onde o semestre girava em torno dos eixos previsíveis de uma faculdade do Meio-oeste: "Vida de fraternidade...[13] jogos de futebol e... viver em conformidade com pessoas que se tornariam bons rotarianos mais tarde na vida, e suas esposas, bons membros de clubes de jardinagem", lembra-se. A própria Mead já estava noiva de Luther Cressman, filho de um médico local que entrara no Seminário Teológico Geral, em Manhattan. Depois de um ano em DePauw, anotando tudo diligentemente apesar das notas inexpressivas, convenceu o pai a permitir que ela fizesse transferência para mais perto de Luther e de casa. No outono de 1920, ela se matriculou como aluna do segundo ano na Barnard College.

"Pela primeira vez, senti que havia encontrado algo realmente desafiante para mim, e estava feliz",[14] lembrou Mead depois. Em Barnard, fez amigas por escolha, não por acaso, um círculo de dez jovens mulheres que incluía a futura poetisa norte-americana Léonie Adams[15]. Todo ano, elas adotavam um nome depreciativo como distintivo de honra; às vezes, era um apelido dado pelos típicos moradores urbanos de West Side ou por um professor indignado com certos comportamentos tolos ou com posturas políticas radicais. O apelido que realmente pegou foi Ash Can Cats[16], um bom rótulo para um grupo de mulheres livres, aventureiras e desleixadas, mas intelectualmente na moda, metade delas judias e todas igualmente familiarizadas com o bolchevismo e a poesia de Edna St. Vincent Millay — uma típica sociedade literária da época, mas de saias. O apartamento do grupo, na West 116th Street, era um burburinho de aforismos improvisados, o tilintar de garrafas de gim emborcadas e fofocas do campus sobre casos com homens mais velhos e, às vezes, mulheres mais velhas. No verão de 1921[17], Mead informou à Escola Bíblica Diária de Férias da Filadélfia que não seria mais capaz de atuar como diretora de estudos bíblicos durante as férias.

Mead passou de um futuro previsível como esposa de um pastor para um mundo de poesia, emoção e o que chamava de "várias amiguinhas lésbicas"[18], que integravam o grupo principal das Ash Can Cats. Ela era adepta do radicalismo político, como todo mundo em seu círculo, mas sem ultrapassar os muros da universidade — apenas "avermelhada"[19], como um colega a chamava. Nova York era energia e ação:[20] marchas em apoio a Sacco e a Vanzetti; aulas desafiadoras de matemática e sociologia; a estreia de *Hamlet*, com Isadora Duncan e John Barrymore; passeios com Luther para jantar no Jolly Friar's Inn, em Greenwich Village; cartões de dança cheios de nomes de outros rapazes, exceto para o foxtrote e as valsas, os quais riscava com um *X* indelével. Tudo isso compensava o fato de que[21], pequena e acometida por problemas de saúde — uma neurite debilitante nos braços, febre escarlatina em um Natal —, foi obrigada pela Barnard a se matricular em uma turma chamada de "ginástica medicinal".

As notas de Mead também melhoraram, em particular durante o ano acadêmico de 1922 a 1923, quando começou a ter aulas avançadas de antropologia e psicologia. Ela produzia páginas e páginas de anotações das leituras e aulas obrigatórias, com uma letra pequena e apressada, como se tentasse captar toda palavra que saía da boca dos professores. Desenhava imagens detalhadas de padrões de cestas para se lembrar dos motivos distintos de grupos tribais específicos[22], e anotava os resultados de experimentos psicológicos e breves pesquisas de opinião que fazia em seu círculo de amigos. Entrara em Barnard como uma aluna medíocre, tirando principalmente C e B. No último ano, conquistara o papel de honra[23] sem nem "se esforçar muito"[24], garantiu ao pai. Ela havia se saído tão bem[25] nas aulas de antropologia, que o professor, o Dr. Boas, e sua assistente, a senhora Benedict, a dispensaram do exame final.

—

**NO MEIO DE TUDO ISSO,** o suicídio foi um golpe terrível.

No início de fevereiro de 1923[26], uma colega de classe, Marie Bloomfield, bebeu uma dose letal de cianeto, que conseguira em um laboratório de ciências da Barnard. Mead, acompanhada de vários amigos, encontrou o corpo de Marie no dormitório de Brooks Hall. O *New York Times* foi sucinto: "Parece que ela ficou[27] doente do espírito e se convenceu, com algo que leu, de que a morte leva ao êxtase e à exultação."

Mead se culpou. Marie estava recuperando-se do sarampo e[28], em vez de cuidar dela, Mead fora visitar outra amiga — alguém, insinuou ela, por quem tinha mais "afeto físico" do que a exigente e pegajosa Marie. Mead lhe dera uma antologia poética no Natal anterior, na qual Marie assinalou passagens que pareciam exaltar uma morte premeditada — o texto que o *Times* disse tê-la inspirado. As ideias que insere no mundo podem ter consequências devastadoras se você não se atentar, pensava Mead. Ela deveria ter previsto aquilo tudo. "Eu era a melhor amiga dela da faculdade e não a amei o suficiente"[29], escreveu a Emily Mead logo depois.

Ao ouvir a tragédia, Benedict logo lhe enviou um bilhete. "Minha querida Margaret"[30], escreveu em 8 de fevereiro.

As outras garotas precisam que você seja forte, e, se houver algo no mundo que eu possa fazer para apoiá-la, envie-me uma mensagem, para a sala de seminários. Ou, se puder fugir, venha aqui. Não tenho compromissos que não possa adiar. Estarei pensando em você o dia todo, desejando que as pessoas saibam se ajudar em tempos difíceis.

Mead guardou o bilhete até sua morte. Foi a primeira correspondência preservada entre as duas, uma veterana da Barnard e sua assistente de ensino de Columbia.

Elas haviam se aproximado no outono anterior. Na pequena comunidade de mulheres da Barnard, alunas e professoras se conheciam bem. As paixões — que as garotas chamavam de "precipícios", em vez de simples quedinhas —, tanto as platônicas quanto as mais carnais, eram comuns, embora talvez não tão comuns quanto falar sobre elas. Mas o estresse daquela primavera marcou uma mudança. Agora, havia uma sensação cada vez maior de proximidade, uma nova conexão entre as duas mulheres. Demoraria um pouco até Mead parar de se referir à "Sra. Benedict" assim e trocar para "Ruth", mas Benedict percebia que algo havia mudado, pelo menos, em sua própria maneira de ver as coisas. "Ela é um oásis para mim"[31], escreveu Benedict em seu diário.

Um mês depois, em março[32], Benedict sugeriu a Mead que considerasse o programa de pós-graduação de Columbia em ciências sociais, do qual o departamento de antropologia fazia parte. "O que o professor Boas e eu temos a oferecer é uma oportunidade de fazer um trabalho significativo"[33], disse ela. Quando Mead recebeu o diploma de bacharel, naquela primavera, com um distintivo da Phi Beta Kappa em seu vestido, que deixou até seu estoico pai orgulhoso, Benedict lhe deu US$300 de presente. Ela disse que era um símbolo de "sororidade, a que não precisava retribuir"[34], que ela poderia usar para a pós-graduação. Mead escreveu de volta agradecendo à sua "fada madrinha"[35], com um pós-escrito sedutor: "Que pena que não é para 'retribuir'."

Com a graduação concluída, Mead e Cressman finalmente selaram seu longo compromisso. Eles se casaram em setembro de 1923, em uma pequena igreja episcopal perto da casa de campo dos Meads, na Pensilvânia. Eles tiveram uma breve lua de mel em uma cabana em New Hampshire[36], de propriedade de Benedict e Stanley — com quartos separados, já que Mead tinha um trabalho de pesquisa e um relatório de livro para concluir antes de voltar para Nova York. Então ela voltou à academia.

Tornar-se cientista social não era algo que Mead sempre quisera, embora, de alguma maneira, estivesse embarcando na carreira de pós-graduação que a mãe abandonara alguns anos antes. Mas se encaixou nela facilmente — os seminários de pesquisa, os debates colegiados, a sensação de ampliar sua compreensão do mundo social. Ela se sentia como uma iniciada em um círculo fechado e secreto. Cada aula lhe proporcionava um novo horizonte. Ela se inscreveu no curso de antropometria de Benedict, ministrado de maneira não convencional — não com a elaboração de índices cranianos e hierarquias raciais, como no passado, mas tratando as estatísticas como algo aberto a muitas interpretações. Escalonar a partir de medidas físicas individuais para entender o comportamento dos grupos foi um salto gigantesco, ensinava Benedict, e um convite ao raciocínio falacioso. Aspectos que pareciam padrões sociais eram ficções criadas pelas próprias categorias estatísticas. "Pensem no problema de determinar a diferença entre suecos, bávaros e negros", escreveu em suas notas sobre a aula introdutória de Benedict. "Ingenuamente, dizemos que os suecos diferem mais dos negros do que dos bávaros[37]. Mas só a definição dessa diferença já é um problema em si." A função da ciência social era ir além das coisas que pareciam óbvias e aprender a questionar as verdades preconcebidas que a sociedade parecia oferecer.

Ela já havia pegado algumas ideias-chave de Boas e Benedict: livrar-se de seus preconceitos, fazer boas perguntas e fazer o trabalho árduo de coleta de dados. A antropologia, sentia, era um tipo de ciência superior, cujo método era mais rigoroso do que o de outros cursos que fizera. Ela logo propôs uma tese de doutorado sobre um dos temas favoritos de Boas.

—

POR DÉCADAS, BOAS DOMINOU o debate sobre como explicar a diferenciação das culturas. Na mesma área geográfica, práticas como tecelagem de cestas, tatuagens e construção de canoas podiam ser conduzidas de maneiras muito diferentes, com diferentes estilos, técnicas e associações rituais, conforme a sociedade a que pertenciam.

Os estudiosos foram divididos em duas escolas de pensamento que propunham motivos para essas variações. Um grupo julgava que o segredo era a evolução. As sociedades desenvolveram grupos de comportamentos que se adequavam às circunstâncias em que se encontravam. À medida que a engenhosidade e o conhecimento humano aumentavam, as pessoas pensavam em soluções melhores e mais eficientes para os problemas que prejudicaram seus antepassados. Esse processo funcionou por longos períodos, razão pela qual a sociedade moderna foi mais avançada tecnologicamente do que, digamos, a dos antigos egípcios. Mas também era provável que explicasse diferenças de rituais, sistemas de parentesco, religiões e artes decorativas entre as sociedades civilizadas e as primitivas que lhes eram contemporâneas. A diferenciação se dava simplesmente pelo processo por meio do qual algumas sociedades avançadas e engenhosas progrediam, com "resquícios" pontuais de períodos anteriores ao longo de seu desenvolvimento — uma crença em duendes na Irlanda moderna, por exemplo — ainda presentes, como destroços expostos depois de uma tempestade.

Boas tinha uma ideia diferente. Pelo que já havia visto na Costa Noroeste, as formas culturais transitavam entre os grupos, às vezes, por meio de grandes extensões geográficas. Elas mudavam sem uma regularidade específica e sem leis discerníveis. A teoria dos evolucionistas previa uma distribuição uniforme de práticas culturais em um determinado espaço geográfico, no qual as oportunidades e as limitações seriam também uniformes. Mas o que se encontrou, na realidade, foi uma diferenciação substancial de acordo com um processo que Boas chamou de "difusão". As tatuagens podiam ser as mesmas em assentamentos muito distantes um do outro, como podiam ser visivelmente diferentes entre grupos tribais próximos. As técnicas de construção de casas em uma área poderiam parecer um mero empréstimo do que se fazia rio acima, mas, em um exame mais detalhado, marcenaria, decoração e linhas de telhado se mostravam uma mistura complexa. Os grupos locais pareciam adaptar as técnicas de vários lugares geograficamente distantes, de modo que rastrear a origem de uma prática, história ou ritual era inútil.

Como Boas escreveu no verão de 1924, enquanto Mead terminava o primeiro ano de sua pós-graduação: "Todas as formas culturais específicas são produtos do crescimento histórico."[38] As práticas e os costumes humanos não divergiam de nenhuma norma antiga; desde os primórdios, as pessoas que moravam em lugares diferentes faziam as coisas de maneira diferente, compartilhando e modificando seus costumes quando entravam em contato com indivíduos e grupos desconhecidos. A oportunidade e a engenhosidade pessoal também desempenharam seus papéis. "Conhecemos casos em que um único indivíduo inseriu todo um novo conjunto de mitos relevantes"[39], escreveu Boas.

Cada sociedade tinha que ser entendida com a investigação do seu passado: seu legado de isolamento, contato ou migração. As sociedades modernas podiam ser alfabetizadas e conscientes da história, e enaltecerem a própria complexidade, mas isso não implicava que as pré-modernas fossem mais simples e estáticas. As sociedades primitivas também tinham sua história. Elas não existiam em um estado atemporal da natureza, como um relógio de pulso enguiçado, aguardando a chegada das pessoas civilizadas para lhes dar vida. Os pesquisadores não deveriam ir a campo com a suposição de que estavam vendo uma sociedade intocada pelo tempo. O que observavam era apenas uma fatia contemporânea de uma longa história de diferenciação, difusão e mistura. Instabilidade e movimento, empréstimos e moda eram tão comuns nas sociedades primitivas quanto na Broadway, bastaria saber o que procurar.

Mead ouvira tudo isso nas palestras de Boas e depois reiterado nos seminários de Benedict. Para sua tese de doutorado, decidiu se concentrar no problema da difusão na Polinésia. Era um lugar particularmente bom para testar algumas das ideias de Boas. Afinal, se alguém pudesse encontrar evidências de difusão em uma região na qual os grupos culturais eram separados por distâncias extremas e pelo imenso oceano, isso demonstraria que os empréstimos e a influência mútua estavam em ação, independentemente do espaço geográfico. Esses processos seriam ainda mais prováveis em locais entre os quais a viagem e o contato eram mais fáceis.

Ela devorou tudo o que encontrou, todos os estudos e desenhos etnológicos, todos os ensaios sobre tatuagens e construção de canoas. Ela submeteu sua tese para avaliação em maio de 1925. Já havia apresentado algumas de suas descobertas em uma conferência em Toronto, e a resposta foi encorajadora. O organizador da conferência, Edward Sapir, era ex-aluno de Boas e seria um dos líderes da próxima geração de antropólogos. Ele pareceu desenvolver um interesse especial pelo trabalho de Mead[40]. Ela estava a caminho de se tornar uma verdadeira cientista social, ou, pelo menos, era assim que se sentia. O que precisava agora era de um

projeto que lhe permitisse adquirir confiança como estudiosa independente, coletando dados, em vez de apenas reinterpretar o trabalho de outras pessoas — o
mesmo ímpeto que enviara Benedict aos *pueblos*. Por sugestão de Boas, ela se concentrou na pergunta que levava ao cerne do debate sobre evolução e difusão.

Qualquer pessoa que já tinha criado uma criança sabia que, por volta dos
12 anos, algo mágico parecia acontecer com seus filhos doces e obedientes.
Alguma força invisível os transformava em criaturas irreconhecíveis — sem-
pre petulantes, facilmente irritáveis, envergonhadas das mesmas pessoas que os
alimentaram e vestiram desde a infância. G. Stanley Hall, ex-chefe de Boas na
Universidade Clark, estudou o fenômeno em seus dois volumes de *Adolescence:
Its Psychology and Its Relations to Physiology, Anthropology, Sociology, Sex, Crime,
Religion, and Education* ["Adolescência: Sua Psicologia e Suas Relações com a
Psicologia, a Antropologia, a Sociologia, o Sexo, o Crime, a Religião e a Educação",
em tradução livre] (1904), que se tornou uma referência. Para Hall, o problema
estava enraizado nos recônditos mais profundos do corpo e, da mesma forma, na
evolução de sua raça. Assim como os tipos raciais passaram por fases de desenvolvimento — da barbárie à civilização —, também os seres humanos passavam
do primitivismo da infância ao racionalismo refinado da vida adulta. As batalhas
específicas dos "adolescentes", como os escritores da geração de Hall começaram a
chamá-los, não eram menores que as dores de crescimento da própria modernidade.

"Mas e se tudo isso fosse produto de uma cultura em particular, em um momento específico?", perguntava-se Mead. Se mesmo algo tão arraigado quanto a
rebeldia adolescente fosse uma questão decorrente de aprendizado social, e não de
hormônios do crescimento (uma substância química que só foi nomeada na época
de Mead), então Papa Franz teria dado outro golpe nos evolucionistas. O assunto
também tinha um quê de pessoal. A própria Mead deixara de ser "adolescente"
havia pouco tempo. Ela havia desistido dos sonhos de adolescência de viver em
"uma grande paróquia rural em uma casa murada cheia de crianças, onde todos,
a quilômetros de distância, iriam em busca de todo tipo de ajuda"[41]. Seu modo de
vida em Barnard e Columbia era um ato chocante de rebeldia ao juramento da
irmandade que integrou em DePauw. Se os antropólogos costumavam entrar em
campo procurando versões anteriores da humanidade, Mead estava, de certa forma, procurando uma versão anterior de si mesma.

Boas sugeriu que ela considerasse a Samoa Americana. Segundo ele, lá ela teria a vantagem[42] de ser uma cidadã norte-americana em um território norte-americano, e as ilhas tinham instalações de saneamento razoáveis. A neurite de Mead atacava com frequência, dificultando que levantasse os braços. E em seu primeiro ano de pós-graduação, ela correu atrás de seu chapéu pela Broadway, em uma noite de ventania, e acabou cruzando o caminho de um táxi. O tornozelo quebrado resultante nunca sarou de verdade[43]. Como já havia realizado o trabalho de base necessário sobre a Polinésia em sua dissertação, agora poderia criar o próprio sítio de pesquisa e começar a reunir evidências originais.

Mead tinha outros motivos mais imediatos para querer fugir. Sua vida estava muito mais complicada do que Boas sabia. Ela e Luther, ambos envolvidos com suas carreiras, começaram a se distanciar. Ela desenvolvera uma profunda paixão por Benedict. E Edward Sapir — o acadêmico sofisticado que elogiou seu trabalho na conferência no Canadá — já havia se tornado seu amante.

—

**QUANDO MEAD ENCONTROU SAPIR**[44], em Toronto, foi avassalador, lembrou ela mais tarde. Sua esposa, Florence, morrera na primavera anterior após uma longa e debilitante doença, e só agora ele havia conseguido sair da escuridão da analgesia. Ele se recorda de achar "a mente de Mead brilhante"[45], e logo se viram completando as frases um do outro[46]. Na primavera de 1925[47], poucos meses antes de partir para os Mares do Sul, eles começaram um caso, durante uma das visitas periódicas de Sapir a Nova York, hospedando-se no Hotel Pennsylvania com nomes falsos.

Alto e imponente, Sapir era quase duas décadas mais velho que Mead, mas tinha um ar jovial, uma versão intelectual da estrela do cinema mudo Harold Lloyd, de óculos redondos e orelhas salientes. Também era exímio escritor e palestrante, dentre os alunos de Boas, era aquele a que os amigos e colegas rotulavam como gênio — "a mente mais arguta que já conheci"[48], como Mead se lembrava dele. Ele tinha um dom especial de vislumbrar o todo a partir dos elementos mapeados por Boas. Inventou um esquema de classificação de idiomas indígenas norte-americanos que se tornaria o padrão dos linguistas profissionais. Escrevia eloquentemente sobre a natureza da linguagem em geral, exortando seus colegas antropólogos a prestarem atenção à palavra falada como um registro arquivístico de modos de vida distintos. Quando Mead o viu pela primeira vez, ele já havia começado a sistematizar o elemento principal do pensamento de Boas que até então continuava frustrantemente vago: uma miscelânea de ideias, práticas, costumes e artefatos que os antropólogos costumavam agrupar sob o rótulo de *cultura*.

Como Boas, Sapir era um imigrante que se transformara em nativo. Sua terra natal, a Pomerânia, fora dividida entre a Suécia, a Alemanha e a Polônia. Nos dias de feira, um turbilhão de línguas, polonês, ídiche e dialetos do alemão, enchia as ruas das pequenas cidades e portos do Mar Báltico. Em 1890, a família Sapir se mudou para Nova York, parte da mesma onda de imigrantes judeus para o Lower East Side que enfurecera críticos como Madison Grant. A maior parte da renda familiar era oriunda da mãe de Sapir, uma lojista. As ambições de seu pai — que acabou se tornando cantor de sinagoga, com sonhos de virar uma estrela da ópera — o levaram para a universidade.

Sapir entrou na Columbia com uma bolsa de estudos, pouco antes de novas políticas antijudaicas de admissão serem implementadas, para impedir que o campus fosse dominado por competentes imigrantes. Ele estudava para se formar em linguística, baseando-se nas leituras talmúdicas e nas traduções em hebraico que seu pai regularmente lhe apresentava em casa. Em 1910, quando foi nomeado antropólogo-chefe do Instituto de Pesquisa Geológica do Canadá, ele se tornou um dos membros mais proeminentes de sua profissão na América do Norte.

Boas treinara Sapir para ser um empirista capaz de reunir evidências etnológicas, avaliá-las cuidadosamente, sistematizá-las e depois deixar a grande teorização para outra pessoa. Mas a linguística atraiu Sapir para o reino da universalidade. Catalogar os sons, os ruídos e os balbucios de um idioma — os sons que as crianças aprendiam a reproduzir copiando os familiares e os colegas, posicionando a língua, os dentes, a garganta e o palato de determinadas maneiras — nunca faria jus à intrincada teia de significados que esses sons eram capazes de evocar. O *Handbook of American Indian Languages* foi aclamado como um exercício de recuperação linguística por excelência, com suas gramáticas descritivas e vocabulários extensos do discurso indígena em extinção. Mas a *linguagem* era mais do que os *idiomas,* acreditava Sapir. Todas as sociedades se comunicam. Independentemente de quais sons ou símbolos específicos escolhiam, elas pareciam igualmente capazes de expressar ideias complexas — descrevendo o caminho para a recém-descoberta primavera em prosa direta, por exemplo, ou lamentando a perda de um parceiro limitado pelas convenções rígidas de um poema com rimas.

A linguagem era, ao mesmo tempo, genérica e diversificada, acreditava, e os idiomas, voluntários e acidentais. Optamos por emitir um som ou anotar um símbolo em uma folha de papel. Essa escolha é uma expressão da nossa liberdade e individualidade. Mas fazemos isso de acordo com as regras que aprendemos — regras essas inerentemente arbitrárias. A letra *b* poderia facilmente representar um som que se representa em inglês com a letra *k*. A história e a convenção nos dizem para escrever uma, e não a outra. Ao falar e escrever, estamos envolvidos ao mesmo tempo na mais universal das atividades humanas e na que mais nos une a uma comunidade específica. Por todas essas razões, a linguagem[49], talvez mais do que qualquer outro comportamento humano, deve ser entendida no contexto da cultura que a utiliza.

Mas o que, de fato, é cultura? Sapir publicou alguns de seus pensamentos sobre o assunto em janeiro de 1924, enquanto Mead ainda era pós-graduanda. A palavra *cultura* era usada de três maneiras principais, disse Sapir. Para o etnólogo, significava "qualquer elemento[50], material e espiritual, socialmente herdado na vida do homem". Para outros, um certo senso de refinamento, como considerar um jantar bem planejado obra de um anfitrião "culto". Mas ainda existia um terceiro significado, escreveu ele. Uma cultura pode ser pensada como o "espírito"[51], ou "gênio", específico de um grande grupo social, os traços considerados "sintomáticos" da "civilização nacional" do grupo.

Esse pensamento de Sapir endossava Johann Gottfried von Herder, o filósofo alemão do século XIX que fazia parte da lista de leitura de Boas durante sua graduação. Herder argumentava que todo povo, ou *Volk*, possui sua cultura, *Kultur*, específica. O mundo estava repleto das genialidades plurais de muitos povos, cada um exibindo um conjunto central de características, crenças, costumes e visões de mundo que os definia. Mas Sapir levou seu argumento em uma direção um pouco diferente dessa linha de pensamento consolidada. As culturas tinham formas "autênticas" e "espúrias", disse ele. As entidades que mereciam ser apropriadamente nomeadas como culturas eram as que continham conjuntos de crenças e práticas que exibiam uma coesão interna. As culturas tinham que fazer sentido para si mesmas.

"A cultura autêntica não é, por princípio, alta ou baixa"[52], escreveu ele, corroborando um princípio do próprio pensamento de Boas.

> Ela é apenas inerentemente harmoniosa, equilibrada e satisfaz a seus próprios requisitos. Ela é a expressão de uma atitude ricamente variada, mas de algum modo unificada e consistente ante a vida, uma atitude que vê a significação de qualquer elemento da civilização em sua relação com todos os outros. Em termos ideais, é uma cultura em que nada é espiritualmente sem significado, e na qual nenhuma parte significativa do funcionamento geral traz consigo um sentido de frustração ou de esforço inútil e desarmônico.

Há muito tempo, Boas salientara que devemos nos abster de julgar o valor de qualquer comportamento social compartilhado; na verdade, devemos entendê-lo como um produto da história e dos empréstimos no tempo e no espaço. Sapir, no entanto, levou a discussão adiante. As culturas parecem sólidas e tangíveis, mas são sistemas: o modo como as ideias e os hábitos particulares se encaixam. Elas eram mais bem identificadas, não pelo quanto eram avançadas, sofisticadas ou modernas. Em vez disso, sabemos que estamos observando uma cultura quando seus praticantes parecem ter elaborado um lugar sensato e confortável para si mesmos dentro dela. "Uma leitura dos fatos da etnologia e da história cultural comprovam plenamente que o apogeu de cultura foi frequentemente atingido em baixos níveis de sofisticação; e que o mínimo de cultura já foi atingindo em níveis mais altos de sofisticação. A civilização, como um todo, avança; a cultura vai e vem."[53]

Um vilarejo pode ter uma cultura. Um bairro ou uma tribo, também. Os Estados Unidos como um todo — com seus operários de fábrica frustrados, seus casamentos fracassados, seus trens lotados de engravatados se deslocando para o trabalho — provavelmente, não, pensava ele. Era comum ver os Estados-nação como os receptáculos da cultura, de modo que poderíamos colocar a arte francesa em uma ala de um museu e a holandesa em outra. Mas a cultura estava em todo lugar, e em nenhum sentido era fixa e estável. Uma cultura pode mudar com o tempo, com novas tecnologias, com novas formas de pensar e agir. Saber quando nos deparamos com uma cultura era uma questão de reconhecer que se estava diante de um sistema de pensamento e prática que permitia que as pessoas se sentissem em casa em seu mundo social.

Não havia melhor maneira de estruturar a pergunta a que Mead esperava responder nos Mares do Sul. Havia uma maneira mais "autêntica" de ser adolescente do que aquela que os norte-americanos haviam desenvolvido, algum roteiro para atravessar a realidade biológica da adolescência de maneira a evitar turbulências sociais? E, mais ainda, a própria sociedade de Mead — com seus papéis de gênero restritos, suas frustrações sexuais, os "precipícios" da Barnard que precisavam ser mantidos em segredo — merecia o rótulo de "cultura" se não podia acomodar alguém igual a ela? Ela temia que não tivesse sido feita para o amor romântico, pelo menos não da forma que a maioria das pessoas o entendia — em um par, como animais ou, digamos, meias. Amor e sexo, casamento e reprodução, famílias e parceiros: nenhuma dessas coisas tinha que andar juntas, pensava ela, nem envolviam necessariamente duas e apenas duas pessoas. Fosse isso o certo ou o errado, ela tinha os dados: seus próprios sentimentos, seus próprios relacionamentos sobrepostos. O que lhe faltava era uma teoria suficientemente ampla para dar sentido a eles.

Mais tarde, naquele verão, Sapir enviou a Mead a aliança de casamento de sua ex-esposa como prova de seu amor[54]. Ele esperava que isso simbolizasse sua futura união como marido e mulher. Mead então começou a descrever a própria noção de relacionamento ideal de maneira bastante diferente, usando um termo que aprendera nas aulas de antropologia[55]: *poligamia*.

—

**O PLANEJAMENTO DA VIAGEM** consumiu Mead por mais de um ano. Ela convenceu o pai a pagar a passagem e conseguiu uma subvenção do Conselho Nacional de Pesquisa para cobrir algumas das despesas de subsistência. Em troca, devia ao conselho um relatório completo com descobertas tangíveis, uma obrigação que pairava sobre ela como uma nuvem cinzenta. Ela pesquisou os horários dos trens e dos navios e traçou sua rota para a Costa Oeste, depois para o Havaí e, finalmente, para a Samoa Americana. Já que Benedict realizaria pesquisas de campo em Zuñi naquele verão, decidiram atravessar o país juntas.

Era difícil contemplar quase um ano longe de Nova York, mas Mead e Cressman precisavam se separar. Mead sentia-se presa no que mais tarde chamaria, para grande aborrecimento de Cressman, de seu "casamento experimental"[56]. As pessoas iam e vinham de seu apartamento[57], que nunca foi um refúgio para os dois; às vezes, Mead o emprestava para os amigos, que podiam descuidadamente deixar para trás um preservativo usado. Cressman estava passando pela própria crise, de fé e de carreira. Após o seminário, ele foi ordenado como sacerdote episcopal e celebrou sua primeira missa em uma manhã de Páscoa na St. Clement's, uma igreja em Hell's Kitchen. Pouco tempo depois, uma de suas paroquianas morreu no parto, deixando para trás gêmeos. Um Deus que permitira tal coisa não merecia seu serviço. Ele foi ao bispo pedir que seu nome fosse retirado dos registros da igreja[58]. Logo ele entrou no programa de doutorado em sociologia da Columbia e elaborou o próprio projeto para um ano na Europa[59], estudando abordagens progressivas para o controle de natalidade — exatamente o que poderia ter impedido a morte de sua paroquiana.

E depois havia Sapir. Ele queria uma esposa, de verdade, que o ajudasse a cuidar dos três filhos desamparados após a morte de Florence. Mead deveria se divorciar de Cressman, pediu, casar-se com ele e se estabelecer para fazer um trabalho sério que alavancasse a própria carreira. Ele era catedrático da Universidade de Chicago. Pediu a Boas e a Benedict que impedissem a viagem de Mead. Segundo ele, ela estava psicologicamente desequilibrada. Suas doenças físicas eram certamente uma manifestação de neuroses latentes. "Estou preocupado com ela[60] — com todo o respeito", escreveu a Benedict. "Por que ela está indo para Samoa? Ela mesma admite que é uma fuga de uma situação difícil e confusa... Você não acha que é melhor a impedirmos antes que seja tarde demais?" Alguém teria que segurá-la pela mão e levá-la a um psicanalista, se necessário. "Que bobagem toda essa carreira dela![61] Samoa? Não é insano? Como todos podemos ser tão cegos?!", rabiscou nos artigos de papelaria do departamento de antropologia. "A garota está ficando louca."

Sapir e Benedict já se correspondiam antes de ele conhecer Mead[62], e haviam desenvolvido uma forte amizade, talvez até um romance platônico. Eles compartilhavam poesias e fofocavam sobre os outros alunos de Boas. Mead se destacava cada vez mais entre seus assuntos de interesse comum. "Agora a teoria da poligamia que Margaret desenvolveu (ela mesma usa o termo) é uma mera racionalização"[63], reclamou Sapir. "Tendo transformado sua vida erótica em um mero tentáculo do ego, ela não podia pagar o preço do amor. Tinha que ser um amor 'rápido', um amor moderno e... infiel, 'livre' para ser verdadeiramente amor!" Em dezenas de cartas entre eles, no entanto, Benedict nunca sugeriu sua crescente fixação por Mead, um sentimento que era, nessa fase, intensamente mútuo. Mais tarde, ela diria a Mead que o pior dia de sua vida foi quando descobriu que Sapir e Mead estavam apaixonados.[64]

O palco agora estava armado para um longo drama na relação de Mead e Benedict, com atores diferentes, mas com o mesmo roteiro. Se Boas era o centro intelectual desse grupo problemático, distante e respeitável, Benedict era o centro emocional — um porto durante o trabalho de campo, uma fonte de ideias, uma inspiração. Mead até criou um código privado, que compartilhava apenas com Benedict. Era útil para reduzir o custo dos telegramas de rádio, e ainda melhor para compartilhar confidências. Enquanto ela estivesse no exterior[65], disse a Benedict, *a* representaria Papa Franz; *b*, Edward; *h*, estar bem e feliz; *s*, Luther; e *u*, "seu amor" — ou seja, de Benedict — "é o que me mantém viva". Depressiva e resignada, chamada de "estimada" nas cartas de Sapir e Cressman e de "querida" nas de Mead, Benedict, a detentora do código telegráfico privado e guardiã das contas bancárias e apólices de seguro, tornou-se a conselheira de todos no grupo.

Em julho de 1925, Mead se despediu de sua família e partiu com Benedict para o Ocidente. A jornada as levou de Ohio a Illinois, através da pradaria, depois para o Sul, em direção aos desertos que Benedict conhecia de seu trabalho de campo com os *pueblos*. Foi o maior tempo que elas passaram juntas, pelo menos, o maior sem um marido a tiracolo. Mead entregou-se aos braços de Benedict[66], abandonando o passado e abraçando esse novo amor. Benedict lembrava-se de ter beijado seus olhos e lábios[67].

Quando Benedict finalmente desceu do trem, perto do Grand Canyon, Mead permaneceu a bordo para a viagem à Califórnia. Benedict ficou parada na plataforma, olhando para ela. A certa altura, outro trem passou atrás de Benedict, em uma pista adjacente, fazendo seus cabelos esvoaçarem com o vento. O efeito foi mágico. "Naquele cenário[68], você e eu nos movíamos, ambas bem rápido — e ainda que meu trem se deslocasse pelo espaço, você permanecia do lado oposto ao da minha janela, como uma figura soprada pelo vento", escreveu Mead em uma carta logo depois de se separarem. "E é essa cena que guardarei comigo, querida, ela me reconfortará." Mais tarde, Benedict perdeu o sono pensando naqueles momentos no trem em que fizeram amor[69], beijando cada dedo uma da outra, um a um, correndo os lábios pelas mãos de Margaret.

A caminho do porto de São Francisco, Mead rememorava toda a viagem de trem, como uma despedida mítica, eletrizante e ridícula. Era uma separação voluntária da pessoa que passou a significar mais para ela do que qualquer outra no mundo. "Você está fazendo pesquisas em Zuñi[70] — e eu farei na Polinésia, e nunca houve menos sentido para esse arranjo." Ela encerrava seus bilhetes e cartas para Benedict com "amor", como se fazia com uma irmã mais velha ou, como chamara Benedict anos antes, uma fada madrinha. Mas agora, pela primeira vez, ela podia dizer tudo de maneira clara e direta. "Eu a amarei pra sempre."[71]

Mead se dera um ano para desembaraçar a bagunça romântica que deixara para trás[72]. Mas, nas últimas duas semanas, as coisas se tornaram mais claras do que imaginara. Aproveitou o tempo sozinha no trem para escrever uma espécie de confissão a Cressman sobre sua ambivalência em relação ao casamento e seu desejo de abertura e liberdade[73]. Arquitetou um plano para lidar com Sapir, dispensando-o com delicadeza[74], dizendo que era uma voraz "Ariel", uma criatura do mar, cujo amor nunca se vincularia a apenas uma pessoa nem seria canalizado em uma única direção. (J em seu código de telégrafo significava[75]: "É impossível continuar escrevendo para Edward. Já me decidi. Vou ser direta e consolá-lo.") Em algum lugar a leste do Grand Canyon, Benedict finalmente se tornara dela — aberta e integralmente, de forma confessa.

Em São Francisco, Mead subiu a rampa do *Matsonia*, um antigo navio de transporte de tropas que agora servia a rota para o Havaí. Ela estava mais à vontade e feliz do que nunca, mas também mais preocupada. Não tinha ideia do que encontraria em Samoa, ou se realmente havia algo para encontrar. Tinha um vago problema de pesquisa, uma tese de doutorado não publicada baseada no trabalho de outras pessoas e uma dívida para pagar aos seus financiadores. "Eu me sinto uma farsa até mesmo em tentar fazer a pesquisa para escrever os relatórios para o Conselho de

Pesquisa", escreveu a Benedict quando chegou a Honolulu. "Pela primeira vez na vida, espero a derrota."[76]

—

**A POLINÉSIA, COMO MEAD A CONHECIA,** era mais uma ideia do que propriamente um lugar. Seu nome, uma mistura simplificada de termos gregos para "muitas ilhas", foi cunhado por um naturalista francês em meados do século XVIII. Os povos que viviam na imensa extensão do Pacífico Central e do Sul não usavam esse rótulo abrangente.

As massas terrestres eram diversas, com algumas ilhas formadas a partir de erupções vulcânicas e outras, por montanhas que espiavam pela superfície do oceano. Suas populações compartilhavam certas semelhanças de linguagem, mas era uma das grandes maravilhas da colonização e da migração humanas o que mais tinham em comum. Quando os viajantes antigos manobravam seus barcos a remo e velas pelo triângulo de ilhas que definiam a Polinésia — Havaí ao norte, Nova Zelândia ao sul e Ilha de Páscoa ao leste —, haviam percorrido o equivalente a três quartos da circunferência da Terra.

Procurar compreender essa vastidão, assim como navegá-la, era um convite ao fracasso. A pessoa mais famosa a abraçar a empreitada morreu na tentativa. Na década de 1760, o explorador inglês James Cook lançou a primeira de três expedições pelo Pacífico. De certa forma, o veleiro de Cook foi o primeiro contato registrado entre europeus e ilhéus do Pacífico. Seus cartógrafos foram os primeiros a desenhar cartas marítimas modernas, mostrando as distâncias extremas entre avistamentos de terras. As tensões com os povos locais eram inevitáveis. Em fevereiro de 1779, Cook ordenou que sua equipe sequestrasse o rei havaiano Kaleiopuu, uma tentativa frustrada de garantir um resgate em troca do que os europeus acreditavam ser um barco roubado. A tripulação foi logo atacada pelos apoiadores do rei, e Cook foi espancado perto da costa até a morte.

Os diários de Cook, publicados após sua primeira viagem, foram um sucesso imediato e duradouro. Continham um rico conhecimento sobre história natural e geografia. Entre outras coisas, apresentaram aos anglófonos palavras como *tattoo* e *taboo*, esta última se referindo ao elaborado sistema de comportamentos proibidos, conhecido como *tapu* e *kapu* nos idiomas locais, que estruturava muitas sociedades polinésias. Apesar das posteriores notícias da morte horrenda de Cook, os diários também contribuíram para a consolidação de uma crença de que o Pacífico era uma espécie de paraíso na Terra. Escritores, artistas e viajantes, de Robert Louis Stevenson a Paul Gauguin, acrescentaram às imagens flores de lótus florescendo, frutos exóticos pendendo das árvores e nativos acolhedores e até libertinos. A expansão do colonialismo europeu no século XIX desencadeou grilagem de terras e rivalidades imperiais, até que uma série de acordos, na década de 1890, instituiu uma divisão clara entre as grandes potências. Estados independentes do Pacífico, como Japão e China, foram excluídos desses tratados, assim como os pequenos, mas antigos, reinos, como Tonga e Havaí, que acabaram sucumbindo à influência externa. Após a Primeira Guerra Mundial, havia poucos lugares habitados do Pacífico Central e do Sul não reivindicados por algum país ao redor do Atlântico — um novo imperialismo transoceânico mais vasto do que a disputa pela África algumas décadas antes.

Pouco antes de Mead começar a pós-graduação, o estudo do Pacífico fora fomentado pelo trabalho de um emigrante polonês que morava em Londres. Diferentemente de Mead, suas investigações não foram promovidas por uma bolsa de pesquisa, mas pela política global. Em 1914, Bronislaw Malinowski, um jovem acadêmico da Escola de Economia de Londres, viajou para o Sudoeste do Pacífico para fazer uma pesquisa etnológica com os povos da Melanésia — as "ilhas dos negros", em tradução literal, que incluíam Nova Guiné, Ilhas Salomão e Fiji, entre outras. Mas com o início da Primeira Guerra, Malinowski se viu preso na Austrália, o ponto de partida das expedições para a região. Como cidadão do Império Austro-Húngaro — nasceu na cidade polonesa de Cracóvia, então sob o domínio da coroa austríaca —, era um forasteiro inimigo e, portanto, foi impedido de entrar novamente na Grã-Bretanha. Ele temia que pudesse até ser preso.[77]

O fato de ser um pária, no entanto, acabou alavancando sua carreira. Seus anfitriões australianos permitiram que continuasse seus planos e se mudasse para as Ilhas Trobriand, um conjunto de atóis de coral a leste do que hoje é a Papua-Nova Guiné. Se os estrangeiros consideravam os polinésios como a aristocracia bárbara do Pacífico, no antigo esquema de Lewis Henry Morgan —

com seus chefes e mantos de penas, seus elaborados tabus e hierarquias sociais —, viam os melanésios como seu equivalente selvagem. O termo em si, como *Polinésia*, tem origem europeia, cunhado na década de 1830 pelo explorador francês Jules-Sébastien-César Dumont d'Urville, que propôs uma divisão quádrupla do vasto Pacífico e de seus povos. Ao lado da Polinésia, Dumont d'Urville cunhou a Micronésia (as "pequenas ilhas"), a Malásia (o lugar do povo malaio) e a Melanésia, um nome que indicava a pele mais escura e os cabelos mais encaracolados de muitos habitantes do Sudoeste do Pacífico, dos nova-guineenses aos aborígines australianos. De Dumont d'Urville em diante[78], quando viajantes e cientistas europeus olhavam para o Oceano Pacífico, viam uma ordem racial predefinida, que colocava os melanésios abaixo na escala de desenvolvimento dos povos de pele mais clara da Polinésia. Aqueles "negros oceânicos"[79], como eram chamados, encaixam-se em uma taxonomia que importou os preconceitos do Atlântico para o Pacífico, colocando os melanésios no papel dos africanos subsaarianos.

Malinowski, no entanto, encontrou uma sociedade notavelmente complexa e diferenciada nas Ilhas Trobriand. Os trobriandeses viajavam distâncias inimagináveis em canoas artesanais. Faziam elaboradas trocas de presentes entre as ilhas, um sistema econômico que unia comunidades remotas empoleiradas em pequenos afloramentos no vasto mar. Práticas que pareciam irracionais — expondo-os ao risco de graves lesões ou morte para dar e receber conchas decoradas ou miçangas, por exemplo — faziam parte de uma rede bem definida de autoridade política, obrigação, confiança e parceria. O *kula*, como o sistema era conhecido, parecia estranho ao visitante europeu, mas, parando para pensar, não era estranho que os monarcas europeus cedessem suas filhas para firmar alianças estratégicas ou que os impérios oferecessem compensações anuais para apaziguar um Estado cliente rebelde.

Após passar os anos de guerra na região, Malinowski escreveu suas experiências em *Argonautas do Pacífico Ocidental*, publicado em 1922, enquanto Mead começava seu último ano em Barnard. De certa forma, foi um exercício de etnologia padrão. O objetivo de Malinowski era uma abordagem abrangente da sociedade trobriandesa, particularmente as impressionantes viagens que os habitantes de atol faziam em mar aberto. (Daí a alusão à mitologia grega antiga no título romântico de seu livro.) Mas o que era verdadeiramente novo era o método de Malinowski.

Em vez de observar os nativos a distância, anotando seus rituais ou fazendo uma "expedição" de curto prazo em busca de artefatos exóticos, Malinowski morava com eles.

Ele trabalhava ao lado dos trobriandeses nas tarefas diárias: esculpia canoas, triturava conchas do mar para criar ornamentos elaborados, jogava com eles, recepcionava as frotas após as longas viagens em torno da ilha. Os estudiosos posteriores chamaram esse método de "observação participante", mas foi Malinowski quem expôs sua lógica básica, com um relato sincero de suas próprias experiências no campo. Começa com "desesperança e desespero"[80], disse ele; começa com um sentimento de confusão e desorientação, com a "imponderabilia da vida real" que exige exaustivamente de você. Pode ler alguns romances para afastar sua mente do sentimento de inadequação. É preciso reunir coragem para começar a aprender a ser um ser humano adequado novamente, de acordo com as regras de bom e mau comportamento de outra pessoa. Para conhecer *pessoas*, muito mais do que um *povo*, você tem que "sair de baixo da [sua] rede mosquiteira"[81] e fazer o possível para ver o mundo como seus anfitriões o veem. Isso, por sua vez, exigia realmente estar lá, por um longo tempo, aprendendo do zero a agir de maneiras que faziam sentido dentro das comunidades que você pretende entender.

Enquanto Mead esperava, em Honolulu, o navio para Samoa, sentia-se presa à sombra de Malinowski. As pessoas já tinham percebido que *Argonautas do Pacífico Ocidental* seria um marco, uma mudança fundamental na maneira como os especialistas pensavam no papel do antropólogo no campo. Malinowski traçara uma nova maneira de fazer antropologia. Mead também queria conhecer a vida das pessoas: o que pensavam da infância e do envelhecimento, o que significava ser adulto, o que entendiam como prazer sexual, a quem amavam, quando sentiam a punhalada da humilhação pública ou a vergonha privada. Foi quando seu plano de trabalho teve uma reviravolta. Ela pretendia fazer tudo isso com a massa invisível de pessoas que os antropólogos, incluindo Malinowski, negligenciavam — mulheres e meninas. Ela teria que usar o método de Malinowski, aplicá-lo a novas perguntas, a um novo cenário, e esperar que os resultados não se reduzissem a uma espécie de emaranhado de fofocas da aldeia.

—

**NO HAVAÍ, MEAD PREPAROU-SE** o máximo possível. Organizou aulas de idiomas e fez contatos com estudiosos do Museu Bernice P. Bishop, o renomado repositório da cultura polinésia e da história natural. Ela planejara fazer algumas coletas para o museu quando chegasse a Samoa. No final de agosto, estava no mar novamente, a bordo do navio a vapor *Sonoma,* que partira em direção a Sydney, na Austrália. Permaneceu de cama com um intenso enjoo[82], dormindo até dezesseis horas por dia e raramente se aventurando no convés, exceto para as refeições. Por fim, no último dia do mês, o navio contornou um promontório em Tutuila, a principal ilha da Samoa Americana, e ancorou na enseada da vila de Pago Pago.

Mead foi imediatamente jogada no caos e no entusiasmo que acompanhavam a chegada de qualquer navio de passageiros — desta vez, amplificados pelas boas-vindas aos contratorpedeiros e embarcações de apoio da frota norte-americana, que chegaram como parte de uma grande viagem naval. Nas duas décadas anteriores, Pago Pago havia se tornado a principal estação da marinha no Pacífico Sul. Era a parceira natural do Havaí, a mais de 2 mil milhas náuticas ao norte. Ambas as cadeias insulares se tornaram propriedade dos EUA na virada do século e passavam a sensação de serem aquisições coloniais, atraindo missionários, comerciantes e militares.

O almirante Robert Coontz, comandante da frota, foi recebido de sua capitânia, *USS Seattle*, por Mauga, o governador samoano de Tutuila, e outros dignitários locais, todos vestindo cocares elaborados e saias de palha, com seus torsos nus besuntados em óleo exibindo um brilho delicado. Marinheiros lotavam a aldeia comum, ou *malae,* para testemunhar a entrega formal de presentes aos convidados norte-americanos: uma variedade de cocos, tapetes finamente tecidos, cordões de contas e pedaços de *tapa* pintada, um tecido de casca de árvore. O almirante expressou gratidão em seu nome e em nome do presidente Calvin Coolidge, enquanto um grupo de rapazes e moças se preparava para o *siva,* a dança de boas-vindas. Aldeões descalços se aglomeravam mais perto, os homens vestidos com longos sarongues *lava-lava* e as mulheres com vestidos quadrados feitos de tecido importado barato. Marinheiros abriam caminho para fazer fotografias. Guarda-chuvas de algodão preto, o típico escudo samoano contra sol e chuva, pairavam como uma nuvem sobre a cerimônia. Quando tudo acabou[83], alguns dos oficiais foram para seu navio, o *USS Marblehead,* para jantar no refeitório, enquanto os marinheiros, esparramados diante de uma tela de cinema improvisada no convés, foram brindados com Richard Dix e Frances Howard estrelando a comédia muda *Too Many Kisses* ["Beijos Demais", em tradução livre].

Mead levara um vestido de noite, caso houvesse essas ocasiões nos Mares do Sul, e participou das festividades a bordo. Naquela noite, acabou vítima de uma palestra improvisada de um oficial da marinha, seu anfitrião nesta noite. "Ele me disse o que pensava sobre linguagem[84], instintos, raça, herança e alguns assuntos análogos", lembrou ela, "e descobri que a coisa mais chata do mundo é ouvir alguém falar com você sobre sua especialidade". Ela estava ansiosa para agir, para começar a descobrir Samoa por si mesma, em vez de ouvir sobre o local como um telefone sem fio de um marinheiro falastrão. Logo, suas cartas para amigos e familiares chegariam em papel timbrado recém-impresso, substituindo a versão antiga que usara no condado de Bucks. Agora, o tom era exótico: "Margaret Mead, Pago Pago, Tutuila, Samoa."

Mead ficou um tempo hospedada no único hotel de Pago Pago[85], junto com outros *palagi*, ou estrangeiros, e aproveitou o tempo para se adaptar à alimentação local, baseada em ouriço-do-mar, pombo selvagem e a pegajosa raiz de taro. Adquiriu o hábito de descrever tudo o que via, escrevendo uma série de "boletins" para seus amigos e familiares: a estranha mistura de roupas polinésias e norte-americanas, a crença do governo de que estava levando a civilização para essa região retrógrada, o poder de um presente — *alofa* — para consolidar relacionamentos, o cheiro das flores de frangipani, a sensação de um bebê recém-besuntado em óleo de coco. A primeira vez que desembarcou do *Sonoma*, a multidão de samoanos parecia uma grande massa amorfa; mas, em poucas semanas, percebeu o quão absurda essa impressão fora. "A individualidade é grande em seus rostos"[86], constatou. Ela continuou suas aulas de idiomas[87], sentando-se de pernas cruzadas no chão de seixos de uma casa samoana aberta, segurando o filho de seu instrutor no colo enquanto criava frases elaboradas sobre culinária e boas maneiras.

De Pago Pago, Mead podia fazer pequenas viagens às aldeias do interior — uma viagem formal conhecida como *malaga*, acompanhada de discursos, oferendas rituais e cerimoniais de ʻava, a bebida polinésia preparada com raízes de arbustos de kava. Em Vaitogi[88], uma vila do outro lado da Ilha de Pago Pago, foi considerada *taupou*, uma espécie de virgem honorária, um título de estima que carregou consigo nas outras viagens à Samoa. Mas nada disso garantia o tipo de acesso de que ela precisava para obter êxito em sua pesquisa.

Mead já estava sentindo como era difícil fazer o trabalho de campo sem realmente sair do mosquiteiro, como afirmara Malinowski. Não dava para saber se suas perguntas eram boas ou estúpidas. Os informantes tendiam a dizer o que pensavam que você queria ouvir. "Quando o filho de um chefe é tatuado[89], eles constroem uma casa especial para ele, não é?", perguntou a um homem chamado Asuegi, um dos chefes da vila de Pago Pago. "Não. Nada de casa especial", respondeu.

Tem certeza de que eles *nunca* constroem uma casa?

Sim. Bem, às vezes eles constroem uma pequena casa de paus e folhas. Sim.

Essa casa era um *sa* [tabu]?

Não, não era um *sa*.

[Você pode] levar comida para dentro dela?

Ah, não. Isso é *sa*.

[Você pode] fumar lá?

Ah, não. Muito *sa*.

As pessoas podem entrar nas casas que desejarem [entrar]?

Sim, qualquer um.

Ninguém em específico. Qualquer um mesmo?

Sim, todos podem entrar.

Ninguém é proibido de entrar?

Não.

A irmã do garoto pode entrar?

Ah, não. Isso é tabu.

Em meados de outubro, Mead percebeu que a Ilha de Tutuila não tinha muito mais a oferecer. As únicas aldeias de tamanhos consideráveis eram "dominadas por missionários[90], lojas e várias influências intrusivas", escreveu a Boas, e foram muito corrompidas pela influência norte-americana. O plano do governador para aumentar a alfabetização envolvia imprimir uma coleção de contos de fadas europeus[91], como se os samoanos não tivessem nenhum. Toda a administração norte-americana parecia pensar na população local como "crianças sugestionáveis"[92] e tratá-la assim. Os *palagi* do hotel reclamavam da dificuldade de obter uma ajuda significativa[93].

Em 9 de novembro[94], Mead pegou um navio a vapor para um arquipélago mais remoto, a cerca de cento e sessenta quilômetros de Tutuila, o Manu'a. De lá, seguiu de canoa para Ta'u, uma pequena ilha na cadeia. Ela mal começara o trabalho com adolescentes, que era o foco de seu estudo, e Ta'u parecia tê-los em abundância. O local também ficava fora do caminho batido dos incômodos missionários[95]. Ela foi morar com uma família norte-americana, os Holts, cuja casa de madeira branca era a clínica local. Ela temia que isso não constituísse um trabalho de campo real. Escreveu para Boas que estava dividida entre o desejo de viver como nativa e a necessidade de ter tempo suficiente para fazer anotações e refletir sobre suas experiências[96], algo difícil em uma casa samoana típica, que era aberta.

Ela realizava seu trabalho antropológico da varanda[97] — seu quarto era a metade da varanda dos Holt, protegida por uma fina barreira de bambu —, mas nunca lhe faltavam informantes. Crianças e adolescentes corriam para ela para conversas e festas improvisadas[98], chegando às cinco da manhã e ficando até meia-noite. Pendurou uma foto de Boas na parede e a decorou com hibisco vermelho[99], que tirava de vez em quando para mostrar ao bando de crianças que questionavam quem era o homem de aparência estranha que ela parecia reverenciar. Logo passou a assinar suas cartas como "Makelita"[100], a pronúncia de seu nome em samoano. "Sou mais feliz aqui"[101], escreveu em um de seus boletins, "quando fico com os nativos, tomo banho ou me deito no chão de uma casa samoana observando o mar ou faço discursos floreados para os líderes anciãos".

Ainda assim, quando o alto verão começou — inverno em Nova York —, ela se preocupou que seu tempo estivesse se esgotando. Ela coletara poucas informações úteis, ou pelo menos insuficientes para justificar a bolsa do Conselho Nacional de Pesquisa ou o considerável dinheiro que Edward Mead gastara na passagem do *Matsonia* e do *Sonoma*. Sua vida pregressa também a desviava de seu caminho. Sapir continuou a lhe enviar cartas perturbadas, às vezes suplicando, às vezes a insultando, convencendo-a a desistir da viagem ridícula e voltar para ele. Ela queria queimá-las, mas achou melhor guardá-las, pelo menos por um tempo. Ela se perguntava se eram[102], de fato, uma prova documental de que cometera um erro terrível — a confirmação de um grande estudioso de que viajar para o outro lado do mundo fora tolice.

Ao mesmo tempo, Sapir manteve contato com Benedict, pedindo que se unissem para forçar Mead a obter ajuda profissional quando voltasse. Quem sabe, uma internação. "Nitidamente, minha querida Ruth[103], Margaret não está bem, e sua condição física é quase insignificante em comparação com a psíquica", escreveu. "O inimigo mais insidioso de Margaret é seu entusiasmo, seu interesse obcecado pelas coisas [...] Uma garotinha frágil como Margaret simplesmente não tem *condições* de fazer o que faz."

—

**EM MEADOS DE DEZEMBRO, UM DIA** antes de seu aniversário, Mead também escreveu para Benedict, mas o assunto não era Sapir. Ela queria relatar uma epifania, a primeira vez em meses que sentiu um verdadeiro senso de propósito. Começou a suspeitar de que havia uma grande pista escondida em algum lugar entre as palmeiras.

Qualquer aluno que prestasse atenção às aulas introdutórias de antropologia, disse Mead, sabia que o principal contraste entre as sociedades primitivas e as modernas era o formalismo. As civilizações modernas eram fluidas e adaptáveis, dadas a ver o mundo de maneiras pragmáticas, com base em evidências factuais. Os povos primitivos, no entanto, acreditavam em regras e rituais. A obediência a esses ditames formais mantinha seu mundo em equilíbrio. Eles estruturavam a sociedade com um conjunto claro de procedimentos para convocar um deus da chuva, evocando um espírito para derrotar um inimigo, impedir casamentos entre as pessoas erradas e sancionar os parceiros apropriados para princesas e sacerdotes. Os polinésios eram apresentados como um caso clássico, com seus tabus e complexas árvores genealógicas de chefes, "virgens rituais", de cuja castidade dependia o bem-estar da comunidade e "chefes falantes" ou oradores públicos que falavam no lugar do chefe.

Mas os samoanos não se comportavam assim, relatou Mead. Seus vizinhos e conhecidos de Ta'u mostravam-se pouco informados sobre as regras que os orientavam. "O número de coisas que são opcionais e a ignorância da população em geral sobre o que não é, é incrível"[104], escreveu Mead a Benedict em 15 de dezembro. "*Teoricamente*, a mãe do pai deve nomear o primeiro bebê, mas nove em cada dez pessoas dizem que qualquer um pode dar o nome que quiser." Em vez de uma profunda preocupação com restrições e cerimônias, a "atitude geral do *laissez-faire* [...] está profundamente absorvida pela cultura". Essa atitude não se atribui à influência dos norte-americanos ou à dos missionários anteriores; em outras palavras, não é um exemplo da difusão cultural que Boas identificou no próprio trabalho, e sobre a qual a própria Mead escrevera em sua tese. Em seu cotidiano, as pessoas pareciam tomar decisões de maneiras mais flexíveis e improvisadas do que os outsiders julgavam.

Mead logo teve a chance de ver tudo isso em primeira mão. No mês seguinte, um furacão atingiu Ta'u e outras ilhas. "Todas as casas de Vaitogi foram destruídas"[105], escreveu a amiga samoana e irmã honorária, Fa'amotu, de Tutuila, depois que os ventos cessaram. "Vinte e seis casas foram danificadas [...] Como está por aí? Está tudo bem?" Mead ficou agachada com a família Holt em uma cisterna de concreto[106], com um frango assado e um pedaço de pão. Quando emergiram, a maioria das outras casas de Ta'u havia sido destruída, ainda que as pessoas estivessem em segurança. Todos começaram a limpar a área. Mead temia que isso estragasse tudo. Seria impossível fazer um trabalho etnológico se não houvesse festas ou formalidades a serem observadas enquanto as pessoas estavam ocupadas reconstruindo sua comunidade[107].

Mas ela logo passou a ver as coisas de maneira diferente. Uma oportunidade inesperada caiu em suas mãos. E se a maneira real de entender as pessoas não fosse admirar suas cerimônias ou nem mesmo compartilhar suas principais atividades, como Malinowski fizera, mas estar ao lado delas nos momentos mais vulneráveis — varrendo detritos, reconstruindo uma casa, tecendo um tapete danificado, confortando uma criança que chora? Até as fragilidades de Mead se mostraram providenciais. As pessoas de alguma forma queriam cuidar dela, especialmente quando os ventos aumentavam e a água subia, ou seu tornozelo quebrado lhe dava problemas. Vulnerável e dependente, ela mesma era uma criança. Era uma condição que gerava um tipo de intimidade que uma figura mais apta e mais imponente talvez nunca conhecesse. Ela chamou seu método acidental de "etnologia da atividade".[108]

Mead se apressou em colocar as coisas no papel. Após a tempestade, voltou ao pequeno grupo de crianças que normalmente se reunia em sua varanda, principalmente meninas, e começou a lhes perguntar sobre suas vidas. Ela fez anotações sobre cada uma delas: suas opiniões sobre o crescimento, como se relacionavam com os meninos, quais eram suas reações quando eles faziam gestos rudes ou se esfregavam nelas nas danças improvisadas. Ela anotou as histórias de suas vidas e começou a encher os cadernos levados de Nova York, às vezes com a própria versão do samoano, às vezes gravando as palavras de um intérprete improvisado. Nada disso era etnologia como aprendera a executá-la. Falava-se pouco de demônios e tabus, práticas de pesca ou técnicas de cestaria. Em vez disso, ela estava invadindo um mundo soberano, mas escondido: a vida particular de meninas e mulheres, com declarações de luxúria e amor.

"A maioria das esposas é fiel aos maridos"[109], escreveu. "Poucos maridos são fiéis às esposas. A masturbação é generalizada entre os homens, dos meninos aos homens casados." As meninas também conheciam muitas variedades do prazer sexual, e o sexo oral era um elemento preliminar comum da relação sexual. Todas as crianças que entrevistou haviam visto relações sexuais e conheciam a mecânica básica. Nenhum tabu em particular envolvia o sexo durante a menstruação, e o conceito de "frigidez" feminina, muito discutido por psicólogos nos Estados Unidos, era desconhecido, assim como a impotência masculina (embora dissessem que os homens idosos se cansavam mais facilmente do que os mais jovens). A intimidade entre pessoas do mesmo sexo estava presente, embora não se falasse amplamente, mas era possível que um garoto assumisse as tarefas de uma garota, como costurar ou lavar, sem se envergonhar disso. A defloração pública de virgens rituais — uma prática importante nos tempos antigos — havia cessado, mas se uma filha solteira engravidasse, a família insistiria em um casamento privado, sem nenhum tipo de celebração pública. A liberdade sexual ainda tinha seus limites.

Os meses se passavam, com cartas de tirar o fôlego para Benedict, relatórios ocasionais de campo para Boas, correspondência regular com amigos samoanos em Tutuila e boletins periódicos para a família sempre que o barco do correio chegava. Mead temia que o tempo estivesse passando rápido demais para produzir algo útil. Havia tantas coisas que pareciam ter lhe escapado: a largura de um cesto de palha, o nome desta ou daquela festividade, quantas fogueiras eram acesas em cerimônias de morte, o termo de parentesco adequado para o irmão da mãe. Nos últimos tempos, uma crise de amigdalite a manteve acamada[110]. Suas amizades locais tinham se enfraquecido. "Nunca esqueci você"[111], escreveu Faapua'a, uma das meninas da ilha. "Sempre me lembro de você e de como era gentil comigo. Sempre me lembrarei do seu amor por mim durante todos aqueles dias em que passeávamos juntas. Nunca se esqueça da nossa linda amizade." Mead escreveu a Benedict que ela provavelmente nunca se tornaria uma boa pesquisadora de campo.[112]

Em maio, deixou Ta'u de canoa,[113] conduzida pelas ondas sob um sol abrasador por uma tripulação de nove homens samoanos, cantando enquanto remavam. De volta a Pago Pago, pegou um navio para a primeira etapa de uma viagem pelo mundo. Ela concordara em se encontrar com Cressman na França e em participar de uma conferência de antropologia com Benedict. Mas sua mente ainda estava em Samoa. Ela duvidava de que o tempo que passara no campo tivesse sido muito produtivo, independentemente das manchetes que inspirava ao longo da rota para a Europa — uma solitária viajante que volta dos remotos Mares do Sul. "Poucos têm vidas mais interessantes do que a Dra. Margaret Mead[114], uma das mulheres mais inteligentes das terras do Tio Sam, autoridade mundial em etnologia, que chegou aqui ontem no *Sonoma*", relatou empolgado um jornal local quando ela chegou a Sydney. Logo embarcou no navio a vapor *Chitral* para a longa jornada para o oeste, via Ceilão e Canal de Suez.

As coisas se complicariam bastante quando chegasse à França, tendo que encarar o marido e o amante após uma longa ausência. Mas isso não era nem a metade. A bordo do *Chitral*, com longos dias no convés e noites sentindo enjoo ou em jantares entediantes com turistas, conheceu outra pessoa — um neozelandês alto e robusto, com o estranho nome de Reo Fortune. Ela teria que descobrir como administrar tudo isso quando chegasse a Marselha.

*Capítulo Oito*

# A ADOLESCÊNCIA EM FOCO

..................................................

"Como vai a viagem?"[1], escreveu Fa'amotu para Mead naquele verão. "Você se recuperou? Está debilitada por causa da viagem marítima?" De fato, ela passara grande parte da viagem em depressão profunda, enjoada e com a neurite dos braços atacada. Seus olhos estavam vermelhos de conjuntivite, o nariz cercado pela micoses[2], e ela se sentia "incapaz de lidar com todos os aspectos de uma existência complexa novamente"[3], como escreveu na época. Ela temia que seus cadernos de campo[4], o tesouro angariado em seus meses de afastamento, fossem perdidos no mar. Temia que Edward Sapir estivesse certo o tempo todo sobre seu egocentrismo[5]. Talvez ela realmente fosse inerentemente defeituosa para sossegar.

Reo Fortune — uma espécie de miragem quando surgiu no convés[6], com sua fervilhante avidez em falar sobre poesia e política radical — poderia facilmente ter sido testemunha da acusação. Seu nome significava "a palavra" em maori e fora escolhido por seu pai, um missionário anglicano da Nova Zelândia. Sua mente voava para várias direções ao mesmo tempo, uma energia que Mead achou magnética. Se tivesse colocado um anúncio procurando alguém para acompanhá-la nesta próxima etapa[7] — de esposa de pastor à exploradora do mundo —, Fortune se encaixaria perfeitamente: ardente, propenso a aventuras fantasiosas, pulando de uma ideia filosófica a outra, lindo, um William Blake em roupas e chapéu de safári. Durante as sete semanas até chegar à Europa[8], Mead se apaixonou, lutando "com unhas e dentes"[9], como disse, e mergulhando no maior êxtase que sentira em anos.

Sua chegada, no entanto, acabou sendo o pesadelo que temia[10]. Cressman foi receber o *Chitral*, quando atracou no Sul da França, mas Mead o deu um chá de cadeira enquanto se despedia de Fortune. No almoço, confessou seu novo amor ao marido. O casal, no entanto, continuou suas viagens como planejara, de Bordeaux a Paris, onde Fortune apareceu, no balcão de concierge do hotel em que estavam. Cressman o encontrou no saguão, apresentou-se calmamente e disse-lhe discretamente que Mead o esperava no andar de cima. Cressman logo decidiu voltar para a Inglaterra, onde passou o ano com uma bolsa de estudos, enquanto Mead e Fortune ficaram em Poitiers. Lá, encontraram Benedict, que não sabia dos últimos acontecimentos. Mead foi para Florença, Siena e Roma, onde viu Benedict novamente, "tomada" pelo ciúme, como recordou Mead.

Ela garantiu a Benedict que ainda a amava, e que esse era apenas mais um teste de sua teoria de que era possível se envolver com várias pessoas ao mesmo tempo, com "afeto ardoroso"[11] por cada uma delas de maneiras diferentes. O acesso de raiva de Benedict se transformou em aceitação. Ficou satisfeita em ver Mead finalmente feliz[12], mesmo que isso significasse que elas não teriam um reencontro como ela esperava. No final do verão[13], Cressman e Mead voltaram para os Estados Unidos no mesmo navio, deixando de lado, por enquanto, o assunto de um eventual futuro de Mead com Fortune. "Só me diz o que fazer"[14], gritou Mead para Cressman antes de se separarem. Foi a única ocasião em que ele a viu chorar.

Quando voltou a Nova York, tinha muitas atividades para ocupar seu tempo. Um novo emprego a esperava. Boas a recomendara a sua antiga instituição, o Museu Americano de História Natural, para um cargo de curadora assistente encarregada dos setores destinados à África, à Malásia e ao Pacífico Sul. Uma posição como professora universitária parecia improvável; não havia oferta de nenhuma universidade, apesar do doutorado concluído e do trabalho de campo de um ano como crédito. O título de curadora seria provisório e a ajudaria a levar sua pesquisa para novas direções. "Isso é mais interessante para mim do que me ater permanentemente ao sexo"[15], disse a Benedict.

No início de setembro de 1926, ela chegou à fachada rosada do museu, na West 77th Street, como o próprio Boas fizera exatos trinta anos antes. Subindo pelas galerias públicas para o quinto andar, passou por um corredor cercado por vitrines de madeira e vidro, o coração da coleção de antropologia. Era o corredor contínuo mais longo de Nova York, um quarteirão inteiro de cestas, máscaras cerimoniais, bordados de contas, arpões, tecidos, estatuetas de cerâmica e ossos humanos e hominídeos — fêmur e metatarsos, tíbias e fíbulas —, todos expostos em bandejas móveis.

Na extremidade esquerda, contornou o fim do corredor e subiu por uma escada íngreme de ferro fundido, sentindo a temperatura se elevar ao se aproximar do sótão abafado. Era mais um passadiço duplo do que um andar inteiro. Duas passagens estreitas eram ladeadas por uma série de portas de metal, uma espécie de catacumba elevada, que servia como principal área de armazenamento do museu. Tubos se conectavam às pequenas câmaras que ladeavam as passarelas. Cada uma, equipada com ferragens pesadas que garantiam que as portas se fechassem hermeticamente por fora. O sistema fora projetado para proteger as pessoas do gás tóxico que era bombeado regularmente para as salas, uma sentença de morte para as pragas que, não fosse isso, devorariam os preciosos artefatos.

Escondido sob as vigas fixas de ferro que sustentavam o teto, o espaço parecia mais uma prisão do que um museu. Mas, algumas escadas acima, a única curadora assistente do museu finalmente abriu a porta de uma pequena sala com janelas tipo guilhotina, que davam para o telhado de ardósia vermelha e para a Columbus Avenue. Mobiliada com poucos armários de metal, uma estante e uma velha mesa que fora retirada de um dos andares inferiores, a sala bastaria pelos dois ou três anos que Mead planejava permanecer no cargo. Ela acabou ficando naquele espaço apertado por mais de meio século[16] — um espaço entre câmaras de gás, no qual, mais tarde, diria se sentir segura e em casa.

Mead tinha uma série de deveres atinentes à função: catalogar coleções, escrever folhetos, organizar exposições públicas. Mas, naquele outono, também começou a escrever as conclusões do período que passou na Samoa. Ela passou a ver que sua pesquisa envolvia "um problema psicológico específico"[17], como disse a um colega, "o da adolescente em uma cultura estranha". O estudo provavelmente seria de pouco interesse para os especialistas em Polinésia, uma vez que ela nunca pretendeu escrever o tipo de descrição detalhada de uma cultura ou de pessoas específicas que constituía uma "etnografia", termo que seria usado para o que as gerações anteriores de antropólogos chamavam de etnologia. Uma abordagem adequada da cultura do arquipélago de Manu'a teria que esperar por outro volume. Esse livro, disse ela, seria feito para teóricos e psicólogos. Em dezembro[18], declarou que o manuscrito estava quase concluído. Seu principal objetivo era misturar a "propaganda sobre o método etnológico"[19] com o "interesse humano".

No início de 1927, Mead apresentou seu manuscrito a Boas. Pouco tempo depois, ele a chamou para almoçar, a fim de discutir o assunto. Ela estava ansiosa pela reação dele; afinal, seu trabalho se afastara da análise da difusão cultural. Além de coletar alguns artefatos para o Museu Bishop, passara pouco tempo fazendo o tipo de etnografia descritiva que os outros alunos de Boas faziam em outros lugares. E, é claro, não haveria como evitar conversar com Papa Franz sobre sexo, um assunto que permeava seu manuscrito como uma tatuagem polinésia.

Quando se sentaram à mesa, Boas, imponente e paternal como sempre, pigarreou. Ele tinha apenas um comentário a fazer, rosnou em seu inglês hesitante. Ela não distinguira bem romance e paixão física, o que ele imaginou que seria corrigido em um rascunho revisado — mas, dito isso, eles poderiam prosseguir com a refeição. Mead ficou ao mesmo tempo aliviada e um pouco envergonhada ao ouvir seu conselheiro de cabelos grisalhos falando abertamente sobre sexo. "ISSO vindo de Papa Franz!"[20], disse a um colega depois. Ela ficou encantada por ele ter concordado em escrever o prefácio do livro.

—

NO OUTONO SEGUINTE, *Adolescência, Sexo e Cultura em Samoa* apareceu no catálogo de William Morrow, um novo editor que vira um grande potencial em seu trabalho. O título foi um meio-termo. Mead queria algo mais acadêmico[21], "As Adolescentes em Samoa", enquanto Morrow preferia um título mais chamativo. O objetivo da capa, sem dúvida, era chamar atenção. O desenho de uma garota de topless e um jovem correndo de mãos dadas pela vegetação rasteira, diante de uma lua tropical em meio a palmeiras. As mulheres samoanas não andavam sem blusa nem com saias de palha, como Mead bem sabia, e o sexo clandestino dificilmente era mais comum lá do que nos dormitórios da Barnard. Mas o objetivo de Morrow era aproveitar o recente aumento do interesse pelo Pacífico e, ao mesmo tempo, enfatizar o sexo, a adolescência e a liberdade primitiva como temas centrais do livro.

Em 1926, um filme mudo chamado *Moana* foi exibido nos cinemas de todo o país. Contava a história do cotidiano em Samoa (embora na parte da cadeia de ilhas que era território britânico, não norte-americano), com cenas de caça, pesca, coleta de frutas e paqueras. Seu diretor, Robert J. Flaherty, foi pioneiro no gênero, que passaria a ser chamado de documentário, com um filme semelhante ambientado no Ártico, *Nanook, o Esquimó*. Os filmes pretendiam revelar a vida real nas sociedades primitivas, mas geralmente envolviam encenação das cerimônias locais ou estilos de vestimenta ultrapassados. O trabalho de Flaherty oferecia turismo de aventura a distância, finalizado com uma habilidade cinematográfica impecável e, em ambos os filmes, com vislumbres de seios nus.

William Morrow queria aproveitar a onda de interesse público em conhecer as sociedades selvagens de perto. E achava que juntar a experiência de Mead em Samoa a uma provocação contra os Estados Unidos seria um chamariz de vendas. O subtítulo sugerido[22] — "um estudo psicológico para a civilização ocidental sobre a juventude primitiva" — deixava isso claro, e ele pressionou Mead para acrescentar capítulos que adaptassem as partes mais densas de sua pesquisa para a realidade dos norte-americanos. Contudo, o panfleto para a divulgação do livro apresentava mais uma mulher de topless[23].

*Adolescência, Sexo e Cultura em Samoa* visava abordar uma sociedade específica, as três aldeias de Ta'u, que Mead conhecera bem. Mas, na introdução, traçou um objetivo mais geral. Os bebês vêm ao mundo sem cultura, escreveu. Eles não conhecem nenhuma das regras do bom comportamento, o que define beleza ou feiura, ou como ser uma boa pessoa. Ao longo de suas vidas, os seres humanos aprendem essas coisas com as pessoas ao redor. Chamamos esse processo de educação e, em muitas sociedades, a formalizamos em um local designado, com mesas enfileiradas e quadros empoeirados.

Contudo, na prática, a educação se desenvolve o tempo todo, desde nas interações mais próximas, com os pais e os responsáveis, até nas brincadeiras infantis entre as crianças. Em suas vidas sociais, os bebês não exatamente se desenvolvem, mas *aprendem* a se desenvolver. O objetivo de examinar Samoa era ver os esquemas que as pessoas do outro lado do mundo, em um ambiente, clima e cultura muito diferentes, conceberam para transformar crianças em adultos.

Nascimentos não têm muita importância em Samoa, continuou Mead, em parte porque não há mistério associado ao processo. Os partos são públicos, ou, pelo menos, não são privados, o que seria impossível em casas comunitárias abertas. Desde o princípio, as crianças aprendem o código do que é o comportamento correto: ficar longe do sol, não emaranhar os fios dos tecelões, não mexer no coco que está sendo desidratado, ficar longe do fogo, sentar-se ao falar com uma pessoa mais velha e não tocar as tigelas dos rituais 'ava. Os irmãos mais velhos, principalmente as meninas, tem como principal responsabilidade ajudar na criação dos mais novos. Quando as meninas têm idade suficiente para carregar mais peso e realizar tarefas para a família que exijam força física, são dispensadas dos afazeres de babá — e, com isso, da interação frustrante com os pequenos tiranos, que podem chorar, fazer birra, suplicar ou deixar um rastro de xixi para chamar a atenção. Se conseguir adiar o casamento por um tempo, a adolescente fica em um tipo de mundo ideal, um limbo entre o trabalho árduo de cuidar dos irmãos e o papel social restrito decorrente de se ter um marido.

Ela também descobre o poder que tem na sociedade. Diferentemente de algumas outras sociedades polinésias, escreveu Mead, há poucas situações em que as mulheres samoanas são consideradas nocivas. Ela arruína a 'ava se estiver menstruada, é claro, e deve evitar tocar em equipamentos de pesca ou em canoas, o que ela também macula. Deve evitar os lugares nos quais os chefes estejam reunidos. Mas o grau de severidade dessas proibições parece diferir de pessoa para pessoa. Na verdade, Mead achou bastante difícil avaliar se os samoanos consideravam haver diferenças inatas de gênero quando se tratava de habilidades e motivação pessoal. "Nas esferas sociais em que as mulheres têm oportunidades, elas ocupam seu lugar com tanta habilidade quanto os homens."[24] Você não precisava *imaginar* um mundo em que as mulheres pudessem ter sucesso em tarefas tipicamente atribuídas aos homens. Bastava passar um tempo em uma vila samoana, onde as meninas estavam acostumadas a ver suas mães e tias falarem em público e expressarem suas opiniões em grandes reuniões.

Quanto ao sexo, as meninas samoanas sabiam tanto quanto as nova-iorquinas, provavelmente mais. "O amor romântico, como ocorre em nossa civilização, inextricavelmente ligado a ideias de monogamia, exclusividade, ciúme e fidelidade absoluta, não ocorre em Samoa"[25], escreveu Mead de forma objetiva. A monogamia, quando havia, era "frágil", especialmente para os homens. Namoricos não ameaçavam a instituição do casamento, que era vista mais como uma questão de se conseguir uma boa combinação — em termos de riqueza, posição social e habilidades e talentos mutuamente reforçados — do que como o domínio delicado da exclusividade sexual. Em grande contraste com as norte-americanas[26], escreveu Mead, as samoanas eram francas sobre suas ações, mas reservadas sobre suas emoções e motivações. Uma garota norte-americana poderia dizer: "Sim, eu o amo, mas você nunca saberá até onde isso chegou." Já uma samoana: "Sim, é claro que eu morava com ele, mas você nunca saberá se eu o amo ou o odeio."

Mas como era se tornar adulto? As crianças samoanas tinham um conhecimento íntimo e precoce daquelas facetas da vida que, no Ocidente, eram parte do processo tortuoso de passar pela adolescência. Elas conheciam as muitas funções do corpo humano. Os jovens vasculhavam o mato para tentar pegar amantes secretos no flagra. A masturbação era universal e, entre os meninos, ocorria até em grupos. Casos entre pessoas do mesmo sexo eram aceitos sem grandes preocupações, embora era esperado que as pessoas desistissem deles assim que o casamento despontasse no horizonte. Nada disso era considerado errado. Só eram inaceitáveis se fossem praticadas em momentos inadequados ou se fossem excessivas. No final, a adolescência não era um período de estresse ou de crise, mas de liberdade e de possibilidade. "Ser uma garota com muitos amantes pelo maior tempo possível e depois se casar na própria aldeia, permanecer perto de parentes e ter muitos filhos eram ambições compartilhadas e satisfatórias."[27]

Mead teve o cuidado de enfatizar que nem todos vivenciavam a sociedade samoana dessa maneira. Havia meninas com problemas, com a reputação manchada ou cujos vizinhos consideravam má influência. Mas, em termos do que chamou de "teoria nativa" — a maneira como os locais entendiam a própria sociedade —, o contraste com os Estados Unidos era gritante. Os norte-americanos, disse, pareciam organizar suas vidas íntimas em torno de uma experiência sexual idealizada. A relação sexual precisava ser precedida por um namoro longo e motivada por um amor romântico expresso publicamente; deveria ocorrer apenas entre um homem e uma mulher adultos, que haviam passado por uma cerimônia formal sancionada pelo Estado, chamada casamento. Os samoanos viam as coisas de outra maneira. A teoria nativa do Ta'u não era centrada nesse modelo. Como resultado, tudo o mais sobre as relações humanas também era organizado de maneira diferente. Nos Estados Unidos, adequação da idade, posição social, habilidade sexual e prazer físico eram conceitos presentes e valorizados nas conversas cotidianas, como um noivado casto e uma lua de mel dos sonhos.

O capítulo intitulado "Nossos Problemas Educacionais à Luz dos Contrastes Samoanos" tornou-se o maior de todos. Diferentemente dos Estados Unidos, na Samoa era difícil de identificar com precisão os adolescentes, escreveu Mead. Você certamente não os reconheceria por sua rebeldia, angústia, irritação ou desejo de se libertar das restrições sufocantes supostamente impostas pelos pais. Não havia cultura jovem nem delinquência generalizada, pelo menos não como uma fase reconhecida de segundo nascimento de uma pessoa para a idade adulta. O motivo, concluiu, eram as diretrizes que os norte-americanos elaboraram para conduzir uma criança pela transformação em um adulto pleno. Os adolescentes norte-americanos entendiam a liberdade como uma rejeição dos valores, comportamentos, crenças e hábitos valorizados pelos pais. Tornar-se adulto dependia da luta ferrenha contra as regras estabelecidas de um mundo puritano, individualista e hipócrita. Em uma sociedade que forçava seus jovens a escolher entre uma série de caminhos que envolvem opções excludentes de uma só vez — fumar ou não, casar ou ficar solteiro, viver de bicos ou buscar uma carreira —, não era de admirar que o resultado fosse uma tensão social. "O estresse vem da nossa civilização"[28], escreveu Mead, "não das mudanças físicas pelas quais as crianças passam".

Obviamente, a solução não era transformar os norte-americanos em samoanos, mas sim começar a ver a própria lógica e o bom senso simplesmente como uma amostra das muitas maneiras possíveis de moldar o mundo social, pesando as consequências de cada uma delas na vida das pessoas:

Quer invejemos ou não as soluções de outros povos[29], nossa atitude em relação a nossas próprias soluções deve ser largamente ampliada e aprofundada considerando as maneiras que os outros povos encontraram para resolver os mesmos problemas. Ao perceber que nossos próprios caminhos não são humanamente inevitáveis nem ordenados por Deus, mas fruto de uma longa e turbulenta história, podemos muito bem examinar todas as nossas instituições, relacionando-as à história de outras civilizações e pesando-as na balança, sem medo do que encontraremos.

*Adolescência, Sexo e Cultura em Samoa* era cheio de bravatas e exageros[30], argumentos soltos e, em alguns momentos, escrita pomposa — como todos os outros trabalhos de antropologia da época. Mead não se furtou a tirar grandes conclusões de um pequeno conjunto de amostras, cinquenta meninas em três pequenas aldeias em uma ilha do Pacífico Sul. Os próprios samoanos às vezes ficavam perplexos com seus métodos. "Todas essas pessoas de Fitiuta com quem conversou são tolas"[31], escreveu um chefe de Ta'u. "É por isso que estou lhe dizendo, se quer escrever minhas declarações para um jornal ou em seus escritos e divulgá-las para o mundo inteiro, e as enviar para serem lidas por essas pessoas de Fitiuta e de Manu'a, ficarei muito feliz, principalmente se elas as lerem." Mas os anais da antropologia estavam cheios de antropólogos homens fazendo exatamente isto: repetindo o que um chefe ou xamã homem havia lhes contado sobre um mito popular ou contando com a assistência específica de intermediadores homens, como Boas fizera na Costa Noroeste.

Mead arriscara algo novo. A Samoa era um modelo com o qual pretendia estruturar sua própria sociedade. Seu argumento básico não era o de que ela encontrara um oásis de amor livre, no qual tudo funcionava de maneira pacífica e aprazível. Ela sabia dos maridos infiéis de Samoa, dos relacionamentos infelizes e dos casamentos insulares que não duravam. Até mesmo as pessoas da época sabiam que ela não havia partido em busca de um paraíso. Como um jornal da Filadélfia disse, Mead estava "tentando provar que[32] as tão criticadas 'mulheres saidinhas'* não eram um fenômeno moderno, mas que existiam em todas as civilizações desde que o mundo é mundo". Sua afirmação básica era a de que seus entrevistados samoanos não concebiam a adolescência da mesma maneira que os norte-americanos: como um período único de transição para a vida adulta, necessariamente cheio de ansiedade. E quando se tratava de entender a vida, os medos, as paixões e as preocupações das adolescentes, Mead achava que a melhor maneira de agir era

---

* No original, *flapper*, um termo específico para se referir às mulheres liberadas sexualmente da década de 1920. [N. da T.]

na verdade conversar com elas. As verdadeiras especialistas nas crises da adolescência eram as meninas que estavam no olho do furacão.

Seu livro foi lançado com o endosso de importantes acadêmicos e figuras públicas, de Clarence Darrow ao próprio Bronislaw Malinowski, que o considerou "uma obra-prima da antropologia descritiva"[33]. A obra logo recebeu críticas dos principais jornais e revistas. As notas ferinas vinham de alguns dos homens do círculo de Boas. Alfred Kroeber fez um elogio duvidoso. "Embora algumas pessoas se queixem de que você não fornece dados suficientes para permitir a verificação, eu não me importo com isso"[34], escreveu a Mead. "De alguma forma, confio que seus diagnósticos estão corretos, mesmo que você tenha poucos fatos ou mesmo que seus relatórios não tenham sido impressos na íntegra." Sapir, ainda obcecado por sua antiga paixão, disse a Benedict que achou tudo "confuso e medíocre"[35], indigno de ser publicado, ultrajante até. Enfatizou que pegara o livro emprestado, não o havia comprado.

Poucos meses após a publicação[36], *Adolescência, Sexo e Cultura em Samoa* já tinha vendido mais de 3 mil exemplares — uma surpresa para os padrões acadêmicos —, com uma promessa de que esse número crescesse. Mead teve pouco tempo para refletir sobre isso quando o livro apareceu nas prateleiras das lojas. Ela estava longe de Nova York na época, de licença do Museu Americano de História Natural e de volta ao Pacífico Sul, em outra expedição de campo. Também começou a informar aos colegas que deveria ser tratada de "senhorita" ou "doutora", não mais "senhora"[37].

—

**"GAROTA DA FILADÉLFIA PLANEJA ESTADA CANIBAL"**[38], anunciou o jornal da cidade de Mead no momento em que *Adolescência, Sexo e Cultura em Samoa* chegava às livrarias. Por um tempo, ela planejava fazer uma nova expedição[39], com Reo Fortune, com quem mantivera contato desde que se conheceram, a bordo do *Chitral*. Fortune estava trabalhando em uma pesquisa de pós-graduação na Universidade da Nova Zelândia. Seus interesses eram a Melanésia, especialmente as ilhas da costa da Nova Guiné.

A Melanésia ficava a cerca de 5 mil quilômetros da Samoa. Se fossem para lá juntos, Mead teria poucas chances de voltar a Tutuila ou a Ta'u, o que esperava fazer como acompanhamento de sua pesquisa anterior. Mas como disse a Fortune na época: "Você sabe que é na sua carreira que estou pensando primeiro."[40] O assunto Cressman fora resolvido alguns meses antes da publicação de *Adolescência, Sexo e Cultura em Samoa*. Ela obteve a sentença de divórcio no México, uma maneira rápida, barata e discreta de dissolver um casamento e legalmente aceita no estado de Nova York.

Um ano mais novo que Mead, Reo Fortune se formara na universidade de Wellington. Passou um ano estudando para tirar um diploma de mestrado em antropologia, pela Universidade de Cambridge, onde conheceu Malinowski e estudou com outros pesquisadores importantes da Melanésia. Um de seus mentores, A. R. Radcliffe-Brown, emergia como uma figura importante no que seria chamado de antropologia social — uma iniciativa para entender os hábitos sociais estáveis de todos os povos, desde o uso de diferentes sistemas de parentesco até a maneira como os rituais reforçavam os valores coletivos. Enquanto Boas e seus alunos usavam o termo *cultura* para descrever seu principal interesse, seus colegas britânicos tendiam a pensar em termos de sistemas e funções. Algumas sociedades destinavam a tarefa de criar os filhos aos cunhados, e não aos pais. Outras enfatizaram o casamento entre primos cruzados: a prática de perpetuar relacionamentos particulares de clãs, garantindo uniões entre filhos homens e mulheres de diferentes ramos de uma árvore genealógica. Algumas sociedades tinham sistemas religiosos que transportavam um praticante talentoso para outro mundo para manipular forças invisíveis, como em um transe xamânico. Outras tinham praticantes especialistas em evocar forças sobrenaturais, como padres e feiticeiros. Todos esses sistemas geravam relações sociais diferentes, mas previsíveis, que os pesquisadores tentaram definir e mapear. Segundo a perspectiva dos antropólogos de Cambridge, de Oxford e da Escola de Economia de Londres, a rede de possíveis conexões sociais em qualquer sociedade era um produto direto do modo como se entendiam conceitos básicos, como família, poder e ordem.

Na prática, no entanto, pesquisadores britânicos e norte-americanos trabalhavam em muitos dos mesmos tópicos, com as mesmas técnicas, trocando ideias pelo Atlântico em uma grande busca para definir uma disciplina que tinha poucas décadas de reconhecimento como ciência. Fortune era novato em tudo isso, com certa experiência de campo, mas nada em pesquisa. Ainda assim, era um tipo de parceria intelectual que Mead nunca encontrara em um homem, alguém que compartilhasse seu entusiasmo e que, além disso, em razão de seus estudos em Cambridge, acrescentaria-lhe uma nova forma de abordar problemas sociais complexos. Juntos, eles se estabeleceram em um novo sítio nas Ilhas do Almirantado, ao norte da Nova Guiné. Lá, Fortune poderia continuar seu trabalho nas sociedades melanésias; enquanto Mead estudava adolescentes em um novo cenário cultural — um grupo antípoda aos ianques, com a qual poderia usar métodos combinados do universo britânico e do norte-americano.

Mead estava com tudo pronto para iniciar a primeira expedição que faria com outra pessoa, e combinou de se encontrar com Fortune nos Mares do Sul. Mais uma vez, deixaria Benedict para trás. O relacionamento delas, escreveu a caminho da Costa Oeste, sempre seria independente de qualquer envolvimento que ela tivesse com um homem. Cada romance tinha seu caminho separado[41]. Benedict, no entanto, era a peça central, um "belo palácio murado"[42], disse ela, "a fonte inextinguível, a sede homossexual única, que não cessa". No mês seguinte, em outubro de 1928, ela e Fortune foram a um cartório em Auckland, Nova Zelândia, para se tornarem marido e mulher. Ela telefonou para Benedict para lhe contar as novidades[43]. Para Mead, parecia uma[44] repentina bonança após uma tempestade: o retorno a Nova York, o novo emprego no museu, o prolongado colapso de seu casamento com Cressman e todas as preocupações quanto aos próximos passos de sua carreira. Em uma noite de luar[45], seis semanas após partir de Nova York, ela e Fortune finalmente chegaram a Pere, uma grande vila na Ilha de Manus.

Pere era "uma pequena Veneza rústica e perfeita"[46], relatou a Benedict. Os habitantes do mar de Manus construíram casas sobre estacas em uma lagoa calma, cercada por mangues. Os homens tinham cabelos compridos[47], que prendiam em coques estilo samurai, enquanto as mulheres raspavam a cabeça e adornavam o pescoço e os braços com os ossos dos parentes mortos. As crianças passavam o tempo empoleiradas sobre o mar raso, "como pequenos ratos d'água independentes"[48], elas aprendiam a nadar logo após o nascimento e cruzavam grandes distâncias, mesmo quando bem pequenas. Para ir de uma casa a outra, era preciso descer da própria casa, correndo o risco de cair da precária escada dentro da água, e pegar um barco. Não havia nada na vida social que não fosse permeado por essa sensação de perigo. Mead descobriu isso por experiência própria. Ela quebrou novamente o tornozelo fraco, que ainda lhe causava problemas desde o acidente de táxi, anos antes. Viajou doze horas de canoa[49] até a capital regional de Lorengau para ver um médico; quando retornou, falaram a ela que um nativo especialista em ossos teria feito um trabalho melhor. Por semanas, ainda mancava pela praia, escorada em muletas caseiras. Ainda não havia aprendido a nadar.

Mead e Fortune estudaram o idioma local e mapearam as várias famílias de Pere, com suas complexas redes de parentesco. Eles trabalhavam de forma independente em seus próprios textos. Fortune refinou algumas pesquisas de campo que concluíra na Ilha de Dobu, ao sul, enquanto Mead reuniu material para o que esperava que fosse um novo estudo com as poucas dezenas de crianças da aldeia. Ela adotou uma nova técnica que consistia em distribuir lápis e papel para as crianças, era a primeira vez que muitas viam essas coisas, e pedir que desenhassem o que quisessem. Os desenhos logo se amontoaram[50], cerca de 35 mil deles, em papéis ondulados pelo calor e a umidade tropicais.

Manus mostrou-se ainda mais adequada a seus interesses do que Samoa. Mas isso tinha pouco a ver com a distância. Em vez disso, ao observar atentamente um grupo de crianças — vendo-as brincar e lutar, pular com confiança na lagoa e registrar o mundo como o viam em imagens e símbolos que elas mesmas criavam —, Mead se concentrou em um problema que instigava educadores e reformadores sociais há décadas: com quais características comportamentais nascemos e quais são o produto das circunstâncias em que crescemos?

—

**O INATISMO E A HEREDITARIEDADE** das propriedades mentais foram um dos problemas fundamentais das ciências sociais durante todo o tempo em que Mead esteve associada ao círculo de Boas. Na Columbia, escreveu uma dissertação de mestrado sobre a possibilidade de os testes de inteligência confundirem conhecimento cultural e inteligência. Ao estudar uma amostra de crianças italianas e norte-americanas em Hammonton, Nova Jersey (o local da dissertação inconclusa da mãe), ela descobriu que os escores de inteligência refletiam as habilidades idiomáticas dos participantes. Conhecer o esquema de rimas de um soneto, digamos, ou quem era Rubens — o tipo de pergunta comum nos testes de inteligência da época — tinha pouco a ver com a capacidade de resolver um problema ou pensar claramente, argumentou. Até mesmo completar lacunas em frases ou resolver problemas de lógica dependia de uma compreensão clara do que estava sendo solicitado. Os psicólogos que pensavam que estavam modelando a mente humana universal na verdade apenas faziam um tipo de antropologia — mediam as capacidades idiomáticas de um sujeito e o conhecimento especial gerado pela fluência no idioma. Eles não estavam medindo a acuidade mental de um sujeito. Com a confiança típica, escreveu aos criadores do teste de inteligência que usou em seu estudo — a Escala de Inteligência do Grupo Otis — apontando o que lhe parecia um problema estrutural óbvio. A criadora do teste respondeu a Mead[51], uma reles mestranda, com desdém que pôs fim ao questionamento.

Boas também duvidava das alegações de que a inteligência se relacionava à linhagem. Um dos "objetivos fundamentais da antropologia científica"[52], escreveu em um novo livro, *Anthropology and Modern Life* ["Antropologia e Vida Moderna", em tradução livre], publicado quando Mead e Fortune partiram para a Melanésia, era "descobrir quais características do comportamento, se houver, são organicamente determinadas e são, portanto, propriedade comum da humanidade e quais são devidas à cultura em que vivemos". O "se houver" era crucial. Como Boas sabia, uma grande corrente científica defendia exatamente a posição oposta, de confirmar a teoria de que quase *todo* comportamento, tanto de indivíduos quanto de grupos, era herdável. Dizia-se que nossa predisposição a agir — de forma moral ou corrupta, após premeditação racional ou com emoção instintiva — residia nos recantos mais profundos do organismo humano. Nossos filhos vêm ao mundo já carregando as propensões que nós, inadvertidamente, transmitimos a eles.

Em 1905, um biólogo britânico chamado William Bateson cunhou uma nova palavra — *genética* — para se referir à maneira como os seres vivos transmitem suas características mais profundas de pai para filho. Alguns anos depois, outros pesquisadores cunharam o termo *gene* para denotar a quantidade de informações que fluíam pelas linhagens familiares com uma regularidade previsível. Se suas íris são azuis ou castanhas, se os lóbulos das orelhas são anexados ou livres, se consegue dobrar a língua — essas variações seguem o padrão da herança mendeliana, nomeada em homenagem a Gregor Johann Mendel, o botânico do século XIX que propôs essa hipótese. Havia poucas razões para duvidar que outros traços, da capacidade mental às habilidades de liderança, fossem transmitidos da mesma forma, dos pais aos filhos.

Ninguém jamais viu um gene, é claro, mas, também, ninguém viu um átomo ou o que chamamos de gravidade. A ciência envolve postular uma teoria com o objetivo de explicar a realidade observada e, em seguida, apoiá-la até que alguma evidência demonstre que é falsa. Para qualquer pessoa bem versada nos últimos avanços científicos, estava claro que a criação era, em grande parte, um destino. E se alguém precisasse de um exemplo específico, podia encontrá-lo na história de uma jovem chamada Emma Wolverton, mais conhecida pelo público norte-americano como Deborah Kallikak.

Wolverton morava na Casa de Nova Jersey para a Educação e o Cuidado de Crianças Débeis Mentais. Chegara à escola aos 8 anos, em 1897, com belos olhos arregalados e um temperamento amável. Mas, quando chegou à vida adulta, suas capacidades pareciam ter se estagnado. Ela andava com uma marcha estranha e claudicante. Era capaz de tocar corneta e montar móveis na oficina de marcenaria, mas sua capacidade de raciocinar ou executar tarefas complexas era equivalente à de uma criança. Ela era, de acordo com Henry H. Goddard, diretor de pesquisa da escola, uma "débil mental de alto nível" (um rótulo científico que ele inventou). Quanto mais Goddard analisava o caso dela, mais suspeitava de que as origens de sua condição estavam em sua árvore genealógica.

Durante a reconstituição de sua linhagem, Goddard descobriu que Wolverton descendia de um oficial da Guerra Revolucionária, que originou duas linhagens distintas: uma com sua cônjuge legal e outra de um caso com uma garçonete, uma mulher que diziam ser mentalmente deficiente. Goddard então descobriu um fato notável. Os descendentes legítimos do oficial eram membros honrados de uma importante família da Nova Inglaterra. Os bastardos eram, de modo geral, intelectualmente atrasados, pobres e delinquentes — alcoolistas, criminosos, párias sociais ou apenas uma pessoa limitada e gentil, como Emma Wolverton.

O caso era o mais próximo de um experimento natural a que Goddard poderia chegar. Ele logo percebeu que Wolverton e seus ascendentes serviriam para testar as origens da aptidão mental, estruturadas como um teste médico. Todos os parâmetros relevantes foram mantidos, exceto por uma "variante", isto é, a amante do oficial. Ele escreveu a história em *The Kallikak Family* ["A Família Kallikak", em tradução livre], publicado em 1912. Goddard concluiu o doutorado na antiga instituição de Boas, a Universidade Clark, e seu livro carregava todas as características dos princípios científicos que G. Stanley Hall tentara incutir em seus alunos: observação cuidadosa, projeto de pesquisa experimental, análise minuciosa de dados reais. O nome da família — Kallikak — era um pseudônimo dado por Goddard que reunia as raízes dos termos em grego para "bom" e "ruim", as sementes saudáveis e as danificadas, que descenderam de um homem. Se não fosse por uma garçonete "defeituosa", dizia a lógica, o estado de Nova Jersey teria economizado as despesas de encarcerar, monitorar e alojar dezenas de seres humanos abaixo do padrão. O destino de Emma — ou Deborah, como a chamava no livro — fora selado muito antes de ela nascer. "Uma garota de aparência bela e radiante[53], atraente em muitos aspectos, que o professor espera, na verdade, insiste que poderá se sair bem", escreveu. "Nosso trabalho com Deborah convence-nos de que essas esperanças são ilusões."

Logo surgiu uma vasta gama de livros populares que empregaram métodos semelhantes: *The Jukes* ["Os Jukes", em tradução livre] (1877), sobre degenerados do interior do estado de Nova York; *The Tribe of Ishmael* ["A Tribo de Ismael", em tradução livre] (1888), sobre criminosos itinerantes de Appalachia; *The Nam Family* ["A Família Nam", em tradução livre] (1912), que abordava um clã de prostitutas e escroques. Novos termos — *disgênicos*, ou *cacogênicos*, que significam o que sugerem — foram cunhados para atender à eugenia, o lado obscuro do estudo da boa reprodução. Mas *The Kallikak Family* era diferente. Contava uma história solidária e, em última análise, trágica, em que o que estava em jogo era o destino de uma jovem. Suas descobertas específicas também se alinhavam perfeitamente às últimas especulações científicas sobre inteligência. Alguns anos antes de Goddard começar seu trabalho, o psicólogo francês Alfred Binet fora pioneiro em um teste que produziria um "quociente de inteligência" — QI — como uma medida da capacidade mental. Goddard demonstrara como a lógica sombria desse número furtivo operava ao longo de gerações. Outros pesquisadores investigaram a história de vida de pessoas classificadas como retardadas, idiotas e loucas, bem como as diferentes políticas que os países poderiam adotar para educá-las ou isolá-las da população geral. Todos usavam uma versão do teste de inteligência de Binet, da mesma maneira que os antropometristas usavam o índice craniano para determinar a raça. Se um conceito pudesse ser medido, também poderia ser observado e, se pudesse ser observado, deveria ser um *aspecto* — transmitido de pessoa para pessoa tão previsivelmente quanto a textura dos cabelos ou o arqueamento das sobrancelhas.

O trabalho de Goddard teve várias impressões e edições. Incluía fotografias de Emma/Deborah, de olhos radiantes e felizes, bem como de sua extensa família, todos de testas curtas e maxilares caídos. (As imagens, como foi apontado mais tarde[54], foram retocadas para fazer a família parecer animalesca.) O livro parecia provar o que se era possível conseguir quando pessoas como Emma/Deborah eram tratadas de maneira humana — protegê-las em instituições, orientar suas habilidades práticas e, o mais importante, impedi-las de transmitir seus traços cacogênicos a outros seres humanos.

O senso de oportunidade de Goddard era perfeito. Seu trabalho de pesquisa foi conduzido em um momento em que a formulação de políticas e a pesquisa populacional estavam mais interligadas do que nunca na história norte-americana. Em 1910, os filantropos da Instituição Carnegie de Washington fundaram um instituto especial para fomentar novas pesquisas sobre populações, habilidades e procriação. Localizado em Cold Spring Harbor, Nova York, o instituto coletava uma grande quantidade de dados sobre o funcionamento da hereditariedade, desde os traços banais de animais — a coloração das penas das galinhas, por exemplo — até aqueles de particular interesse para educadores e criminologistas, como aptidões físicas e deficiência mental. O objetivo de longo prazo era elaborar programas de educação pública para o aprimoramento da família e melhoria racial. Bem financiado e dotado de um grupo de pesquisadores, o Escritório de Registro de Eugenia, como era conhecido, usava as mais recentes técnicas estatísticas para mostrar que a ciência organizada pelo governo poderia ajudar a reduzir a reprodução de defeitos, melhorar a linhagem biológica das raças mais avançadas e produzir uma sociedade norte-americana mais saudável e produtiva.

A natureza, afinal, não mente. Como escreveu Charles B. Davenport, zoólogo formado por Harvard e diretor do instituto, em um de seus inúmeros relatórios: "As leis que restringem a escolha no casamento são projetadas[55], por um lado, para proteger os direitos do consorte que sofreria por desamparo ou ignorância e, por outro lado, para impedir a consumação legal de acasalamentos que têm chance de produzir filhos com deficiência física e mental — aqueles privados do 'direito de ser bem-nascido'." Entrar no mundo cheio de potencial e seguir o caminho da norma-lidade, em vez de ficar preso às inadequações das gerações anteriores, acreditava Davenport, era de certa forma o direito humano derradeiro. Os legisladores esta-duais concordavam. Nas duas primeiras décadas do século, uma onda de leis de esterilização forçada[56], projetadas para impedir que pais problemáticos produzissem outra geração de filhos problemáticos, varreu o país: Indiana, em 1907; Califórnia e Connecticut, em 1909; Nevada, Iowa, Nova Jersey e Nova York, em 1911 e 1912; e Kansas, Michigan, Dakota do Norte e Oregon, em 1913.

As ideias de Goddard e de Davenport foram amplamente compartilhadas pela elite científica e política do mundo todo. Quando a comunidade global de eugenis-tas se reuniu para compartilhar dados e ideias políticas, foi o antigo empregador de Boas, o Museu Americano de História Natural, que serviu como anfitrião. Dois grandes congressos internacionais sobre o assunto foram realizados no museu[57], com discursos de Alexander Graham Bell e convites enviados pelo Departamento de Estado dos EUA. Para o Segundo Congresso Internacional de Eugenia, em 1921, dois andares do museu foram reformados, com novas exibições sobre os efeitos nocivos do cruzamento inter-racial, o terrível impacto da imigração, os resultados positivos da esterilização forçada e os estudos amadores de professores, alunos e pesquisadores independentes — uma vasta feira de ciência dedicada a erradicar as causas da criminalidade, da insanidade, da pobreza e do declínio nacional. Um gráfico do Escritório de Registro de Eugenia mostrava claramente os 26 tipos eu-gênicos e as 10 categorias de "pessoas socialmente inadequadas"[58] — cerca de 10% da população —, variando de ébrios a "cacotênicos", aqueles com órgãos sensoriais defeituosos, como cegos e surdos.

Um ano antes de Mead e Fortune partirem para a Nova Guiné, em 1927, a aplicação prática da eugenia teve seu impacto mais expressivo na justiça norte-a-mericana. Em *Buck v. Bell*, um caso que criou o precedente, a Suprema Corte dos EUA confirmou a esterilização forçada como questão de direito constitucional. O tribunal decidiu que era totalmente justificável que o Estado da Virgínia esterili-zasse Carrie Buck, uma jovem mulher supostamente deficiente sob seus cuidados, a fim de impedir a transmissão de suas deficiências mentais para as gerações futuras. "É melhor para todo mundo[59], se, em vez de esperar para executar filhos degenerados, ou deixá-los passar fome por sua deficiência mental, a sociedade impedir que aqueles que são manifestamente inaptos deem continuidade à sua espécie", escreveu o juiz Oliver Wendell Holmes Jr., com o endosso da maioria. "O princípio que sustenta a vacinação compulsória é amplo o suficiente para abranger a ligadura das trompas de Falópio. Três gerações de pessoas mentalmente deficientes bastam."

No entanto, mais tarde demonstrou-se que Carrie Buck provavelmente não era mentalmente deficiente nem sofria de transtorno de aprendizagem, mesmo para os padrões de hoje. Ela engravidou aos 17 anos — o motivo da ordem de esterilização da Virgínia —, provavelmente, resultado de estupro e abuso familiar, não de "licenciosidade sexual", algo comum entre os deficientes mentais. Ainda assim, a decisão do caso fez com que as taxas de esterilização subissem de algumas centenas em cada estado para milhares. No início da década de 1930[60], 28 dos 48 estados dos EUA tinham leis que autorizavam a "esterilização eugênica" de pessoas consideradas pelas autoridades como "débeis mentais, idiotas, imbecis ou loucas", além da castração e da ligadura de trompas, já praticadas como punição a certas classes de criminosos condenados. Em 1941[61], mais de 38 mil "assexualizações", na linguagem jurídica da época, haviam ocorrido. Quase dois terços envolvendo mulheres. Na década de 1960[62], o número quase dobrou, e a prática continuou por muito tempo depois.

—

**OS EUGENISTAS NÃO ESTAVAM** de forma alguma à margem da comunidade científica. Eram a corrente dominante: com vastos recursos, armados com uma bateria de estatísticas e de resultados de testes, e com uma influência enorme na lei, na educação e na cultura popular. A Sociedade Americana de Eugenia, fundada em 1926, tornou-se um dos principais canais de comunicação do trabalho do Escritório de Registro de Eugenia e de outros órgãos com públicos mais amplos. A sociedade percorria igrejas, clubes femininos, escolas e feiras estaduais com a mensagem de vida limpa e procriação mais limpa. Seus concursos de "Famílias Mais Aptas" contavam com painéis de historiadores, médicos e dentistas para avaliar mães, pais e filhos quanto à aptidão eugênica. "Enquanto os juízes avaliam vacas Holandesas[63], Jerseys e Herefords nas feiras de animais", declarou um dos administradores da sociedade, "testamos os Jones, Smiths e Johnsons".

A ciência e a história pareciam chegar às mesmas conclusões. Assim como os teóricos raciais, como William Z. Ripley e Madison Grant, esmiuçavam os registros históricos em busca de exemplos de civilizações que sucumbiram diante da imigração irrefreada, os eugenistas revelavam as falhas ocultas do corpo e da mente, que, se não corrigidas, significariam a condenação da sociedade norte-americana. Os exemplos que eles coletaram não eram tão fascinantes porque os eugenistas eram reacionários — Grant, Goddard e Davenport ficariam chocados com esse rótulo —, e sim porque eram profundamente progressistas. Afinal, seu trabalho oferecia tanto um diagnóstico quanto um tratamento para a maioria dos males que os reformadores haviam identificado. A linhagem fundadora dos EUA, de anglo-saxões bem-nascidos, estava sendo corrompida pela reprodução mal planejada e pela abertura das fronteiras. Os defensores do planejamento familiar, os médicos, os opositores da imigração, dentre muitos outros, logo descobriram que tinham preocupações em comum: limpar a sociedade norte-americana, deter o declínio de sua raça superior e impedir a "reprodução disgênica"[64], como definiu Margaret Sanger, fundadora da Liga Americana de Controle de Natalidade — mais tarde conhecida como Planejamento Familiar. Um dos dispositivos de controle de natalidade mais populares da época[65], um capuz cervical desenvolvido pela advogada britânica de planejamento familiar Marie Stopes, foi comercializado sob o nome de Pro-Race [pró-raça] — a ideia era a de que, se as pessoas não conseguiam controlar seus desejos, pelo menos, poderiam evitar a má procriação. Mesmo na intimidade, os casais norte-americanos cumpriam o dever de construir versões melhores de si mesmos.

Um ano após a decisão no caso *Buck*, Boas esmiuçou o frenético projeto norte-americano para reduzir os inaptos na sociedade. "Tipos" não passam de abstrações, escreveu Boas em *Anthropology and Modern Life*, quer signifiquem raças ou qualquer outra categoria social, tal como os termos "eugenicamente sãos" e "eugenicamente degenerados". O objetivo da ciência social, argumentou, não deveria ser vasculhar as unidades atômicas da humanidade, as categorias indivisíveis nas quais todos os seres humanos supostamente se enquadram. Em vez disso, devemos ter em mente duas ideias: primeira, que todas as pessoas são indivíduos, com os próprios talentos e aflições, e, segunda, que somos seres sociais que se apegam desesperadamente ao sentido da realidade em que somos criados. "Não podemos tratar o indivíduo como uma unidade isolada"[66], escreveu, misturando o discurso simples com o estilo acadêmico, mais elaborado, que lhe era característico. "Ele deve ser estudado em seu ambiente social, e a questão só é relevante caso seja possível fazer generalizações em que exista uma relação funcional entre dados sociais generalizados e a forma e a expressão da vida individual, em outras palavras, se existirem leis gerais válidas que governam a vida em sociedade."

Um dos objetivos da antropologia, de John Wesley Powell em diante, era reunir dados suficientes para respaldar as afirmações gerais sobre a evolução natural das sociedades humanas, à medida que avançavam do estado selvagem para a civilização. A carreira de Boas tinha como objetivo sepultar essa ideia. Mas agora, depois do livro sobre os Kallikaks e do caso *Buck v. Bell*, ela parecia mais viva do que nunca. O esforço para descobrir as leis universais que determinavam a forma das vidas individuais — como as consequências da procriação disgênica, como no caso de Emma Wolverton ou Carrie Buck — parecia ser o objetivo obsessivo de muitos biólogos, cientistas sociais e defensores de políticas públicas. Por esse motivo, declarou Boas, "quase todos os problemas antropológicos afetam nossa vida íntima"[67]. Quando pensamos que estamos estudando pessoas pelo mundo, estamos, na verdade, criando suposições sobre as *daqui* — nós mesmos e nossos vizinhos, nosso senso do que é normal, inequívoco e padrão.

"Classificamos a variedade de formas de acordo com nossas experiências anteriores"[68], escreveu. Toda sociedade treina a si mesma para criar categorias. As pessoas que ama, as que odeia, o tipo de pessoa que odiaria ter como genro — nenhum desses problemas segue regras universais de atração ou repulsa. Em vez disso, são noções criadas no caldeirão da cultura. A mobilização da falsa ciência para justificar a intolerância pode ser considerada uma característica arraigada em apenas uma cultura[69]: a do Ocidente desenvolvido. Os europeus do Norte e sua diáspora, tendo conquistado grande parte do mundo, previsivelmente procuraram refazê-lo à sua imagem. Eles o encheram de raças e subtipos imaginados, imbecis e gênios, primitivos e civilizados. E então declaravam que seu artifício intelectual era profunda e comprovadamente natural, tão inabalável quanto o Valhalla divino.

Era aqui, disse Boas, que "o biólogo eugenista e o estudante da sociedade humana precisavam seguir caminhos distintos"[70]. Era fácil demonstrar que às vezes criminosos se agrupam *em* uma mesma família. Mas foi uma conclusão precipitada demais alegar que os traços básicos da criminalidade ou do desvio eram produtos *de* algumas famílias — e mais ainda que essas características eram transmitidas de pai para filho, como Goddard tentara mostrar com os Kallikaks. Afinal, as sociedades diferiam na definição básica do que constituía o comportamento criminoso. Os criminologistas, por exemplo, tendiam a prestar pouca atenção a criminosos ricos ou bem-sucedidos: o sonegador de impostos, o empresário inescrupuloso, o político corrupto. Suas teorias de criminalidade inata se baseavam exclusivamente nos pobres: o batedor de carteiras, o bêbado contumaz, a prostituta de rua. Esse fato era por si só uma prova de como a definição de *crime* é culturalmente determinada.

Boas concluiu que a única coisa que os eugenistas haviam provado era "como a mente humana é facilmente levada à crença no valor absoluto das ideias expressas na cultura ao seu redor"[71]. Se os britânicos tivessem conseguido capturar George Washington[72], seus eugenistas modernos provavelmente teriam desenvolvido uma teoria das deficiências herdadas que o tornaram um criminoso rebelde. Ainda que possa haver padrões gerais para o desenvolvimento humano, certamente eles não são do tipo capazes de determinar quais famílias são propensas a gerar, sempre, seres humanos abaixo do padrão.

—

**PESQUISADORES COMO GODDARD** e Davenport se achavam uma combinação de médico e psicólogo, relacionando o estudo do organismo ao da sociedade. Examinaram as linhagens familiares como uma maneira de entender o funcionamento da mente humana. A antropologia floresceu como disciplina fazendo algo semelhante. Quando Boas se juntou à Columbia, antropólogos e psicólogos dividiam o mesmo departamento. Seus alunos, incluindo Sapir, Benedict e Mead, frequentavam seminários de psicologia, além de estudar sistemas de parentesco ou línguas indígenas. Nas universidades norte-americanas, a psicologia como campo acadêmico era mais antiga do que a antropologia, mas ambas pretendiam descobrir os padrões do desenvolvimento humano: para indivíduos, no caso da primeira, e para povos inteiros, no da segunda.

Boas vinha trabalhando ao lado de psicólogos desde seus dias na Universidade Clark. O presidente G. Stanley Hall estudara o filósofo de Harvard William James, cujos *Princípios de Psicologia* (1890) foram a base para uma ciência experimental que sistematizaria o estudo da emoção, da razão e do desejo. O próprio Hall desempenhou um papel importante apresentando psicanalistas europeus, como Sigmund Freud e Carl Jung, ao público norte-americano. Em uma das conferências acadêmicas de Hall, uma fotografia em grupo mostrou um jovem Boas em meio a alguns dos principais pesquisadores de psicologia da época, com um sorriso irônico e satisfeito no rosto, ao lado de James, Freud e Jung.

Mas Boas tendia a manter distância de teóricos cujo trabalho não era embasado em dados concretos. Ele mantinha contato com a maioria dos intelectuais proeminentes da época, mas Freud e Jung aparentemente não estavam entre eles. Ainda assim, era impossível escapar do aumento do interesse pela psicanálise. Foi o próprio Freud quem fez uma declaração clara de como achava que seu campo contribuiria para o trabalho que os antropólogos faziam. Em seu *Totem e Tabu*, traduzido pela primeira vez para o inglês em 1918, Freud propôs interpretar sociedades primitivas através das lentes das neuroses e obsessões. Os primitivos, especulou, exibiam alguns dos mesmos comportamentos que os neuróticos das sociedades modernas. Afinal, o que era um tabu, senão um desejo compulsivo de evitar ser maculado por um poluente imaginário? Outros psicólogos, como Jean Piaget, da Suíça, e Lucien Lévy-Bruhl, da França, adotaram abordagens semelhantes. Os antropólogos queriam entender pessoas bizarras de todo o mundo — aldeões distantes, com suas tangas e seus deuses do trovão —, enquanto os psicólogos tentavam diagnosticar os degenerados nas ruas. No entanto, os dois projetos, propuseram esses pensadores, podiam ser versões da mesma coisa.

Freud não era experimentalista. Acumulava hipóteses especulativas sem testá-las[73], como o aluno de Boas, Alfred Kroeber, escreveu em sua crítica a *Totem e Tabu*. Mead também estava lendo o livro antes de partir com Fortune para os Mares do Sul[74]. Achou intensamente estimulante, mas um aspecto a incomodou. Freud propôs que crianças, neuróticos e selvagens eram variantes de um tipo. Todos eram indivíduos pré-adultos, ou, de alguma forma, retardados — literalmente, no sentido de ser retardatários no caminho do desenvolvimento — na biologia, na história ou no contexto. Indivíduos e culturas inteiras podiam ficar presos da mesma maneira, como se estivessem esperando um trem atrasado para levá-los à próxima estação. A diferença era que as crianças cresciam. Os neuróticos e os selvagens precisavam de outras intervenções, como o divã do analista e a educação civilizada, para seguir adiante.

Mead havia proposto estudar esse problema em Manus, e foi assim que apresentou seu trabalho a um de seus financiadores, o Conselho de Pesquisa em Ciências Sociais, de Nova York. Os moradores da ilha compartilhavam a paisagem com duendes da floresta, demônios e os espíritos de seus ancestrais. Sobre eles pairavam preocupações com a materialização dos desejos invejosos dos vizinhos, que poderiam arruinar a pesca ou enviar uma onda avassaladora sobre a lagoa. Os habitantes do mar viviam em meio a uma série de tabus sociais, mais ainda do que na Samoa, principalmente em relação ao sexo, ao casamento e à propriedade. Uma série de desgraças recairia sobre qualquer um que violasse as regras.

Muitas dessas regras eram associadas à rápida transição da infância para a idade com a qual se deveria casar. Esse momento parecia mergulhar os jovens do sexo masculino em um estado de desespero, com um extremo senso de vergonha e ciúmes. "Eles se tornam briguentos[75], não cooperativos, agressivos, incapazes de organizar qualquer empreendimento comunitário ou de desenvolver qualquer tipo de sociedade com autoridade central", escreveu Mead em campo, na primavera de 1929. "Até os porcos vivem e morrem sem procriar, porque ninguém está disposto a criar um porco que se reproduzirá livremente com os de seus vizinhos." O complexo código de comportamento dos adultos de Pere era uma espécie de manual para lidar com um mundo repleto de destruição invisível. Mas respeitar seus ditames era o que parecia incitar o caos desmedido de desgraça e desassossego.

No entanto, nas longas horas de interação com as crianças de Pere, vendo os desenhos e conversando com elas em seu colo, Mead descobriu que esses moradores mais jovens desconheciam as regras e as crenças complexas que regiam seus pais e parentes mais velhos. Eram ignorantes ou despreocupados com os espíritos que cercavam os adultos. "Para eles, a escuridão é menos povoada do que para os mais velhos, que conhecem os nomes, os rostos e o poder dos inúmeros fantasmas"[76], escreveu Mead. As crianças agiam mais como adultos típicos, enquanto os adultos agiam como crianças ou neuróticos, como Freud os teria entendido. Aqueles primitivos não eram como crianças, precisamente porque *seus próprios* filhos não eram como eles.

E se as crianças não pareciam passar por um estágio de pensamento mágico na maneira como concebiam o mundo, era difícil argumentar que uma sociedade inteira passasse por ele. A mente humana tem potencialidades infinitas, percebeu Mead. Era preciso haver uma sociedade para examinar as possibilidades e nomear algumas delas como boas e outras como ruins. As crianças eram simplesmente versões de seres humanos ainda não disciplinados pelas categorias, obsessões e regras sociais nas quais nasceram. Em Manus, pessoas que poderiam ser classificadas como loucas em Nova York — que acreditavam, por exemplo, de que a pesca ruim era o resultado de uma visita de mortos ingratos — levavam uma vida perfeitamente saudável nas casas de palafita da lagoa. Havia também uma verdade mais profunda ali, descobriu Mead, algo que também observara na Samoa: até os adultos pareciam falar mais sobre as regras do comportamento correto do que efetivamente as seguir. "Uma das principais características da cultura é a extrema flexibilidade na prática"[77], relatou no início de 1929.

Grande parte da literatura antropológica tratava as pessoas nas sociedades primitivas como versões mais jovens e ingênuas das civilizadas. Eram todos crianças, de certa forma, e seus deuses e demônios eram fruto de uma mente fantástica, mas simples, que a educação moderna em algum momento desmantelaria, assim como uma criança em idade escolar acaba deixando de acreditar no Papai Noel. Mead encontrou pouco apoio para essa abordagem. "Sugiro que a solução está mais no fato de que toda cultura humana é construída por um processo de seleção bastante severa"[78], relatou ao Conselho de Pesquisa em Ciências Sociais.

> Somente enfatizando certos aspectos dos dons humanos em detrimento de outros é que uma cultura pode assumir forma e conteúdo [...] Essas potencialidades negligenciadas aparecerão mais nitidamente em crianças, que ainda não foram disciplinadas pela cultura, naqueles indivíduos que se valem mais de seus atributos inatos do que de sua cultura, poetas e artistas, e naqueles psicologicamente não conformes e desprovidos de dons, a quem chamamos neuróticos [...] Essa potencialidade da mente humana é dinâmica em nossa sociedade, assim como o pensamento mais

afetivo e menos disciplinado do homem é dinâmico em outras sociedades; nenhum deles é infantil no sentido do desenvolvimento; ao contrário, ambos aparecem na infância, amadurecem imperfeitamente e logo são moldados e distorcidos pelas categorias de determinada cultura.

O povo de Manus simplesmente escolheu enfatizar um modo específico de pensamento ao definir a idade adulta — obsessão pelo imaginário sombrio —, que a cultura de Mead associava à infância. Seus filhos tiveram que ser *ensinados* a se comportarem da mesma maneira, por meio de uma elaborada, e muitas vezes dolorosa, transição de uma existência despreocupada de que gozavam para a idade do casamento.

"Todas as relações sociais exigem viagens curtas de canoa"[79], escreveu Mead em suas anotações de campo. Entre o povo de Manus, empoleirados acima da água em suas casas de palafita, isso era um tanto literal. Mas não havia metáfora melhor para ilustrar o princípio geral que estava por vir para esclarecer o trabalho de Mead. Entender, de fato, outro lugar e seu povo exigia abandonar o seu lar e dar vigorosas remadas antes de chegar à cabana de outra pessoa. Antropologia era ciência, acreditava ela, mas também um ato de tradução. Você tinha que usar a linguagem imperfeita da sua própria sociedade para entender as outras.

Como Boas em seu trabalho sobre cegueira sonora, décadas antes, Mead estava descobrindo que necessariamente interpretamos maneiras estranhas com as ferramentas intelectuais que temos à mão: as categorias mentais que são significativas em nosso próprio tempo e lugar. Todas as culturas são "experimentos do que poderia ser feito com a natureza humana"[80], escreveu mais tarde. O segredo para entender esses experimentos não era imaginar-se como um cientista de jaleco branco, como Goddard fizera com os Kallikaks. Era lançar sua canoa no mundo, se jogar em um ambiente desconhecido e entender como os costumes locais fazem sentido para as pessoas que os vivem — mesmo aquelas que podem parecer neuróticas ou sombrias, que usam dentes de cachorros como moeda e os ossos dos pais pendurados nos braços. Se é para esterilizar alguém com base em sua ciência, como aconteceu com a pobre Carrie Buck, é melhor que saiba exatamente o que está fazendo.

—

**MEAD E FORTUNE CHEGARAM** a Nova York em setembro de 1929[81], com as inesperadas boas notícias de que agora Mead tinha US$5 mil em sua conta bancária. *Adolescência, Sexo e Cultura em Samoa* tornou-se best-seller. William Morrow[82], seu editor, ofereceu-lhe um adiantamento de US$500 para um novo livro sobre as novas aventuras, em Manus. Foi publicado no ano seguinte, como *Growing Up in New Guinea* ["Crescendo na Nova Guiné", em tradução livre], com uma dedicatória a Reo Fortune. O novo livro selou sua posição como cientista pública sem papas na língua e até escandalosa, tendo em vista suas discussões abertas sobre sexo e sua recusa em reconhecer a evidente superioridade da civilização ocidental. Ela se tornara, aparentemente da noite para o dia, uma das principais especialistas do país sobre a relevância das partes mais remotas do mundo para entender o que acontecia em casa.

Ela escreveu rápido e muito bem[83] — 1.500 palavras por dia, de acordo com suas contas — e enviou pequenos ensaios para revistas com opiniões sobre educação, criação infantil, adolescência e outros assuntos. Chegavam cartas de leitores solidários e exasperados. "Seu livro[84], ao lado da Bíblia, foi o mais interessante que já li", escreveu um fã. "É o único livro que custa mais de um dólar que comprei em muito tempo"[85], escreveu outro. Os autores de livros femininos de aventura a aclamavam como modelo, uma ousada exploradora que viaja pelo mundo, a primeira "mulher branca" a pôr os pés nas regiões mais remotas — era um exagero, é claro, mas que Mead pouco fez para desencorajar. Ela contratou um agente para organizar palestras para agraciar o público com notícias do outro lado do mundo[86]. O *Saturday Evening Post*, no entanto, rejeitou um artigo que criticava as deficiências da educação norte-americana. O mundo ao nosso redor, e não o universo interior, mapeava os caminhos tortuosos da infância à idade adulta, dissera Mead. "Não podemos suportar um golpe tão violento em praticamente tudo o que acreditamos"[87], escreveu o editor.

Cressman se casou novamente. Foi para o Oregon e começou uma nova carreira como arqueólogo. Sapir casou-se com uma mulher que conheceu enquanto Mead estava nos Mares do Sul e tornou-se pai novamente, com uma nova cátedra esperando por ele em Yale. Fortune ainda estava trabalhando em seu doutorado sobre outro povo melanésio, os ilhéus do Dobu. Mas Mead era famosa. Com apenas 30 anos, já havia feito mais para apresentar ao público leitor a palavra *antropologia* do que qualquer coisa desde os esforços de Boas na Feira Mundial de Chicago, mais de três décadas antes. Mais tarde, Fortune se queixaria que, depois que Mead assumiu a condição de sumidade, seu estudo em andamento sobre Dobu seria "o último livro que escreveria sozinho"[88]. Mead se lembrava da casa deles como "estável, embora bastante tempestuosa"[89]. Isso só pioraria.

*Capítulo Nove*

# MULTIDÕES E MONTANHAS

..................................................

Q uando Mead e Fortune retornaram de Manus, praticamente qualquer um que ensinasse antropologia ou administrasse um museu de história natural nos Estados Unidos poderia reivindicar um dos dois padrinhos intelectuais: Frederic Ward Putnam, de Harvard, ou Franz Boas, da Columbia. Em Harvard, Putnam havia curado uma das grandes coleções do país, o Museu Peabody de Arqueologia e Etnologia. Impulsionara o estudo de regiões de nativos norte-americanos e treinara novas equipes de pesquisadores em métodos rigorosos de campo e preservação, como havia feito com o próprio Boas na feira de Chicago. Mas sua morte, em 1915, marcou o fim de uma geração inteira, que incluía John Wesley Powell, Otis Tufton Mason e outros estudiosos com os quais Boas se envolvera.

Harvard e Columbia continuaram a competir por pós-graduandos e financiamento de pesquisa[1], mas, em termos de números, Boas ganhava. Era um defensor ferrenho nos bastidores, ajudando seus assistentes de pós-graduação a conseguir empregos em universidades importantes. Agora, seus ex-alunos — e alunos de alunos — lotavam os departamentos de antropologia, museus e institutos de pesquisa de todo o país. Estavam começando a moldar toda uma disciplina de acordo com sua visão, como antropólogos físicos, etnógrafos, linguistas e arqueólogos que trabalhavam juntos em problemas comuns.

O programa de Boas formou alunos que também se assemelhavam ao chefe de departamento de outras maneiras: combativos, opinativos, com um senso da necessidade urgente de que a antropologia fosse uma ciência pública. Seus adeptos se consideravam destinados a se aventurar fora do laboratório ou do salão de exposições e colocar as mãos na massa. Em um tempo de imigração restringida, segregação racial e aparente triunfo da eugenia, a dificuldade de se formar na nova ciência humana na Columbia não se resumia a ganhar uma bolsa de pesquisa ou a garantir uma nomeação acadêmica. Todos os anos, os alunos de Boas recrutavam antropólogos em formação com a mesma abordagem fervorosa de uma nova religião, assim como Benedict fizera com Mead.

Gladys Reichard assumira algumas turmas introdutórias da Barnard, onde lecionava em salas cheias de estudantes ávidos. Melville Herskovits saíra da Free School para ministrar alguns dos cursos de antropologia física, encarregando os alunos da Barnard das medições e da coleta de dados. Benedict continuou a supervisionar seu trabalho como professora júnior e substituta direta de Boas. Depois de ser apresentado às ideias centrais de Boas, era impossível não sentir o peso de tudo: as ideias revolucionárias, o senso de causa comum e — especialmente para muitas jovens — uma nova maneira de abalar as noções sociais de comportamento adequado. "Comecei a valorizar as palavras do Dr. Reichard, da Dr. Benedict e do Dr. Boas, o rei dos reis", lembrou uma graduanda. "Todos nós o chamamos de Papa."[2]

Essa aluna em particular era incomum porque tinha 34 anos, embora afirmasse ser cerca de uma década mais nova. Segundo a própria, tinha uma voz espalhafatosa demais para os círculos polidos, uma tendência a "resistir e lutar"[3], e um jeito de andar desajeitado, consequência de ter sido ensinada a andar por um porco. Na fotografia da turma da Barnard, estava perto do centro da imagem, mas com metade do corpo coberto por um galho de árvore, "uma rocha escura despontando[4], varrida por um mar de espuma branca", como se descrevia — a única estudante afro-americana da faculdade. Recém-chegada da Flórida, saltava de um trabalho para outro: figurinista da companhia itinerante Gilbert e Sullivan, manicure e depois recepcionista de uma escola noturna. O mais perto que chegara da antropologia tinha sido um breve período servindo mesas no antigo Cosmos Club de John Wesley Powell[5], em Washington, D.C., junto a outros empregados negros em uma atmosfera de "afeto paternalista temperado por cautela orçamentária"[6], como dizia a história oficial do clube. Em uma sala de recém-chegados de expedições estrangeiras, a coisa mais fascinante sobre ela era seu nome, dado por um amigo de sua mãe — Zora. Ninguém sabia de onde vinha[7], mas suspeitava-se de que fora tirado de uma marca de cigarro turca.

—

**ZORA NEALE HURSTON NASCEU** no Alabama[8], provavelmente em janeiro de 1891 — ela não sabia dizer ao certo —, mas cresceu em Eatonville, norte de Orlando, Flórida. A área ao redor da cidade era repleta de lagos azul-celeste, dando a impressão de uma imensa teia de terra firme que se estendida sobre as águas continentais. A barba-de-velho pendia das árvores. Águias-pescadoras e abutres sobrevoavam a paisagem estriada. Era um lugar em que dolinas se abriam e engoliam vacas, e em que um lago inteiro simplesmente desaparecia, sugado por tubulações naturais formadas no calcário poroso. O solo arenoso e cinza da região, revirado pelas tempestades tropicais ou pelos buggys que passavam, enchia as roupas de festa de poeira e tomava as janelas, como se os moradores da Flórida tivessem se estabelecido sobre uma antiga civilização extinta e agora pagassem o preço.

Eatonville foi a primeira cidade afro-americana a se emancipar nos Estados Unidos, "uma cidade negra pura"[9], como Hurston a chamava. Maitland, sua análoga majoritariamente branca do outro lado da rodovia, com casas mais sofisticadas, ficava a uma distância suficiente para fins de "convenções sociais", mas não era zona proibida. Hurston era uma das filhas de Eatonville, se é que se poderia dizer isso de uma mulher negra na época de Jim Crow. Ela estava apenas a duas gerações da objetificação[10]; todos os quatro avós haviam sido escravizados na Geórgia e no Alabama. Seu pai, John Hurston, era um pastor batista e prefeito da cidade que ajudava a administrar a prefeitura improvisada de Eatonville, situada na varanda da frente de uma loja administrada por Joe Clarke, outro ilustre morador local. Sobre os pisos de madeira barulhentos, os vizinhos contavam piada, passavam o tempo, seguiam em frente, homens e mulheres reunidos, trocando histórias e implicando uns com os outros — ironia e insinuação*, como diziam.

Sua mãe, Lucy, equilibrava as coisas comprometendo-se com a educação, os livros e a ambição. Pule em direção ao sol**, dizia[11] aos oito filhos, pelo menos, você sairá do chão. Mas a morte de Lucy, quando Hurston ainda era adolescente, mudou as coisas. Seu pai logo se casou novamente, com uma mulher muito mais jovem, e Hurston foi enviada para uma escola em Jacksonville, nas montanhas costeiras do norte do estado. Essa ruptura com um mundo familiar e com o pai foi o choque definitivo de sua infância.

Viajar para o norte da Flórida significava se deslocar culturalmente para o Sul. Foi em Jacksonville, disse ela, que percebeu que era "uma garotinha de cor"[12]. A realidade parecia projetada para convencê-la desse fato. A sinalização oficial classificava as pessoas, assim como Noé, em brancos e negros, como se distingue uma garça-vaqueira de um melro-preto. Era possível notar a reação imediata no rosto de uma pessoa branca quando a conversa beirava a insolência. Hurston foi jogada de casa em casa entre vários familiares, uma hora estava em Nashville, novamente em Jacksonville, depois no norte de Baltimore, até que tivesse idade suficiente para viver sozinha.

Com a morte inesperada do pai[13], quando seu carro foi esmagado por um trem em Memphis, Hurston não foi ao funeral e começou a planejar seu futuro. Ela se tornou parte do que viria a ser chamado de Grande Migração[14]: o fluxo de afro-americanos do Sul para o Norte, à procura de emprego e fugindo das restrições dos governos locais totalitários, que frequentemente paravam trens para o Norte ou prendiam pessoas simplesmente por cruzarem as fronteiras dos estados. Ela acabou em Washington, atraída, em parte, pela perspectiva de estudar na principal instituição integrada do país, a Howard University.

---

* No original, *specifying and signifying*, uma alegoria dos comportamentos típicos dos homens (*specifying*), marcados por uma linguagem com muitas figuras, metáforas e metonímias, mas, principalmente, ironia e um certo nível de demonstração de virilidade, e das mulheres (*signifying*), mais pautados na sutileza, da cultura afro-americana. Tanto o comportamento masculino quanto o feminino do *specifying and signifying* têm um tom jocoso. [N. da T.]

** No original, *Jumping at the sun*, uma das frases mais famosas associadas a Hurston, que posteriormente deu nome ao documentário sobre sua vida, *Jump at the Sun*. [N. da T.]

A diferença entre Jacksonville e Washington, no entanto, era menos drástica do que Hurston previra. O então presidente Wilson logo proclamaria a liberdade e a autonomia como princípios fundamentais das questões mundiais, mas, em casa, seu governo foi o primeiro a adotar as restrições de Jim Crow para a mão de obra federal. Os afro-americanos foram demitidos dos cargos ou transferidos para que as unidades negras fossem separadas. Sanitários para "pessoas de cor"[15] foram criados em alguns prédios federais ao longo do National Mall. Os afro-americanos constituíam mais de um quarto da população de Washington, e o Congresso dos EUA — que governava a cidade por meio de uma comissão designada, em vez de um conselho ou prefeito eleito — usou sua influência para que a segregação racial por meio da lei e dos costumes permanecesse em vigor em restaurantes, hotéis, cemitérios e outras instalações públicas. O único espaço em que tanto os habitantes negros quanto brancos de Washington interagiam regularmente era nos bondes mistos, e estava evidente de quem era a supremacia. Em 1908, James Thomas "Cotton Tom" Heflin, um congressista do Alabama, atirou em um homem negro em um bonde por usar linguagem obscena. Sem nunca ter sido preso[16], Heflin ainda legislava em Capitol Hill quando Hurston chegou à cidade. Alguns anos depois, o comitê que organizava a cerimônia de inauguração do majestoso Memorial Lincoln exigiu que os participantes afro-americanos se sentassem em uma seção isolada, longe do palco. Pouco tempo depois[17], a Ku Klux Klan mudou sua sede nacional para a cidade, à época, mais favorável do que nunca aos objetivos da organização.

No verão de 1919, quando Hurston se preparava para começar a faculdade, cerca de 2 mil homens brancos armados, principalmente soldados e marinheiros uniformizados, percorreram bairros negros em busca de dois homens que supostamente tentaram roubar o guarda-chuva de uma mulher branca. Após três noites de violência[18], seis pessoas morreram, dezenas ficaram feridas e centenas — principalmente homens negros — foram confinadas à prisão da cidade enquanto as tropas federais patrulhavam as ruas da cidade. Mas, quando as aulas recomeçaram, Hurston descobriu que a Universidade Howard era, sob muitos aspectos, um oásis. Nos prédios de tijolos vermelhos ao redor de uma faixa de gramado e carvalhos que os alunos conheciam como quintal, as salas de aula eram repletas do que W. E. B. Du Bois chamava de "o décimo talentoso" — as mulheres e os homens que demonstravam com suas próprias vidas que os negros podiam conseguir grandes feitos. Pela primeira vez, Hurston sentiu que estava no centro de algo, e não às margens empoeiradas da vida. Logo entrou no círculo dos estimados professores da Howard, como Lorenzo Dow Turner, chefe do departamento de inglês, e o filósofo Alain Locke, o primeiro negro a receber a Rhodes Scholarship no país. "Senti a escada sob meus pés"[19], lembrou.

Foi em Howard que ela começou a escrever contos, ensaios e poesias, primeiro para uma publicação no campus e depois para a *Opportunity*, uma das revistas que logo ajudariam a canalizar um novo fluxo de talentos literários negros. No entanto, não era uma aluna espetacular. Faltava a algumas aulas. O progresso rumo ao diploma foi interrompido, reiniciou e depois parou de novo. As dívidas das anuidades universitárias se empilhavam. Ela logo se viu falida. A obra literária de Hurston já havia começado a ser notada, e ela achava que, se apresentada às pessoas certas, poderia se tornar escritora. Assim como aconteceu com Mead, Nova York parecia lhe sorrir. "A maior ambição de Zora é se estabelecer em Greenwich Village[20], onde pode escrever histórias e poemas, e viver uma boemia desenfreada", dizia a legenda de seu anuário de Howard, para o qual escolhera uma citação melosa, mas precisa, como lema: "Meu coração comporta toda a alegria do mundo." Na primeira semana de janeiro de 1925[21], colocou seus pertences em uma bolsa, contendo US$1,50, e partiu para o norte.

—

**HURSTON ENTROU COM O PÉ DIREITO** no universo de escritores, editores e ricos filantropos brancos, entre os quais, muitas mulheres, que formavam a rede básica de mecenas dos artistas negros de Nova York — os "negrotarianos", como Hurston os apelidou. Naquele verão, conseguiu o segundo prêmio em um concurso literário promovido pela *Opportunity*. No jantar de premiação, conheceu Annie Nathan Meyer, a benfeitora fundadora da Barnard, que se ofereceu para arrumar uma vaga para ela na faculdade no ano acadêmico seguinte, além de apoio financeiro. Hurston foi apresentada a um dos primeiros colocados, um homem do Centro-oeste, dez anos mais novo que ela, mas já aclamado por sua poesia. Em Langston Hughes, encontrou um companheiro de viagem pelo mundo que descobriu na Howard, um turbilhão de ideias e experimentos, de palavras que saltavam fervilhantes para as páginas. Foi tudo inesperado — a vaga na Barnard, bem como a perspectiva de ao mesmo tempo se tornar uma escritora expressiva —, em particular pelas notas medianas e sua graduação interrompida na Howard. Decidiu se matricular naquele mesmo ano.

Com a bênção de Meyer e da reitora da faculdade, Virginia Gildersleeve — que oferecera a Boas um refúgio em Barnard depois de sua oposição aberta à Primeira Guerra Mundial —, Hurston tornou-se popular. As moças se amontoavam para convidá-la para almoçar. Hurston sabia que era um instrumento para afiar uma conscientização progressiva nas pessoas, um papel que repetia praticamente toda vez que um benfeitor branco se interessava por seu progresso. "Eu me tornei a vaca negra sagrada da Barnard"[22], escreveu mais tarde. Ela já havia aperfeiçoado sua marca registrada: uma superioridade tímida, uma voz subserviente e uma autodepreciação escancarada e impetuosa — "sou vesga e meus pés são tortos"[23], como escreveu ao poeta Countee Cullen pouco depois de chegar a Manhattan.

Seus pés, cada vez mais, a levavam em novas direções, para longe dos dormitórios tranquilos de Morningside Heights. No final de 1925, seu ex-professor Alain Locke selecionou uma de suas histórias, além dos trabalhos de Hughes e de outros jovens escritores, para aparecer em um volume que estava editando, intitulado *The New Negro* ["O Novo Negro", em tradução livre]. O livro seria uma espécie de alerta para o Renascimento do Harlem, uma época de patrocínio dos brancos e também de exploração explícita, de ousadia artística e de intensa ansiedade, um experimento abrangente na redefinição da negritude em um país acostumado a defini-la por você.

Hurston mergulhou no Harlem, não apenas no bairro, mas também em seu estilo de vida. Morou a maior parte do tempo na 131st Street, embora se mudasse com frequência e se deleitasse com o círculo de escritores e artistas que participavam dos pequenos jornais e das festas de sábado, que moldavam o novo movimento cultural: Cullen e Hughes, seu parceiro obrigatório; o ator e cantor Paul Robeson; os escritores Arna Bontemps, Dorothy West e Wallace Thurman; a herdeira e empresária A'Lelia Walker; o escritor e fotógrafo branco Carl Van Vechten, cujos retratos se tornaram uma espécie de monumento em celuloide a um breve e explosivo momento, em que "o negro" estava mais em voga do que em qualquer momento anterior da história cultural norte-americana. Hughes se lembrava de Hurston como "certamente a mais divertida" de seus contemporâneos, "cheia de anedotas ácidas[24], histórias engraçadas e tragicômicas... que continham um grande desprezo por todas as pretensões, acadêmicas ou não".

Ela parecia conhecer todo mundo. Era o tipo de vida com que Mead e as Ash Can Cats, poucos anos antes, só podiam sonhar. Hurston era uma escritora de verdade e fazia questão de que as pessoas soubessem disso. Certa vez, recebeu para o almoço na Barnard a amiga e às vezes patrocinadora Fannie Hurst, uma romancista best-seller — o que na época era o equivalente a um calouro entrando casualmente no refeitório com J.K. Rowling. "Isso fez com que professores e alunos reparassem em mim quando eu precisava dessa exposição"[25], disse a Hurst por carta. Os escritos de Hurston já estavam sendo publicados nos principais periódicos negros, mesmo que seus trabalhos e provas acadêmicos tivessem sido sacrificados no processo. Parecia não haver uma grande festa ao norte do Central Park em que ela não estivesse presente[26], fumando Pall Malls, com seus cachecóis brilhantes, contas tilintantes ou qualquer outra coisa que fizesse as pessoas virarem o pescoço quando ela chegasse.

Ainda assim, quando se deslocava de um anfiteatro da Barnard para uma das famosas festas do Harlem, parecia trocar de personalidade, ou talvez vestir uma. Ambos os mundos tinham as próprias restrições. Para intelectuais negros mais velhos, como Locke e Du Bois, o surgimento da literatura afro-americana não era simplesmente uma questão de arte. Era a vanguarda do que poderia se tornar uma ampla reavaliação do potencial negro — prova cabal de que os afro-americanos poderiam produzir um grande trabalho que não se restringisse a seu universo, mas tocasse nos problemas gerais da humanidade. "Não me interessam as artes que não sejam combativas"[27], escreveu Du Bois em 1926. A arte era libertadora não no sentido de que as vozes negras finalmente seriam ouvidas, mas, antes, que os escritores negros passariam a ser vistos como intelectuais, com reivindicação comum de temas universais. A raça era uma rota para a arte, e a arte era uma fuga da camisa de força racial. Elevação, progresso[28], refinamento, polimento — essas eram as chaves para provar seu valor diante do domínio cultural branco e estabelecer uma versão da negritude elegante, ousada, urbana e moderna. Todas essas qualidades eram as novidades do trabalho de Locke mostradas em *The New Negro*.

Mas Hurston estava cética. Ela se irritava com a ideia de que as experiências negras deveriam ser traduzidas para a arte, em vez de serem retratadas exatamente como eram: em vogais arredondadas e em sua própria voz estridente, com bravatas e piadas, preces extasiadas e comidas simplórias, com a gramática e o vocabulário característicos de seu espírito. Hughes e outros escritores mais jovens compartilhavam algumas de suas opiniões, mas às vezes achavam seu estilo pessoal irritante, até ofensivo. Ela ia longe demais, achavam. "Para muitos de seus amigos brancos[29], ela era a 'escurinha' perfeita", disse Hughes mais tarde, "no bom sentido que dão ao termo — de uma negra ingênua, infantil, doce, bem-humorada e bastante negra". Falar *pelas* pessoas não significava que você precisava falar *igual* a elas.

Poucos meses após sua chegada a Nova York, Hurston emergiu como a maior crítica interna do Renascimento do Harlem. Ela crescera com uma confiança suprema na versão de si mesma reforçada por Eatonville — uma cidade na qual era possível ser negra e estar no comando —, e, apesar de todo o seu desejo de progredir, ela sentia que o Harlem não era exatamente isso. Uma pessoa nova na cidade podia sair do metrô na 135th Street e encontrar um mundo no qual negros exerciam todo tipo de empregos: policial, açougueiro, professor escolar. Mas os artistas da cidade tratavam esse fato como se fosse algo incomum. "Os negros sempre devem escrever sobre o Problema Racial.[30] Estou profundamente cansada desse assunto", escreveu ela mais tarde. "Meu interesse está no que faz um homem ou uma mulher fazerem isso ou aquilo, independentemente de sua cor. Tenho a impressão de que os seres humanos que conheci reagiam praticamente da mesma forma aos mesmos estímulos. Idiomas diferentes, sim… diferenças inerentes, não." Era uma mentalidade que ela adquiria gradualmente na Barnard, uma maneira mais sofisticada de dizer o que pensava sobre si mesmo, desde muito jovem: que nasceu "uma criança que questiona os deuses das categorizações óbvias".[31]

Hurston estudava inglês, mas quando seu orientador lhe sugeriu que ampliasse sua formação, matriculou-se em um curso de Gladys Reichard. Hurston conta que Reichard mostrara um de seus artigos a Boas. No pequeno círculo de pesquisadores de campo e palestrantes que cercavam Boas, Hurston dificilmente resistiria e aderia a essa onda de entusiasmo. Se chegou a Nova York como aspirante a escritora, após poucos meses na Barnard, Hurston se via também como cientista social, uma Parsons ou Benedict em ascensão. Ela provavelmente ouvira falar de outra aluna promissora que estava fazendo um trabalho de campo em Samoa. Presidindo tudo, estava o próprio Boas, a figura paterna suntuosa, mas acolhedora, que nunca tivera na Flórida. "É claro que Zora é minha filha"[33], Hurston lembra-se de Boas dizendo em uma festa no departamento[32], com provavelmente uma boa pitada de seu floreio peculiar. "Um dos meus deslizes, só isso."

Já na primavera de seu primeiro ano na Barnard, Hurston se sentia parte do clube. Passou a chamar Boas de "Rei"[34], em vez de "Papa Franz", em cartas a amigos e a associados. "Estou estudando antropometria…[35] Boas está ansioso para que eu comece", escreveu à Sra. Meyer. Fora designada a Melville Herskovits para o curso de antropometria, que ainda era uma matéria obrigatória na área. Em pouco tempo, saiu de seu apartamento no Harlem e estava nas esquinas, de compasso em punho, perguntando se os transeuntes se importariam em fazer medições. Herskovits até a instruiu a avaliar gradações da cor da pele[36], classificando as variações do tom da pele do tríceps interno, um pedido que previsivelmente fez com que muitos sujeitos de pesquisa desistissem de participar. Ainda assim, havia poucas pessoas "capazes de abordar um residente típico do Harlem na Lenox Avenue e medir sua cabeça com um aparelho antropológico de aparência estranha sem se deixar intimidar"[37], lembrou Hughes, "exceto Zora, que costumava interpelar qualquer pessoa cuja cabeça parecesse interessante medir".

Enquanto Hurston ainda cumpria os requisitos para se formar, Boas organizou uma expedição de campo para a Flórida. Ela foi incumbida da reunião sistemática dos tipos de histórias com as quais agraciava seus amigos do Harlem — contos populares e piadas, expressões de sarcasmo e meias verdades. Foi uma fonte de orgulho desmedido o convite e a bolsa que Boas conseguiu para financiar os custos[38]. Em fevereiro de 1927[39], ela partiu para o Sul, dessa vez como antropóloga promissora — "sondando e bisbilhotando com um propósito"[40], como descreveria mais tarde. Foi a primeira vez que alguém lhe pagara para fazer algo que lhe era tão natural, coletar as histórias que caíam como pingos de chuva por toda a varanda de Joe Clarke, e isso era inebriante. Ela foi enviada para uma jornada que era intimamente familiar e, ao mesmo tempo, magicamente estranha, de um jeito inédito.

—

**NA BARNARD E NO HARLEM,** as pessoas conheciam Eatonville pelas histórias e críticas de Hurston, mas muitas delas já tinha ouvido falar daquela região da Flórida. Quem fosse mais bem informado já tinha lido as reportagens sobre uma cidade vizinha, a menos de trinta quilômetros da casa em que Hurston crescera, chamada Ocoee.

Em 2 de novembro de 1920[41], dia da eleição, um morador chamado Mose Norman foi à zona de Ocoee votar para presidente. A eleição contava com dois candidatos naturais de Ohio — o senador Warren G. Harding e o governador James M. Cox —, e era a primeira em que mulheres de todos os estados tiveram o direito de votar. A campanha pesada para o registro de eleitores visava, além de levar as mulheres às urnas, aumentar a participação dos afro-americanos. Na Flórida, uma pessoa como Norman era vetada. Em todo o estado, oficiais eleitorais brancos conspiravam para desacreditar as credenciais de registro dos eleitores negros, um método comum de supressão de eleitores. Norman protestou, mas foi perseguido por uma multidão branca.

Surgiu um boato de que os negros estavam se revoltando. Chegaram reforços brancos das cidades vizinhas. Norman refugiou-se na casa de um homem chamado July Perry, que logo foi atacada pela multidão que só se avolumava. Depois de uma troca de tiros, os agressores brancos percorriam rua por rua, saqueando casas e incendiando igrejas. Perry foi arrastado de um carro e enforcado em um poste de telefone na estrada. Norman escapou, mas outros retardatários foram perseguidos para dentro da mata espinhosa e baleados.

Todas as famílias negras foram mortas, espancadas, queimadas ou forçadas a se retirar. O número de mortos era incerto, uma vez que poucos se importavam em identificar os corpos ou em lhes destinar enterros adequados, mas estimam-se dezenas. "Crianças brancas ficavam de pé zombando das negras que partiam"[42], escreveu uma testemunha ocular. "Aquelas crianças achavam uma grande piada alguns negros terem sido queimados vivos." Os cerca de quinhentos sobreviventes eram vistos caminhando pelas estradas a quilômetros da cidade, como refugiados de uma guerra não declarada. O *New York Times* publicou a notícia como uma matéria de primeira página.

Ocoee viveu um dos massacres contra negros mais sangrentos e impiedosos da história norte-americana. Deu início a uma nova onda de massacres, que os jornais costumavam rotular como "tumultos": patrulhas assassinas compostas de cidadãos brancos nas proximidades de Orlando e Winter Garden; ataques a bairros negros em Tulsa, Oklahoma, em 1921; "limpeza" racial da cidade de Rosewood, Flórida, em 1923, e a obliteração de empresas negras em Little Rock, Arkansas, quatro anos depois. Somando-se a isso linchamentos e incontáveis espancamentos e humilhações pontuais, foi o maior surto de violência organizada contra negros desde o fim da escravidão.

Demoraria uma década para Hurston escrever sobre Ocoee, em um ensaio não publicado, descoberto apenas após sua morte. Mas ela conhecia o mundo para o qual estava retornando em 1927[43] — sozinha e com apenas um plano vago de coletar material etnográfico, talvez escrever um pouco pela manhã e praticar a antropologia à tarde, como disse a Annie Nathan Meyer. Ao ir para o Sul, manteve os correspondentes a par de sua segurança e de seu progresso. A Flórida não se tornara mais amigável em sua ausência. Ela descobriu que os brancos pobres tinham "os rostos mais duros e mais desagradáveis do mundo"[44], encarando com "intolerância agressiva", apesar de não ter relatado nenhum problema em particular ao longo do caminho. "As flores estão lindas agora, os 'crackers' não me incomodam"[45], escreveu a um correspondente, usando o termo comum para descrever os residentes brancos rurais da Flórida.

No tempo em que esteve fora[46], quase meio milhão de novos habitantes chegaram ao estado. A costa do Atlântico e a do Golfo prosperavam com os migrantes do Norte, principalmente brancos, que chegavam pelo sistema ferroviário que corria do leste de Chicago ao sul de Boston, Nova York e Filadélfia — chamado de "Orange Blossom Special", nome de uma canção popular da época. Ainda assim, o autoritarismo de Jim Crow traçou limites nítidos entre a vida pública de negros e brancos. Nenhuma escola seria racialmente mista até a metade do século. Uma combinação do imposto comunitário e da chamada primária branca[47] — em que os partidos políticos eram tratados como clubes privados que podiam excluir afro-americanos e decidir a eleição para os democratas do Sul muito antes do dia da votação — impedia os negros de exercerem o direito de voto. Até as praias do estado eram segregadas.

Na década de 1920, na Flórida, diferentemente do que acontecia em outros estados do Sul, negros e brancos representavam parcelas quase iguais da população. Como resultado, a comunidade branca passou a achar que sua própria posição estava, de alguma forma, ameaçada. Aqueles que eram política e socialmente dominantes, agora, se colocavam no lugar de vítimas. A violência era a maneira preferida de corrigir o desequilíbrio percebido. Entre 1890 e 1930[48], a Flórida teve, *per capita*, mais linchamentos públicos do que qualquer outro estado do país, quase exclusivamente de afro-americanos — o dobro do número do Mississippi e da Geórgia, três vezes o do Alabama. No entanto, antes de meados da década de 1930, nenhuma pessoa do estado era condenada por linchamento[49]. A impunidade da violência de multidão, como no massacre de Ocoee, encorajava grupos terroristas como a Ku Klux Klan, que testemunhou um novo aumento de recrutas.

Fora das cidades e dos resorts que cresciam ao longo da costa, a Flórida era o coração das trevas: uma paisagem de densa floresta e pradarias abertas, escassamente povoada, na qual xerifes e prefeitos brancos administravam suas jurisdições como pequenos feudos. As principais indústrias da região — de extração de madeira virgem, de destilação de terebentina dos infindáveis pinheiros, de extração de fosfato natural do solo para uso em processamento químico e fertilizantes artificiais, e do cultivo de laranjas — exigiam uma quantidade enorme de trabalho humano. Os residentes da Flórida perceberam que suas cadeias e prisões estavam lotadas de mão de obra.

Os condenados com frequência eram "alugados" a desenvolvedores locais e administradores das indústrias, em uma forma de servidão trabalhista que representava um novo tipo de escravidão. A Flórida aboliu o arrendamento de condenados em 1923 — um dos últimos estados a fazê-lo —, mas a privatização de detentos a serviço das grandes empresas continuou. Grupos de prisioneiros podiam ser enviados para trabalhar em estradas rurais como forma de reabilitação. Os agricultores arrendatários poderiam ser presos se não pagassem o arrendamento — um crime de acordo com a lei da Flórida, e não um delito civil — e depois encaminhados a campos de trabalhos forçados privados para pagar a dívida. Poucas das principais indústrias do estado poderiam ter funcionado sem essa fonte de trabalho barata, garantida e cativa, que consistia predominantemente de homens afro-americanos. "Antes os escravos eram nossa propriedade"[50], disse um fazendeiro em 1960. "Agora apenas os alugamos."

Hurston conhecia a realidade brutal e as picadas de mosquitos do interior da Flórida. E era exatamente para onde ela estava indo. Seu objetivo era fazer uma coleta sistemática de contos folclóricos, provérbios, histórias e outros materiais etnográficos das comunidades negras nos municípios do norte e do centro do estado. O financiamento foi feito por uma fundação dedicada à cultura negra, mas a viagem foi sugestão de Boas, sob sua égide — e foi por isso que decidiu listá-lo como referência quando financiou um carro usado para a viagem. Mais tarde, Boas ficou surpreso ao ser contatado, do nada, por uma empresa de aluguel de carros de Jacksonville. "Você deveria ter me comunicado[51], para que eu soubesse o objetivo de você querer o dinheiro", escreveu ele, o primeiro sinal da exasperação que acabaria ditando o tom de suas cartas ao longo dos anos. Mas tudo ficou claro quando ela o informou que seria impossível chegar aos melhores locais de campo sem um automóvel.[52]

Em março de 1927, ela percorria as estradas secundárias, seguindo para o Sul na paisagem acidentada, em seu cupê Nash — "Sassy Susie"[53], como o chamava — deixando uma nuvem de poeira no caminho. Ela parou em Palatka, no lamacento rio St. Johns acima de Jacksonville; Sanford, onde muitos refugiados de Ocoee haviam se abrigado; Mulberry, ao largo da região dos lagos centrais; Loughman, com seus trabalhadores rurais suando na densa vegetação rasteira; assim como Eatonville — a filha de John Hurston voltara para casa e havia vencido na vida.

A paisagem parecia projetada, de algum jeito, para cutucar, perfurar, cortar e arranhar. A luz do sol infiltrava-se através das palmeiras espinhosas. Grandes fileiras de ciprestes se apoiavam sobre imensas raízes, que se erguiam da lama pantanosa como pernas de polvo. As árvores de Poinciana floresciam em arbustos incandescentes, enquanto enxames de pernilongos e mosquitos pairavam estáticos no ar estagnado. Os banheiros públicos eram restritos aos brancos, como a maioria dos hotéis e restaurantes, e foi por isso que Hurston, como qualquer viajante afro-americano na época, seguia direto para o lado negro da cidade no final de cada dia, o único lugar provável de lhe oferecerem uma cama e uma refeição. Para o caso de as coisas darem errado[54], ela levava uma pistola cromada consigo.

Demorou um pouco para aprender a ser antropóloga. "Com licença, você conhece algum conto ou música folclórica?"[55], lembrou de perguntar com o que chamava de "barnardês cuidadosamente cadenciado". Como Mead, na Samoa,

Hurston até levou um punhado de artigos de papelaria impressos — com o brasão da Barnard College — que usava como um veículo inusitado para enviar notícias do campo. Ela crescera ouvindo histórias na loja de Joe Clarke, mas aquela era uma comunidade que conhecia, com familiares e amigos. Desta vez, era diferente. Você não podia simplesmente ir até a cidade em um carro barulhento, se aproximar de um monte de estranhos e pedir que lhe contassem tudo o que sabiam assim do nada. Demora para entender as pessoas, demonstrar sua boa-fé e fazer com que confiem em você.

Ela pensou em escrever um romance sobre linchamento[56], baseado em uma entrevista com uma vítima que por milagre sobrevivera depois de ser espancada e se arrastar seis quilômetros para encontrar uma família negra que cuidasse dela até que se recuperasse. Mas ela estava se sentindo "perdida para sempre para a boemia"[57], escreveu a Dorothy West. Ela encontrou sua vocação no trabalho de campo.

Logo enviou a Boas um texto datilografado, o primeiro rascunho do que esperava que fosse um estudo detalhado sobre a vida folclórica da Flórida. Se pudesse fazer mais coletas, disse ela, poderia estendê-lo a todos os estados do Golfo. Ela possuía ainda mais material manuscrito e esperava datilografá-lo em breve[58]. Fora treinada em antropologia como uma arte do resgate, e agora entendia o que aquilo significava. A primeira coisa que as pessoas costumavam dizer a ela era que haviam se esquecido de todas as "coisas antigas". Com um pouco de conversa e incentivo, elas podiam se abrir. Mas tudo estava desaparecendo rápido demais. A "negritu-de"[59] deles estava sendo "apagada pelo contato próximo com a cultura branca", disse a Boas. Para se assegurar de não deixar passar nada[60], tomava notas em ortografia fonética, anotando o *the* do inglês como *de*, e o *that* como *dat*, de uma maneira que escandalizaria alguns de seus antigos professores da Howard.

Aos poucos, Hurston acrescentava um verniz científico a uma sensação instintiva, algo que sempre a incomodara na maneira como a geração mais velha de intelectuais negros encarava pessoas iguais a ela. E se todas as histórias e danças bem marcadas, as brincadeiras na varanda e as canções de trabalho que embalavam o movimento dos machados fossem equiparadas à tatuagem samoana ou às esculturas em madeira dos Kwakiutl como atividades que constituíam o próprio sistema de regras, rituais e rotinas? Uma receita completa, ainda que não reconhecida, para viver como ser humano estava à espreita nas densas montanhas e lagos do norte e centro da Flórida — algo ainda não catalogado, como Boas ou Benedict diriam em suas palestras. Para Hurston, os modos de vida que os brancos transformaram em blackface zombeteiro e que os "líderes raciais", como os chamava, preferiam não discutir, estavam ficando cada vez mais parecidos com o que ouvira nos relatos de outros alunos de Boas: uma cultura, com sensibilidade estética e ordem moral próprias.

Nos meses seguintes[61], Hurston permaneceu na Flórida e, no meio do ano, foi para Nova York, fazendo parte da jornada de Sassy Susie com Langston Hughes, o que configurava sua primeira visita ao Sul. Em sua primeira viagem, arrumara um marido, Herbert Sheen, um estudante de medicina da Universidade de Chicago, com quem se casara às pressas. Mas agora eles estavam visivelmente distantes. Ela disse a Hughes na primavera seguinte que ela e Sheen estavam a um passo de se separar, já que "ele tenta me deter e costuma ser um impeditivo"[62], embora o divórcio só fosse oficializado anos depois.

Hurston tinha pouco para mostrar do tempo que passou fora. Ela escreveu uma narrativa sobre escravos que supostamente coletara em Mobile, Alabama, e a publicou no *Journal of Negro History*. Grande parte de seu texto[63], no entanto, fora plagiada de uma fonte publicada mais antiga, fato que escapou aos pareceristas da época. Ela perguntou a Boas o que fazer com os outros materiais que coletara[64], mas a reunião com ele só resultou em lágrimas. Ele lhe pedira que fosse mais sistemática[65], prestasse atenção especial à transmissão de provérbios, mitos e formas musicais de fazendeiros europeus para escravos africanos, e ela não seguiu o conselho. As anotações de campo e os dados das entrevistas, disse ele, continham pouco que não se sabia. A única maneira de recuperar os seis meses que passara no campo era voltando e trabalhando mais.

Após um curto período em Nova York, ela voltou para o Sul. Desta vez, viajou com o apoio de uma benfeitora, Charlotte Osgood Mason — ou "madrinha", como insistia em ser chamada. Mason morava em um apartamento de doze quartos na Park Avenue[66], repleto de antiguidades, porcelana e arte africana. As últimas edições das publicações do Renascimento do Harlem espalhavam-se pelas mesas laterais. Ela e seu falecido marido, um médico notável, eram afeitos ao sobrenatural. Criaram salas nas quais eram exploradas a telepatia, a hipnose, o espiritualismo e o primitivismo — a ideia de que os males da modernidade seriam curados com um retorno ao passado pré-moderno.

Como vários outros filantropos brancos da época, Mason acreditava que os intelectuais negros tinham uma facilidade especial para explorar as práticas e as crenças mais antigas e autênticas dos seres humanos. Ela foi uma das primeiras apoiadoras de Alain Locke, e, por intermédio dele, tornou-se benfeitora de um amplo círculo de escritores e artistas do Harlem. Em troca, exigia uma lealdade extrema, obediência até. Ela concordou em admitir Hurston como funcionária formal, com um salário mensal de US$200. Isso lhe deu uma estabilidade financeira que nunca conhecera, mas a subjugou de novas maneiras. Ela podia continuar fazendo coletas enquanto se dedicava à atividade literária, que definhou enquanto estava no campo. Qualquer material coletado por Hurston, no entanto, pertenceria a Mason.

Boas pediu a Hurston que escrevesse uma etnografia de verdade, mas, com as semanas se tornando meses, seu trabalho científico se resumia a um pouco mais de uma pilha de anotações, ideias para livros e até rolos de filmes, já que Mason lhe dera uma câmera para registrar a vida folclórica como a encontrou — algo que nem Mead, nem Benedict conseguiram na Samoa nem no sudoeste. Quando se mudava, preocupava-se com a possibilidade de perder tudo em um eventual incêndio ou inundação na casa. Em 1928 e 1929, estava de volta a Eatonville e Maitland, depois em campos de terebintinas e depósitos de madeira; depois viajou pelo Alabama, e passou um outono e um inverno em Nova Orleans; depois, outra estação fria na Flórida; e depois, ainda, uma excursão às Bahamas. O trabalho dela não era exatamente captar culturas agonizantes, mas buscar entender o aqui e agora de um modo de vida multifacetado e brutal. Não conte à madrinha, escreveu a Hughes, mas "o folclore negro ainda está em desenvolvimento"[67].

Hurston só voltou a Nova York na primavera de 1930; foi um longo período prometendo a Boas que estava trabalhando pesado, finalmente produzindo algo de valor a partir do trabalho de campo que a ocupara por um período descontínuo de três anos. Sua bagagem estava cheia de notas e contos, histórias e desenhos de personagens, de mais de cem pessoas diferentes[68]: mineiros de fosfato, trabalhadores domésticos, operários, meninos e meninas, proprietários de plantações nas Bahamas, lojistas, ex-escravos, trabalhadores de serralherias e de ferrovias, donas de casa, donos de restaurantes, lavadeiras, pastores, contrabandistas, além de um graduado na Tuskegee University, um "barbeiro nas horas vagas" e um "faz-tudo indolente", como observou Hurston. Mas, em geral, seus relatórios eram decepcionantes. "Finalmente, consegui respirar"[69], escreveu a Boas. "Tem sido muito difícil obter qualquer tipo de material."

—

**APESAR DE TODOS OS SEUS ATAQUES PÚBLICOS** a cientistas e a eugenistas raciais, Boas tendia a ver os povos distantes como laboratório, e os mais próximos, como uma doença. Em 1906, assegurou ao público da Universidade de Atlanta que os negros eram tão capazes quanto as pessoas que se diziam brancas; o que ocorria era que seus talentos inatos ainda não haviam sido totalmente realizados. Afinal, disse ele, os africanos fundiam ferro[70], criavam intricados artigos de bronze, elaboravam códigos judiciais complexos e comandavam conquistas militares muito antes da chegada dos colonizadores europeus. Mas o próprio Boas via pouco valor no que os africanos se tornaram quando foram removidos à força para as Américas. "Não há nada que prove que a libertinagem[71], a preguiça e a falta de iniciativa sejam características fundamentais da raça", escreveu cinco anos depois, em *A Mente do Ser Humano Primitivo*. "Tudo indica que essas qualidades são resultado de condições sociais, e não de características hereditárias." Um indicativo das próprias limitações de Boas, bem como do momento histórico, foi ele nunca ter questionado se essas características realmente descreviam os afro-americanos.

Mesmo que não houvesse nada de essencial ou inato na inferioridade negra, Boas sentia que, quando se tratava da ideia de cultura negra, era difícil ver qualquer coisa além de uma forma degradada de branquitude. Alguns de seus alunos mais velhos foram além, quase repetindo uma versão do senso comum óbvio de Madison Grant sobre raça e história. "Certamente, não é justo argumentar que as realizações culturais se atrelam a capacidades de determinada raça"[72], concluiu Alfred Kroeber em *Anthropology*, um livro-texto popular que publicou em 1923. "… Mas o fracasso recorrente da raça negra em aceitar o todo ou até a ideia básica da civilização mediterrânea, relativamente próxima, ou em elaborar quaisquer subcentros expressivos de produtividade cultural, parece ser um dos argumentos mais fortes para sua potencial inferioridade cultural." Para os estudantes brancos de Berkeley que frequentavam os cursos de Kroeber e os incontáveis outros que usavam seu livro, na maioria das outras universidades norte-americanas — quase exclusivamente brancas —, as aulas de antropologia acabavam confirmando a hierarquia racial que consideravam óbvia. A inferioridade cultural agora substituía a inferioridade biológica pregada pela geração de Madison Grant.

Era irônico que essa visão se desenvolvesse precisamente no momento das impressionantes conquistas do Renascimento do Harlem. No entanto, mesmo para os intelectuais negros, era perfeitamente possível acreditar tanto na igualdade das raças quanto no atraso dos costumes negros. Booker T. Washington era um notório incentivador de jovens negros a se concentrarem na agricultura e no artesanato, as principais matérias ensinadas em seu Instituto Tuskegee, fundado em 1881. Séculos de escravidão haviam produzido seres humanos que precisariam ser refeitos do zero, mantendo-se no seu lugar nos estratos raciais norte-americanos até que se tornassem dignos de progresso — o que aconteceria de forma paulatina e no futuro. W. E. B. Du Bois, pelo contrário, insistia que não havia necessidade de esperar. Homens e mulheres negros já se mostravam tão criativos, talentosos e ambiciosos quanto qualquer outro segmento da sociedade norte-americana, mesmo em um sistema político e econômico projetado para convencê-los de sua fraqueza natural. No entanto, tanto para Washington quanto para Du Bois, ser negro era ser aperfeiçoável. Por definição, então, as mentes e os corpos negros tinham que se manter distantes de um presente imperfeito. Velhos modos de ser e de agir precisariam ser deixados de lado, como a algema e o chicote. Os norte-americanos brancos tinham uma cultura, a maioria das pessoas acreditava, mas os norte-americanos negros tinham uma condição.

Quando a vida das pessoas negras chegava à consciência pública branca, com frequência era por meio de uma das ramificações da antropologia, a área conhecida como folclore. As pessoas que se denominavam folcloristas existiam desde a década de 1840, quando o termo foi cunhado pelo escritor e antiquário inglês William Thoms, mas suas principais tarefas foram definidas décadas antes. O rótulo se referia ao corpo de ditos, alegorias, provérbios e cantigas que qualquer pessoa selecionada aleatoriamente em uma determinada sociedade deveria conhecer. O interesse por esses contos e fábulas advinha do fato de pensarem que eles formavam a essência espiritual e intelectual de um povo. Qualquer um pode contar uma história, é claro, mas se muitas pessoas contam a mesma repetidamente, o enredo, os personagens e a mensagem principal revelam algo sobre o gênio específico daquele grupo cultural. Se você prestasse atenção, vislumbraria o *Volk* [povo] pairando sobre os atos de fala das pessoas comuns.

Na primeira metade do século XIX, os irmãos Jacob e Wilhelm Grimm foram folcloristas pioneiros na Alemanha. Viajaram pelos distritos rurais perto de sua cidade natal, no principado de Hesse, compilando e editando as histórias que ouviam pelo caminho. A publicação de sua primeira coleção, *Children's and Household Tales* ["Contos Infantis e Familiares", em tradução livre], em 1812, foi um marco gigantesco não apenas na preservação da tradição oral, mas também na definição do que significava ser autenticamente nacional. Na ausência de um país chamado Alemanha — que só surgiria, unificado, como se conhece, mais de meio século depois —, ser alemão significava, em parte, ser o tipo de pessoa que conhecia algum dos contos dos Grimm, de "Hansel e Gretel" [João e Maria, como é conhecido no Brasil] a "Cinderela". E, se ainda não conhecesse, bastava ler o livro dos Grimm. Eles criaram nada menos que uma cartilha da maneira correta de integrar um *nós* coletivo — o povo alemão.

As histórias que o povo contava, acreditavam os folcloristas, contavam a história desse povo. Os pesquisadores do Smithsonian, de Powell, compilaram canções, lendas e rituais das Grandes Planícies. Boas e Parsons fizeram um trabalho semelhante em suas expedições de campo no Noroeste do Pacífico e no deserto do sudoeste. Em meados da década de 1920, Benedict começou a editar o principal canal acadêmico dessas pesquisas, o *Journal of American Folklore*, que existia há quase meio século. "Os tipos e a distribuição de todo o corpo de contos e mitos populares são o foco da nossa investigação"[73], escreveu Boas no jornal. "A reconstrução de sua história fornecerá o material que nos ajudará a descobrir os processos psicológicos subjacentes a ela."

Os folcloristas eram particularmente bons em usar os resultados de seu trabalho para enfraquecer as preconcepções de europeus e norte-americanos, que julgavam os costumes das respectivas sociedades como profundamente racionais e esclarecidos. "Mais do que qualquer outro corpo de materiais"[74], escreveu Benedict sobre o assunto, o folclore "destaca a incipiência e a precariedade dessas atitudes racionalistas dos modernos grupos urbanos educados, comumente identificados com a natureza humana". Mas, quando se tratava de coletas afro-americanas, o folclore era tingido com uma aura de inferioridade — supostamente, o trabalho de um povo simplório e imaturo, cuja sabedoria, onde existia, dedicava-se a encontrar maneiras de evitar o trabalho pesado, desprezar as leis e, de alguma forma, se dar bem. Desde o final do século XIX, gerações de crianças brancas foram educadas com base nessas exatas ideias, por meio de uma coleção de histórias que se tornaram uma espécie de resposta norte-americana aos contos de fadas dos Grimms. Qualquer um que conhecesse Cinderela provavelmente também conhecia as aventuras de uma lebre astuta, ambiciosa e profundamente norte-americana, e de sua turma.

Brer Rabbit, Brer Fox, Brer B'ar e seu narrador, um velho gentil chamado Tio Remus, foram obra de Joel Chandler Harris, um jornalista georgiano branco. Sua coleção de histórias, *Uncle Remus: His Songs and Sayings* ["Tio Remo: Suas Músicas e Histórias", em tradução livre], foi publicada em 1880. Quando trabalhava como aprendiz de tipógrafo em um jornal local, reuniu a matéria-prima para suas histórias com mulheres e homens escravizados em fazendas de monoculturas da Geórgia. Quando finalmente conquistou o posto de repórter no *Atlanta Constitution*, pôde refletir sobre o que ele recordava ser o Velho Sul, de relações pacíficas entre senhores e servos. O personagem central de *Uncle Remus* não era um homem negro nem um animal, mas um garoto branco, cuidadosamente ilustrado em aquarela na primeira edição do livro, sentado de maneira majestosa ao lado do Tio Remus.

As histórias, supostamente falavam dos afro-americanos, e algumas das histórias de Chandler provavelmente tinham raízes africanas. Mas o público era um reflexo das ilustrações: uma pessoa branca olhando para um suposto mundo negro, descomplicado, ardiloso, cheio de uma criatividade astuta. Todas as noites, na hora de dormir, milhões de crianças brancas ouviam seus pais torcerem a boca para interpretar os dialetos escritos por Chandler. "Um dia, quando todos si reunio, brincavo e conversavo", dizia uma das histórias, "o Coelho Brer levantô e disse qui a Mammy-Bammy-Big-Money disse ao seu bisavô que devia di tê uma grande e farta mina di ouro por essas banda, e disse que não ia ficá imprissionado se alguma dela fosse perto da casa do coelho Brer." A história passa uma lição palatável sobre a alteridade essencial dos negros. Era como se "Hansel e Gretel" fossem representados com os *ja* e os *und* de um alemão hollywoodiano.

Além dos contos do Tio Remus, outras coleções do suposto folclore negro apareceram no século XIX. A maioria com um estilo ao mesmo tempo cômico e nostálgico, com trocadilhos simples, exageros e lembranças do Sul do passado. Por outro lado, quando os estudiosos procuravam entender as comunidades negras, tendiam a se voltar para a África. Era uma maneira de relacionar o que era considerado uma cultura abaixo do padrão, mais próxima de casa, com uma cultura distante mais rica e mais autêntica. O ex-professor de Hurston em Howard, Lorenzo Dow Turner, foi um dos primeiros a documentar as conexões linguísticas entre a África Ocidental e as comunidades Gullah de fala crioula, ao longo das costas da Geórgia e da Carolina do Sul. O historiador Carter G. Woodson, que supervisionava a fundação que financiou a primeira expedição de Hurston de coleta de dados, mapeou as conexões entre canções e crenças populares no Novo Mundo e formas mais antigas entre os povos subsaarianos. "O autor considera o negro como um ser humano"[75], precisou declarar no início de seu estudo da história transoceânica com extensas notas de rodapé, *The African Background Outlined* ["Os Contornos do Contexto Africano", em tradução livre] (1936) — isto é, como pessoas com histórias, triunfos e influências tão dignos de reconhecimento quanto aqueles atribuídos aos europeus. Acontece que os africanos também fizeram história "avançando quando estavam livres para avançar e ficando para trás quando impedidos por obstáculos desconhecidos por outros".

Em um artigo pioneiro, escrito em 1930, Melville Herskovits, o aluno de Boas que enviara Hurston a suas primeiras incursões antropométricas no Harlem, definiu as questões essenciais de pesquisa para essa nova área de estudo, que chamou de problema do "negro no Novo Mundo". Mas sua versão das principais questões atinentes ao campo ainda era uma espécie de patologia forense. O valor das culturas e histórias africanas se resumia a justificar por que os afro-americanos eram tão persistentemente problemáticos à época. "Por que o negro concordou com a escravidão com tamanho comodismo?"[76], escreveu na importante revista *American Anthropologist*. "Era algo inerente à sua formação ou era devido ao fato de que o único fato cultural que conhecia na civilização das Américas era a escravidão?"

Qual é o significado da forte solidariedade familiar dos negros, algo observado por todos que tiveram contato com eles? [...] Por que os negros dos Estados Unidos demonstram tanta objeção em permitir que seus filhos fossem cuidados pelas instituições? Por que as famílias, quase no limiar da pobreza, acolhem uma criança sem-teto em vez de entregá-la a estranhos? Qual é a relação dos fenômenos da histeria religiosa, tão familiar aos que estudam o povo negro, nos Estados Unidos, no Haiti, nas Guianas e nas Índias Ocidentais, com fenômenos africanos semelhantes? E até que ponto o folclore dos negros ocidentais hoje [...] é deturpado pela cultura dos brancos? Enquanto não conhecermos o material folclórico africano a fundo, não poderemos responder a essas perguntas.

Foi sua antiga assistente de pesquisa, "Zora Hurston", sugeriu Herskovits em uma carta a um colega, que o fez pensar nesse sentido. Seus padrões de fala, seu jeito de andar e seu estilo de cantar eram exemplos brilhantes de como uma "negra típica"[77] incorporava comportamentos discretos que espelhavam seus originais transoceânicos. Ao olhar para a África, em outras palavras, era possível não apenas mapear a tenacidade de aspectos como religião e música — como eles resistem à mudança mesmo diante de uma grande agitação social e econômica —, era possível também explorar a origem dos comportamentos que tornavam os negros norte-americanos tão estranhos ou problemáticos na época.

A maioria dos pensadores progressistas concordaria. O "problema dos negros" era cultural, algo que poderia ser mudado, não era biológico, o que, presumivelmente, seria intrínseco. A ideia mais radical — de que os afro-americanos criaram culturas populares coerentes, que valiam a pena ser estudadas nos próprios termos, não apenas como o eco de um passado silencioso — era muito mais difícil de imaginar. Nas ciências humanas, dominadas pelos brancos, os antropólogos esclarecidos geralmente abordavam os comportamentos e as crenças dos samoanos e dos ilhéus do Almirantado como quebra-cabeças a serem compreendidos, não como doenças sociais que precisavam ser curadas. Fazer o mesmo na região Sul dos EUA, ou mesmo ao norte do Central Park, era impensável.

—

**HURSTON VOLTOU A NOVA YORK** com "meu coração abaixo dos joelhos[78], e os joelhos postos nalgum vale solitário"\*\*\*, como se lembrava. Teve muito trabalho para entender o material que reunira e transformá-lo em algo que não fosse uma variedade aleatória de anedotas. Coletar era basicamente uma estenografia, sentia. A antropologia não podia se resumir àquilo.

Ela temia ser uma decepção para Boas e para sua benfeitora. Boas queria que sua pesquisa fosse sistematizada de alguma forma, para refletir uma teorização mais ampla sobre como as histórias eram transmitidas de um lugar para outro, ou como os símbolos folclóricos mudavam ao longo do tempo, da África às Américas. Mason queria uma arte primitiva e intacta, que pretendia usar em alguns de seus trabalhos como futura folclorista.

Hurston continuou a se corresponder com Boas, mantendo-o atualizado sobre suas anotações e a escrita acadêmica. Seu relacionamento com Mason foi gradualmente se deteriorando. O crash da bolsa de valores deixou Mason menos generosa com seu patrocínio, que acabou se reduzindo a nada. Hurston mais uma vez se viu procurando meios de apoio[79]: um pedido de uma Guggenheim Fellowship (negado), um serviço de bufê à base de frango para nova-iorquinos ricos (nunca lançado), um período produzindo teatro de revista (que mal cobria os custos). Até seu relacionamento com Langston Hughes, que poderia ter rendido a colaboração mais dinâmica do Renascimento do Harlem, minguou, vítima de um esforço fracassado em produzir uma peça inspirada no folclore da Flórida. Agora, porém, sem Mason, Hurston estava livre para se dedicar à ficção, enquanto buscava fatos etnológicos. "Eu me libertei do dragão da Park Avenue e sobrevivi!"[80], escreveu para Benedict. "Encontrei meu caminho de novo."

Enquanto morava na Flórida, traçou uma história baseada em sua experiência como filha de um conturbado pastor do Sul. Ela escreveu e reescreveu o texto, depois pegou US$1,83 emprestado para enviar o texto datilografado para uma editora, a Bertram Lippincott, da Filadélfia. Um tempo depois, chegou um telegrama aceitando o romance[81] — no mesmo dia em que recebeu um aviso de despejo.

---

\*\*\* Referência ao poema de James Weldon Johnson "Listen, Lord, A Prayer [Ouça, Senhor: Uma Oração, em tradução livre], "... O Lord — this morning — Bow our hearts beneath our knees, And our knees in some lonesome valley...". [N. da T.]

Ainda assim, as notícias chegaram como uma chuva de verão em um dia abafado na Costa do Golfo ou[82], como descreveu mais tarde, algo mais emocionante do que descobrir os primeiros pelos pubianos. O romance, *Jonah's Gourd Vine* ["O Cabaçal de Jonah", em tradução livre], foi lançado em 1934 e aclamado como um belo "romance negro", com boas críticas e elogios pelo papel emergente de Hurston na companhia de Hughes, West e outros escritores negros.

O adiantamento que a Lippincott fez dos royalties foi menos da metade do que outra autora de primeira viagem, Mead, recebera seis anos antes. Não era suficiente para pagar o aluguel, muito menos para dar início à sua carreira. Hurston teria que encontrar um trabalho para sustentá-la entre os contratos de livros e os projetos de escrita. Em janeiro de 1935, ingressou no doutorado da Columbia. Esse caminho já havia sido descartado pela autoritária Mason, que insistia que um grau avançado seria um desperdício de tempo e energia. Boas a assumiu como orientanda. O Julius Rosenwald Fund[83], um grupo filantrópico que apoiava artistas e estudiosos negros, prometeu uma bolsa para cobrir seus estudos sobre "os dons culturais especiais dos negros". "Penso em dar aula um dia e preciso de um estudo aprofundado"[84], disse ela a Boas.

Mais tarde, naquele ano, Hurston conseguiu dar sentido à pilha de anotações, transcrições e histórias que carregara consigo para Nova York, Nova Orleans, Eatonville, e os locais intermediários, sua mente transitando entre "pães de milho e folhas de mostarda"[85] e "polir cada parágrafo à perfeição", como disse. "Muitíssimo obrigada por adaptar o manuscrito tão bem"[86], escreveu a Benedict, que lhe concedera comentários e sugestões editoriais. Lippincott o publicou pouco depois como *Mules and Men* ["Mulas e Homens", em tradução livre]. Um amigo de Hurston, o pintor mexicano Miguel Covarrubias, fez ilustrações de silhuetas de corpos em cenas de brigas nas "*juke joints*"****, ou com as mãos levantadas em uma adoração desesperada. Após algumas súplicas de Hurston — "estou ansiosa demais" até para pedir[87], disse ela —, Boas concordou em escrever um prefácio, exatamente como fizera para *Adolescência, Sexo e Cultura em Samoa*, de Mead. Ele elogiou o

---

**** Termo vernacular para um pequeno estabelecimento informal de música, dança, jogos e bebidas, operados sobretudo por afro-americanos. Muitos historiadores apontam as *juke joints* como responsáveis pelo surgimento do blues. [N. da T.]

livro de Hurston como a primeira investida para entender a "verdadeira essência do negro"[88].

Até então, os folcloristas pensavam que estavam alcançando a essência oculta de uma comunidade, mas Hurston acreditava que na maioria das vezes só conseguiam eram gracejos improvisados e histórias inventadas. Eram superficialidades travestidas de ciência. *Mules and Men* foi o primeiro esforço sério para levar os leitores às profundezas das cidades e campos de trabalho negros do Sul — não como observador, mas como uma espécie de participante, como fora Hurston. Desde 1927, ela passou mais tempo na costa do Golfo do que Boas, Mead e Benedict passaram nos próprios sítios de estudo. Ela escrevia da perspectiva de alguém ávido para mostrar toda a variedade da cultura local, com suas histórias e dialetos, seus insultos e piadas, como uma obra de um gênio comunitário que poderia ser entendida e apreciada.

Ela não havia retornado à sua "aldeia natal", como a chamava, para exibir "um diploma e um Chevrolet". Em vez disso, queria compreender um modo de vida que esteve muito próximo dela antes de partir para o norte, uma cultura na qual estava inserida desde que "chegara ao mundo"[89]. O folclore era "o néctar da vida humana"[90], diria mais tarde e, página após página, engrossava esse caldo. Ela abandonou o padrão gramatical e usou a primeira pessoa para contar sobre como foi conhecer pessoas, conversar com elas e até escapar por pouco de uma briga de facas, com a poeira subindo atrás de seu carro enquanto saía desabalada da cidade.

Mead fez uma versão similar, embora em segunda pessoa — dizendo ao leitor o que *você* vê quando se depara com uma vila samoana ou uma cabana de palafitas de Manus. Pela mesma razão, Mead também escreveu no que viria a ser chamado de presente etnográfico. Os samoanos e os ilhéus do Almirantado foram congelados pela gramática no momento em que eram observados — *nada, come, conta, sabe*. Eles eram relevantes para os norte-americanos precisamente porque podiam ser imaginados como parâmetros imutáveis com os quais medir a própria sociedade intolerante.

Mas Hurston escreveu sobre Eatonville e Loughman, com seus madeireiros e destiladores de terebintina, contrabandistas de bebidas e frequentadores de *juke joints*, no passado — *correu, gritou, caiu, cortou-se*. Ela apresentava aos leitores um registro criativo e reinterpretado do que testemunhara e ouvira, situando seus informantes no tempo e no espaço. Ela comunicava sua ciência exatamente da maneira como a realizara: como uma conversa em que ela, a inteligência observadora, era também parte da ação. Produzia dados, não somente os coletava, e queria que o leitor entendesse esse fato. Ao fazê-lo, colocou em exibição permanente uma das mais profundas mensagens de Boas: que todas as culturas mudam, inclusive no momento em que os antropólogos estão ocupados tentando fazer suas anotações de campo sobre elas.

*Mules and Men* era uma espécie de coleção, organizada em duas seções, uma sobre contos folclóricos e outra sobre religião folclórica, ou hoodoo. Sua prosa não repetia apenas as histórias de outras pessoas — sobre namoro romântico e as origens da raça, sobre a vida oculta de animais ou os conflitos intermináveis entre batistas e metodistas. Na verdade, você era direcionado para uma sala escaldante, com moscas zumbindo e bebidas passadas de mão em mão. Era uma grande exibição artística, as histórias não eram organizadas tanto por cronologia ou tema, mas mais pelas próprias imagens poéticas. Uma única palavra de uma história sugeria uma nova, sobre um tema totalmente diferente, da mesma maneira que um contador de histórias continuaria do ponto que o anterior parou. "Conheço outro homem com uma filha", diria alguém, ou "também sei uma história de uma carta", e você entraria em outra história, uma fluindo para a seguinte.

Hurston percebeu que o folclore não se resumia a mostrar a suposta essência oculta de uma sociedade, mas abordar a maneira como as pessoas interagiam umas com as outras ao longo do tempo, repetidamente, em um longo arco de conversas, brigas e reconciliações. As histórias são contadas pelas pessoas, e essas pessoas convivem com outras. "Muitos homens pensam que estão criando algo quando estão apenas mudando as coisas de lugar"[91], escreveu. A lógica básica das lendas, dos contos e dos costumes não visava congelá-los no tempo, mas fazer o leitor entender a narrativa como um ato comunitário: a lógica indefinida, o talento secreto de pegar o registro do mundo de uma pessoa e incorporá-lo ao seu, a ética do jazz, antes que alguém pensasse em chamá-la assim.

"Não é exagero afirmar que a senhorita Hurston tem um conhecimento mais íntimo da vida popular negra do que qualquer pessoa deste país"[92], escreveu Melville Herskovits, seu antigo instrutor, após a publicação de *Mules and Men*. Mas Herskovits estava lendo Hurston à luz dos próprios interesses acadêmicos. O objetivo de *Mules and Men*, assim como o das ficções que, cada vez mais, publicava, não era falar apenas de negros ou embalsamar a cultura negra para estudos futuros em sala de aula. Em vez disso, Hurston o via como um grande projeto para confirmar a humanidade básica das pessoas que julgavam tê-la perdido, seja por causa da suposta inferioridade inata ou da deterioração cultural produzida por gerações de escravidão.

Hurston não alegava falar por todos os negros ou ter captado uma negritude profunda e essencial. Mas sabia que ninguém na varanda de Joe Clarke pensava em si mesmo como falante de um arremedo de inglês. Nenhuma daquelas pessoas se imaginava no crepúsculo da grandeza africana. Em *Mules and Men*, ela tentava mostrar, em uma prosa lamentosa e narrativa acelerada, que havia *algo* diferente a ser estudado na paisagem pantanosa do Sudeste que ela conhecia desde a infância — não um resquício da África ou uma praga social a ser eliminada, ou uma versão corrompida da branquitude que precisava de correção, mas algo vibrante, caótico e incrivelmente vivo.

*Capítulo Dez*

# PAÍS INDÍGENA

........................

E nquanto Hurston percorria o Golfo do México, e Mead e Fortune planejavam novos projetos além de Manus, Boas estava preso em Nova York. Ele era agora uma pessoa eminente: um dos grandes nomes da antropologia e uma autoridade pública em raça, herança, cultura, assuntos mundiais e praticamente qualquer tema que um jornalista, diretor de museu ou cidadão comum levantasse. As responsabilidades de seu status significavam um afastamento do tipo de trabalho de campo que gerenciara como cientista, mais jovem e desconhecido.

Cerca de 2.500 cartas passavam por sua mesa todo ano[1], páginas e páginas entre Nova York e onde quer que seus alunos, colegas e agentes de campo estivessem, além de agradecimentos e desculpas a editores, jornalistas, líderes públicos e dignitários estrangeiros. Uma penca de secretárias, geralmente enviadas por seus alunos de pós-graduação, classificava, datilografava, enviava e arquivava as correspondências. O departamento de relações públicas da Proctor & Gamble perguntou se Boas aceitaria fazer um estudo comparativo das "diferenças utilitárias e estéticas das mãos de vários povos"[2]. Um estudante do Brooklyn College escreveu para perguntar se era verdade, como dissera seu professor, que "a raça negra era muito inferior[3] […] à branca […] e que o tamanho do cérebro do negro era menor que o do branco típico". "O que o seu professor lhe disse não faz sentido"[4], respondeu Boas no dia seguinte. "Os negros são melhores boxeadores porque amadureceram mais rápido que os brancos?"[5], perguntou o editor de esportes do *New York Sun*. Não havia provas disso[6], escreveu Boas com naturalidade, mas talvez entre suspiros irritados.

A vida na Universidade Columbia envolvia seminários e tutoriais, planejamento de conferências e reuniões editoriais, batalhas administrativas e brigas pessoais. O departamento era pequeno em comparação com outros, mas isso significava que Boas passava muito tempo defendendo sua existência. "Há algo nos cargos administrativos que contamina até as pessoas decentes"[7], disse certa vez. A ansiedade dupla provocada pela insegurança financeira para custear pesquisas e pelas disputas entre os burocratas acadêmicos lhe causava pesadelos. Em um desses pesadelos relatados a Mead[8]: ele martelava pregos em uma parede para pendurar o novo varão da cortina e descobriu que o que realmente estava pendurando na parede era um "cordão" de ratos que se contorciam, um mordendo as costas do outro.

O ritmo dos trabalhos do departamento era ainda mais extraordinário, dada a idade e a saúde de Boas. Ele estava com 70 anos quando Mead e Hurston publicaram seus primeiros livros. Tinha problemas estomacais recorrentes, problemas cardíacos e o cansaço em função de gerir muitos compromissos. "Ele está fraco e até curvado"[9], escreveu Ruth Benedict a um amigo, na primavera de 1932, "mas, se você o visse trabalhando, ficaria chocado". Durante o período em que os alunos de Boas lançaram alguns de seus projetos mais importantes, sua vida pessoal foi marcada por uma tragédia. Sua filha Gertrude morrera em 1924, vítima da poliomielite. Seu filho Heinrich foi morto no ano seguinte, quando seu carro foi esmagado por uma locomotiva. Desde a morte do bebê Hedwig, décadas antes, em Chicago, Boas perdera mais da metade de seus filhos.

Fora isso, havia Marie, ou, como os alunos a conheciam, "Mama Franz". Ela era a anfitriã perfeita em suas festas em Grantwood[10], servindo pratos de biscoitos de aveia para pós-graduados mal alimentados. Em um dia nublado e úmido de dezembro de 1929, pouco antes do Natal, ela foi a Manhattan fazer compras. Enquanto atravessava uma avenida movimentada a caminho de casa, um carro veio em sua direção. Ela não conseguiu sair do caminho a tempo. Boas, que estava em reuniões acadêmicas em Chicago, correu de volta para o Leste, na companhia de Edward Sapir. Chegou em casa e encontrou o caixão de Marie na sala de estar. Durante toda a noite[11], sentou-se ao piano e tocou Beethoven, como fazia quando sua família era mais numerosa e completa.

O departamento havia se mudado há pouco tempo para salas mais espaçosas, juntando-se às outras ciências naturais, no quarto andar do Schermerhorn Hall. Quando os alunos chegavam para as aulas, caminhavam sob uma inscrição inspiradora do Livro de Jó: FALE COM A TERRA E ELA O INSTRUIRÁ. Era o que a maioria deles estava fazendo. Uma aula englobava o manuseio de cestas, aljavas e ossos humanos nos laboratórios do departamento, mas o material de ciência ficava em outro lugar. Os objetos reais de estudo — o povo de Zuñi, Samoa, Nova Guiné, Costa do Golfo — ficavam apartados da sala de seminários a um trem ou navio a vapor de distância.

No entanto, recentemente ocorrera uma mudança nos corredores do departamento. A área estava cada vez mais repleta de pesquisadores de campo. Informantes indígenas iam para Nova York e passavam um semestre como acadêmicos visitantes, dando aulas de idiomas ou esmiuçando listas antigas de vocabulário ou de contos indígenas. Desde a feira mundial de Chicago, quando um vilarejo da Costa Noroeste foi instalado às margens do lago Michigan, os antropólogos e seus sujeitos não ficavam tão próximos. Mas Boas já vivenciara essa experiência de estreitar a distância entre o trabalho de pesquisa e o trabalho de campo. Uma memória o assombrava há anos, que ilustrava os terríveis custos de construir uma ciência da humanidade. Ela se referia a um momento de sua vida que dizia ainda pesar em seu coração[12].

—

**EM FEVEREIRO DE 1898,** mais de duas décadas antes de Mead ou Hurston chegarem a Nova York, um jovem Franz Boas se reuniu com um grupo de homens no pátio do Museu Americano de História Natural. Um a um, pegaram pedras e as colocaram solenemente em uma mortalha de pano. Ao som do trem elevado da Ninth Avenue nas proximidades, Boas pediu uma homenagem a Qisuk, um Inuíte da Groenlândia, que morrera de tuberculose. O filho de 7 anos de Qisuk[13], Minik, deu um passo à frente e fez uma marca na terra no lado norte do monte sepulcral, em sinal de despedida.

Qisuk e Minik faziam parte de um grupo de seis groenlandeses que Boas encontrara morando no museu quando retornou de uma de suas expedições de verão à Colúmbia Britânica. Eles foram levados para lá pelo renomado contra-almirante Robert Peary, explorador do Ártico. Boas havia solicitado que Peary recrutasse um Inuíte que pudesse ajudar a catalogar alguns dos itens das coleções em expansão do museu. Peary recrutou vários. Eles se juntaram a um grupo rotativo de povos indígenas que eram levados ao museu para atuar como informantes especializados. Alguns já moravam lá quando Boas entrou no museu, dois anos antes. Mais tarde, um deles arrumou um emprego em uma atração em Coney Island. Outros adoece- ram e[14], como Qisuk, morreram no Hospital Bellevue no centro da cidade enquanto estavam sob os cuidados do museu.

O que todo mundo, exceto o jovem Minik, sabia, porém, era que aque- la cerimônia era falsa. Não havia mais corpo para enterrar. Os restos mortais de Qisuk foram desmembrados por estudantes de medicina de Bellevue. Seu cérebro havia sido removido, pesado e preservado em formaldeído; seu corpo, dissecado; e seus ossos, branqueados ao sol pelo superintendente do prédio do museu. Seu esqueleto remontado — rotulado como "um esquimó" — foi colocado na coleção de antropologia. Uma análise detalhada de seu cérebro foi publicada na *American Anthropologist*, concluindo que "um estudo mais aprofundado do cérebro dos es- quimós"[15] seria "muito desejável".

Anos depois, quando o adolescente Minik tentou recuperar o corpo de seu pai, um escândalo eclodiu na imprensa de Nova York. A história dos atos grotescos do museu e da situação da criança órfã — àquela altura, um cristão anglófono — rendeu manchetes sensacionalistas. Boas ficou na defensiva. O ritual, alegou, fora simplesmente uma tentativa de confortar um garoto perturbado pela perda do pai. Os protestos perderam força quando o próprio Minik morreu, vítima da grande epidemia de gripe de 1918. O caso todo teve pouco efeito na carreira de quem quer que fosse. Os Inuítes trabalhavam em estreita colaboração com Alfred Kroeber[16], então orientando de Boas, mas Kroeber se sentia impotente para mudar a situação dos homens. A disposição do corpo de Qisuk e o estudo de seu cérebro estavam a cargo de Aleš Hrdlička, o antropometrista tcheco que se tornaria uma das figuras dominantes na antropologia física norte-americana. A lembrança do funeral falso e dos destinos de Qisuk e de Minik permaneceram com Boas por anos, mas a in- dignação pública foi apenas um pequeno abalo, não muito diferente das objeções a seus estudos antropométricos em crianças de Worcester, anos antes. Até 1993[17], os corpos de quatro dos seis Inuítes que chegaram com o almirante Peary — Qisuk, Nuktaq, Atangana e Aviaq — retornaram à Groenlândia para ser enterrados.

As ideias de Boas estavam à frente de sua área profissional. A etnologia era um tipo de briga de foice, domínio de jovens pesquisadores em busca de aventuras, em sua maioria, homens, cuja principal orientação era a aquisição do que chamavam de dados. Cada informante era útil pelo que tinha a dizer sobre sua cultura e sociedade. Eles eram a fonte de evidências que podiam ser trabalhadas e classificadas pela mente curiosa de um cientista bem treinado, quase sempre de ascendência europeia. O trabalho de Boas dependia da transformação de pessoas reais em exemplares de algo além de si: Signa e Betty, na Ilha de Baffin; George Hunt, no Noroeste do Pacífico; e inúmeros outros homens e mulheres que lhe narraram contos, histórias de família, revelaram-lhe segredos sagrados e lhe serviram como intermediários entre o próprio mundo social e o de um estrangeiro intrometido e excessivamente confiante.

Os efeitos sobre esses parceiros eram inconvenientes e embaraçosos, e, às vezes, até perigosos. Um ano depois de encenar o enterro de Qisuk, Boas recebeu uma carta preocupada de Hunt, seu auxiliar da Costa Noroeste, sobre outro potencial escândalo. Um chefe de Kwakiutl, Hemasaka, ouvira boatos de que Boas usara inapropriadamente as informações que reuniu sobre a importante "dança canibal", uma cerimônia de iniciação em uma das principais sociedades secretas dos Kwakiutl e o ritual que o próprio Boas encenara, de roupas íntimas, para um fotógrafo do Smithsonian.

> Alguém disse a ele sobre uma palestra que você fez contando que visitara todo o mundo e constatou que tudo havia mudado para melhor[18], exceto a tribo Kwakiutl, que come pessoas mortas, e fui chamado para um banquete, e depois que [Hemasaka] contou essa notícia, todos disseram que não querem que você nem eu vejamos danças de qualquer espécie novamente [...] Agora você é o único com quem posso contar. A única coisa que desejo é que minha vida seja poupada.

Hunt tirava grande parte de seu sustento da coleta de informações e de artefatos para museus e etnólogos. Sua permanência em sua comunidade de origem dependia das boas relações com os vizinhos, que agora estavam ameaçadas. Boas logo respondeu, negando que tivesse dito algo sobre verdadeiro canibalismo. Na verdade, o consumo de carne humana, se é que aconteceu, era um segredo guardado pela sociedade Kwakiutl. Mas ele revelou a dança ao público e a leitores acadêmicos, disse. Pediu a Hunt para organizar um banquete para todos os chefes, que seria bancado por Boas, e para lhes explicar a elevada consideração que tinha pelos Kwakiutl. O banquete ocorreu como planejado, e, em abril, Hunt escreveu de volta para dizer que a demonstração de boa vontade funcionara. A mágoa foi aplacada. Sua única tristeza[19], relatou Hunt, foi a morte recente de uma de suas filhas pequenas, o que prejudicou seu trabalho para o grande cientista.

De uma forma ou de outra, um longo *continuum* de exploração percorreu as aldeias Kwakiutl e outros sítios de interesse antropológico em Coney Island e além. Certas categorias de pessoas eram exibidas: os obesos ou os que tivessem deficiências curiosas, os hirsutos, os muito altos e os muito baixos, e os indivíduos de sociedades que os norte-americanos brancos ainda consideravam resquícios de uma versão anterior da humanidade. Museus e circos tinham dificuldade em distinguir entre um artefato e uma pessoa. Durante a feira de Chicago, Boas contou com Hunt e outros funcionários para compor as casas dos Kwakiutl com uma pequena comunidade de mulheres e homens que encenavam para o público. Anos depois, em 1897[20], cerca de 20 mil pessoas correram ao porto do Brooklyn para esperar o veleiro *Hope*, do almirante Peary, com Qisuk, Minik e outros groenlandeses a bordo. Pouco tempo depois, o Museu Americano de História Natural recebeu Ota Benga[21], um pigmeu congolês que mais tarde seria exibido ao público, ao lado de macacos, no zoológico do Bronx.

Nada disso era incomum. "Temos os totalmente selvagens do Sul Yana no Museu"[22], telegrafou Alfred Kroeber animado a Edward Sapir, no outono de 1911. Kroeber, na época professor da Universidade da Califórnia, transmitia notícias de um indígena, magro e seminu, que aparecera em um curral de animais perto de um matadouro. Logo foi acolhido por antropólogos da universidade, que o identificaram como o último de seu grupo tribal da Califórnia, os Yahi. Kroeber lhe chamou de Ishi[23], nome Yahi que significa "homem", e assumiu a responsabilidade por seu bem--estar. Kroeber controlava as idas e vindas de Ishi pela cidade e providenciou sua acomodação no museu da universidade, em São Francisco, dentro de um salão de exposições adaptado. Quando Ishi morreu, em 1916, ainda morando no prédio do museu,

seu cérebro foi removido para mais estudos, assim como o de Qisuk. Posteriormente, ele foi doado ao Smithsonian[24], onde permaneceu por quase um século.

Os Yahi não eram uma tribo perdida. Sua condição reduzida era resultado da história moderna, não uma relíquia de algum passado misterioso. Removidos de suas terras primeiro por mexicanos e depois por colonizadores brancos[25], estavam entre os 120 mil indígenas californianos deportados, sequestrados, famintos ou massacrados nas décadas da metade do século XIX. Os sobreviventes viviam como andarilhos, recolhendo alimentos enlatados ou outros suprimentos básicos de lares não indígenas, ou, como Ishi, procurando restos de carne nos matadouros. Não eram remanescentes da pré-história, mas refugiados de um presente brutal. Quando conheceu Kroeber[26], Ishi falava uma língua nativa misturada com espanhol, um dos muitos legados perceptíveis da conquista, adaptação e deslocamento que os Yahi experimentaram nos últimos dois séculos. A pesquisa sobre a linguística e a cultura dos indígenas norte-americanos que Ishi possibilitou foi fundamental para a carreira de Kroeber e, até certo ponto, para a de Edward Sapir, que também trabalhou em estreita colaboração com ele na gramática do yana, o idioma Yahi. Sapir também documentou os artesanatos tradicionais em sessões de fotos que davam a entender que Ishi saíra direto da Idade da Pedra para o Embarcadero. "Eu matei seu espírito ao deixar Sapir se aproveitar dele"[27], lembra outro antropólogo da Califórnia, Thomas Waterman, que considerava Ishi seu melhor amigo.

O *modus operandi* padrão dos antropólogos era pedir aos informantes que se dedicassem a um trabalho penoso ou recrutassem seus parentes para o mesmo projeto por uma retribuição parca ou inexistente. "Cara amiga, espero[28] que volte no verão. Ficarei muito feliz em revê-la […] Pedirei à minha sogra para lembrar todas as histórias que conhece", escreveu Ignacita Suina, uma das fontes de Benedict, do Sudoeste. De volta a Manhattan[29], Melville Herskovits falou casualmente dos *"coons"* [termo pejorativo usado para designar negros] que alistara em seus estudos antropométricos, pessoas cujas medidas corporais o fizeram ascender como um dos pais dos estudos africanos e afro-americanos. Mead também dependia dessas relações profundas que rapidamente desapareceram depois que ela deixou os Mares do Sul. "Só uma coisa[30], onde você está agora?", escreveu Fa'amotu, uma parceira fundamental de Mead em seu trabalho na Samoa, dois anos depois da partida de Mead. "Não recebemos uma única carta sua. Por que não escreveu para nós? Gostaria que nos escrevesse. Nós a amamos muito e ainda nos lembramos de você."

O destino dessas pessoas variava entre simplesmente triste — dívidas não pagas, cartas não respondidas, supostas amizades deixadas para trás quando o antropólogo partia — a total tragédia. Quando Mead ingressou no museu como curadora júnior, caminhava até sua sala todos os dias passando por um cemitério inteiro de restos humanos. Gavetas e vitrines ostentavam os ossos de pessoas reais que acabaram se tornando artefatos de museus porque suas famílias e vizinhos não conseguiam impedir.

O Museu Americano de História Natural, como o Smithsonian, em Washington, mantinha um programa dinâmico de coleta desde sua fundação: um plano organizado de furto a sepulturas e dissecação clandestina de cadáveres em nome do avanço científico. As suposições da ciência racial impulsionavam esses esforços de coleta. O museu abrigava mais de mil crânios humanos, incluindo cabeças de pelo menos 350 Inuítes[31], 250 indígenas do Sudoeste norte-americano, 600 indígenas bolivianos e peruanos e 350 mexicanos. A ênfase era sempre no não europeu e exótico, e os restos humanos eram classificados em categorias raciais organizadas, para melhor demonstrar as supostas divisões da humanidade. Um relatório catalogou os crânios de "2 pigmeus, 3 australianos[32], 2 japoneses e 1 neozelandês" encontrados nas coleções — mas aparentemente nenhum anglo-saxão ou teutão.

Os povos indígenas não eram apenas sujeitos de pesquisa antropológica —, eram o motivo de sua existência. Desde o momento em que os antropólogos cruzaram prados e oceanos para estudá-los, uma procissão silenciosa de anônimos e exumados marchou a seu lado: pessoas cujas palavras, pertences e corpos foram as proas que moldaram toda uma ciência da humanidade. Obviamente, essa foi a grande falha da área — um fato que vemos agora, com o benefício de olhar em retrospecto, da mesma forma que Boas e seus alunos entendiam a tolice do racismo científico. Mas, na época, era um problema moral que raramente incomodava seus praticantes.

O que os preocupava não era o problema ético de confiar em informantes locais — como estudar a Samoa sem conversar com os samoanos? —, mas o conceitual de contar que eles dissessem a verdade. "Muitas pessoas que praticam (conjuração ou hoodoo) dizem primeiro que nada disso existe e riem dos ignorantes que gastam seu dinheiro com 'raízes'", relatou Hurston a Boas, da Flórida. "Têm muito medo de ser considerados tolos ignorantes e supersticiosos[33], e de ser ridicularizados pelos negros mais avançados, então dissimulam."

A mesma preocupação afligira Boas, na Costa Noroeste, depois Benedict, entre os *pueblos*, e depois Mead e Fortune, no Pacífico. Como saber que as coisas que as pessoas diziam não eram apenas opiniões, fantasias ou, pior, mentiras? Você poderia afirmar conhecer uma cultura inteira se dependesse de algumas pessoas para lhe explicar seu funcionamento? Ao resolver esses problemas, os antropólogos criaram uma dívida enorme com um grupo em particular: uma comunidade indígena que, durante quase um século, foi relegada a uma reserva federal no rio Missouri — os Omaha.

—

**COMO MUITOS GRUPOS TRIBAIS** da pradaria do norte, os Omaha eram migrantes relativamente recentes na região. Em algum momento do século XVII, mudaram-se das florestas do Leste para os rios Ohio e Wabash, talvez por causa de conflitos com os Iroqueses. Com o tempo, eles se separaram e se uniram a outros povos vizinhos, muitos dos quais também falavam línguas derivadas da família siouana. No início do século XVIII, cartógrafos franceses e caçadores de peles os encontraram no alto Missouri. Eles haviam desenvolvido a cultura seminômade baseada em cavalos que viria a definir o estilo de vida e a economia de muitos povos das planícies.

Devido à sua localização — era uma das tribos que ficava mais a leste das planícies —, os Omaha eram os primeiros aborígines encontrados por comerciantes e exploradores que se dirigiam para o Oeste norte-americano. Isso também significava que eles foram uma das primeiras sociedades das planícies a ver seu território tribal de caça encolher. Todos os anos, suas terras eram atravessadas por novas trilhas de carros de boi e carroças. Apesar de uma série de tratados com o governo dos EUA — em teoria, uma proteção contra a exploração e a expropriação —, os Omaha foram removidos para terras de reserva já na década de 1850. Desse ponto em diante, os norte-americanos brancos eram mais propensos a associar Omaha à capital de Nebraska, o estado no qual ficou a maioria dessas reservas após a admissão como estado da União em 1867, do que à própria sociedade aborígine.

O sistema de reservas atraiu médicos, professores, missionários e, no final do século, pesquisadores amadores ansiosos para contribuir para o trabalho do

Departamento de Etnologia Americana, de John Wesley Powell. Um deles era James Owen Dorsey. Pastor episcopal de Baltimore, Dorsey passou o início da década de 1870 vivendo e trabalhando entre os Omaha e os vizinhos Ponca. Ele foi atraído pela complexa estrutura de parentesco dos Omaha. Como muitas sociedades indígenas norte-americanas, os Omaha foram divididos em duas linhagens principais de ascendência familiar — ou "metades", como os etnologistas as chamavam. O costume social proibia o casamento dentro da mesma metade e prescrevia os tipos de relacionamentos possíveis dentro ou entre as linhagens. Como a realeza europeia discutindo quais casais de primos seriam apropriados e quais eram impensáveis, os Omaha tinham uma capacidade espetacular de organizar conexões familiares infinitamente complexas, tanto as permitidas quanto as proibidas, com base nesse esquema.

Dorsey começou como um entusiasta amador dos povos nativos, assim como Lewis Henry Morgan fizera no início do século. Ele achava que os indígenas eram uma das tribos perdidas de Israel. Podiam até ter preservado elementos do hebraico em seus idiomas nativos. No entanto, morar com eles o convenceu do contrário. Por meio da compilação detalhada de listas de palavras, depoimentos sobre rituais religiosos e histórias orais de migração e guerra, ele reuniu um dos estudos mais perceptivos, detalhados e historicamente bem articulados que se poderia imaginar. Ficou satisfeito quando o departamento de Powell concordou em publicá-lo. O artigo saiu em 1885 com o título simples de *Omaha Sociology* ["Sociologia dos Omaha", em tradução livre].

Em uma disciplina que ainda estava em consolidação, a pesquisa de Dorsey alcançou o status de clássico. Era leitura obrigatória para todo estudante de antropologia norte-americana. Assim, as primeiras gerações de etnólogos profissionais acabaram colocando os Omaha entre o pequeno panteão de povos — como os trobriandeses, de Malinowski — citados como evidência para as afirmações teóricas. As relações de parentesco dos Omaha eram tema das aulas de Boas. Benedict falava deles em seus seminários. Até Mead e Fortune se aventuraram na pesquisa sobre os Omaha depois de voltar de Manus, mas acabaram por achar as estradas poeirentas e a pobreza extrema da reserva de Nebraska extremamente desinteressantes. "Se este é o trabalho de campo dos EUA[34], não é de admirar que todos pensem que é uma penitência, não um privilégio", escreveu Mead a Benedict. "Não é nada. Uma coisa como essa não é nem cultura, é, no máximo, as ruínas de uma."

Edward Sapir também se lembrava de ter estudado *Omaha Sociology*, de Dorsey, em seus dias de estudante. Era como pegar um trem expresso para fora da biblioteca da Universidade Columbia. Dançarinos se esforçavam até os limites da resistência física. Grandes manadas de búfalos corriam a toda velocidade de um lanceiro à cavalo. Árvores genealógicas com linhas entrelaçadas e arabescos impossíveis de entender. Os contos populares eram distorcidos, terminavam onde começavam ou começavam onde parecia o final. A magia estava à sua disposição, bastava saber as palavras certas ou a sequência correta de rituais.

Sapir percebeu uma característica irritante no estilo de Dorsey: relatar algo sobre os Omaha com grande confiança e autoridade, e depois dizer exatamente o contrário. Por exemplo, uma das passagens mais importantes de Dorsey envolvia uma longa descrição da dança dos búfalos entre os Omaha e outros povos falantes da família linguística siouana. A dança era um ritual sagrado, realizado por membros da Sociedade Buffalo, que se pensava ter laços sobrenaturais com os bisões. Uma sessão poderia ser realizada para invocar as chuvas, em particular quando os campos de milho da tribo pareciam definhar com a seca.

Mas em seguida vinha a ressalva de Dorsey, muitas vezes entre parênteses: "(mas Two Crows nega)"[35]. Two Crows, um chefe Omaha e um dos principais informantes de Dorsey, aparecia ao longo de todo *Omaha Sociology* como um opositor irritante, um estraga prazeres etnográfico. Assim que você tinha certeza de que sabia traduzir um nome como "Crânio de Búfalo Seco" ou "Pele de Águia Seca", se o Povo do Trovão era independente, uma ramificação do Clã Leão ou se integrava a mesma parte, Two Crows aparecia no final de uma frase e negava a alegação.

Apareceram vinte variações da palavra *negar* no estudo de Dorsey, e havia seis ocorrências de *dúvida*, além de muitas outras palavras ou frases em que Two Crows e outros informantes lançavam suspeitas sobre toda a empreitada de tentar fazer um levantamento preciso. Sapir lembrou-se de ter ficado surpreso ao ler isso. Se você vasculhasse os relatórios de campo e outros clássicos do trabalho de campo antropológico, disse Sapir, "perguntas embaraçosas[36] como, por exemplo, qual a natureza factual das evidências que levaram às generalizações antropológicas" pareciam "gentilmente omitidas em razão de uma espécie de acordo de cavalheiros". Mas Dorsey era diferente. Relatava os fatos como os reunia, completos, com negações e contradições. Mesmo quando era estudante, Sapir já percebera o estilo de Dorsey: evidência da insegurança sincera de um observador que percebeu como era difícil definir algo sobre a cultura de outra pessoa.

"Vemos agora que Dorsey estava à frente de seu tempo"[37], observou Sapir mais tarde. A ciência social não era como a física ou a matemática. Não importava o quanto um Two Crows negasse que oito mais oito são dezesseis, sua negação não mudaria a realidade. Mas qualquer coisa que se quisesse saber sobre o mundo *social* dependia do que pessoas como Two Crows tinham a dizer. Não havia como entender determinada dança ou ritual de plantio, determinado totem de caça ou canto de cura, a não ser conversando com alguém. E, ao fazer isso, você automaticamente dava margem a discordâncias. O mundo social não era nada além de um "consenso de opinião" sobre ele, continuou Sapir. E, mesmo assim, ainda havia um problema. Mesmo que se conseguisse fazer com que a maioria das pessoas concordasse sobre quando a dança do búfalo ocorria ou qual metade estava ligada a quais clãs, poderia surgir um Two Crows e negar que isso fosse verdade.

A antropologia pretendia ser uma ciência comprometida com a precisão dos fatos. Determinar a verdade com base na opinião da maioria e se dar por satisfeito não bastava. Por isso, era fundamental pensar nas pessoas, sugeriu Sapir, não como meros geradores de dados — uma lição que poderia ensinar a sua versão mais jovem em seu trabalho com Ishi. Se você se concentrasse o suficiente em seus informantes, conseguiria entender o que algo como "Two Crows nega" realmente significava. Talvez Two Crows tenha presenciado uma dança do búfalo ocorrida durante uma tempestade, o que contradiria a ideia de que sua função era aliviar a seca. Ou talvez tivesse uma longa desavença com outro chefe e tivesse motivos para considerar seu rival inepto e mal informado. Talvez simplesmente tivesse entendido mal a pergunta; ou você, a resposta dele.

Quanto mais se aprofundava nas coisas, mais percebia que Two Crows tinha "um tipo especial de veracidade[38], que era em parte factual, em parte pessoal", escreveu Sapir. Os dados que você pensava estar coletando mudavam assim que começasse a perguntar às pessoas quais fatos *elas* pensavam ser relevantes. O que isso significava na prática era algo que Mead e Hurston já haviam percebido no campo, e ao qual Sapir foi capaz de dar, como de costume, um elegante brilho teórico.

Portanto, em vez de deduzir[39] partindo de uma suposta objetividade da cultura para a variação individual, temos que, para certos tipos de análise, seguir na direção oposta. Temos que agir como se não soubéssemos nada sobre cultura, como se só estivéssemos interessados em analisar da melhor maneira possível o que um determinado número de seres humanos acostumados a conviver realmente pensa e faz nos relacionamentos do dia a dia.

Sapir estava reavivando uma questão antiga. O próprio Boas defendeu algo semelhante quase meio século antes, em suas desavenças públicas com John Wesley Powell e Otis Tufton Mason. As culturas não viviam por aí, pairando sobre a cabeça de seus praticantes. Elas não eram "sobreorgânicas"[40], como observou Sapir em outro contexto. Portanto, é preciso abandonar a ideia de algum dia chegarmos a uma definição consolidada de como determinada sociedade *realmente* era. Em vez disso, você deve se manter neutro, admitir que o mais próximo que você, como estrangeiro, chegaria de uma descrição da realidade social seria relatar o que um especialista — alguém que *vive* dada realidade — pensa que ela é. A cultura, para Sapir, era principalmente uma abstração teórica daquilo que tanto seus membros quanto pessoas de fora — Two Crows e antropólogos — alegavam ser uma aproximação do que uma coletividade de pessoas fazia, pensava, dizia e sentia.

Qualquer número de seres humanos acostumados a conviver, como dizia Sapir, constituiria tal coletividade, independentemente de usarem pele de gamo ou vestidos de baile. Uma fábrica podia ser uma cultura. Uma rua de classe média também. Um grupo de uma igreja metodista e um vilarejo de taipas tinham seus rituais, manias, entendimentos comuns e — crucialmente — seus desacordos internos sobre o que constituía o comportamento correto. Entender a vida social de qualquer uma dessas pessoas não envolvia uma grande teoria ou uma expedição de campo no verão. O que você precisava era de conversas repetidas e respeitosas com os verdadeiros seres humanos cujos mundos se esforçava, da melhor maneira possível, para compreender.

—

SAPIR ESCREVIA A SEUS colegas antropólogos. Para a maioria das pessoas, seria surpreendente descobrir que nem sequer havia uma discussão sobre o que constituía a cultura dos Omaha. A maioria dos norte-americanos brancos nunca conheceu *um* indígena, mas tinha certeza de que conhecia *os* indígenas, enquanto grupo: um tipo primitivo único, dividido em tribos, com uma massa similar de "lendas" e "tradições", consideradas características de antigas comunidades da Nova Inglaterra ao Oceano Pacífico. Ser norte-americano era, em parte, convencer-se de que compreendia como eram os indígenas.

Desde o início da república, ordens fraternais de comerciantes e líderes cívicos usavam machadinhas tomahawks, acessórios de cabeça e terminologia aborígines em suas cerimônias secretas — *sachems* para líderes de loja, *wampum* para as taxas do clube —, muito semelhante ao que Morgan fizera com seu fracassado renascimento da Confederação Iroquesa. As guerras indígenas geraram relatos dos perigos das viagens de diligência, do barbarismo dos guerreiros montados em cavalos e da crueldade dos bandidos-heróis, de Cochise, líder dos Chiricahua Apache, a Red Cloud, dos Oglala Lakota.

Mas depois que os grandes conflitos armados arrefeceram por volta de 1890, os aborígines norte-americanos passaram a ocupar um lugar central na forma como os brancos imaginavam seu próprio futuro racial. Assim como Madison Grant[41] e seus colegas alertavam sobre o declínio da raça anglo-saxônica, os indígenas eram cada vez mais vistos como exemplos dos valores de classe média capazes de resgatá-la: estoicismo, trabalho duro e noção dos próprios objetivos — bravura e aventura para os meninos, artesanato e cuidados com o lar para as meninas. Em vez de selvagens resistindo à expansão ocidental dos Estados Unidos, os indígenas passaram a ser retratados como sábios e nobres guardiões da natureza, uma espécie de civilização desaparecida cujas virtudes, como as da Grécia Antiga, poderiam oferecer lições para o presente. Os norte-americanos brancos imaginavam um mundo extinto e estrangeiro como de alguma forma profundamente presente e intimamente deles: na Midway Plaisance na feira nacional de Chicago, com suas danças de guerra e barracas de artesanato; em exposições de museus e shows itinerantes sobre o Velho Oeste; e no trabalho do fotógrafo e etnólogo amador Edward S. Curtis, cujos retratos impressionantes encheram as páginas de seu monumental *The North American Indian* ["O Indígena Norte-americano", em tradução livre], cujo primeiro volume foi publicado em 1907.

Um dos porta-vozes mais proeminentes desse entendimento dos indígenas como modelos úteis foi G. Stanley Hall, da Universidade Clark, que acreditava ter um papel especial em ajudar as crianças brancas a passarem pelo árido terreno da puberdade. Em seu influente estudo *Adolescence* (1904), Hall dizia que o processo de envelhecimento de um indivíduo recapitula o progresso da humanidade, da selvageria à civilização. Essa foi uma das teorias que Mead destituiu com sua pesquisa na Samoa. Mas o trabalho de Hall tinha outro componente. O desenvolvimento individual, acreditava, estava ligado ao progresso das raças. Da infância à idade adulta, os seres humanos passavam pelas mesmas fases fisiológicas que distinguiam os povos primitivos de pele mais escura dos de pele mais clara e civilizados. A tendência das crianças de arrancar casquinhas de feridas[42], por exemplo, era um retrocesso à necessidade das raças selvagens de catarem piolhos; da mesma forma, enquanto os adultos enfrentavam um animal furioso, as crianças procuravam o esconderijo mais próximo, como seus ancestrais primitivos. "A maioria dos selvagens[43], em muitos aspectos, são crianças ou, devido à maturidade sexual, mais propriamente, adolescentes de tamanho adulto", escreveu Hall. "Se mantidos incólumes do contato com a onda avançada da civilização [...] serão na maioria virtuosos, simples, confiáveis, afetuosos e pacíficos entre si, curiosos, alegres, incrivelmente religiosos e saudáveis, com corpos com quase todas as funções melhores que as nossas."

Os impulsos naturais de cada fase do desenvolvimento tinham que seguir seu curso completo. Nossos "primitivos" — isto é, meninos e meninas — precisavam de espaço para agir assim; tolhê-los prejudicaria seu curso natural de desenvolvimento. Os meninos devem ser livres para brincar e gritar na floresta. As meninas devem ser incentivadas a cultivar seus instintos maternais incipientes. Ambos devem ter a oportunidade de perseguir esses fins sem impedimentos pelas restrições da vida na cidade[44]. "O poder de arremessar com precisão e velocidade já foi crucial para a sobrevivência[45], e os que não tinham essa capacidade foram eliminados", disse Hall. "Isso torna, por exemplo, o beisebol racialmente familiar, porque representa atividades que já foram necessárias à sobrevivência."

Hall acreditava que a antiga hierarquia de selvagens, bárbaros e sociedades civilizadas de Morgan tinha aspectos mais ou menos corretos. Concluiu que tal esquema era aplicável tanto a pessoas quanto a povos inteiros, em particular aos norte-americanos brancos. Como essas crianças provavelmente eram produtos de diferentes linhagens — inglesa, francesa, alemã, holandesa e outras —, corriam o risco de se tornar "um instável..."[46] corpo de costumes nacionais, tradições e crenças" em seu progresso da benignidade à iluminação. Chutar uma bola de couro, construir uma tenda, erguer um totem — tudo isso eram elementos essenciais não apenas para crescer bem, mas também para favorecer uma raça ambiciosa e vigorosa em paz com suas origens menos refinadas.

As aptidões física e racial, em outras palavras, eram simplesmente versões da mesma coisa. Teóricos como Hall pensavam que os indígenas norte-americanos eram um meio de alcançar ambas. Os norte-americanos brancos não tinham um modo melhor de lidar com os primitivos da própria comunidade — seus filhos — do que os ensinando sobre as culturas selvagens que já prosperaram na região onde viviam. Um movimento logo se formou e adotou essa ideia como preceito fundamental. O Boy Scouts of America e o Camp Fire Girls, ambos grupos fundados em 1910, adotaram simulações de rituais indígenas e os incorporaram às suas ordens cerimoniais. Crianças brancas aprendiam "artesanato indígena" — trabalhos com miçanga e couro, apanhadores de sonhos e olho de Deus — em acampamentos de verão, que eram nomeados em referência a comunidades aborígines: Camp Algonquin e Camp Tecumseh, em New Hampshire; Camp Iroquois, em Vermont; Camp Katahdin e Camp Wigwam, em Maine; e Camp Wampanoag, em Massachusetts.

A ciência mostrava claramente as vantagens da vida indígena para os adolescentes e pré-adolescentes, declaravam os entusiastas dos acampamentos. "Margaret Mead e todo um grupo de alunos de Franz Boas [...][47] nos ajudaram a entender os problemas que enfrentamos ao lidar com adolescentes e nossos padrões morais em constante mudança", observava o proeminente guia dos pais para o verão, o *Handbook of Summer Camps* ["Manual dos Acampamentos de Verão", em tradução livre], de Porter Sargent, lançado em 1935. "Embora [os povos primitivos] não saibam nada sobre roupas, abrigo ou agricultura, têm costumes, tradições e rituais mais elaborados, e não lhes faltam virtudes." Quando ex-frequentadores dos acampamentos iam para a faculdade e além, levavam consigo seus indígenas imaginários. Na década de 1920, cada vez mais equipes esportivas de todo o país, de universidades segregadas a clubes profissionais apenas para brancos, passaram a acrescentar referências indígenas nos nomes de seus times, como Braves, Indians, Warriors e Chiefs. Jovens brancos se vestiam de camurça e penas para incentivar o etos de guerreiro de suas equipes. O "Chief Illiniwek" surgiu na Universidade de Illinois em 1926. O "Big Chief Bill Orange" entrou em campo pela primeira vez em Syracuse, em 1931. O Boston Braves adentrou o futebol em 1932 e, cinco anos mais tarde, tornou-se o Washington Redskins — a capital nacional ganhou um time de futebol e um totem racial. Poucas décadas após a conquista do Ocidente, os norte-americanos brancos achavam completamente normal investir tempo e energia para se fantasiar das mesmas pessoas que seus antepassados se dedicaram a aniquilar.

—

**HAVIA UMA PESSOA** no círculo de Boas que achava tudo isso particularmente problemático, tanto para ela quanto para sua florescente profissão.

Qualquer um que a visse em Morningside Heights, a acharia ao mesmo tempo pensativa e ansiosa, e não muito reconhecível, com rosto redondo, longos cabelos escuros e olhos sempre para o chão. "Estou no meio-termo"[48], escreveu certa vez, "e conheço os dois lados". Nas Grandes Planícies, de onde viera, era conhecida por vários nomes, incluindo Anpétu Wašté Win, ou Beautiful Day Woman. Em Manhattan, ela se chamava Ella Cara Deloria.

Em um departamento universitário que era um vai e vem de visitantes, informantes e colecionadores, ela era uma das poucas pessoas que podiam afirmar ser observadora objetiva e objeto de estudo. Enquanto Hurston dava sentido ao estudo de uma cultura que conhecia desde o berço, Deloria corria a todo vapor para salvar uma que parecia prestes a desaparecer. Mais do que qualquer pessoa ao redor, ela entendia as dificuldades de se concentrar na verdade sobre uma sociedade específica — em particular uma que parecia, a cada ano, escapulir para a história.

Deloria nasceu em 31 de janeiro de 1889[49], no mesmo ano em que Boas começou a montar seu laboratório de antropometria na Universidade Clark. Se a conhecesse na época, ou durante sua coleta de material para a feira mundial de Chicago, a consideraria um exemplo estelar da dificuldade de categorizar os povos indígenas como espécimes de um tipo racial "norte-americano" específico ou como representantes de uma cultura única e atemporal. Ela nasceu na Reserva Indígena Yankton, no sudeste da Dakota do Sul, mas cresceu em Standing Rock, uma das maiores reservas tribais dos Estados Unidos, terra natal dos subgrupos Hunkpapa Lakota, Sihasapa Lakota e Yanktonai Dakota, da nação maior Sioux.

Sua mãe tinha ascendência europeia. Seu pai, Philip Deloria, era de Dakota. Ele era chefe hereditário na intrincada hierarquia da tribo, mas tornou-se pastor episcopal de destaque local. "Ele sabia que a raça[50], enquanto raça, estava condenada, na medida em que não se adaptaria às condições impostas pela civilização europeia", lembrou ela. Ele insistia que a filha aprendesse inglês e dakota, nos três dialetos, e que, inclusive, aprendesse o catecismo da igreja nos dois idiomas.

O mundo, pensava ela, era grande. "Em alguns países[51], as pessoas têm modos muito estranhos", escreveu em um artigo de uma escola de garotas, "e são elas próprias muito esquisitas". Ela sonhava em visitar a Holanda. Em vez disso, seus pais a enviaram para um internato episcopal em Sioux Falls. Ela tirou um A+ em história antiga[52], C em matemática, e B em inglês, em Cícero e em "Vida de Cristo", este último, provavelmente, um tanto frustrante para a filha de um pastor.

Após a formatura, começou a faculdade em Oberlin, uma oportunidade rara, mas não de toda inédita para um indígena das planícies. Uma geração antes, um homem de Omaha, Francis La Flesche, trabalhara em estreita colaboração com membros do Departamento de Etnologia Americana, obteve um diploma da Universidade George Washington e publicou o próprio estudo sobre a sociedade de Omaha, seguindo a tradição de James Owen Dorsey. Outros haviam trilhado um caminho semelhante. Como La Flesche, filho de um chefe de Omaha, Deloria encontrara abrigo seguro na elite da província, como filha de um notável da reserva e uma cristã batizada. As oportunidades pipocavam em seu caminho. Como Mead — uma religiosa ambiciosa que lutava para se encaixar nas restrições sociais de uma cidade universitária do Meio-oeste —, Deloria logo se mudou para Nova York.

A Teachers College era uma instituição de treinamento da Columbia para professores de escolas primárias e secundárias. Suas raízes remontam à década de 1880, quando o arrogante Nicholas Murray Butler, que mais tarde se tornou inimigo de Boas dentro da universidade, era seu primeiro presidente. Sua missão era criar um quadro de professores para os filhos das famílias pobres da cidade. Deloria se matriculou em 1912 para concluir o curso que começara em Oberlin. Ela fazia parte de um pequeno time de mulheres e homens que pretendiam realizar a missão da universidade em locais remotos: em reservas indígenas e em escolas comunitárias que atendiam às populações indígenas. A instituição moldava seus alunos para serem aborígenes civilizados, como provavelmente era anunciado na época, que se tornariam motivo de orgulho para sua raça e ajudariam a aumentar suas chances de deixar para trás a pobreza e o paganismo.

Em Nova York, Deloria estava separada das Grandes Planícies pela geografia, mas não pela história. O fim da fronteira ocidental ainda era uma lembrança fresca. Seu pai estava entre aqueles que mediavam os acordos entre as autoridades da reserva e Touro Sentado[53], o lendário chefe sioux que profetizou a derrota de George Armstrong Custer em Little Bighorn. Pouco antes do segundo aniversário de Deloria, a polícia matou Sitting Bull na mesma reserva em que ela crescera. No mesmo mês, em dezembro de 1890, uma tentativa da cavalaria norte-americana de desarmar a tribo Lakota Sioux, em Wounded Knee Creek, na Dakota do Sul, deixou mais de duzentos homens, mulheres e crianças mortos — foi o último grande massacre de civis indígenas por agentes dos Estados Unidos no século. Deloria cresceu em uma época em que a visão norte-americana dos indígenas era definida não apenas pela última experiência de conquista violenta, mas também por sua memória reformulada: um mundo de romances populares, estátuas de índios em lojas de charutos e o Wild West Show, de Buffalo Bill, que apresentou versões da história norte-americana em grandes espetáculos até 1913, quando, durante o primeiro ano de Deloria, finalmente foi à falência.

Ao concluir seus estudos na Teachers College, Deloria recebeu uma convocação inesperada. O professor Boas desejava vê-la. E rapidamente percorreu a curta distância dos arredores da Broadway até o campus principal da Columbia. Boas ouvira dizer que a Teacher College havia matriculado uma mulher Sioux. Ele se perguntou se ela seria útil para algum dos vários projetos em andamento. Ele a questionou sobre a gramática da língua Dakota e, convencido de que ela realmente conhecia o idioma, contratou-a para ajudar nas aulas de Dakota, três vezes por semana, o que ela fez pelo restante do último ano. Mais tarde, ela se lembraria da bolsa que Boas lhe arranjou como o primeiro salário real que recebera.[54]

Após a formatura, Deloria deixou Nova York e voltou a lecionar em sua antiga escola em Sioux Falls, como era esperado de uma egressa da Teachers College. Ela acabou assumindo um cargo no Instituto Haskell, em Lawrence, Kansas. Haskell fazia parte da rede de internatos administrados pelo governo federal para crianças de tribos, a vanguarda de um sistema nacional que incentivava a assimilação por meio da reeducação obrigatória de meninos e meninas, geralmente, em condições adversas. Uniformizados e treinados sob os padrões militares, eram regularmente dispostos em fileiras em frente à fachada de pedra do Hiawatha Hall, o edifício principal do instituto.

Com o tempo, Deloria passou a supervisionar os cursos de educação física das alunas. As aulas às vezes alcançavam a comunhão perfeita entre indígenas imaginários dos acampamentos de verão norte-americanos com as pessoas reais que ainda moravam na pradaria do Kansas. Em uma delas, as crianças foram vestidas com trajes indígenas apropriados — calças de camurça cortesia de Lyon Curio Supply de Clinton, Nebraska — para um concurso que mostrava o "Progresso Indígena", a vida ancestral e errante dando lugar à cidadania como cristãos norte-americanos estabelecidos e educados. O roteiro de Deloria dizia:

> Caros amigos[55], vocês que conosco seguiram o caminho
> Em que nossa raça viajou ao longo dos anos:
> Viram como as dádivas da Igreja, da Escola e do Estado
> Ajudaram a fazer nascer nosso novo dia.

Talvez fosse uma subutilização do seu diploma de Columbia, mas a conexão com Haskell acabou sendo fortuita. Na primavera de 1927, quase por acaso, Boas a encontrou em Lawrence durante uma de suas viagens à Costa Oeste. Lembrou-se da ajuda que ela lhe dera mais de uma década antes e estava ansioso para contratá-la novamente, se ela tivesse tempo. "Ela sempre se mostrou extraordinariamente inteligente"[56], disse Boas a Elsie Clews Parsons, "mas eu a perdi de vista completamente". No final do ano, ela se demitiu do cargo de professora e continuou de onde havia parado em Nova York. Chegou em fevereiro de 1928[57], quando Mead terminava *Adolescência, Sexo e Cultura em Samoa*, e Hurston estava em sua primeira expedição de coleta no Sul.

Boas tinha muitos planos para Deloria. Ele a designou para verificar a pesquisa de linguistas e viajantes do século XIX sobre as Planícies. Os relatórios anuais do Departamento de Etnologia Americana e as muitas publicações do Museu Americano de História Natural estavam repletos de detalhes de vocabulário, rituais e sistemas de crenças. Mas pouco desse material fora corroborado por um indígena, com as eventuais discrepâncias sendo devidamente esclarecidas em novas publicações científicas. Boas logo percebeu a grande oportunidade que Deloria lhe proporcionava. Ele a orientou a analisar as primeiras descobertas de James R. Walker, um médico de reserva e um dos últimos grandes colecionadores amadores na tradição de homens como Dorsey.

Walker serviu no exército da União durante a Guerra Civil e, mais tarde, formou-se em medicina pela Northwestern University. Em 1896, assumiu o cargo de médico em Pine Ridge, nos campos de Dakota do Sul, a segunda maior reserva do país. Nos dezoito anos seguintes, tratou casos de tuberculose, trabalhou para melhorar o saneamento e aprendeu a cooperar com curandeiros locais no tratamento de doenças dos mais de 7 mil moradores da região tribal, principalmente Oglala Lakota. Em 1902, um encontro casual com Clark Wissler, associado de Boas no Museu Americano de História Natural, que visitava Pine Ridge, transformou Walker em antropólogo amador. Como Dorsey entre os Omaha, ele foi convocado para servir como informante da língua e religião Oglala e medidor, de meio período, de homens, mulheres e crianças Sioux para as coleções de dados antropométricos do museu. Em 1917, o museu publicou *The Sun Dance and Other Cerimonies of the Oglala of the Teton Dakota* ["A Dança do Sol e Outras Cerimônias da Oglala dos Teton Dakota", em tradução livre], de Walker, um estudo exaustivo de uma das principais cerimônias de várias tribos das Planícies. Walker teve o cuidado de creditar os vários informantes locais[58] — Little-wound, American-horse, Bad-wound, Short-bull, No-flesh, Ringing-shield, Tyon e Sword — que participaram dos ritos que descreveu. Mas tudo isso precisava de verificação, conferência e atualização por alguém que conhecesse bem o cenário local.

Com o auxílio financeiro de Boas, Deloria partiu para terras indígenas. Enquanto Hurston vasculhava a costa do Golfo em busca de contos populares, Deloria passou o verão nas Planícies, conversando, escrevendo e compilando. Durante o ano acadêmico, voltou a Nova York para organizar, fazer referências cruzadas e confirmações. Em 1929, havia compilado suas anotações em um manuscrito acadêmico, que submeteu ao *Journal of American Folklore*, do qual Ruth Benedict era editora. O artigo foi publicado perto do fim do ano e imediatamente colocou as alegações de Walker em xeque[59].

No mínimo, disse Deloria, era difícil definir uma forma irrefutável para as cerimônias Sioux, principalmente a versão Oglala Lakota da dança do sol. Entre vários grupos tribais, os jovens buscavam visões sagradas, sofrendo duras provações, como a suspensão por estacas com cordas de couro cru costuradas na pele do peito e das costas. Mas tirar conclusões definitivas sobre o modo como quando e por que o ritual era realizado — como fizera Walker — era quase impossível. Ela suspeitava que Walker, como a maioria dos observadores externos, tenha tido dificuldade para confirmar o que as pessoas lhe diziam. Ele ficou à mercê de poucos informantes, que, mesmo que fossem chefes ou tivessem outras posições de destaque na comunidade, poderiam ter pontos de vista restritos ou tendenciosos.

Reiteradas vezes, a pedido de Boas, Deloria vasculhou o material de Walker. A cada vez que o fazia, mais dúvidas surgiam sobre o trabalho que formara a base do entendimento dos norte-americanos brancos sobre os Sioux. Walker parecia ter inventado coisas, até onde ela conseguiu verificar, ou pelo menos relatado como fato coisas de que ninguém que ela conhecia já ouvira falar. Algumas de suas histórias pareciam adaptações de passagens bíblicas, claramente influenciadas por missionários cristãos. Outros elementos até poderiam ter existido ou sido praticados nos velhos tempos, quando Walker fez a coleta, mas não havia mais vestígios deles. Mesmo que algumas das considerações de Walker fossem verdadeiras quando as registrou, disse Deloria, a sociedade Sioux parecia ter mudado. Os Sioux eram um povo vivo, enfatizou, não uma cultura desencarnada preservada em âmbar.

Boas ficou indignado. Walker não poderia simplesmente ter inventado aquilo tudo, insistiu em cartas enviadas a ela. Deveria haver algo por trás de suas ideias. Vestígios dos detalhes que catalogou ainda deveriam existir em algum lugar de uma das reservas de Sioux, se Deloria se esforçasse um pouco mais para encontrá-los. Tudo tinha que ser abordado com cuidado, respondeu ela; não era possível simplesmente aparecer sem aviso e exigir que as pessoas lhe contassem as histórias que conheciam, como Walker aparentemente fizera. O que você conseguiria não seria representativo, muito menos perene. O mundo estava cheio de pessoas como o Two Crows dos Omaha, sempre negando isso e alegando aquilo. Demorava e demandava um certo conhecimento local descobrir no que a maioria das pessoas de uma comunidade realmente acreditava e pensava, e o que, por outro lado, alguém que afirmava falar em nome da comunidade inventava.

"É essencial que eu leve carne ou outro alimento toda vez que visito um informante"[60], escreveu Deloria a Boas em um verão. "Quando não o faço, me distancio dos Dakota e me classifico como um outsider." Você tinha que saber exatamente como dar um presente, como fazer as coisas certas, como comer corretamente com as pessoas, como chamá-las pelos termos de parentesco corretos — tios, irmãos, irmãs, tias, primos e as muitas variantes de cada existentes nos idiomas sioux. Só então você poderia voltar, em outra ocasião, e esperar obter histórias ou informações sobre uma cerimônia antiga. Mas "agir como um homem branco[61], para mim, uma indígena, é criar uma barreira imediata entre mim e meu povo". Como que para provar seu argumento, enviou um pacote de caudas de rato almiscarado, consideradas a fonte de alguns dos melhores tendões para adornar uma peça de roupa com belos espinhos de porco-espinho. Para extrair o tendão[62], instruiu Benedict em uma carta, tudo o que você precisava fazer era colocar a ponta da cauda entre os dentes e puxar.

—

**DELORIA ERA BASTANTE CONHECIDA** no departamento, mesmo que agora vivesse mais no Ocidente do que em Manhattan. Ela contava com a orientação de Boas para seu trabalho de campo e recorria com frequência a Benedict, sua assessora de campo, para lhe dar sugestões e conselhos editoriais. Ela conheceu Mead[63] em algum momento do inverno de 1930–1931, quando Mead e Fortune retornaram do trabalho com os Omaha. Ela e Hurston trabalharam em projetos comuns[64], patrocinados por outros professores de Columbia, embora talvez nunca tenham se encontrado pessoalmente.

Como Deloria não estava matriculada no programa de pós-graduação, seu treinamento se limitou ao que extraía de aulas rápidas com Boas ou Benedict em seus escritórios ou no corredor do departamento. No entanto, dado o estilo de ensino de Boas, no final das contas, não era tão diferente do trabalho que fazia com seus alunos regulares. Ela participava de palestras quando estava em Nova York e anotava dicas de Boas sobre a melhor forma de organizar seu trabalho. "Não vá a lugar algum sem antes se despir de seus preconceitos"[65], observou ela em dado momento. "As culturas são muitas; o homem é um só. Boas."

Quando não estava em Standing Rock, percorria uma sucessão de moradias: pequenos apartamentos em Manhattan e Nova Jersey, um aluguel de curta duração em Iowa, a casa de uma amiga em algum lugar da Dakota do Sul e, de tempos em tempos, em seu carro. Em uma ocasião, relatou que tinha apenas seis itens[66], e nenhum deles era uma máquina de escrever, um equipamento essencial para um colecionador de palavras. Como muitas outras mulheres ligadas ao departamento de Columbia, Deloria era uma cientista social itinerante, sem cargo acadêmico e sem nenhum apoio à pesquisa além do trabalho que lhe era atribuído por Boas ou Benedict. Mas as contas tinham que ser pagas. Para gerar renda, ela escrevia e organizava grandes concursos de música e dança indígenas, que eram realizados em todo o país, como fizera em Haskell. Alguns eram voltados para turistas pagantes[67], enquanto outros eram para crianças brancas em acampamentos de verão — falsos indígenas sendo treinados por artigos genuínos. Com o tempo, no entanto, surgiu um projeto que prometia lhe proporcionar mais estabilidade do que nunca.

Por mais de duas décadas, Boas se dedicara a um estudo abrangente das línguas nativas norte-americanas. Tudo começou quando procurou o Departamento de Etnologia Americana pedindo patrocínio para uma série de manuais sobre a fala indígena. O primeiro foi publicado em 1911, o ano que marcou o verdadeiro florescimento de seu pensamento e seu surgimento como cientista público. O segundo, em 1922. Apresentava o trabalho de Edward Sapir com a língua Takelma, no sudoeste do Oregon, além de estudiosos que abordavam as línguas dos Coos, do Noroeste do Pacífico, e dos Chukchi, da Sibéria, entre outros. Ele demonstrava as conexões linguísticas entre os povos aborígines da América do Norte e os da Eurásia, reforçando a teoria de um povoamento precoce das Américas por migrantes de fora do Estreito de Bering. Quando o terceiro volume ficou pronto, em 1933, o interesse da agência pelos manuais — uma série de publicações que prometia ser interminável — havia diminuído. Boas procurou uma pequena editora de Nova York para imprimir o que restava do trabalho de sua equipe, incluindo Gladys

Reichard, no Coeur d'Alene, de Idaho, e Ruth Bunzel, em Zuñi, a comunidade que havia sido vital para as descobertas do círculo de Boas no início do século.

Grande parte do financiamento do ambicioso projeto de Boas foi feita pelo Comitê de Pesquisa em Idiomas Nativos Norte-americanos, em parceria com uma doação da Carnegie Corporation, de Nova York. Desde a sua criação, em 1927,[68] o comitê trabalhava com um orçamento apertado, totalizando cerca de US$80 mil, desembolsando alguns milhares de dólares por vez para cobrir passagens de trem, hospedagem e pagamentos para colecionadores nativos. A lista de beneficiados contava uma história sombria de toda a profissão, formada por assistentes de meio período, agentes de campo, linguistas amadores e aficionados comprometidos que nunca obtiveram títulos de professor ou outro compromisso na universidade. Deloria estava entre eles. Boas prometeu canalizar parte dos fundos para suas pesquisas de campo e despesas de moradia enquanto trabalhasse em materiais Sioux. O dinheiro que chegava — quantias ínfimas, geralmente atrasado, via cheques enviados para o endereço errado — às vezes fazia a diferença entre um apartamento alugado e uma noite no carro.

Todo o projeto era desconcertantemente complexo. Boas gerenciava pesquisadores de campo e especialistas acadêmicos de todo o mundo, todos correndo para rastrear falantes nativos, compilar listas de vocabulário e elaborar estruturas gramaticais complexas antes que os últimos fragmentos de um idioma se transformassem em pó. Em muitos casos, os antropólogos eram como os irmãos Grimm, arquivando histórias e modos de falar, para que não dependessem mais da transmissão de pai para filho, a maneira tradicional de sobrevivência das línguas. Em muitos casos, eles criavam, do zero, um formulário-padrão para idiomas que não tinham versão escrita ou que eram falados em uma enorme variedade de dialetos. Abrir um dos volumes do *Handbook of American Indian Languages* era um encontro mágico: viam-se formas de fala inimagináveis, com lógica, regras e beleza próprias, e sua maneira perfeita e própria de ver o mundo — uma rota para os segredos codificados das pessoas que antes eram consideradas indígenas exóticas ou, pior, selvagens indecifráveis.

Deloria se destacava dentre essa equipe remota. "Em todo o seu trabalho com indígenas norte-americanos"[69], escreveu Benedict mais tarde, "o professor Boas nunca encontrou outra mulher do seu calibre". Era falante nativa de dakota e seus dialetos, com pouca formação de linguista, além das sessões informais que Boas ou Benedict lhe ofereciam. Mas seus instintos e sua compreensão imediata dos métodos de campo, disse Benedict, demonstravam mais experiência do que muitos estudantes de doutorado tinham. "O conhecimento dela sobre o assunto é único"[70], escreveu Boas em uma carta de recomendação, uma das muitas que fez ao longo dos anos.

Margaret Mead também se dedicou a uma comunidade nativa norte-americana[71], os Omaha, como um exercício do que chamou de "etnologia tardia". Qualquer coisa relevante lhe parecia morta há muito tempo, pela pobreza e pela invasão branca. Mas Deloria sabia que não era nada disso. Afinal, esse pensamento a tornaria em nada mais do que um fantasma com uma maleta. Até uma pesquisadora de campo experiente como Mead poderia se render ao que Deloria chamava de "antropologia de sofá"[72]. O melhor método era desistir de tentar identificar as cinzas de uma civilização mais antiga, e conhecer a cultura viva e atual das pessoas à sua volta — mulheres e homens que não estavam imobilizados na história, mas, como a própria Deloria, viviam-na. Não havia necessidade de ter uma nostalgia do passado se pudesse revelar a riqueza caleidoscópica do presente. Só que o presente assume formas que você pode achar surpreendentes ou frustrantes, e até decepcionantes.

Por isso, entender uma língua era crucial, acreditava Deloria. A fala também se transformava constantemente. Como anéis de árvores e escavações arqueológicas no meio de uma cidade, a língua não era importante como um registro de um momento passado, mas como um arquivo de mudanças, uma confluência infinitamente criativa de mundos passados com o atual. As línguas nativas norte-americanas valorizavam inteligência, trocadilhos, justaposições, erros intencionais, jogo de palavras e piadas bem contadas — as mesmas coisas que qualquer outra língua possibilitava. O truque era *ouvir* tudo, considerar as línguas vivas que ainda salpicavam as Planícies não como um remanescente desagradável, mas como algo existente no agora, real e dinâmico. Para escrever corretamente sobre os indígenas, você precisava parar de usar o tempo passado.

Em uma excursão após outra, em Standing Rock e em outros lugares, Deloria se esforçava para escrever tudo. Seu objetivo era reunir, a partir da massa de anotações e entrevistas, algo que descrevesse a maneira como sua família e vizinhos Dakota de fato se expressavam, mas ao mesmo tempo sem gerar uma linguagem estática, como Walker e outros agentes de reservas fizeram anos antes. Enquanto Boas e Deloria trocavam cartas e páginas de manuscritos, suas conversas sobre o modo de falar dos Dakota eram altamente técnicas. Como você poderia explicar melhor a riqueza de demonstrativos da língua — as muitas formas de *isso, isto, aquilo*? E a surpreendente capacidade dos Dakota de expressar tempo, lugar e o ponto de vista do orador usando apenas uma palavra? Como interpretar os possessivos que distinguem partes do corpo que controlamos facilmente — como os olhos, os pés, mas também, como acreditavam os Dakota, o espírito — daquelas consideradas mais difíceis de controlar, como o polegar e a mandíbula? Frase por frase, fonema por fonema, eles mapearam todo um cosmos de sentido. Escreveram tratamentos das formas de fala dos homens e as diferenças aplicáveis às mulheres, uma característica geral das línguas siouanas; a panóplia de maneiras de indicar aprovação, desaprovação ou indiferença; o profundo significado envolvido em uma estrutura complicada — a capacidade, por exemplo, de dizer de forma sucinta algo como: "Minha irmã me deu uma pedra em vez de um pão", e também querer dizer: "Foi muito mal da parte dela, e agora nossa relação está destruída." As conexões sociais complexas eram demonstradas em uma única forma gramatical.

Descrever um idioma era espiar os modos únicos de uma comunidade de definir a experiência, de analisá-la em unidades compreensíveis e comunicáveis. Nesse cenário, Deloria habitava dois reinos ao mesmo tempo. "Sua infância entre [os Dakota][73], sua posição privilegiada na tribo e seu domínio da língua tornaram possível um relato íntimo desse grupo, que, de outro modo, teria sido impossível", escreveu Benedict em um relatório de pesquisa. Mas Deloria também sabia as desvantagens dessa forma de ganhar a vida. "Estou muito triste hoje[74], porque todas as coisas que planejei deram errado e estou sem trabalho", escreveu a Boas no final de 1938, usando velhos artigos de papelaria do hotel. Fazia uma década que já ajudava Papa Franz. Seus trabalhos no projeto de idiomas se arrastavam há anos. "Não consigo nenhum trabalho federal[75], porque tenho uma reputação de ser muito educada!"

No verão seguinte, Boas teve notícias que achava que a animariam. "Você ficará feliz em saber que [nosso trabalho][76] será publicado pela Academia Nacional de Ciências", disse a ela. A maior instituição de ciências naturais do país enviaria em breve as páginas de prova, disse ele, das quais ela precisaria verificar a exatidão. O resultado final, chamado de *Dakota Grammar*, chegou da gráfica em 1941. Como outras incursões da linguística técnica, era uma peça acadêmica formidável, não um livro para covardes. Mas, da mesma maneira que os matemáticos podem descrever uma equação complexa como algo elegante ou engenhoso, uma gramática descritiva pode ser uma obra de arte comunitária. Era uma rota para uma civilização que outrora se estendera por toda a planície do norte, uma que ainda estava se reformando, como Deloria sabia, nas reservas e além delas. O domínio perfeito de Deloria da linguagem[77], disse Boas no prefácio do livro, seu forte senso de nuances e pequenas diferenças de expressão, seu extenso vocabulário e, o mais importante, seu dom para dar o "tom emocional" da linguagem foram vitais para a pesquisa.

Mais do que Minik procurando os ossos do pai desaparecido; ou Ishi, que morreu e virou uma peça de museu; ou mesmo Two Crows, preservado para a posteridade entre parênteses, a conquista de Deloria foi verificar a teoria fundamental de Boas: que as pessoas cujos restos foram expostos, cujas culturas foram transformadas em primitivismo popular, eram totalmente humanas. Tudo isso também proporcionou um vislumbre de um país mais profundo, obscurecido por suas obsessões pela aptidão racial e pela evolução cultural linear. Se você quisesse saber o que os chefes Sioux haviam dito após a Batalha de Little Bighorn ou entender o lamento angustiado das mães quando os corpos de seus filhos foram levados para casa de Wounded Knee — se quisesse descobrir, em outras palavras, o modo inverso daquele como a história da sociedade norte-americana era ensinada nas salas de aula e nos acampamentos de verão —, Boas e Deloria seriam seus guias.

O caminho estava bem ali na primeira página. Boas escreveu o prefácio de alguns dos primeiros livros mais importantes de seus alunos, como *Adolescência, Sexo e Cultura em Samoa*, de Mead, e *Mules and Men*, de Hurston. Mas com Deloria ele fez algo muito mais raro. "Muitas pessoas perguntam sobre a nossa gramática"[78], escreveu a ele no ano seguinte à publicação. "Sinto muito orgulho de ser sua coautora." Pela primeira vez, com qualquer um deles — e, na verdade, uma das poucas vezes em sua carreira —, Boas compartilhou uma autoria.

*Capítulo Onze*

# UMA TEORIA VIVA

..................................

Ao longo da década de 1930, em meio às necessidades de escrever, orientar, editar e arrecadar fundos, Boas decidiu mudar sua maneira de lecionar. As reuniões ocasionais com assistentes de pós-graduação e estudiosos visitantes, que organizava quando Marie estava viva, tornaram-se seminários regulares. Nas noites de terça-feira, durante grande parte da década, presidia sessões em que estudantes e colegas eram convidados a discutir suas últimas descobertas. A antiga floresta em que os Boas haviam construído sua casa de duas águas estava virando um subúrbio, conectado a Manhattan pela recém-inaugurada Ponte George Washington. Toda semana, Benedict se metia em um carro com alguns doutorandos e seguia para Nova Jersey.

Eles tinham muito a relatar. Entre as reuniões do departamento e a orientação para a tese, Benedict estava refazendo sua pesquisa de campo anterior em Zuñi e editando artigos para o *Journal of American Folklore*. A maior parte de uma edição recente fora composta de um estudo de cem páginas de Hurston sobre a religião folclórica em Nova Orleans e na Costa do Golfo. Mead e Fortune estavam escrevendo sua pesquisa sobre os Omaha. Alfred Kroeber os visitou durante o período sabático em Berkeley, onde se tornara a principal autoridade do país sobre os povos tribais da Califórnia.

O respeitável Bronislaw Malinowski vez ou outra saía de Londres e aparecia, talvez na tentativa de conseguir um emprego quando Boas deixasse seu cargo de professor. "Ele é vaidoso[1] como um pavão e não vale nada", disse Benedict a Mead. Causava desconforto nas festas dos departamentos com sua obstinada determinação, "um romântico beligerante",[2] como Sapir o chamava. Em dada ocasião,[3] colocou dinheiro na meia 7/8 de Hurston, como um convite para um caso. Mead sentia um clima de desdém sempre que Malinowski entrava na sala. Ele havia elogiado seu trabalho sobre a Samoa[4] por cartas, mas ela estava convencida de que Sapir colocara o grande estudioso do Pacífico contra ela.

Sapir sabia cutucar uma ferida antiga. "Ela é [...] uma vadia repugnante relegada a uma alegoria nojenta",[5] escreveu a Benedict após ler *Adolescência, Amor e Sexo em Samoa*, "um símbolo de tudo que mais detesto na cultura norte-americana contemporânea". Ele logo publicou um ataque velado às "mulheres livres", que não entendiam que o ciúme era uma emoção humana universal. "O amor foi extirpado do sexo e se vingou assumindo formas não naturais",[6] escreveu no *American Journal of Psychiatry*. "O culto à 'naturalidade' da homossexualidade só engana quem precisa racionalizar os próprios problemas."

Mead respondeu na mesma moeda. O ciúme, disse no próprio artigo sobre o assunto, de acordo com sua experiência, era típico de homens velhos pouco dotados.[7]

Negligências e traições, aventuras às escondidas e hostilidades fervorosas, amizades sólidas e rivalidades inflamadas faziam parte das noites de seminário em Grantwood, assim como verbos dakota e máscaras da Nova Guiné. Mas, no tocante a sexo, sucesso ou a qualquer outro aspecto da vida social, Boas ensinou seus alunos a evitarem criar grandes esquemas ou conclusões definitivas. Há muito tempo esclarecera o que via como "o maior problema da antropologia",[8] como o chamava: haveria leis universais para as culturas humanas e, se sim, como descobri-las? O ex-professor de Reo Fortune, A. R. Radcliffe-Brown, pressionou Boas a propor pelo menos uma generalização de suas décadas de expedições, coleta e publicação. A única coisa que arriscou foi esta frase: "As pessoas não usam nada que não tenham."[9]

Era um resumo simples, mas profundo, de seu pensamento. Exportar ideias, conceitos, estruturas e categorias mentais de sua sociedade para outra, muito diferente, podia lhe mostrar algo importante, é claro. As taxas de natalidade e mortalidade em Ta'u, a maneira como o palato mole abaixa para produzir as consoantes nasais de Dakota, os momentos em que uma história de Eatonville passava do factual para o fantástico — tudo isso era perceptível para um outsider. Mas não se pode confundir seu olhar com a verdade pura. O ponto de partida para sua análise eram as ferramentas intelectuais que faziam sentido para aqueles que de fato a utilizam. Se você se deparasse com uma sociedade em que as pessoas não reconheciam algo a que você chama de "primo de primeiro grau", "romance proibido" ou "enxaqueca", não havia sentido insistir que ainda assim estavam presentes.

Para Boas, a antropologia deveria ser uma ciência de interação. Deveria haver um diálogo entre a própria maneira de ver as coisas e a de outra pessoa. Isso levaria a histórias específicas e experiências únicas, a uma comunidade em particular — esta *aqui* — e a suas maneiras mais preciosas de entender seu lugar no mundo. Ser antropólogo é se comprometer com o refinamento crítico da própria experiência. Esse era o objetivo de se aventurar nos lugares mais exóticos e remotos. Era preciso reunir as coisas antes de refiná-las. Os antropólogos devem ser naturalmente céticos sobre suposições precipitadas baseadas em esquemas ligados à própria cultura para definir a Natureza do Homem. Boas já vira as atrocidades que podem resultar de declarações confiantes de teóricos raciais e eugenistas sobre ter compreendido toda a humanidade.

No entanto, alguns dos alunos mais antigos de Boas se irritavam com a relutância do mentor em ceder à generalização. Lowie, Kroeber e Sapir, de diferentes maneiras, queriam que a teoria impulsionasse a ciência, ou, pelo menos, que este fosse seu objetivo final. "Está claro que o inconsciente[10] do Dr. Boas decretou há muito tempo que as catedrais científicas só serão erguidas no futuro [...] que apenas pedras angulares, paredes inacabadas ou mesmo um portal isolado eventual estão estritamente a serviço do Senhor", escreveu Sapir em uma crítica irritada de *Anthropology and Modern Life*, de Boas. Era uma pena, pensava Sapir. As pilhas de histórias, lendas, gráficos de parentesco e vocabulários indígenas seriam inúteis se não produzissem generalizações. Tendo em vista que a antropologia havia se tornado uma ciência popular, declarou, agora havia o risco de se tornar "medíocre e monótona,[11] como *Adolescência, Amor e Sexo em Samoa*, de Margaret Mead".

A busca por leis gerais impulsionara Lewis Henry Morgan e John Wesley Powell. Eles defendiam que havia um caminho comum a ser trilhado por todas as culturas. Esta era uma suposição vital para psicólogos como G. Stanley Hall, que pretendiam explorar os recônditos da mente humana. Quando Boas iniciou os seus seminários às terças-feiras, esta era uma questão vital também para a sociologia, a disciplina que se desenvolvia como uma espécie de irmã da antropologia: a primeira buscava entender as ditas sociedades mais complexas do Ocidente desenvolvido; e a última, as supostamente mais simples, de qualquer outro lugar.

Nos EUA, as pesquisas sociológicas haviam sido recentemente consolidadas por *Middletown* (1929), um estudo da vida em uma cidade norte-americana sem nome e supostamente típica (na realidade, Muncie, Indiana). "Para muitos de nós,[12] dispostos a discutir com isenção os comportamentos singularmente padronizados que compõem os costumes dos povos não civilizados, é certamente desagradável encarar com a mesma imparcialidade uma vida da qual somos um mero ornamento", escreveram os autores, Robert e Helen Lynd. "Porém, nada é mais esclarecedor do que atingir exatamente esse grau de objetividade e perspectiva ao analisar os povos 'selvagens'."

Com tabelas estatísticas e histórias bem contadas, os Lynds examinaram a natureza do trabalho, da vida doméstica, da educação, da religião e do lazer dos habitantes da cidade. Além da etnografia da vida em uma cidade pequena, propuseram uma teoria geral sobre ela. Os hábitos culturais, escreveram, pareciam não acompanhar as mudanças nas condições materiais. Os habitantes acharam mais fácil se adaptar aos banheiros internos, por exemplo, do que às mulheres trabalharem fora. Os Lynds ignoraram muitos fatos importantes sobre seu local de campo. Apesar da presença de muitos cidadãos negros em Middletown, a palavra *negros* apareceu em apenas três páginas do livro. Mas eles conseguiram demonstrar que estatísticas, entrevistas cuidadosas e pesquisas históricas poderiam criar o tipo de teorias gerais inovadoras que Sapir e outros desejavam para a antropologia.

Até Mead ficou tentada a fazer uma ciência mais ambiciosa e abrangente. Ela não podia reivindicar nenhum avanço teórico, nenhuma descoberta ampla que as pessoas reconhecessem como uma contribuição autoral. "Acho que estou ficando cada vez mais cética em relação ao bom trabalho triunfar",[13] queixou-se a Benedict no início de dezembro de 1932. Ela estava lendo Dostoiévski e se sentindo muito mal com a própria carreira. Seu salário como curadora assistente[14] não chegava a US$2.400. Benedict pelo menos[15] tinha um emprego acadêmico; fora promovida para professora assistente na Columbia no ano anterior, ganhando cerca de US$3.600 — embora isso ainda fosse muito inferior ao salário de um professor visitante do sexo masculino. (Ela também não tinha permissão para usar a sala de jantar da Columbia, reservada para os professores homens.[16]) Mead temia que ela mesma estivesse destinada a ser pouco mais que uma divulgadora, ou, como reclamara uma vez, "aquele animal tenebroso, uma 'dama cientista'".[17] "Não acho que ser a mais mal paga do Museu, nunca ter recebido outra proposta de emprego e ter sido duramente criticada sob um disfarce de elogio e condenada em todas as revistas da minha própria ciência seja um reconhecimento maravilhoso",[18] escreveu. Era preciso prestígio acadêmico para que suas ideias se perpetuassem, e até agora isso lhe faltara.

Na pior das hipóteses, ela poderia estar passando a vida aprendendo como fazer pouco mais do que derrubar convenções. A antropologia era emocionante, mas excepcionalmente perigosa e talvez nem sequer valesse o preço. Bastava olhar o exemplo recente de Henrietta Schmerler, uma das novas alunas de Boas. Schmerler partiu para o Arizona no meio de 1931, sonhando se tornar a Mead dos Apache, dedicando-se a estudos detalhados dos ritos da puberdade no Sudoeste norte-americano. "Aqui é simplesmente lindo",[19] escreveu a Boas em julho, "e mesmo que às vezes eu fique terrivelmente desanimada, o que, suponho ser comum na primeira viagem de campo, estou gostando muito do meu trabalho". Mais tarde, no mesmo mês, foi encontrada morta, assassinada por um jovem Apache a caminho de uma dança. Era difícil invadir o quintal de uma pessoa lhe pedindo que contassem seus segredos. Era ainda mais difícil fazer isso e ao mesmo tempo baixar a guarda. O trabalho de campo exigia que as pessoas se tornassem intrépidas e vulneráveis em igual medida.

Naquele Natal, Mead se debatia com a própria ambição em um dos lugares mais remotos do mundo. Estava de volta à Nova Guiné com Reo Fortune, dessa vez, em um porto fluvial do continente. Logo estaria no auge do que acreditava ser sua maior conquista como pensadora e escritora, um avanço teórico digno das epifanias mais profundas das ciências sociais. E que também a levaria às raias da loucura.

—

**MEAD E FORTUNE ESTAVAM ANSIOSOS** para voltar ao campo. Fortune finalmente se transferira para a Columbia para a pós-graduação e apresentou uma dissertação sobre a organização social de Dobu. Mead tinha escrito dois livros populares e algumas boas etnografias, nenhum deles, achava, abordava um problema pertinente da teoria antropológica. Na primavera de 1931, partiram para uma expedição de retorno à Melanésia, que pretendia ser um projeto de pesquisa de longo prazo, com os povos que viviam ao longo do rio Sepik.

O rio mais longo da ilha da Nova Guiné, o lamacento Sepik serpenteava desde os montes centrais, à leste, até o mar de Bismarck. O nome alemão era um resquício da exploração europeia, que, na década de 1880, mapeou o curso baixo do Sepik. Após a Primeira Guerra, a metade oriental da ilha passou ao controle australiano, enquanto o Oeste permaneceu com os holandeses, seus senhores coloniais. Por causa da herança imperial, os habitantes da Nova Guiné tiveram um papel crucial na pesquisa antropológica, em particular para os escritores britânicos, australianos e neozelandeses. Assim como foi feito com os grupos tribais de nativos norte-americanos dos EUA, os países tendiam a construir suas teorias sobre a natureza humana com base nos supostos selvagens que viviam mais próximos.

Mead e Fortune buscavam o lugar mais remoto possível, sem a influência deturpadora de missionários e comerciantes. Eles logo ficaram "tranquilos como gatinhos",[20] relatou Mead. Estabeleceram-se nas montanhas ao norte do rio, entre um grupo de pessoas que passaram a chamar de Arapesh, que tinham tido pouco contato com forasteiros. (Esse nome foi uma invenção de Mead baseada no termo local para "seres humanos".[21]) Ela acordava em uma alvorada fria e ficava deitada na cama ouvindo o lamento dos pássaros do lado de fora do mosquiteiro. O desjejum era uma xícara de chá, e o dia de trabalho começava: horas de conversas, aulas de idiomas, datilografava notas, corria para ver uma cerimônia ou um recém-nascido, até que os antropólogos encerravam o expediente, ao pôr do sol. Eles só não continuavam noite adentro, escreveu a Benedict, porque não levaram lanternas.[22]

Fortune se juntava a alguns dos homens em expedições de caça, enquanto Mead ficava para trás com as mulheres e os bebês, cuidando das plantações de inhame. "Estou mais do que convencida de que o único lugar lógico do antropólogo é o campo — na maior parte do tempo — nos primeiros dez anos, ou mesmo quinze, de sua vida como tal",[23] escreveu Mead. "Além de ampliar o conhecimento e permitir alcançá-lo, é o modo perfeito de formar um julgamento e uma base sólida para a teoria." Sentia muita falta de Benedict e pendurou uma foto dela na cabana. As crianças achavam que Benedict era uma pessoa muito importante, por ter uma imagem dela tão grande na parede.

Quanto mais conhecia os Arapesh, mais se convencia de que "haviam resolvido o problema sexual".[24] Pelo que percebeu, o conceito de adultério não se aplicava. As pessoas ficavam intrigadas quando ela perguntava sobre sexo fora do casamento. Não entendiam do que estava falando ou por que tinha interesse no assunto. Ela conversou com quase todos da comunidade e sabia de muitos casos em que esposas deixaram os maridos ou que homens tentaram iniciar relacionamentos com mulheres casadas. Mas a atitude dos Arapesh parecia totalmente pragmática. "Sim, ela abandonou o marido para ficar com o próprio irmão, e o marido ficou com raiva porque pagara ao irmão dela muitos anéis e porcos para ficar com ela",[25] disse uma mulher a Benedict, "o irmão tinha obrigação de defender os direitos do marido, e nos velhos tempos eles teriam brigado". Mas não havia invocação de religião, moralidade profunda ou teoria de direitos naturais para explicar ou condenar a transgressão.

Mead e Fortune passaram oito meses nas terras altas antes de decidirem testar um campo diferente ao longo do baixo rio Sepik. Eles se mudaram da terra dos Arapesh para o domínio de um grupo da planície, que conheciam como Mundugumor. Era um lugar e um povo que Mead detestava, como mais tarde se lembrou. Até o sexo parecia sempre acompanhado de mordidas e arranhões. As pessoas copulavam violentamente nas plantações de inhame das outras apenas para estragar os vegetais.[26] Os Mundugumor eram conhecidos por praticarem canibalismo e normalmente caçavam moradores de pântanos das regiões vizinhas. "Sim, eu comi carne humana",[27] disse uma criança. "Só um pedacinho do povo Kalengama. Era tão pequeno que mal senti o gosto."

Enquanto os Arapesh pareciam se embasar em ideias de liberdade e receptividade, os Mundugumor viviam a vida no imperativo, cercados por um elaborado sistema de proibições. A primeira coisa que uma criança aprendia era o equivalente local de *Não!* Mesmo para os canibais, a vida podia ser bem tediosa. Mead viu poucos rituais, artes ou mitos que interessassem a um antropólogo. E havia os mosquitos, hordas, atacando como vampiros qualquer pedaço de carne exposta. Mead andava com uma vassoura na mão, em um esforço inútil de combatê-los.[28] Após três meses nessas condições, comendo bolinhos de milho e ovos de crocodilo, Mead e Fortune decidiram que já tinham visto o bastante e decidiram subir o rio.[29]

Eles tinham uma espécie de tábua de salvação: Gregory Bateson, um velho conhecido de Fortune, que conhecia bem a região. Como colega antropólogo, professor da Universidade de Sydney e de Cambridge, Bateson realizava os próprios estudos ao longo do rio e se ofereceu para ajudá-los a procurar um local para as novas pesquisas. Eles passaram o Natal juntos, em Ambunti, uma cidade portuária no interior, onde o Sepik fazia um de seus muitos zigue-zagues. Mead e Fortune embarcaram na pequena pinaça do governo, um pequeno navio a vapor que entregava correspondência e suprimentos, carregando malas e notas de campo.

No caminho para Ambunti, pararam para buscar Bateson em seu acampamento. "Você está cansada",[30] disse ele assim que a viu, oferecendo uma cadeira. Mead se lembraria desse momento como o primeiro sinal de atração. No ano em que esteve fora com Fortune, eles passaram por altos e baixos, mas as coisas estavam indo bem. Esse novo sentimento surgiu do nada.

Logo após o Natal, Mead sentou-se para atualizar Benedict. "Tenho muito para lhe contar",[31] escreveu. "É sobre Gregory Bateson, claro."

—

**BENEDICT CONHECIA BATESON DE NOME,** como Mead. Nenhum outro antropólogo de sua geração exibia uma linhagem científica mais ilustre. Seu pai, William Bateson, foi o biólogo de Cambridge que cunhou o termo *genética*. Sua mãe, Beatrice, vinha de uma linhagem de intelectuais notáveis, que incluía sua irmã, Edith Durham — tia Dick —, a formidável aventureira e escritora de viagens dos Balcãs. Gregory carregava o pedigree até no nome. Fora batizado Gregor Mendel, o monge austríaco pioneiro no estudo das características herdadas; o velho Bateson ajudou a divulgar seu trabalho pioneiro no mundo científico em geral. Quando estudava em Charterhouse, um centro de treinamento para a elite britânica, Bateson demonstrou paixão por botânica e coleta de insetos. Durante as férias letivas, ele e o pai passeavam pelos Alpes franceses, com mochilas e redes de borboletas, em busca de novos espécimes.[32] Quando seus dois irmãos mais velhos morreram, tragicamente — um como soldado na Primeira Guerra, o outro, em um dramático suicídio em Piccadilly Circus —, Bateson tornou-se o único herdeiro do considerável legado da família.[33]

Um pouco mais jovem que Mead e Fortune, Bateson era intencionalmente desleixado, sempre com cabelos desgrenhados e roupas puídas, um estilo que mantinha mesmo fora de campo. Ele também era alto e grandalhão, mas não de uma maneira deselegante. Falou sem parar no primeiro encontro. Pouco depois de Mead e Fortune chegarem a seu local de trabalho, sacou um exemplar de *Crescendo em Nova Guiné* de Mead, e a desafiou em um ponto específico sobre menstruação.[34] Ela foi fisgada.

Bateson tinha um ar atraente de "beleza vulnerável",[35] disse Mead a Benedict, o que era ainda mais impressionante dado o seu tamanho. Do alto de seus 1,95m, tinha que se inclinar para conversar, e, no processo, parecia envolver o corpo de Mead. Fortune não se sentia ameaçado, relatou Mead, e esperava que tudo desse certo, sem "faíscas na situação".[36] Afinal, todo mundo era adulto, e se ela e Fortune precisassem de um exemplo de como tudo podia ser resolvido de maneira objetiva e racional, bastava pensar nos Arapesh. Ela e Fortune passaram meses vivendo entre pessoas que pareciam ter construído toda uma sociedade que não se importava muito com os meandros do amor. "Acho que aprendi [de] uma vez por todas que o sexo não precisa estragar as coisas", escreveu Mead.[37]

A temporada de férias enredou[38] os três antropólogos em um turbilhão de festas de expatriados em Ambunti — grupos de estrangeiros em trabalho de campo, às vezes, eufóricos e combativos, alimentados por gim e uísque, que trocavam farpas verbais, depois socos, depois desculpas e um pouco de silêncio. Na noite após o Natal, Fortune ficou bêbado e verbalmente agressivo. Em todo o casamento, Mead nunca o vira naquele estado. Ela também bebeu, mas depois de quatro coquetéis caiu da cama e apagou. Fortune continuou no outro dia, com mais bebida e ofensas constantes. Mead e Bateson decidiram que uma viagem rio acima faria bem a todos.

Entraram em uma pinaça e seguiram rio acima para uma aldeia que queriam explorar. O trajeto demorou seis horas. O calor insuportável era atenuado apenas pela brisa levantada pelo barco lento. Fortune se recuperava da bebedeira dormindo ao som de seu toca-discos portátil que competia com os ruídos do motor. Quando Fortune acordava e via Mead e Bateson conversando ou dividindo um cigarro, ficava furioso.

Assim que chegaram, vieram as notícias de que uma comunidade vizinha estava pronta para atacar a vila. Eles passaram a noite preocupados. Um revólver Webley carregado era sua única defesa, mas também, temiam Mead e Bateson, uma tentação perturbadora para um Fortune confuso. Porém, nenhum ataque se concretizou, e o trio logo partiu rio abaixo. Mais tarde, Mead e Bateson marcariam a jornada de volta a Ambunti como o momento em que tudo começou: o fim do casamento com Fortune e o florescer do relacionamento com Bateson.

"Eu te amo devastadoramente",[39] disse um deles em uma varanda quando voltaram. "Eu sei", respondeu o outro.

Esse desenrolar complicava as coisas, é claro. Mas o futuro é incerto, e, até que chegasse, havia trabalho a ser feito. No início de janeiro, Fortune e Bateson se acertaram o suficiente para que Bateson os conduzisse ao próximo local de campo. Ficava em meio a um povo que chamaram de Tchambuli, que vivia ao redor de um lago que se conectava ao rio Sepik durante a estação das cheias. Os Tchambuli habitavam terras baixas, entre ilhas flutuantes de turfa e grama alta, que flutuavam ao redor do lago e alteravam seus contornos de um dia para o outro. A água turva brilhava como esmalte polido, incrustada de vívidos lírios d'água; com ocasionais garças azuis mergulhadas até os joelhos nas águas escuras.

Os Tchambuli, ao todo não mais do que quinhentos indivíduos, cuidavam de seus jardins de taro e pescavam no lago em canoas. Construíram grandes casas cerimoniais com telhados em formato de meia-lua, onde realizavam rituais elaborados com máscaras esculpidas e cocares de penas de casuar e conchas.[40] Pareciam viver em um mundo de tranquilidade e abundância, o que Mead achou um alívio após os meses com os Mundugumor. "Escalei montanhas e andei ao sol, e finalmente estou feliz com o lugar",[41] disse a Benedict pouco depois de chegar. "Tem um caráter particular, e estou em casa, como não me sinto há anos." Agora havia mais um idioma a aprender, outro sistema de parentesco a mapear, punhados de sementes de lótus servindo de lanche no caminho.

Após Bateson voltar para o acampamento, Mead manteve contato regular com ele, as anotações em papel de carta cortado em tiras retangulares viajavam rio acima com os mensageiros. Aos olhos de Mead, Bateson emergira como uma espécie de herói, um guia espiritual. Ele a levara a um lugar no qual ela poderia ser mais feliz do que nunca como antropóloga. Agora, só precisavam resolver os problemas pessoais que tiveram em Ambunti. "A verdade é que aprendemos a fazer o trabalho de campo sem gostar dele",[42] escreveu a Bateson de Tchambuli, "uma má lição que você nos ajudou a desaprender". Enquanto faziam as rondas de casa em casa para se familiarizarem com os Tchambuli,[43] Fortune pintava genealogias da família no antebraço para não confundir as relações familiares importantes e criar problemas. A linguagem era complexa,[44] com um excesso de gêneros gramaticais — "muitos", relatou Mead a Bateson. Mais e mais, Mead via o Lakeshore como um lugar no qual desbravaria algo grande e maravilhoso: separando a cultura da natureza, como dizia.[45] Ela começou a ver os seres humanos com uma clareza que nunca imaginara.

No entanto, as coisas com Fortune iam de mal a pior. Vivendo em uma casa pequena com um único mosquiteiro, não tinham para onde fugir. Não havia porta no banheiro para trancar até que uma briga se apaziguasse. Vez ou outra, Bateson visitava o campo, o que colocava mais lenha na fogueira — e enfatizava para Fortune que seu relacionamento com Mead estava agora, inquestionavelmente, mudando.

Mead contraiu malária, o que lhe provocou febre e dores de estômago. Sua névoa mental só era interrompida quando Fortune, em seu próprio estupor embriagado, gritava com uma criança ou brigava com um morador local. "E Reo e eu vamos para a cama para discutir, acordamos à noite para discutir, acordamos de manhã para discutir",[46] escreveu a Benedict. Não era apenas o fim do casamento, mas também o começo de uma nova maneira de pensar sobre si mesma. O último ano em campo a forçou a ter um relacionamento romântico exclusivo pela primeira vez, e ela percebia que não tinha talento para isso. Parte de sua alma estava se anestesiando no processo. Ela era mais inclinada a ter relacionamentos abertos, notou, com diferentes tipos de pessoas, de diferentes maneiras. Fortune teria que se adaptar se quisesse ficar com ela, como insistira com Cressman anos antes.

"Sinto que dei à monogamia, em um sentido absoluto, uma chance bastante justa, e isso foi necessário",[47] disse a Benedict, "e agora é justo que ele teste 'minha cultura' para variar, se não for uma agressão a seu temperamento".

—

**MEAD E BATESON QUERIAM** entender o que estava acontecendo entre eles. Por que se sentiam tão mal, perguntavam-se, se ninguém tinha culpa de nada? Os indivíduos nasciam com predisposições inatas de personalidade, que eram socialmente expressas de modos particulares, acreditava Mead. Elas consistiam em características como ousadia ou covardia, assertividade ou passividade, arrogância ou modéstia. Em qualquer sociedade, as concepções de gênero tendiam a padronizar alguns subconjuntos desses temperamentos, agrupá-los e mascará-los com um senso de propriedade e naturalidade. No entanto, em todas as sociedades que Mead, Fortune e Bateson estudaram, havia pessoas cujos temperamentos contrariavam esses padrões.

Enquanto conversavam, tarde da noite, sob lanternas de querosene, Mead e Bateson perceberam que eram os desviantes das próprias culturas — uma mulher, assertiva e aventureira; um homem, um tanto acanhado e pouco atraente, apesar de seu status imponente. Fortune, por outro lado, exalava virilidade: forte, ríspido, vingativo, julgando-se racional, mas dado à raiva e à petulância quando as coisas não saíam do seu jeito. Em sua cultura, era o tipo certo de homem. Lá no Sepik, ele era literalmente o desajustado.

No final de março, Mead escreveu a Benedict contando que estava dominada pela empolgação, mais positiva em relação à vida do que em muitos meses. O motivo foi um avanço que considerou sua maior contribuição até o momento, uma "descoberta de grande magnitude",[48] disse. Na confusão mental provocada pela malária e alimentada por gim, Mead e Bateson escreveram um esquema para explicar como os indivíduos se relacionam com a cultura em que nasceram. Era um modelo para entender a si mesmos — e, pensavam, o mundo — que daria clareza ao redemoinho de emoções, sentimentos feridos, sexo e conversas apaixonadas que tiveram nas margens do lago. Eles o chamaram de "quadrados".

As pessoas encaixavam-se em quatro tipos básicos e naturais, ou "temperamentos", argumentaram. As pessoas "norte" tendiam a ser orientadas por regras e a controlar suas emoções. As "sul", apaixonadas e desbravadoras. As "oeste" [ou turks], misteriosas e contemplativas. As "leste" [ou feys], expansivas e criativas. Observando as próprias vidas e as personalidades de amigos e familiares, descobriram que tudo se encaixava. Todos que conheciam se enquadravam: Fortune, claramente norte, com sua inflexibilidade e vontade de dominar; Boas e Benedict, também norte, com sua ousadia e sensibilidade calculista; Sapir, oeste, sempre buscando o segredo do universo; as Ash Can Cats e Leonardo da Vinci, todos leste. Amigos, íntimos, ex-paixões, professores, pais, famosos e anônimos, todos foram revelados em sua essência, classificados e compreendidos.

"Alternávamos entre a análise de nós mesmos, como indivíduos, e das culturas que conhecíamos e estudávamos",[49] recordou Mead mais tarde. Fortune e Mead não conseguiram fazer isso em seu casamento porque eram essencialmente incompatíveis, como ocorrera com Cressman. Ela e Bateson, por outro lado, encaixavam-se como uma luva, seus temperamentos inatos se complementavam, em vez de conflitarem. Quanto ao amor duradouro de Mead por Benedict, sua incapacidade de se estabelecer em um tipo de relacionamento, com uma pessoa ou com um gênero, parecia um problema particular, em vez de uma simples incompatibilidade entre seu temperamento e a sociedade em que nasceu.

Bastava sair do mosquiteiro para ver tudo em ação. Mead e Fortune, e agora Bateson, passaram meses entre pessoas que viviam de maneira diferente. Os Arapesh tinham muitas categorias de gênero na língua, não apenas masculino e feminino; eles não viam cisões no que as sociedades ocidentais viam como comportamento sexual normal e desviante. Os Mundugumor mostraram o que uma sociedade se torna quando se entrega à desconfiança e ao ciúme. As mulheres de Tchambuli cuidavam das plantações enquanto os homens faziam arte. Como o sol nascendo sobre um lago de ébano, o mundo se descortinava diante de Mead e Bateson sob uma luz nova e esclarecedora. Chegaram a uma teoria sobre si mesmos e sobre as sociedades em que residiam, que transformava os velhos modos de pensar, conferindo uma explicação nova e libertadora para a própria situação. "Esse é o ápice do trabalho que fiz no ano passado",[50] escreveu Mead a Benedict, "uma combinação de antropologia e biografia revisada".

A linguagem dos quadrados agora estava nas notas que Mead e Bateson troca-vam quando estavam separados. Inicialmente, Fortune embarcou no projeto. Ele redigiu uma carta a Luther Cressman dizendo como tudo ficara claro após ele e Mead descobrirem por que estavam destinados a se apaixonarem em sua jornada na Samoa.[51] Até Fortune e Bateson podiam estar apaixonados, especulavam, seu afeto mútuo se materializou na obsessão conjunta por Mead.[52]

Mas Fortune logo passou a duvidar. Mead e Bateson compartilhavam seus se-gredos mais profundos na frente dele. Passavam horas discutindo sua nova teoria, enquanto ele ficava com o trabalho prático de campo. Após sua empolgação inicial com os quadrados, passou a se sentir mais alienado do que nunca. Era o pior tipo de traição, disse a Mead, na amizade ou no casamento, compartilhar a intimidade de um parceiro com outra pessoa. Ela até dissera a Bateson[53] onde Fortune guardava o revólver, que Bateson escondeu, preocupado que ele se voltasse contra ela em um surto alimentado pela embriaguez. Fortune concluiu que os quadrados eram luxú-ria disfarçada de ciência — uma tentativa grosseira e ridícula de atribuir rótulos, sem outro objetivo real além de livrar-se dele, a tríade dissonante que se resolve dolorosamente em um harmônico par.

No início de 1933, a situação na pequena unidade familiar passou de ten-sa a insuportável. Os quadrados se tornaram um culto particular, com Mead in-ventando todo um universo de arte, rituais e até comidas, que, segundo ela, ca-racterizavam os temperamentos. Quando Mead visitava as casas Tchambuli, Fortune e Bateson ficavam jogando xadrez. As formas no tabuleiro eram um lembrete cruel do mundo mental que Mead e Bateson projetaram para si mes-mos. Em algum momento, no meio de mais um conflito, Fortune derrubou Mead no chão. Na época, ela estava grávida. Um médico havia lhe dito que se-ria quase impossível ela conceber um filho, e mais tarde ela diria que o inci-dente causou um aborto espontâneo. A reação de Fortune, lembrou, foi culpar Bateson. "Gregory comeu nosso bebê",[54] disse em um devaneio.

Alucinações de malária, picadas de insetos, os cliques da máquina de escrever, voltas preguiçosas de um toca-discos, a floresta escura e o lago negro, as cabanas tribais úmidas com suas assustadoras máscaras esculpidas, o êxtase da descoberta e a distância constante, no meio do nada, dando uma profunda sensação de solidão — os três antropólogos mergulharam em uma espiral louca de gritos e ausências, seguida por reencontros e uma paz assustadora, tudo resultando na busca da visão inventada que acreditavam representar um novo tipo de ciência. "Havia uma forte religiosidade em todos os nossos corações",[55] escreveu Mead a Benedict, "e tudo parecia claro".

—

## AQUELA SITUAÇÃO NÃO PODIA CONTINUAR

Fortune estava com febre. Mead se recuperava de uma picada de escorpião que a deixara praticamente incapacitada. Mesmo para Bateson, o trabalho era impossível. Mais tarde, naquele verão, decidiram que era hora de sair do campo para resolver as coisas — os quadrados, o casamento de Mead e Fortune, o possível futuro de Bateson com Mead — em um ambiente mais calmo e familiar.

Embarcando em uma escuna, viajaram rio abaixo sob o poder da vela. Da costa, pegaram um navio a vapor para a Austrália. A viagem foi "medonha",[56] relatou Mead mais tarde. Fortune encontrou uma ex-namorada a bordo e resolveu ficar com ela quando chegassem ao porto. Mead esperava que esse novo interesse lhe desse espaço para ficar sozinha com Bateson. Um fotógrafo jornalista captou sua chegada a Sydney, todos sorridentes. Mead entre os dois homens de sua vida, depois de trocarem o algodão tropical pelo tweed, retomando os velhos hábitos. Então, uma ex-namorada de Bateson subiu ao cais e o pegou pelo braço. À Mead restou observar desconfortável enquanto ele e Fortune se afastaram das docas com outras mulheres.

No entanto, eles logo se reencontrariam. Alugaram apartamentos no mesmo prédio: Mead e Fortune em um andar, a antiga namorada de Fortune ao lado, Bateson no andar de baixo. Mead encontrava Bateson principalmente em restaurantes, em grupos de amigos. As brigas e discussões com Fortune continuaram. Em um ponto, no meio de outra briga, Mead começou a gritar com ele em samoano. Ele bateu nela com força, provavelmente no rosto.[57] Mead "tinha pedido",[58] disse Fortune mais tarde, mas ele sentia muito por fazê-lo. Um tempo depois, no final de agosto, ela fez um almoço festivo para ele em casa. Ele vestiu um terno novo e comprou flores, xerez e queijo. Por mais ou menos uma hora, as coisas pareciam ter voltado ao normal. Mas, depois de comerem,[59] Mead simplesmente saiu — direto para as docas, subindo a rampa de um navio a vapor com destino ao Havaí, e depois para casa.

"Ah, Ruth, é maravilhoso, maravilhoso mesmo voltar para você",[60] escreveu a Benedict de algum lugar do Pacífico. "É maravilhoso amar alguém com tanta certeza." De volta a Sydney, Bateson e Fortune jogavam xadrez, tentando friamente tirar o melhor proveito do horror que haviam criado, até que também seguiram em frente, ambos acabando na Grã-Bretanha. "Dizem que há demônios na Nova Guiné",[61] explicaria mais tarde Bateson a um amigo. "Se sim, devem ter ajudado a criar o cenário de loucura."

A bordo do navio, Mead andava sozinha pelo convés, suas únicas conversas, tediosas, aconteciam durante as refeições. Ela assistia a um filme de vez em quando,[62] mas passava o tempo revirando tudo em sua mente: Fortune e Bateson, sua futura carreira, o casamento condenado e o caso que mantinha em segredo para quase todos. Quando finalmente voltou a Nova York,[63] tentou explicar as coisas para quem as entenderia — Benedict —, mas a única linguagem que conseguia evocar para descrever tudo eram os quadrados: a impossibilidade de "casamento diagonal" entre pessoas norte e sul, a felicidade natural da "endogamia" dentro do próprio grupo, a perversidade de continuar em uma situação que contrariava fundamentalmente o próprio temperamento. Benedict ficou perplexa com o que isso queria dizer. Ficou preocupada com a saúde de Mead e com sua reputação acadêmica, se ousasse publicar isso. "Estou preocupada que sua sucessão de maridos manche sua carreira",[64] disse Benedict.

Mead antes descrevera o ano após seu retorno da Samoa como "um inferno".[65] O casamento com Cressman chegara ao fim, e ela se contorcia de desejo por Fortune. Agora, voltara ao mesmo lugar, com Fortune no papel de parceiro abandonado. De tempos em tempos, Mead ou Fortune trocavam palavras inflamadas sobre a época tumultuada no Sepik. Semanas se passavam entre as cartas. Às vezes, chegavam em grandes lotes, escritas em diferentes momentos e em diferentes humores, entregues pelo serviço postal de uma vez, lidas pelo destinatário em um surto de angústia e ressentimento.

Eles reviviam as dores, as alegrias e a traição, repassando tudo com a minúcia obsessiva típica dos casamentos em ruínas. Ela usava de persuasão e firmeza. Ele apunhalava a página com a ponta da caneta-tinteiro, rasgando o papel de raiva e depois mergulhava em um relato consciente das próprias emoções. Ele lançava farpas com a precisão de um guerreiro da Nova Guiné, às vezes repleto de teoria social ou das últimas descobertas em psicologia.

> Não invente mais construções de temperamento para defender suas preferências — assuma que não passam de vontade de trepar com quem você quer no momento —, não invente sagas ou heroísmos, não condene o caráter de X apenas porque quer transar com Y. Se não conseguir enredar Y sem isso, aceite. Eu particularmente não quero trepar com você agora — você precisa dar um descanso para sua mente, pois a mantém perto demais do coração.[66]

Suas teorias, vociferava Fortune de todo canto do mundo, não passavam de racionalizações para o próprio mau comportamento. Ele fez uma fogueira com suas anotações de campo, uma das várias que acendeu em ataques de raiva ou indiferença ao longo da carreira.[67]

Andando pelas ruas de Manhattan, Mead sentia um aperto no coração sempre que via um homem alto no meio da multidão. Ela se perguntava por um instante se era Bateson,[68] surgindo como um herói dos contos populares dos Zuñi para salvá-la. Ele lhe disse que eles veriam todo esse passado como sua *ecdise* pessoal,[69] uma palavra que aprendera nos passeios de infância com o pai: o processo pelo qual as cobras mudam de pele.

—

**DESDE QUE MEAD SE JUNTOU A FORTUNE,** em sua primeira expedição à Melanésia, ela e Benedict chegaram a um acordo em relação ao próprio relacionamento. Elas professaram amor eterno uma pela outra, algo que nenhum casamento ou romance de verão abalaria. A intimidade física poderia acontecer[70] — talvez —, mas ficava a cargo das circunstâncias. O próprio casamento de Benedict com Stanley já terminara. Eles viveram por muito tempo de forma independente, tendo encontros com outras pessoas, e se separaram formalmente em 1930.[71]

Durante toda a estada de Mead na Nova Guiné, Benedict fora seu porto seguro — a pessoa com quem compartilhava ideias e vitórias, notícias do campo, confusões sobre o futuro com Fortune e o surgimento enlouquecedor, maravilhoso e inesperado de Bateson. Benedict, por sua vez, mantinha um fluxo constante de cartas e pacotes, com fofocas sobre o departamento, matérias de jornais, alguns livros de Virginia Woolf e Dostoiévski, além de partes do manuscrito em que trabalhava, para Mead, Fortune e Bateson lerem.[72]

Enquanto o trio no Sepik se ocupava dos quadrados, Benedict elaborava a própria contribuição para a grande teoria. Por mais que Mead e Bateson organizassem os dados íntimos das próprias paixões e descontentamentos, Benedict queria entender as pilhas de detalhes etnográficos que os amigos e colegas haviam coletado ao longo dos anos. Ela não queria criar caixas ou colocar as pessoas em categorias recém-inventadas, como Mead e Bateson. O termo que usou foi *padrões,* mais modesto.

Benedict não ia a campo desde o final da década de 1920, mas era amiga, confidente e conselheira de muitas das pessoas que frequentavam os seminários de terça-feira na casa de Boas: as aventuras de Fortune com os feiticeiros de Dobu, o trabalho de Ruth Bunzel com os *pueblos*, as viagens de Mead entre os samoanos e o povo das palafitas de Pere, até as próprias notas de Boas, feitas há muito tempo, pelas lamacentas estradas litorâneas do Noroeste do Pacífico. "A antropologia é o estudo dos seres humanos enquanto criaturas sociais",[73] afirmou Benedict categoricamente no início de seu manuscrito. Nas centenas de páginas seguintes, expôs em detalhes por que esse insight é relevante.

Não existe análise real das sociedades humanas sem a suposição prévia de que não há forma universal de ver o mundo, disse Benedict. Toda sociedade, inclusive a nossa, sofre com a tirania da própria perspectiva: entendemos nosso comportamento como padrão, e nossas maneiras, como natureza humana. Mas todas as sociedades são apenas trechos de um "grande arco"[74] de possíveis maneiras de se comportar. Quais trechos específicos se desenvolvem em uma sociedade depende de uma série de fatores acidentais, desde "dicas" oferecidas pela geografia, meio ambiente ou necessidades humanas básicas até empréstimos mais ou menos aleatórios das sociedades vizinhas. Essas opções podem ser relativamente duradouras, o que permite aos antropólogos estudá-las em um contexto — registrar como os bebês nascem, como os meninos viram adultos ou como as meninas buscam se casar bem e rápido, em uma determinada sociedade. Mas nada disso é fixo. Todas as sociedades mudam.

Ao mesmo tempo, continuou Benedict, as culturas não são uma variedade arbitrária de características — "um Frankenstein mecânico com um olho direito de Fiji, um esquerdo da Europa, uma perna da Terra do Fogo e uma do Taiti".[75] Elas fazem sentido para si mesmas; têm coerência, um senso de integração, que permite aos indivíduos dessa sociedade encontrar o caminho da infância à idade adulta. Ser um membro bem ajustado de uma sociedade significa entender seus padrões essenciais de vida — suas "configurações culturais" básicas, ou *Gestalt*, como Benedict as chamava, pegando emprestado um termo alemão da psicologia: a totalidade de uma coisa, a soma dos aspectos que a compõem. Ela usava mais dois termos de outra fonte alemã, do filósofo Friedrich Nietzsche, que os emprestara da mitologia grega. Sociedades "apolíneas" eram aquelas cujas configurações culturais enfatizavam ordem, regras, senso de comunidade, controle e limites. As sociedades "dionisíacas" enfatizavam rupturas, liberdade, individualismo, expressão e ausência de restrições.

Era absurdo reduzir qualquer sociedade humana complexa ao "leito de Procrusto de características-chave",[76] alertou. Atentar aos padrões amplos permitia compreender o que tornava uma sociedade diferente das outras e significativa para si mesma — sua maneira de encarar a vida social, os costumes e o ritual, de definir os objetivos e os caminhos da própria vida. Benedict então ilustrou como tudo isso funcionava em capítulos sobre o povo dos *pueblos*, de Dobu e da Costa Noroeste — o primeiro, apolíneo; os outros dois, dionisíacos.

Ao final do manuscrito, Benedict havia chegado à sua verdadeira descoberta. Seu trabalho não se resumia aos Zuñi ou aos Kwakiutl. Era uma grande ilustração do que uma perspectiva antropológica sobre a vida poderia acarretar. Os cientistas sociais analisavam a cultura como se ela ocorresse dentro de uma caixa geográfica. Você podia examinar essa cultura *aqui* ou aquela *ali*. Essas unidades eram rotuladas como tribos, povos, aldeias ou grupos étnicos. Alguns antropólogos se referiam a elas como "áreas de cultura" — pedaços de terra cobertos por uma única cultura ampla —, e os museus podiam organizar suas coleções de acordo: uma sala para os povos do Pacífico, por exemplo, ou uma vitrine mostrando homens das tribos das Grandes Planícies arrastando um *travois*, exatamente como Boas insistia há tempos em seu embate com o Smithsonian.

Mas essa não era a única maneira de ver as coisas, disse Benedict. Alguns padrões culturais podiam ser determinados pela geografia. Uma vila isolada em uma floresta remota, com pouco contato externo, poderia representar a própria área de cultura. Mas, como sugerira Edward Sapir, uma fábrica da Ford ou Greenwich Village poderia ter os próprios modos de comportamento bem integrados, um senso de ordem moral, acordos sobre maneiras certas e erradas de se vestir e falar, um conjunto complexo de procedimentos e regras tacitamente compartilhado. Para um observador externo, o segredo era tornar-se o que Benedict chamava de "consciente da cultura": plenamente consciente de como sua reação instintiva à diferença — nó na garganta, exasperação com a estupidez de outra sociedade, até nojo visceral — era, na verdade, um choque entre dois mundos, cada um com os próprios padrões. Nenhuma instituição, nenhum hábito, nenhuma maneira de agir que dada sociedade considera básica, óbvia e normal é natural. Todas são — até almoços no Rotary Club e jantares cerimoniosos — fragmentos do "grande arco de propósitos e motivações humanas possíveis".[77]

Nada disso deveria ser desesperador, concluiu Benedict. Em vez disso, proporcionava um profundo senso de esperança sobre a humanidade e nossa capacidade de nos compreender. O parágrafo final do manuscrito resumia todo seu trabalho e, de certa forma, toda a sua carreira. "O reconhecimento do relativismo cultural",[78] escreveu, nomeando pela primeira vez a ideia central do círculo de Boas em um manuscrito de livro, "carrega consigo os próprios valores, que não precisam ser os mesmos das filosofias absolutistas".

> Ele desafia as opiniões habituais e incomoda os que foram criados com base nelas. Desperta o pessimismo porque confunde fórmulas antigas, não porque seja intrinsecamente difícil. Assim que a nova opinião for adotada como crença costumeira, será outro baluarte confiável da boa vida. Chegaremos então a uma fé social mais realista, aceitando como fundamento de esperança e como novas bases de tolerância os padrões de vida coexistentes e igualmente válidos que a humanidade criou para si a partir das matérias-primas da existência.

Em poucas frases, além de consolidar uma declaração concisa sobre o relativismo cultural, ela deu uma definição mais clara do que nunca de como a ciência social poderia ser um projeto de vida. Suas viagens pelo Sudoeste, sua leitura do trabalho de campo de outros antropólogos, as longas e enfastiantes cartas de Mead, Fortune, Sapir e outros amigos, sua própria sensação de desconforto praticamente em todos os lugares a que ia — finalmente se resumiu em um código que era ao mesmo tempo analiticamente preciso e profundamente moral.

"O livro de Ruth está terminado, e não é muito bom",[79] escreveu Mead a Bateson depois de ver um rascunho. Mead queria mais ambição, mais teoria, mais abrangência, as coisas que os colegas do círculo há muito pediam e que ela mesma tentara alcançar com os quadrados. Na verdade, *Padrões de Cultura*, de Benedict, publicado pela Houghton Mifflin em 1934, teve um impacto mais duradouro do que qualquer coisa que escreveram. Seria indiscutivelmente o trabalho mais citado e ensinado da grande teoria antropológica de todos os tempos, bem como "um defensor da postura antropológica",[80] como Alfred Kroeber colocou na época. Por meio de seu livro, Benedict apresentou "a doutrina do relativismo cultural"[81] ao público, disse um crítico do *New York Times*, usando o termo pela primeira vez em um jornal de âmbito nacional. Em essência, acreditava Benedict, era uma ética fundamental que se aplicava tanto a indivíduos quanto a sociedades inteiras. Era o que ela lutava para dizer, de uma maneira ou de outra, desde a infância, por meio dos gritos de sua mãe perturbada, de seu status de segunda classe como professora e de seu amor inominável por Mead: não existe o que se chama de ser humano defeituoso.

—

"É ENGRAÇADO, VOCÊ SABE que estou perfeitamente disposta a admitir meu estado de insensatez quando propus essas ideias no Sepik e o monte de analogias falsas e construções impossíveis que criei",[82] escreveu Mead a Bateson enquanto Benedict preparava *Padrões de Cultura* para publicação. A coisa toda era uma espécie de arremedo de religião, sentia, e ainda tentava entender o que tinha acontecido. "Obviamente, foi uma forma de loucura, um ritmo de pensamento e sentimento impossível de ser mantido por mais de uma semana sem que se transforme em algo tão remoto que deixe de ser relevante; mas acho que foi o tipo de loucura da qual, mantida a derradeira sanidade e com um pouco de inteligência e experiência, é possível chegar a novas ideias."[83] Ajudou o fato de todos terem se apaixonado, disse ela, em um estranho triângulo de obsessão, paixão física e vertigem intelectual, em que todos lutavam para transformar aquilo em um tipo de estrutura sensata.

O trabalho de campo foi devastador. Casamentos se acabaram. Velhos relacionamentos desapareceram. As ambições juvenis se tornaram estapafúrdias. Para fazer uma boa antropologia, você tinha que se alienar de tudo o que lhe era familiar. Tinha que jogar fora sua versão de senso comum, enquanto se esforçava para adquirir o conhecimento local de outro lugar. A antropologia produzia a própria vertigem intelectual. A recompensa era uma maneira libertadora e original de ver a própria sociedade, desprovida de seu caráter especial, como apenas uma das várias maneiras de estruturar o mundo social. E se você sempre se sentiu deslocado na própria cultura — um "anormal", "desviante", "invertido" sexual ou um "tipo misto", como Benedict colocou no próprio trabalho —, adquiria novas ferramentas para entender por que sua própria vida fora conturbada.

Para Mead e Benedict, essas ideias ajudaram a entender o relacionamento que mantiveram por mais de uma década: às vezes físico, às vezes não, mas sempre juntas, conectadas e eternas. "O tipo de sentimento que se classifica como 'homossexual' ou 'heterossexual' é na verdade 'sexo adaptado a temperamentos semelhantes ou aos quais compreende' versus 'sexo adaptado a uma relação de estranheza e distância'",[84] escreveu Mead a Benedict, do Sepik. "Acredito que todas as pessoas com tendência sexual ordinária têm capacidade para expressão sexual 'homossexual' difusa e clímax específica — conforme a situação do temperamento. Chamar homens que preferem uma expressão diferente de 'femininos', mulheres que só experimentam uma expressão específica de 'masculinas', ou ambos de 'tipos mistos', é muito obscurantismo." Tudo é potencialidade até ser canalizado em uma direção específica pelas circunstâncias e pelo cenário de regras em que alguém nasceu. Mead via isso em si mesma, nos próprios anseios e desejos, e testemunhava nos outros sempre que entrava em campo.

O preço desse método, porém, era uma espécie de loucura intencional. Se o seu senso de realidade foi moldado por um tempo e um lugar específicos, a única maneira de se libertar era sair de sua mente: sair da estrutura mental que conhecia como real, verdadeira e óbvia. "Estávamos em uma viagem de descoberta sem marcos culturais para nos guiar",[85] disse Bateson a Fortune, refletindo sobre o Sepik. "Há um preço alto associado a todas as expedições deste tipo, e todos passamos por um inferno similar." Mas era o tipo de loucura que, em um cenário controlado, produzia novas ideias, até novas pessoas — instruídas na arte de adotar uma maneira diferente de ser. "Antes, eu não era nada, uma criança",[86] disse Bateson. "Agora, sou quase crescido e um antropólogo. Se o preço vale a pena, eu não sei — o conhecimento novo só pode ser obtido com o abandono da cultura (o antigo conhecimento), e muitos fazem isso sem ganhar nada em troca."

E os quadrados? Mead e Bateson mantiveram sua intensa correspondência desde que ela deixou Sydney, usando os mesmos pedaços de papel que trocaram por meses na Nova Guiné. Eles datilografaram descrições gerais da teoria dos quadrados e desenharam diagramas complicados, mostrando os quatro tipos principais. Mas não deu certo. Benedict achava que a teoria não era embasada por dados observáveis. Fortune insistia que tudo era uma vergonha, ciência amadora, na melhor das hipóteses; fantasia, na pior. "Você ficou tão empolgada com a utilidade para seus propósitos, que achou que era verdade",[87] escreveu a Mead. "Espero que não tenha dito nada a Boas." Ela não tinha.

Poucos meses depois de voltar da Nova Guiné, Mead escreveu para Bateson sobre uma nova linha de pensamento, oriunda da confusão no Sepik.[88] E se a questão principal não fosse as caixas nas quais os indivíduos se enquadravam, mas como as diferentes sociedades padronizavam temperamentos específicos nos indivíduos? Era a imagem espelhada do problema que Benedict abordara em *Padrões de Cultura*. Benedict queria descobrir quais formas dominantes uma sociedade poderia assumir. Mead, como essas formas estruturavam a vida dos indivíduos — o que, em sua essência, era exatamente do que tratava a extravagante teorização dos quadrados.

Tudo isso era mais fácil de ver, disse Mead, quando se tratava de homens e mulheres. Na Nova Guiné, registraram homens que se vestiam de mulher e mulheres que assumiam o papel social dos homens, e todas as variações possíveis. Mas descrever o cenário assim era uma camisa de força conceitual. Mead tentava explicar um mundo social completamente diferente, baseando-se apenas nas categorias binárias de homem e mulher que conhecia na própria sociedade. Sua sociedade — "nossas próprias culturas modernas",[89] como colocou — selecionara uma coisa que chamava de sexo como o recipiente no qual residia o temperamento central de um indivíduo. Dizia-se que homens e mulheres biológicos tinham qualidades básicas que todos na cultura descreveriam facilmente. Ousadia, agressividade e domínio eram masculinas; gentileza, maternidade e criatividade, femininas. Mas ninguém em sua sociedade tendia a associar orelhas grandes ou olhos verdes a traços de caráter inerentes; alegar que pessoas com orelhas salientes eram submissas, por exemplo, era algo estúpido. Sua cultura, disse ela, evoluiu de tal maneira que ser homem ou mulher era uma maneira básica, binária e profundamente significativa de classificar a realidade. Ter orelhas proeminentes ou olhos verdes, não.

Mas é possível imaginar muitas formas diferentes de organizar uma sociedade. A teoria dos quadrados foi uma tentativa, construída inteiramente em meio ao torpor da malária. Os Arapesh, os Mundugumor e os Tchambuli eram outras possibilidades. Mead havia encontrado uma maneira de incorporar todos esses exemplos em uma visão abrangente.

Seu novo livro, que chamou de *Sexo e Temperamento*, foi publicado em 1935, um ano após *Padrões de Cultura*, de Benedict. Foi dedicado a Boas e continha um reconhecimento generoso a Fortune — com quem ainda era casada e, para todos, exceto seus amigos mais próximos, muito bem casada. William Morrow difundiu o livro para um público amplo. Ela enviou um exemplar para Fortune. Ele respondeu dizendo que o achara "brilhante".[90]

*Sexo e Temperamento* representava a tentativa mais séria de Mead de juntar o trabalho de campo e a grande teoria social. Foi também um esforço para relacionar a orientação de Boas sobre raça a seu pensamento sobre sexo e gênero.[91] Nossa sociedade se apoia firmemente nas diferenças dos sexos, escreveu. Espera que homens e mulheres se comportem de maneira muito diferente, do nascimento em diante, simplesmente com base em sua biologia. Ela "explica todo o fenômeno da corte, do casamento e da paternidade em termos de tipos de comportamentos considerados inatos e, portanto, apropriados para um sexo ou para o outro".[92] Construímos gírias, piadas, poesia, obscenidade e até nossa medicina, sob a crença de que sexo e comportamento social andam juntos. Pessoas que não se encaixam no tipo que lhes foi designado — que são chamadas de homens afetados, digamos, ou mulheres masculinizadas — divergem da dita ordem natural das coisas.

As sociedades ocidentais pensavam que as diferenças entre homens e mulheres eram naturais, concedidas por Deus, e óbvias. Todas as sociedades atribuíram papéis sociais específicos a mulheres e a homens biológicos. Mas não era uma característica universal das culturas humanas associar esses papéis sociais estritamente à própria biologia, observou. Mesmo se você pudesse demonstrar que, na média, os homens biológicos estavam dispostos a se comportarem de uma maneira e as mulheres biológicas, de outra, ainda lhe restavam os problemas análogos aos que Boas há muito tempo identificara sobre raça.

Primeiro, era provável que o grau de diferença dentro de cada categoria fosse maior do que entre elas. Nenhum grande abismo de comportamento separava todos os homens de todas as mulheres. Segundo, não havia uma maneira fácil de distinguir os comportamentos que eram produto de fatores sociais daqueles que eram supostamente inatos. Mead disse que a única coisa universal era a existência independente de papéis sexuais e de diferenças de personalidade, ou o que chamava de temperamento. As sociedades diferiam nas formas de conectar essas duas coisas — em outras palavras, quais temperamentos específicos uma sociedade *atribuía* à masculinidade e quais à feminilidade. Você não podia falar sobre diferenças profundas entre os sexos até entender as características que uma sociedade atribuía a cada um deles. Na verdade, também era preciso saber se uma sociedade se preocupava em atribuir características específicas aos sexos. Ela elencava prontamente três sociedades muito diferentes que, segundo ela, simplesmente não o faziam.

Consideremos os Arapesh e os Mundugumor, continuou. Ambas as comunidades designam papéis diferentes para homens e mulheres. Os Mundugumor pensavam que a pesca era uma ocupação feminina, enquanto os Arapesh consideravam as pinturas coloridas, masculina. Mas nenhuma sociedade acreditava que esses papéis tinham algo a ver com diferenças de temperamento naturais dos sexos. As mulheres eram melhores para carregar cargas pesadas, diziam os Arapesh. Mas porque eles pensavam que as cabeças das mulheres eram mais duras e fortes, não porque acreditavam que eram inerentemente adequadas para tarefas servis. A criação de crianças era um trabalho dividido entre homens e mulheres, mas não porque havia crenças de que ambos os sexos eram naturalmente "maternais" — pelo contrário, entre os Arapesh havia infanticídio. Na verdade, segundo a compreensão local, a procriação resultava de múltiplos atos sexuais entre um homem e uma mulher. As crianças eram formadas e "alimentadas" pelo casal, por meio de relações sexuais, durante a gestação. Era natural, então, que os pais continuassem trabalhando juntos na criação do filho após seu nascimento.

Se pedíssemos que os Arapesh explicassem sua concepção de pessoa ideal, seria alguém, conforme o vocabulário ocidental, gentil, educado e voltado para o bem da comunidade. Os Mundugumor, por outro lado, pensavam o oposto: consideravam a agressão, a ganância e a desconfiança qualidades ideais. Era uma sociedade de rivalidade e suspeitas, relatou Mead, dividida em grupos de linhagens longas e complexas, que mantinham propriedades em comum e as defendiam contra uma série de supostos agressores. A única coisa que parecia unir a comunidade eram as expedições de caça de cabeça contra os vizinhos. Mas pensava-se que todas as características preferidas das sociedades estavam igualmente distribuídas entre mulheres e homens.

E depois havia os Tchambuli. Para eles, os homens eram artistas que passavam seus dias fazendo pinturas elaboradas, esculpindo máscaras de madeira e dançando — *sing-sing*, como chamavam —, enquanto as mulheres realizavam as tarefas de pesca e preparação de alimentos. Mais uma vez, os Tchambuli não faziam distinção entre homens e mulheres quanto à distribuição inerente de suas potencialidades. Na verdade, realizavam festas regulares que subvertiam as identidades sexuais, grandes bailes de máscaras em que homens vestidos como mulheres e mulheres encenavam relações sexuais.

"De onde vieram todos esses papéis sociais?", perguntou Mead no final de seu estudo. As sociedades ocidentais aprenderam com o tempo a associar temperamentos específicos aos papéis sociais nos quais enquadravam os sexos biológicos. Como às mulheres era, de modo geral, atribuído o papel de cuidar, era conveniente acreditar que elas eram, por natureza, cuidadosas, atenciosas e focadas no bem-estar das crianças. Como os homens recebiam os papéis de políticos e guerreiros, era igualmente conveniente acreditar que os homens biológicos possuíam discernimento e bravura. Mas ver esse alinhamento de sexo e temperamento como a única maneira possível de organizar a sociedade era confundir causa e efeito. Os papéis sexuais, argumentou Mead, vieram primeiro, o produto de um processo longo e complexo de empréstimos, compromissos, mudanças e oportunidades culturais. Só mais tarde veio a "padronização do temperamento sexual", como colocou Mead, para se adequar a esses papéis preexistentes.

A verdadeira pergunta a ser feita à própria sociedade, concluiu, era até que ponto as pessoas estavam dispostas a se abrir para a ideia de que o potencial humano não vem definido com os órgãos sexuais. Segundo o entendimento das ciências sociais da época, Mead nunca empregou o termo *gênero* em nada além de seu sentido gramatical. Todas as línguas que estudou na Nova Guiné tinham vários gêneros — não apenas substantivos classificados como masculinos, femininos e neutros, mas também dezenas de outras categorias gramaticais nas quais uma planta, um pássaro ou um ovo de crocodilo poderia ser classificado. Mas, em *Sexo e Temperamento*, ela procurou fazer uma distinção brilhante entre sexo biológico — o tipo de genitália ou conjunto de características sexuais secundárias, por exemplo — e o sexo como categoria social. O primeiro poderia ser pensado como uma classe de fatos biológicos, pelo menos para a maioria, exceto uma pequena porção de seres humanos. O segundo, que agora seria chamado simplesmente de gênero, era o produto de um tempo e de um local específicos — as posições sociais distintas que uma determinada sociedade atribuía a homens e a mulheres, ou, alternativamente, o cardápio de papéis, comportamentos, atrações e potencialidades disponibilizados às pessoas, com pouca referência ao sexo biológico.

Era uma versão do argumento que Boas formulara anos antes sobre a distinção entre diferenças físicas observáveis e a categoria social de raça. As conclusões de Mead foram o resultado do que chamou, em uma correspondência com Benedict, de sua prática de "biografia revisada", isto é, usando as teorias das ciências sociais como ferramentas de autoanálise crítica. O método resultou na teorização no Sepik e depois, de volta a Nova York, no artigo que se tornaria *Sexo e Temperamento*. Finalmente ela encontrara uma forma de entender o próprio destino confuso e desajustado. Também lhe propiciou um meio de falar sobre as tragédias e as paixões de muitas mulheres e muitos homens que conhecera em sua vida, desde que frequentara a Barnard, de Benedict e Fortune, e, agora, de seu mais novo e libertador amor, Bateson.

As culturas são alfaiates astutos. Cortam as roupas como lhes convêm e depois trabalham arduamente para remodelar as pessoas para que se ajustem nelas.

Benedict se preocupava com os padrões culturais de uma determinada sociedade. Mead estava interessada na forma como as sociedades restringiam e canalizavam os temperamentos individuais. A verdadeira liberação real não significava necessariamente tornar as mulheres mais masculinas ou permitir que os homens fossem afeminados. Tratava-se de libertar o potencial dos seres humanos dos papéis que a sociedade formara, vendo cada pessoa como um pacote de possibilidades que poderiam ser expressas de muitas maneiras criativas. A mudança cultural ocorria quando pessoas suficientes percebiam que as roupas velhas simplesmente não cabiam.

A sociedade ocidental estava obcecada por ver as pessoas como "tipos" de alguma realidade mais profunda e inata. O gênero não era mais do que outra versão da raça ou do formato da cabeça — mais uma maneira de reduzir a capacidade individual, aprisionando-a. "Uma civilização pode ser influenciada por aspectos que não sejam decorrentes de categorias como sexo, raça ou posição hereditária em uma linhagem familiar",[93] concluiu Mead em *Sexo e Temperamento*, "mas, em vez de especializar as personalidades dentro de limites tão simples, deveria reconhecer, treinar e abrir um espaço para muitos talentos temperamentais divergentes". Fazer o contrário não era uma questão de injustiça ou opressão (como seria rotulado mais tarde), embora ambos acabassem sendo consequências. Era apenas um desperdício terrível, uma vasta perda de talento, energia e aptidão, tudo reprimido dentro de pessoas forçadas a viver suas vidas como tragicamente inferiores.

*Capítulo Doze*

# REINOS ESPIRITUAIS

..................................

S*exo e Temperamento*, de Mead, foi lançado no mesmo ano que *Mules and Men*, de Hurston. O livro de Mead foi anunciado como uma defesa ousada de sexo e habilidade. O de Hurston, como um relato de uma escritora negra sobre a cultura negra, ou, como um crítico do *New Republic* escreveu, sobre "a vida do negro não sofisticado[1] nas pequenas cidades e nos sertões da Flórida". Os volumes sobre o povo da Samoa e da Nova Guiné foram aclamados como revelações sobre as características universais da sociedade humana. Um texto que abordasse os afro-americanos ainda era considerado uma excêntrica narrativa um tanto fantasiosa.

Ainda assim, Hurston estava no auge de seu poder como escritora e intelectual. Publicou dois livros que receberam boas críticas dos principais jornais. Ela estava se dedicando a um doutorado. Fannie Hurst,[2] escritora best-seller e velha amiga de Hurston, pediu-lhe uma foto autografada quando *Mules and Men* foi lançado. Ela havia coletado mais artefatos no Sul, dessa vez com um jovem universitário chamado Alan Lomax. Com um gravador a tiracolo, Hurston e Lomax registraram histórias, canções de trabalho, spirituals e números de blues para a Biblioteca do Congresso, uma espécie de acompanhamento sônico da própria pesquisa de Hurston. Um ano após *Mules and Men* ser publicado,[3] em 1936, ela foi premiada com um Guggenheim Fellowship, um prêmio que escapara de Margaret Mead no ciclo anterior. Na inscrição, Hurston declarou sua área como "ciência literária"[4]. Era um bom título para o que ela mais queria fazer: escrever de forma criativa e usar o folclore como uma ferramenta para entender como as pessoas construíam vidas significativas a despeito de suas dificuldades.

Enquanto Mead, Fortune e Bateson ainda pelejavam em suas carreiras, Hurston levantou US$2 mil em fundos com o Guggenheim — mais dinheiro do que tivera em qualquer outro momento de sua vida — para ir a outro local de trabalho de campo. Ela planejava realizar o que os curadores do Guggenheim descreviam como "um estudo das práticas mágicas[5] dos negros nas Índias Ocidentais". A pesquisa não passou de uma espécie de "curiosidade formalizada"[6], escreveu mais tarde. Seus preconceitos se dissipariam se você se permitisse acessar o tesouro de segredos de qualquer comunidade humana. "Basta esperar", disse ela, "que as coisas começam a acontecer".[7] Naquela primavera, ela desembarcou de um navio no porto de Kingston, Jamaica.

—

**KINGSTON FOI A PRIMEIRA PARADA** do que Hurston via como um processo de autodidatismo que duraria um ano. O departamento de Columbia parecia ter sido construído para pessoas como Sapir, Benedict e Deloria, com foco nas culturas nativas norte-americanas. Não era tão acessível para aqueles com outros interesses. "Papa Franz conhece o indígena etc., mas não tinha nada para me ajudar com os meus estudos sobre o negro",[8] queixou-se a Melville Herskovits, na época, professor da Universidade Northwestern.

Como Boas e Mead em suas primeiras expedições, Hurston logo chegou às manchetes locais como pesquisadora estrangeira que buscava conhecimentos com os nativos. A imagem mostrava uma Hurston arrojada, andando por Kingston com calças e botas de montaria.[9] Mesmo para alguém versado na arte da reinvenção pessoal, a Jamaica parecia a Hurston um lugar no qual as pessoas podiam ser quase tudo o que desejassem — "uma terra onde o galo é que põe o ovo",[10] como dizia.

"Em todos os lugares, uma pessoa é branca ou negra de nascimento",[11] afirmou, "mas na Jamaica está arraigada a ideia de que uma pessoa pode ter nascido negra, mas ser branca por autoproclamação". Com rosa ou vermelho suficiente em seu tom de pele, você poderia mudar suas circunstâncias por pura força de vontade. Qualquer jamaicano nessa categoria assumia um ar de inglês, da pronúncia forçada ao chá das cinco. No próprio país, Hurston estava ciente do fenômeno da transição — a possibilidade de uma pessoa habitar duas categorias raciais de uma vez: uma particular, conhecida apenas por você e por sua família, e outra pública e diferente, a qual ostentava na sociedade. A transição, percebeu, quase sempre acontecia na mesma direção: rumo ao poder social. A Jamaica reproduzia a hierarquia racial herdada dos colonizadores brancos, maquiando as linhagens negras sob um véu de branquitude. As pessoas se convenciam das coisas mais incríveis se a sociedade em que viviam dificultasse qualquer iniciativa no sentido oposto. Ela não esperava aprender muito sobre raça, um assunto que evitava em seus escritos. Mas estar na Jamaica trazia tudo à tona. A cultura não era apenas um conjunto de regras ou de rituais, percebeu. Também podia ser um conjunto de correntes que os indivíduos arrastavam por aí depois que os guardas da prisão saíam de cena.

Em pouco tempo, Hurston saiu de Kingston, dirigindo com amigos pelas Blue Mountains até a Costa Norte da ilha e a paróquia de Santa Maria, procurando algo interessante. O mar era de um azul-celeste. As rochas e gramíneas se elevavam na costa como se brotassem no mundo no dia da criação. Em uma vila, ocorria um casamento no campo. Hurston logo se reuniu a eles, em meio à música e à dança, à entrada da noiva, e aos pratos de bolo e curry de cabra sacolejando de mão em mão.

Mais a oeste, na paróquia de Santa Isabel, ela ficou um tempo entre os quilombolas, descendentes de escravos fugidos que se misturaram aos ilhéus. Juntou-se a uma caçada[12] de javalis que se estendeu por dias, subindo e descendo as encostas das montanhas, andando com suas botas de montaria, os cães dos caçadores uivando quando se aproximavam demais das presas afiadas dos javalis. Depois, voltou ao outro lado da ilha, à paróquia de Saint Thomas, onde participou de um ritual de nove noites, uma espécie de vigília destinada a apaziguar o espírito do falecido. Na ocasião, o cadáver[13] foi pregado no interior do caixão para impedir que voltasse à vida e fizesse travessuras com as pessoas da aldeia. A morte, para os jamaicanos que cercavam Hurston, não era um fim, mas uma mudança de condição. O segredo era garantir que a matéria escura dentro de qualquer pessoa — o *duppy* — não voasse no processo. O objetivo das nove noites era manter o cadáver no túmulo, ou, caso desse errado, encontrar uma maneira de satisfazer os impulsos malévolos do *duppy*, uma vez que se libertasse na comunidade.

Não era preciso um grande esforço para ver reminiscências da África em todas essas crenças e práticas. Hurston era bem versada no trabalho de muitas pessoas que as elucidaram: Elsie Clews Parsons, que publicou pesquisas sobre a religião do Caribe uma década antes; Carter G. Woodson e James Weldon Johnson, cujas pesquisas, por causa da segregação racial na academia norte-americana, foram publicadas majoritariamente nas chamadas revistas negras ou por editoras negras; e, é claro, Herskovits, que trabalhava pesado nos próprios estudos sobre os laços religiosos, linguísticos e folclóricos das sociedades da África Ocidental e do Novo Mundo. Suas aulas na Northwestern já estavam formando o que se tornaria o primeiro programa de estudos africanos em uma faculdade ou universidade historicamente branca.

Desde o tempo em que passou em Nova Orleans, Hurston percebeu algumas das raízes africanas nas culturas negras nos EUA. Mas na Jamaica era impossível escapar do toque britânico, mesmo no interior. De ideias de raça a modos cotidianos, a ilha era uma Inglaterra reformada. Ela logo percebeu que seria difícil atravessar o verniz do império. Se você queria conhecer o cenário de quando as pessoas eram traficadas para fora de Dahomey ou na Costa do Ouro, e deixavam meio mundo para trás para cortar florestas e cultivar cana, havia um lugar para onde ir. No final de setembro, Hurston fez as malas e pegou um navio para Porto Príncipe.

—

FREDERICK DOUGLASS,[14] QUE FOI ministro e cônsul-geral dos EUA no Haiti, disse uma vez que rastrear a história do país era como seguir um homem ferido por uma multidão: bastava seguir o rastro de sangue. Em 1791, o povo escravizado na colônia francesa de Saint-Domingue, na metade ocidental da Ilha de Hispaniola, iniciou uma revolução armada contra os proprietários de escravos e as autoridades coloniais. A revolta levou à independência, como República do Haiti, em 1804; mas o preço da vitória foi o endividamento e o isolamento nacional. As potências europeias forçaram o novo governo a compensar a França pelo custo de seus escravizados libertos. Períodos de relativa estabilidade e reforma se alternaram com golpes, assassinatos, revolta camponesa, supressão brutal e, finalmente, em 1915, uma ocupação militar dos Estados Unidos, que interveio para apoiar investidores norte-americanos no controle do banco nacional do Haiti. Quando Hurston chegou, no outono de 1936, as tropas norte-americanas haviam debandado há apenas dois anos, depois de entregarem o poder a um presidente recém-eleito.

"O funeral encontrou o funeral na porta",[15] escreveu Hurston mais tarde sobre a história recente do Haiti. Mas o passado já dava lugar ao que as elites locais chamavam de segunda independência. Os 3 milhões de habitantes do país reafirmavam seu poder. Os norte-americanos que ocupavam cargos no governo, nas Forças Armadas, na polícia e em instituições de ensino foram substituídos por haitianos. Todas as noites, pelas ruas e avenidas de Porto Príncipe, a alta sociedade do Haiti passeava pelos edifícios com pórticos, a catedral com suas torres gêmeas, a Place de l'indépendance e o beaux arts Palais National, com sua fachada de concreto branco contrastando com as colinas verdes ao fundo.

Hurston abriu uma loja nos arredores da capital. Começou a estudar a língua crioula e planejou as próximas visitas ao interior. O país eram dois lugares,[16] disse: o do Champ de Mars, o centro da moda de Porto Príncipe, com sua arquitetura francesa e clientela de pele clara, e o do Bolosse, o bairro mais pobre, perto do cemitério municipal, com seus barracos para os mais escuros. Para conhecer o lugar, você tinha que sair dos pórticos. Em dezembro, Hurston foi a La Gonâve, a ilha seca e mal povoada que ficava dentro da Costa Oeste, em forma de pinça, do Haiti. Vista do mar, a paisagem da ilha parecia uma mulher reclinada. A vida tranquila da vila, as águas calmas e as refeições simples de cabrito ensopado fizeram Hurston sentir, apesar dos mosquitos infindos, "uma paz que nunca conheci em nenhum outro lugar do mundo".[17]

No início de janeiro, voltou para a ilha principal, para Arcahaie, que transformaria em uma de suas bases pelo resto do tempo que passou no Haiti. Seu anfitrião, um homem chamado Dieu Donnez St. Léger, morava em um complexo que englobava vários edifícios e uma casa ampla. Ele administrava plantações inteiras[18] e colhia as recompensas, que eram exibidas nos elaborados arredores: um arco de entrada pintado com listras vívidas de verde, branco, azul e laranja, com paredes verdes e vermelhas ao redor do complexo e um clã inteiro de operários, subordinados e crianças correndo de um lado para o outro, no meio da poeira. O que dera esse poder a Dieu Donnez não tinha sido a riqueza de suas fazendas, mas algo que Hurston sentia que percorria a sociedade haitiana como uma rede elétrica secreta. Era uma fonte de energia nativa do Haiti e um aspecto da cultura local que os estrangeiros nem sequer entendiam: as práticas e convicções que os haitianos chamavam de *vodu*.

—

**POUCO TEMPO DEPOIS DE HURSTON** deixar os Estados Unidos para ir ao Caribe, Melville Herskovits publicou um estudo sobre o Haiti rural, que intitulou *Life in a Haitian Valley* ["Vida em um Vale Haitiano", em tradução livre] (1937). Fruto de uma pesquisa feita com Frances, esposa de Herskovits, o livro tratou em detalhes da vida religiosa dos aldeões haitianos. "'Vodu' ou *vodun*",[19] escreveu, usando outra grafia do termo, "é um complexo de crenças e rituais africanos que governam a vida religiosa do campesinato haitiano".

Deus era o governante do universo, mas o mundo também era habitado por santos ou espíritos, o *loa*, que podia assumir o controle dos corpos dos fiéis. Eles montavam em um ser humano da mesma forma que alguém subia em um cavalo. Os padres, chamados de *houngans* ou *mambos*, tinham acesso exclusivo ao *loa* e entendiam seus caminhos, e esse conhecimento possibilitava a cura, as profecias e outros feitos extraordinários. Templos, ou *hounforts*, eram espaços nos quais eram realizadas cerimônias que ligavam o mundo visível ao invisível, por meio de oferendas, sacrifícios e o toque de tambores sagrados.

Herskovits destacou que cada aldeia e distrito tinham as próprias práticas, e assim que pensava ter entendido uma crença ou ritual, você encontrava um haitiano — uma espécie de Two Crows crioulo — que insistia em que nenhuma pessoa sã poderia acreditar em tal absurdo. Mas não havia nada de especial nesse fato, percebeu Herskovits. Pergunte a um cristão, judeu, muçulmano ou budista praticante sobre sua fé, e você obterá uma enorme variedade de opiniões sobre qual é a crença correta, a cerimônia ideal, a ética apropriada, o caminho certo para viver, a oração eficaz e até o número de deuses. Os católicos *dizem* acreditar em apenas um deus, por exemplo, mas, para qualquer antropólogo, a forma como *praticam* a religião indica que eles acreditam em vários. A Trindade, a Virgem Maria e todos os santos pareciam um grande bazar politeísta, com cada divindade tendo uma posição celestial específica e poderes mágicos únicos.

Alguns aspectos atribuídos aos praticantes de *vodu* — como o culto à serpente ou mesmo o canibalismo — eram produto da imaginação do observador externo, escreveu Herskovits. A maioria dos norte-americanos pensava que os haitianos realizavam suas tarefas diárias "em um universo de terror psicológico".[20] Ele estava ansioso para corrigir essa opinião. O que ele produziu talvez tenha sido o retrato mais sofisticado e perspicaz da vida nas aldeias haitianas publicado até então, regado a humanidade e a razoabilidade — a melhor coisa já escrita no país,[21] como escreveu Ruth Benedict.

Um objetivo mais profundo de *Life in a Haitian Valley* era catalogar o que Herskovits chamou de "africanismos não contaminados"[22] no tocante à linguagem, magia e organização social. Ele estava, de certa forma, imitando Boas. As sociedades têm histórias, e essas histórias são responsáveis pelas práticas e pelos hábitos que se veem hoje. No caso do Haiti, essa história remonta à era da independência, aos séculos passados de escravidão e aos modos de vida que, um oceano distante na África subsaariana, ainda estavam bem vivos. Mais tarde, Herskovits classificaria o Haiti,[23] perdendo apenas para as Guianas, ao longo da Costa Nordeste da América do Sul, como um local para estudar as origens africanas das culturas dos "negros do novo mundo".

O fato de Herskovits poder identificar uma palavra, frase, divindade ou uma técnica de tambor como dahomeyan ou senegalês, nigeriano ou angolano — não apenas como um primitivismo atemporal — era um ponto ao qual ele entendia precisar de ênfase especial. Batia de frente com o que muitos de seus leitores brancos pensavam a respeito de uma sociedade negra. "Se a vida do camponês negro haitiano[24] hoje apresenta aspectos de rispidez e instabilidade", escreveu, "é adequado questionar quanto disso advém de exemplos que esses negros tiveram de seus senhores, em vez de assumir, de forma equivocada, tendências raciais inerentes para explicá-los, como costuma ser feito".

Alguns anos depois, ele reforçou tal argumento, com mais ênfase, em *The Myth of the Negro Past* ["O Mito do Passado Negro", em tradução livre] (1941). O título continha um duplo negativo implícito. Ele não estava atacando o mito de que os negros *tinham* um passado, mas o oposto: a ideia — afirmada por proprietários de escravos e historiadores brancos — de que não. A alegação de que os negros faziam parte de uma longa linhagem cultural, que poderia ser reconstruída por meio do cânion criado pela escravidão, não era original. Herskovits devia muito a pensadores como Du Bois e Woodson, que defenderam argumentos semelhantes muito antes, embora, muitas vezes, só chegassem aos leitores negros por meio de editoras e jornais segregados. Ainda assim, ele levou o argumento mais além do que qualquer autor branco da época. Os negros tinham uma história que valia a pena lembrar, insistia, e seus legados podiam ser mapeados no presente. Mesmo os sulistas brancos, apontou Herskovits, pintavam a África com base na maneira como cantavam, cozinhavam, conversavam e praticavam sua religiosidade. Afinal, o que era uma reunião de protestantes brancos no campo,[25] com sua música de piano vibrante e emotivos praticantes caminhando por uma trilha de serragem até o altar, se não uma forma de possessão espiritual com raízes africanas?

No entanto, como muitos pesquisadores brancos da época, Herskovits não estava exatamente olhando para o Haiti, mas através dele. Era difícil ver os haitianos como pessoas se sua ciência lhe dizia para vê-los como encarnações de tradições remanescentes — não importava o quanto essa ideia fosse progressista em comparação com suas alternativas racistas. *Life in a Haitian Valley* traçou o que Herskovits chamava de "amálgama" da cultura haitiana, a imersão de raízes africanas em empréstimos franceses. No entanto, praticamente não mencionava a grande mudança que definira a vida das pessoas que Herskovits encontrava dia após dia em seu trabalho de campo: a ocupação pelas Forças Armadas dos Estados Unidos. "No que diz respeito à essência das pessoas deste vale",[26] escreveu Herskovits, referindo-se ao seu sítio de campo de Mirebalais, perto da região costeira de Arcahaie, sítio de Hurston, a ocupação "não teve nenhum efeito discernível".

No entanto, os sinais visíveis estavam ao seu redor. Ele até relatou um deles. Na praça da cidade em Mirebalais, uma velha palmeira solitária era um símbolo da independência haitiana e um ponto de encontro no qual os locais se reuniam para eventos públicos. Um fuzileiro naval dos EUA deixara para trás uma mensagem gravada no tronco macio:

L. MARLOW[27]
13 DE AGOSTO DE 1920
U.S.M.C.
BÊBADO PRA CACETE

A presença norte-americana penetrara profundamente a sociedade haitiana, em todo o país. As forças de ocupação eram obcecadas por conversas sobre falsas religião e seus barbarismos. Os fuzileiros navais que iam para o Haiti recebiam lições a bordo sobre supostas tradições haitianas, incluindo lançar feitiços e envenenar inimigos. Os rituais locais praticados por gerações foram considerados caminhos de radicalização. Os jovens haitianos do sexo masculino eram tidos como especialmente suscetíveis às garras de pretensos sacerdotes. As autoridades norte-americanas[28] baniram oficialmente as cerimônias de *vodu* e invadiram os *hounforts*. Tambores foram apreendidos e destruídos. *Houngans* foram detidos e escondidos.

Os fuzileiros, que integravam a maior parte das tropas, administravam o país e combatiam as insurgências locais: os chamados *cacos*, ou combatentes rurais da região montanhosa do interior. "Provavelmente, todos os chefes caco são sacerdotes de Vaudoux",[29] escreveu um visitante norte-americano, "e, assim, conseguem manter grupos que, despojados de escrúpulos religiosos, renunciariam a seu propósito de banditismo". Oficiais subalternos e recrutas acusados de erradicarem os guerrilheiros foram designados para cargos de imenso poder na administração local. Sua autoridade dominante, combinada com preconceito racial, produziu atos grotescos de violência, em particular em locais remotos. Trabalho forçado, estupro e assassinato de civis foram amplamente divulgados. A explicação comum era a de que essas ações eram necessárias contra pessoas cruéis e nocivas, sob o domínio de uma religião histérica. O que alguém poderia fazer em uma sociedade dividida pela feitiçaria e magia negra, na qual camponeses ingênuos eram facilmente manipulados por sumos sacerdotes aliados a *cacos* e a políticos inescrupulosos?

A invasão norte-americana foi o primeiro episódio do século XX em que um ocupante estrangeiro via seu inimigo principal como o sobrenatural: um conjunto de ideias religiosas, enraizadas em uma cultura específica, que justificava a violência usada para erradicá-lo. Quando os fuzileiros navais e os jornalistas que os cobriram voltaram para casa, suas histórias sobre a vida nas ilhas convenceram o grande público norte-americano do exotismo do Haiti, bem como de sua selvageria natural. Memórias de soldados, como *The White King of La Gonave* ["O Rei Branco de La Gonave", em tradução livre] (1931) e *Black Bagdad* ["Bagdá Negra", em tradução livre] (1933), traçaram o esforço norte-americano para levar a civilização para o sul. *A Ilha da Magia* (1929),[30] o livro de viagens mais vendido do jornalista William Seabrook, tornou-se uma das representações mais influentes do encantamento do "vodu". Os ritos extáticos no Haiti eram um retrocesso para outra época, um resquício de um estágio primitivo dos costumes religiosos, quando as emoções eram cruas, e os deuses, mais ao alcance dos fiéis. "O vodu no Haiti[31] é uma religião arraigada e viva", escreveu, "como o cristianismo era [...] quando milagres e iluminações místicas eram ocorrências comuns do dia a dia [...] apesar das enormes ingenuidades, selvagerias, barbáries, baboseiras supersticiosas e, às vezes, truques de charlatães que se dizem feiticeiros."

Hurston leu[32] *A Ilha da Magia* para se preparar para sua jornada, mas ela já conhecia bem o "hoodoo", ou o "vodu", como o chamava em seus escritos, a religião popular de certas comunidades negras no Sul dos Estados Unidos. Durante o tempo que passou em Nova Orleans, foi iniciada em ritos secretos por vários praticantes especializados. Passou dias deitada nua no calor do verão, com velas acesas na cabeça e nos dedos dos pés. Ela publicou os resultados de sua pesquisa no *Journal of American Folklore*, de Benedict.

Agora, no Haiti, seu relacionamento com os padres que conheceu casualmente, por meio de amigos e colegas locais, era ótimo. Em Arcahaie, sua conexão com Dieu Donnez foi um convite para essa sociedade velada. Ela conheceu alguns dos principais *houngans* e *mambos* do país e observou as cerimônias noturnas convocarem um panteão inteiro de deuses — um santo conclave de Jesus e dos santos, ao lado de divindades desconhecidas, como Damballah Ouedo e Erzulie Freida. Viu pessoas se contorcerem e chorarem quando montadas por um *loa*. Sentiu a urgência de compreender outro plano da realidade — ver a maldade e a pureza, as coisas mais viscerais e as mais elevadas, todas entrelaçadas, todas fazendo sentido, não mais bizarras, ou irreais, ou menos extasiadas do que uma reunião de oração batista em Eatonville. Como cristã negligente e filha de um ministro, conhecia o poder de acessar outros mundos.

A religião dependia de categorias, percebia Hurston: o sagrado e o profano, o etéreo e o terrestre, o milagroso e o comum. Em Manhattan, havia apenas duas caixas, os vivos e os mortos. Mas os haitianos acrescentaram uma terceira, uma maneira de não ser nem um nem o outro, ou, talvez, de ser os dois ao mesmo tempo. *A Ilha da Magia*, de Seabrook, já havia apresentado os norte-americanos à ideia. Foi o primeiro livro a padronizar a ortografia em inglês de uma condição que os haitianos conheciam como *zonbi*, ou, como Seabrook escreveu, *zombie* [zumbi].

Um tipo especial de criatura assombrava a paisagem haitiana, Seabrook escreveu: "Um cadáver humano sem alma,[33] ainda morto, mas retirado da sepultura e dotado de uma aparência mecânica de vida por meio da feitiçaria." Em suas patrulhas, as forças de ocupação norte-americanas ouviram falar de zumbis. Um exército de mortos-vivos habitava as encostas desertas e as aldeias remotas do Haiti. Talvez tenham sido responsáveis, de alguma forma, pela insurgência *caco*. Talvez fossem eles, sugeriram os moradores, que realizaram os inesperados ataques noturnos que aterrorizaram os pelotões de fuzileiros.

Alguns anos depois, em 1932, o público dos Estados Unidos podia ir a cinemas locais para assistir a zumbis. *White Zombie* ["Zumbi Branco"], que trazia Béla Lugosi no papel de um mestre de vodu manipulador que lança seus poderes malignos em uma noiva norte-americana de férias. Os males do Haiti podiam infectar qualquer pessoa — mesmo uma mulher branca, daí o título do filme —, e o antídoto estava na tela. O feitiço de vodu de Lugosi só desaparece quando seu personagem morre, despencando de um penhasco junto com seus lacaios negros. Inspirado nos escritos de viagens de Seabrook, *White Zombie* era um filme de terror e uma espécie de etnografia a distância. Era uma obra de pura ficção que parecia fazer pelo Haiti, de forma mais sensacionalista, o que *Nanook, o Esquimó* e *Moana* haviam feito pelo Ártico e pela Samoa: torná-lo mais palatável elevando-o ao reino do exótico.

No Haiti, as conversas sobre zumbis "infiltravam-se no país como uma corrente de ar frio",[34] lembrou Hurston. Ela encontrou lendas de zumbis em quase todos os lugares a que foi, de Porto Príncipe a Arcahaie e além. As pessoas falavam de zumbis como se fala do clima ou de um casamento próximo, talvez em um tom mais calmo. Todo mundo que Hurston encontrava conhecia um ou sabia de alguém que conhecia. Mas tudo isso era conversa. Nada poderia tê-la preparado para ficar cara a cara com a criatura.

—

**A CERTA ALTURA, DURANTE** sua estada, Hurston visitou um hospital haitiano. No quintal perto da cerca, encontrou uma mulher que acabara de receber o jantar. Encolhida em uma posição defensiva, a mulher mal tocara na comida. Quando viu Hurston se aproximar, puxou um galho de um arbusto próximo e começou a varrer o chão. Ela manteve a cabeça coberta com um pano, cautelosa e com medo, como se esperasse ser agredida. Um médico tirou o pano do seu rosto,[35] mas ela ergueu os braços, dobrando-os em volta da cabeça como uma tartaruga se escondendo no casco.

Hurston descobriu que seu nome era Felicia Felix-Mentor. Crescera em Ennery, uma vila na estrada entre Gonaïves e Cap-Haitien, onde ela e o marido administravam uma pequena mercearia. O mais impressionante sobre essa mulher era que os registros médicos mostravam que sua morte ocorrera em 1907. Hurston fez várias fotografias de Felicia, das quais pelo menos uma foi publicada mais tarde. Ela continua sendo a primeira representação conhecida de uma pessoa que seus vizinhos haitianos conheciam como um zumbi.

O que aconteceu com Felicia? Vinte e nove anos antes, seu funeral ocorrera. Havia o luto, mas sua família logo seguiu em frente com a vida. O marido dela casou-se de novo. O filho se tornou homem. Mas então, no outono antes da visita de Hurston, os guardas encontraram uma mulher caminhando nua por uma estrada rural. Ela apareceu em uma fazenda local e disse se tratar de uma propriedade que já fora dela, uma herança do pai. Os lavradores tentaram afastá-la, mas o proprietário logo chegou e, perplexo, declarou que ela era de fato sua irmã. O ex-marido dela foi chamado e também confirmou que era sua esposa morta, Felicia. No entanto, não havia como as coisas voltarem a ser como antes. Na sua ausência, todos, incluindo Felicia, haviam mudado. O irmão era um fazendeiro próspero, que tomara posse da antiga propriedade da família, que, de outra forma, seria compartilhada com ela. O marido era um oficial no governo pós-ocupação, com uma nova família.

Havia pouco a ser feito, exceto sepultá-la novamente, desta vez, viva, no hospital onde Hurston a encontrou.

Os médicos disseram a Hurston que Felicia provavelmente tinha sido vítima de envenenamento. Um praticante de magia negra, um *bocor*, poderia ter lhe dado uma droga que simulou sua morte, uma fórmula secreta transmitida de sacerdote para sacerdote. O *bocor* poderia então convocá-la de volta à vida, com lesão cerebral e apenas uma "casca" da pessoa que fora, com apenas "uma aparência mecânica de vida", como disse Seabrook. Ela poderia ter vagado pelo campo por anos, ou mesmo vivido à vista de todos na comunidade, que tinha se esquecido dela. Hurston estava familiarizada com a condição, de certa forma, e talvez por isso tenha descrito seu encontro com Felicia em detalhes. Ela passou a infância sem acreditar muito na morte de sua própria mãe. Seu pai, por outro lado, sabia separar bem os dois mundos. Ele se mostrou perito em trocar a antiga família por uma nova.

Hurston cogitou a possibilidade de rastrear a fórmula do veneno e descobrir o segredo do fenômeno zumbi. Talvez pudesse se aprofundar no passado de Felicia e reconstruir aqueles 29 anos perdidos, ou contar detalhadamente como acabou entre os mortos-vivos. Mas quando Hurston começou a ter problemas estomacais,[36] ainda naquele verão, ela recuou. Talvez estivesse se aproximando demais de algum conhecimento secreto. Poderia ela mesma ter sido vítima do frasco de veneno de um *bocor*, preocupado com a descoberta de uma verdade oculta? Ela decidiu que tinha visto o suficiente. "Qual é a verdade e nada mais que a verdade sobre zumbis?",[37] escreveria mais tarde. "Eu não sei, mas sei que vi os resquícios, ou rejeitos, de Felicia Felix-Mentor em uma enfermaria de hospital."

Hurston concluiu que o segredo para entender os zumbis não estava em encontrar uma poção secreta ou em desmascarar a mitologia de outras pessoas. Na verdade, era acreditar nelas. Felicia não era alguém que *diziam* ser um zumbi. Ela não era uma fantasia, como sua contraparte fictícia em um filme de Hollywood. Ela realmente *era* um. Se você fizesse seu cérebro aceitar esse fato, teria dado um passo gigantesco para ver o Haiti — e, o mais importante, sua espiritualidade — por dentro. Em essência, os zumbis eram uma lição objetiva sobre as categorias nativas. Eram uma maneira de segmentar a realidade, que dizia muito sobre a forma como as pessoas no interior do Haiti habitavam seu mundo. Em Nova York, as pessoas pensavam na morte como um ponto final, o fim de tudo; a realidade tinha dois tipos, o agora e a inexistência. Os haitianos, no entanto, viviam em uma sociedade que havia aberto uma condição que não era exatamente estar de um lado ou do outro da morte, era um meio-termo entre estar vivo e estar morto.

Você poderia procurar as origens profundas dessa maneira de ver as coisas na África Ocidental, como Herskovits fizera. Mas vê-la como costumes lembrados de pessoas afastadas de suas culturas e reassentadas à força no Novo Mundo era confundir a história com o presente. Essa epifania foi o equivalente da descoberta, por exemplo, de que o cristianismo tem raízes na Palestina. Para realmente entender uma religião, você precisava tirar os olhos da ideia de passado e futuro, e focar o aqui e agora. O *vodu*, como todas as formas de fé, aborda o momento presente, trata de como alguém entende o poder social e compreende *esse* mundo, o imperfeito. Governos ascendem e decaem. Países poderosos invadem outros e partem. A violência desce das colinas ou invade uma vila na escuridão, sob a forma de *caco* ou de um fuzileiro naval dos EUA. Uma mulher desaparece — convenientemente, para o irmão e para o marido — e depois reaparece e começa a causar problemas até ser internada em uma instituição mental, encolhida, perturbada, silenciada, não sendo mais ela mesma, viva e morta. As religiões não sobrevivem porque as pessoas adoram a fé de seus pais, mas porque elas nos ajudam a lidar com o mundo que encontramos.

Magia, Hurston aprendera com Ruth Benedict em seus seminários, é basicamente a prática de estabelecer um padrão para um evento desejado.[38] Se você quer que seu filho cresça forte, dê a ele um nome que sinalize força. Se quer matar um inimigo, enfie um pedaço da roupa dele na garganta de uma cobra morta. O pensamento mágico estava mais próximo de um universal humano do que se imaginava, e também existia nas sociedades modernas. Jogos de azar, mercado de ações e até o conceito de propriedade privada — a crença de que o senso de si se expande para incluir um objeto inanimado, cuja perda induz um profundo descontentamento e ansiedade — tudo depende, em certa medida, de sistemas mágicos de crenças. São formas de convocar o improvável e o invisível para controlar o mundo tangível. Diferem apenas em como unimos o plano natural ao sobrenatural, o que depende da história e das condições locais.

Hurston via no Haiti exatamente o que seus professores falavam. Não era preciso entender artes das trevas, embora Hurston já tivesse certo conhecimento de causa, tanto de Nova Orleans quanto de Arcahaie. Bastava abrir os olhos para ver um mundo de forças autônomas, milagres repentinos e tragédias sopradas pelo vento. As pessoas que "brincam com os relâmpagos ziguezagueantes do poder no mundo, e que deixam em seu rastro os trovões da insatisfação",[39] escreveu Hurston mais tarde, nunca tiveram que pensar nessas coisas. Mas as pessoas comuns, sim. Se sua sociedade comandava os oceanos e fazia as pessoas se curvarem diante de você, seus deuses também poderiam fazê-lo. Se você se rendesse aos caprichos do destino, fosse arrancado de um lugar e jogado, atordoado, em outro, por razões incompreensíveis, seus deuses se comportariam da mesma maneira — caprichosamente, com suas personalidades mais sombrias e mais leves lutando pelo domínio e, de tempos em tempos, exigindo alimento e apaziguamento.

"Os deuses sempre se comportam como as pessoas que os criam",[40] escreveu Hurston em suas anotações no Haiti. Um espírito vociferante poderia dizer o que um camponês não podia. Uma pessoa montada por um *loa* poderia amaldiçoar um capataz ou um norte-americano de capacete. A possessão por forças invisíveis, escapando para uma espécie de morte, poderia ser uma maneira de estar verdadeira e profundamente vivo, especialmente em lugares onde seria difícil falar a verdade de outra maneira. Essa era a verdadeira história de Felicia Felix-Mentor. Isolada, ignorada, institucionalizada, esquecida, cuja morte era desejada por outras pessoas — sua condição era muito parecida com a de muitas pessoas que Hurston conhecia, as mulheres e os homens negros que conhecera desde os campos da Flórida até as universidades apenas para brancos. Os haitianos só haviam inventado uma palavra para isso.

Mas, se Hurston precisava sentir o poderoso senso de magia, não precisava se dedicar a zumbis. Isso já havia acontecido nas primeiras semanas no Haiti. Uma coisa tinha sido "represada" nela,[41] disse, e que agora se transformara em uma grande onda movida pelo espírito. Era um romance no qual depositava uma paixão antiga — o remanescente de um amor passado, agora mantido em um estado suspenso, entre a realidade e a memória, seu próprio experimento particular de viver na fronteira de duas realidades.

Pouco tempo depois de conhecer Felicia, escreveu à Fundação Guggenheim que logo voltaria do Caribe com dois livros a tiracolo, "um para a antropologia[42] e um do jeito que *eu* quero escrever". E seria o segundo que acabaria dando-lhe algo próximo à imortalidade.

—

**HURSTON HAVIA PASSADO NO HAITI**[43] quase quatro vezes mais tempo que Herskovits. Sua visita foi interrompida por uma curta viagem de volta a Nova York; mas, com a ajuda de uma segunda Guggenheim Fellowship, conseguiu voltar para concluir sua pesquisa. Agora, tinha quase um ano inteiro de trabalho de campo no Caribe. No final do verão de 1937, sua editora, Bertram Lippincott, a queria de volta a Nova York. Depois de ficar tempo suficiente para participar de mais uma cerimônia de *vodu*, concordou, relutante, em navegar para o norte.

Quando chegou a Manhattan, foi engolida por um redemoinho de encontros literários, notas de felicitações, resenhas de jornais e uma menção na publicação *Who's Who in America*. Anos antes, Margaret Mead[44] se juntara por acaso a outras meninas da Barnard para deixar flores na porta de uma de suas ídolas, Edna St. Vincent Millay. Agora era Millay[45] que enviava um efusivo telegrama a Hurston. O motivo foi a publicação, em setembro, do romance inspirado pelo Haiti. Ela o chamou de *Seus Olhos Viam Deus*.

A viagem de Hurston ao Caribe fora um exílio autoimposto. Poucos meses antes, ela se apaixonou[46] por um belo pós-graduando de Columbia, Percival McGuire Punter, que conheceu quando ainda era casada com Herbert Sheen. Punter era 21 anos mais novo que ela, um fato que provavelmente escondia dele tão astutamente quanto escondia sua idade da maioria das pessoas. A faísca foi intensa. Eles conversavam sobre arte, música, teatro e literatura. Ele a intrigava e a desafiava. Ela cuspiu nele e o xingou, em um misto de obsessão e fúria, quando o pegou olhando para uma mulher na Seventh Avenue. "Eu não só me apaixonei",[47] lembrou ela. "Eu pulei de paraquedas."

O relacionamento deles seguia a distância, mas ela voltava a Nova York e para os braços dele. Os dois se acomodavam em uma felicidade turbulenta, com pratos voando e ocasionais tapas na cara — o tapa, dela; a cara, dele —, e depois vinha o perdão apaixonado. Ele a pediu em casamento, mas ela achava inviável. A diferença de idade, o comprometimento dela com seu próprio trabalho e o desejo dele por um tipo específico de esposa, que ela sabia que nunca seria, eram obstáculos. A bolsa da Guggenheim chegou na hora certa, e ela partiu para o Caribe, deixando Punter para trás.

Quando chegou a Porto Príncipe, as palavras criaram vida nas páginas. O resultado foi um livro de memórias com um toque de ficção, não apenas sobre seu amor por Punter, mas também sobre muitas outras coisas — tudo "embalsamado", como disse, na história de uma mulher, sua busca por autoconhecimento e a dificuldade de encontrar uma companhia autêntica. "Os navios ao longe levam a bordo todos os desejos dos homens", começou, um aforismo que se tornaria um dos mais famosos da literatura norte-americana. E o desejo humano mais antigo, disse Hurston, sobre sua personagem principal, Janie Crawford, é se descobrir. Janie descobre sua identidade gradualmente, como Hurston fez quando saiu de Eatonville. Casada pela avó com um rico proprietário de terras, ela se aborrece com as demandas do trabalho agrícola e da manutenção da casa, com seu espírito pedindo algo mais.

Ela logo foge com Joe Starks, um homem que sabe tratá-la direito, para Eatonville. Lá, ouve as histórias na varanda da loja e, como esposa de um local de renome, vangloria-se da notoriedade. Mas Joe é um tirano mesquinho, com sua mentalidade castradora e as humilhações públicas pelas quais faz Janie passar. Quando ele morre, Janie se torna uma viúva rica, mais velha e mais carnal do que antes. Logo se torna a paixão de Tea Cake, um jogador inveterado mais jovem — uma versão romântica de Punter, talvez —, com quem tem uma versão do companheirismo que desejava. Não dura. Um cão raivoso morde Tea Cake; ele entra em um surto de raiva, que ameaça a vida dela; ela atira nele para se salvar e, absolvida de qualquer crime, olha para sua vida com uma espécie de satisfação — a inocência se tornando experiência.

O romance era um resumo do trabalho que Hurston fizera no sul, fundido com a compreensão do lugar que ganhara em Porto Príncipe e Kingston. Como em alguns de seus trabalhos anteriores, o diálogo foi escrito em dialeto. Ela colocou o método antropológico básico na boca de Janie Crawford. "É fatu sabido",[48] diz Janie, "você tem qui *i* lá pra *conhece* lá". Hurston fez isso sozinha desde o momento em que partiu para o Sul, na Sassy Susie, abarrotada com o vocabulário da ciência.

Aprimorou seus talentos cerimônia após cerimônia com uma série de *houngans* respeitados. Nenhum outro membro do círculo de Boas poderia dizer que mergulhou tão profundamente na experiência de vida das pessoas que buscava entender.

*Seus Olhos Viam Deus* era muitas coisas ao mesmo tempo: uma história de amadurecimento, uma meditação sobre a essência das mulheres e sobre a dos homens que elas amavam, uma etnografia literária da Costa do Golfo. Foi também uma reimaginação da geografia. O Sul dos Estados Unidos de Hurston era, na prática, um norte, uma extensão do Caribe, onde o preconceito racial e o apartheid cotidiano pareciam mais resquícios do colonialismo do que as inovações de Jim Crow. Mito e religião eram tão poderosos em sua representação da vida no Sul dos Estados Unidos quanto um círculo de tambores de *vodu* no Haiti. As gradações de pertencimento racial eram tão tangíveis quanto o tom de pele na Jamaica. Depois de um furacão devastador do qual Janie e Tea Cake conseguem escapar, as vítimas são enterradas em locais separados; os superintendentes brancos insistem em que os trabalhadores negros identifiquem o tipo certo e o errado de pessoas mortas pela cor da pele e textura dos cabelos. É difícil saber por onde começar a explicar, quem dirá exterminar, um sistema assim, sugere Hurston — uma realidade na qual até os cadáveres têm raça. Se você é capaz de acreditar em algo assim, zumbis são absolutamente banais.

—

**"OS ROMANCISTAS CONHECEM MAIS**[49] as pessoas do que a maioria dos cientistas", confidenciou Mead em uma carta a Bateson alguns anos antes de *Seus Olhos Viam Deus* ser publicado. Os escritores tinham a liberdade de moldar a linguagem para os próprios propósitos, sem se esconderem atrás de jargões profissionais. Eles se abriam para as possibilidades de expressão e, ao fazê-lo, tinham um acesso especial a palavras, pensamentos e experiências dos outros.

Entretanto, não há evidências de que Mead tenha lido a ficção de Hurston, quando foi publicada. O abismo da raça a separava dos outros membros do círculo de Boas, mesmo em um momento em que os alunos de Boas negavam com veemência que a raça propiciasse uma cisão fundamental nas sociedades humanas. Um dos momentos mais embaraçosos da vida de Mead ocorreu no verão de 1935,[52] quando palestrou em uma conferência inter-racial na Pensilvânia. Ao descrever seu trabalho na Nova Guiné, ela se referiu aos bebês locais como "pickaninnies", usando o que alegava ser o termo apropriado em inglês crioulo. Ela percebeu no ato a repulsa dos afro-americanos. Quase chorando por sua gafe impensada, se desculpou e seguiu em frente com a palestra. Mas a lição que aprendeu não envolvia a sua própria insensibilidade ou um preconceito casual — afinal, o fato de existir uma palavra especial para distinguir bebês negros de brancos era a própria definição de racismo. A lição foi perceber que os oradores conseguiam cativar seu público se expressassem remorso.[50]

Hurston teve pouco contato com Mead na década de 1930, resultado de seus longos períodos de trabalho de campo em lados opostos do planeta. Quando Hurston estava em Nova York, era mais provável que se ocupasse visitando editoras e clientes antigos do que vagando pelo departamento de antropologia. Inclusive, desistira do doutorado[51] quase tão rapidamente quanto começara. O financiamento acabou sendo menos generoso do que imaginava e, de qualquer forma, sentia que seu maior compromisso era com a arte, não com a ciência — ou melhor, com a arte como forma de expressar a coleta científica que vinha fazendo há anos. Após seu retorno do Haiti, fez novas expedições ao sul da América, para reunir elementos sobre o folclore e tomar notas sobre a devoção carismática dos pentecostais. Ela permaneceu uma etnógrafa na prática, embora não desejasse consolidar uma carreira acadêmica. A escrita a ajudou a financiar sua ciência não recompensada.

Houve uma época em que Mead imaginava a evolução de sua vida de maneira similar. Uma versão mais jovem de si mesma estava convencida de que a poesia, não a ciência social, era sua vocação. Agora, após seu retorno do Sepik, ela estava perdida. Era curadora do museu, mas se sentia em uma espécie de limbo. Seu relacionamento com Benedict era quente e próximo, mas, enquanto Mead estava no exterior, Benedict vivia outras paixões, outros relacionamentos. O casamento de Mead com Fortune estava se acabando. No verão de 1935, entregou os papéis do divórcio ao consulado mexicano em Nova York, a segunda vez que seguiu esse caminho para terminar um casamento. Ela manteve contato com Bateson;[53] comentariam mais tarde sobre o momento especial, em abril de 1935, quando deixaram de escrever em tiras de papel cortado, como faziam na Nova Guiné, para usar papel de carta convencional. Mas gerenciar esse novo relacionamento exigia tato e planejamento. Eles se encontravam às escuras, somente com álibi de outro compromisso: uma reunião inesperada durante umas férias na Irlanda, digamos, ou uma conversa durante uma palestra de Bateson na Columbia.

Em especial considerando o alerta público[54] que recebera por *Sexo e Temperamento*, Mead teve o cuidado de evitar qualquer indício de escândalo. A maioria das pessoas achava que ela e Fortune estavam bem, mesmo que já não morassem juntos desde que ela voltou do campo. De qualquer forma, ela precisava de boas vendagens. Os royalties ajudariam a pagar as custas legais do divórcio.[55] Ela não havia conversado[56] com Papa Franz sobre nada disso, é claro. Só mais tarde naquele ano,[57] conseguiu fazê-lo — dizendo a ele que Fortune a rejeitara, quando a verdade estava mais próxima do contrário.

Por meses, ela e Bateson elaboraram, por carta, um esquema para se encontrarem em um novo local de campo e se casarem da maneira mais discreta possível, depois que o divórcio foi concluído, naquele outono. Eles planejaram uma expedição juntos, dessa vez para Bali, onde iniciariam um projeto sobre doenças mentais e religião local, além de fazer um trabalho mais amplo sobre cultura e temperamento. Eles criaram um ardil elaborado para convencer família, amigos e colegas de que se reencontraram por acaso e se apaixonaram loucamente. A loucura do Sepik fora escondida de todos, exceto de Benedict. "De qualquer forma,[58] acho que é muito bom divertir o mundo por um mês ou dois com a ideia de que estamos trabalhando juntos, com inveja um do outro, e que desaprovamos os métodos um do outro, e, o que não é improvável, acostumá-los à ideia de um casamento iminente antes que aconteça", escreveu Bateson a Mead, pouco antes do Natal de 1935, como se escrevesse uma comédia excêntrica. "Então o casamento em si se torna uma aquisição de respeitabilidade, não apenas uma bomba. Deixe que pensem um pouco mal de nós por um mês e depois recuperem o respeito quando nos casarmos."

A essa altura, ela não era mais Margaret em suas cartas, e sim "minha escavadora". Na primavera seguinte, quando os dois chegaram à Ilha de Bali, ela já estava sendo chamada de "Sra. Gregory Bateson". Eles se casaram em Singapura, e Bateson logo avisou à sua mãe que ela agora tinha uma nora: norte-americana, dona de casa graciosa, antropóloga, ateia por herança e anglicana por opção. Em termos de aparência, relatou Bateson, até parece "quase uma versão feminina de

Darwin",[59] uma comparação que ele deve ter considerado que sua mãe — se não Mead — veria como um elogio peculiar.

Mead e Bateson trabalhavam bem juntos. Eles enfrentavam novos problemas, decorrentes da interseção da psicologia com a antropologia, principalmente na área dos determinantes culturais da saúde mental, um tema que os intrigou por um tempo. Eles também estavam interessados em crenças e práticas religiosas, em especial o fenômeno dos transes em Bali, e planejavam registrar tudo o que encontrassem. Levaram um monte de equipamentos — um gravador, máquinas de escrever, câmeras — e planejavam documentar seu trabalho do começo ao fim, usando o filme da mesma forma que Hurston fizera no sul da América. Nos meses que se seguiram,[60] fizeram cerca de 25 mil fotografias. Mead se lembraria disso como "a perfeita parceria intelectual e emocional de trabalho"[61] — fisicamente interessante e na companhia de uma pessoa que respeitava e amava.

Foi o maior tempo que ela passou no campo: dois anos em Bali e, em 1938, mais seis meses no Sepik, onde ela e Bateson trabalhariam com outro povo da Nova Guiné, os Iatmul, livres do triângulo amoroso terrível que interrompeu a expedição anterior com os Tchambuli. No entanto, era difícil se concentrar. As notícias do rádio levantavam rumores de guerra na Europa. A Áustria havia se juntado ao Terceiro Reich. Em setembro, um barco chinês[62] subiu rio acima e avisou que as potências europeias haviam intermediado um acordo que permitia à Alemanha nazista anexar uma parte da Tchecoslováquia. "As crises sempre acabam antes de sabermos delas",[63] escreveu Mead, "e nos deixam esperando novamente que, se puderem evitar a guerra por tempo suficiente, algo possa acontecer, como algumas mortes escolhidas a dedo de pessoas influentes".

Mesmo no paraíso, o mundo exterior teimava em se intrometer. Ela e Bateson se enterraram no trabalho de campo. Construíram uma cabana para escrever dentro de um mosquiteiro, onde datilografavam suas anotações em uma pequena mesa dupla. Os aldeões Iatmul às vezes se reuniam do lado de fora, observando-os como os visitantes de um zoológico examinando hienas. "Sinto-me um porco repugnante por ter uma vida tão adorável",[64] escreveu Mead a uma de suas amigas. "Estamos tão felizes que passamos pelo menos uma hora por dia só ronronando." O único inconveniente foi que Mead decidiu que era hora de ter um bebê, algo que fora negado a ela e Fortune. O momento era péssimo. "Não há dúvida sobre isso",[65] disse, "os trópicos são um lugar ruim para se reproduzir".

—

**NO OUTONO DE 1938,** quando Mead e Bateson estavam compenetrados em suas pesquisas sobre os Iatmul, Hurston publicou seu trabalho de campo na Jamaica e no Haiti. Ela chamou o novo livro de *Tell My Horse* ["Conte ao Meu Cavalo", em tradução livre], uma frase usada em ambientes de *vodu* quando um indivíduo era possuído por um *loa*. Não foi muito bem-sucedido, apesar de conter a foto de Felicia Felix-Mentor, o primeiro zumbi fotografado do mundo. Hurston fez questão de identificá-la pelo nome, sem colocar sua condição entre aspas, o que poderia fazê-la parecer duvidosa. O livro foi mais desorganizado do que seu trabalho anterior sobre o Sul dos Estados Unidos, uma mistura de memórias e descrição etnográfica. Houve críticas no meio, embora não ferinas. Uma edição britânica,[66] intitulada *Voodoo Gods* ["Deuses Vodu", em tradução livre], na esperança de alavancar as vendas, superou o adiantamento de US$500 na primeira semana, o que deu a Hurston um pequeno fluxo de renda.

Nos anos seguintes, ela se mudou com frequência, reaparecendo sem aviso de tempos em tempos, se desculpando com os amigos por não manter contato. Houve um retorno a Nova York,[67] outra jornada para o Sul, mais coletas, um breve período de faculdade, um casamento estressante que durou seis semanas. O dinheiro de suas duas bolsas Guggenheim há muito tempo fora gasto, ela assinou o projeto Federal Writers', um programa da era da Depressão para ajudar jornalistas e romancistas desempregados. Como a maioria dos programas federais da época, o projeto era separado da equipe regular — toda branca — em unidades especiais "negras". Ela foi encarregada de trabalhar em um guia para a Flórida, bem como em um volume complementar intitulado *The Florida Negro* ["O Negro da Flórida", em tradução livre]. Com uma equipe de folcloristas e um grande dispositivo de gravação de áudio, voltou para as minas de fosfato e para os campos de terebintina que conhecera anos antes, levantando canções de blues, melodias e piadas, como fizera com Alan Lomax antes de sua viagem ao Caribe.

Como Mead e Benedict, Hurston também amealhou alguns detratores. Um pequeno grupo de críticos, exclusivamente homens, escrevia resenhas mornas ou negativas quase toda vez que ela publicava um livro. Richard Wright e Ralph Ellison, que sucederam Langston Hughes como escritores mais jovens que enfrentavam o problema da raça na sociedade norte-americana, consideravam os retratos de Hurston sobre os modos folclóricos do Sul dos Estados Unidos curiosos, na melhor das hipóteses, talvez até embaraçosos. Seu antigo mentor, Alain Locke, juntou-se ao coro dos engraçadinhos. *Seus Olhos Viam Deus*, relatou nas páginas da *Opportunity*, não passava de "ficção folclórica",[68] carregada demais de cores locais para ser um retrato convincente dos personagens principais ou um relato confiável das relações raciais.

A crítica de Locke foi especialmente impactante para Hurston. Foi sua orientação que a ajudara a ir de Washington para Nova York, mais de uma década antes. "Estou cansada de me invejarem",[69] disse a James Weldon Johnson, ecoando queixas semelhantes às de Mead e às de Benedict. Todas publicaram livros e receberam críticas mais do que favoráveis nos principais periódicos e jornais do país. No entanto, a maioria dos homens de suas vidas ainda os achava questionáveis. Respondendo no mesmo tom, Hurston soltou os cachorros em cartas aos amigos. Quando teve a chance de avaliar o trabalho de Wright e de outros, rebateu sem dó nem piedade. Ela logo fez o que equivalia a uma ruptura formal com Locke, como fizera com Hughes.

No entanto, não foi nenhum aspecto isolada. Os cheques dos royalties chegavam regularmente durante a década de 1930: pagamentos por seus romances anteriores, *Jonah's Gourd Vine* ["A Videira de Jonah", em tradução livre] e *Seus Olhos Viam Deus*; por suas duas etnografias, *Mules and Men* e *Tell My Horse*; e, em 1939, um adiantamento de outro romance, *Moses, Man of the Mountain* ["Moisés, o Homem da Montanha", em tradução livre], um relato da história bíblica de Moisés como se ele fosse de Eatonville. Quando este último livro foi publicado, Ralph Ellison insistiu que ele não fazia nada para popularizar a "ficção negra".[70] Era assim que Hurston era avaliada, pelo menos, entre seus colegas romancistas: o que ela conseguira fazer pela ficção negra, como escritora negra? Na antropologia, encontrou uma comunidade profissional que, na maioria das vezes, a via como trabalhadora de campo e colega, não apenas como representante de sua raça.

Na primavera de 1940, reuniu-se com Mead e Jane Belo, uma antropóloga que Mead conhecera em Bali, para realizar pesquisas sobre o comportamento do transe nas igrejas do Sul dos Estados Unidos. Logo estava a caminho da costa da Carolina do Sul e da Geórgia. Com Belo, gravou canções e filmou os cultos das chamadas igrejas santificadas, nas quais ressoavam címbalos e pandeiros em louvor e êxtase. Algumas das imagens do filme a capturaram na cena: tocando um tambor de conga preso entre as pernas, agitando maracas, louvando a Deus entre os santos, uma ex-crente entre os convertidos.

Suas anotações de campo, que datilografou e enviou a Mead, foram baseadas no tipo de trabalho que fazia no Caribe — entrar em uma comunidade, participando e se esforçando para ver tudo de dentro. Ela e Belo se estabeleceram em Beaufort, Carolina do Sul, onde as cigarras cantavam das palmeiras, e os sons de "santidade" de uma pequena igreja pairavam no ar denso. O culto transportava, com profecias improvisadas e pessoas falando em línguas, a linguagem dos anjos presenteada por um momento aos seres humanos, para glorificar melhor a Deus. Todos oravam ao mesmo tempo, levantando suas vozes em um grande coro cacofônico, interrompido apenas pelo canto ou pela exclamação de louvor. "A forma da oração são como os galhos de uma árvore",[71] escreveu ela, "pode ser vislumbrada aqui e ali em meio ao manto de folhas".

Mead não se impressionava. Pediu que Hurston fosse mais sistemática em sua coleta, que não apenas descrevesse as cenas como as via. Quais eram as características das pessoas que estavam em transe? Seu comportamento se correlacionava com épocas de dificuldades financeiras ou com um caso amoroso que dera errado? "Tenho certeza de que será fascinante",[72] disse, seca. Não estava claro para Mead na época, mas Hurston estava de fato repetindo, à sua maneira poética, exatamente o que aprendera com Papa Franz há muitos anos. Você pode pensar que captou a essência da religião, o tronco de uma cultura desaparecendo em um sistema radicular oculto. Pode acreditar que é capaz de caracterizar com precisão, definindo sua essência e dissecando seus principais valores. Mas você só poderia fazer isso de maneira imperfeita, insistia Hurston, de forma míope, por entre as folhas. Na verdade, talvez as folhas fossem as coisas às quais você deveria prestar atenção: os rituais secretos, o manicômio que abriga um zumbi, os ritmos abalados de louvor e a alegria inexprimível, uma possessão espiritual inundando a noite úmida. Em sua própria linguagem, Hurston reiterava o código de Boas sobre ser ambicioso como cientista e modesto como ser humano: descarte a busca por leis universais e abra seus olhos para as pessoas em pé, cantando e louvando diante de você.

Enquanto estava na Carolina do Sul, em 1940, uma espécie de história oficial do Renascimento do Harlem estava no prelo — as memórias de Langston Hughes, *O Imenso Mar*. Em suas narrativas, Hurston era um pouco atriz, festeira improvável, colorida e ousada, não uma pensadora ou coletora etnográfica, certamente não uma cientista. "Garotas são criaturas engraçadas!",[73] concluiu com desdém sobre suas disputas passadas com ela. Na mesma primavera,[74] *Filho Nativo*, de Richard Wright, abriria um episódio novo na literatura norte-americana. Ele eclipsou o trabalho dos intelectuais mais velhos e colocou a situação dos homens negros — seus limites sociais e suas frustrações esmagadoras, as consequências pesadas de um sistema de realidade criado por homens brancos — na vanguarda da arte negra e das críticas sociais. O Renascimento do Harlem e suas mulheres já estavam desaparecendo na história.

Lippincott sugeriu que Hurston escrevesse sua autobiografia, talvez como resposta a Hughes, com sua própria opinião sobre sua infância, sobre Boas e seu círculo influente, sobre a glória enfraquecida do Harlem. Seria uma chance para Hurston olhar para trás, para sua arte e ciência. Era possível saber o que significava ser uma pessoa de fé se nunca tivesse sentido o chamado? Era possível entender o universo mental de uma comunidade se não levasse a sério, pelo menos por um momento, sua percepção de outros mundos? Hurston, com seu doutorado inacabado, abandonara a ideia de fazer carreira com essas questões. Mais do que Mead, Benedict ou mesmo Boas, ela vislumbrara o que significava vivê-las. Era algo que Mead tentara, brevemente, no Sepik: baixar a guarda, entregar-se totalmente a algo, suspender seu compromisso com a ciência de jaleco por tempo suficiente para permitir que seu cérebro se adaptasse inteiramente a outra forma de pensar. Para realmente ver as pessoas, livre e despido dos próprios preconceitos, você precisava "amar sem esperar retorno",[75] como escreveu Hurston no manuscrito em que estava trabalhando, e "[arrancar] o ódio com as pinças em brasa do inferno".

Ela intitulou suas memórias *Dust Tracks on a Road* ["Marcas de Poeira na Estrada", em tradução livre]. Em 1942, no entanto, quando finalmente foram lançadas, seu editor havia alterado o texto original de maneira que ficou irreconhecível. Suas críticas profundas ao colonialismo europeu foram consideradas controversas demais. Seu hábito de apontar a contradição entre o apoio dos norte-americanos à libertação nacional no exterior e o racismo nas famílias respaldado pelo governo foi considerado inoportuno. Os Estados Unidos estavam em guerra, e Hurston descobriu que era mais difícil do que nunca que as pessoas vivessem da maneira que ela considerava mais natural. Ela havia nomeado um dos capítulos extirpados como "Enxergando o mundo como ele realmente é".[76]

*Capítulo Treze*

# GUERRA E ABSURDO

.....................................

Q uando Boas se aposentou do ensino formal, em 1936, Benedict estava pronta para assumir seu papel. Ninguém estava mais bem preparado para liderar o departamento de antropologia mais conceituado do país, com seus ex-alunos espalhados pela maioria das outras grandes universidades. Ela passou toda a carreira sob a tutela de Boas, primeiro como assistente de ensino, depois como professora júnior. "Devo me tornar chefe do departamento no próximo ano",[1] escreveu Benedict animada a Reo Fortune, que tinha saltado de nomeação em nomeação, finalmente sossegando como professor em Guangzhou, China.

Porém, havia um impedimento, disse. "Ser mulher é uma grande responsabilidade quando se trata de obter status na Columbia."[2] Quando as autoridades acadêmicas finalmente decidiram instituir uma nova cátedra, designaram-na a um estudioso de fora do departamento, chamado Ralph Linton. O mesmo Linton que, cerca de vinte anos antes, abandonara o programa de doutorado da Columbia e se mudara para Harvard. Não havia sinal mais claro de que havia mudanças à espreita.

Linton certamente estava qualificado para o novo cargo. Em seu trabalho acadêmico anterior, na Universidade de Wisconsin, ascendera rapidamente na hierarquia dos professores. Era autoridade reconhecida quando se tratava de sociedades indígenas, de Madagascar às Marquesas. Em Wisconsin, propôs um modelo para o que deveria ser considerado bons ensinamentos sobre antropologia: uma maneira de afastar os alunos da certeza de que as próprias obsessões culturais são universais. Seu primeiro livro, *O Homem: Uma Introdução à Antropologia* (1936), em breve seria bastante vendido nas livrarias do campus.

Contudo, Linton sempre fora cauteloso com o círculo de Boas. Ele achava que os alunos de Boas — principalmente as mulheres — eram popularizadores, pastoreados por um colecionador de histórias antiquadas, e não por um cientista de verdade. Essa opinião deve ter sido exatamente o que causou uma boa impressão a Nicholas Murray Butler, então presidente da Columbia. Butler há muito via a faculdade de antropologia como um paraíso para desajustados e dissidentes, para os patriotas hesitantes e talvez até para bolcheviques de oportunidade. Era hora de uma renovação. A universidade finalmente poderia afrouxar o domínio do culto de Boas sobre o departamento.

Após a chegada de Linton,[3] os pós-graduandos se dividiram em "dele" e "dela", alguns com Linton, outros com Benedict. Boas foi autorizado[4] a usar um escritório — alugado —, mas foi obrigado a enviar memorandos detalhados[5] que justificassem as despesas de secretariado. Os fundos para sua pesquisa tiveram que ser levantados[6] principalmente por meio de doações privadas que Benedict conseguiu. "Vou ter que me acostumar com a ideia de que os dias da minha utilidade acabaram",[7] disse à sua antiga benfeitora Elsie Clews Parsons.

Na verdade, Boas estava prestes a embarcar na maior batalha de sua carreira. Toda ideia falsa que passara décadas desconstruindo em sua pátria adotiva agora era consolidada por dogmas sancionados pelo Estado em sua terra natal. Embora os membros de sua família imediata estivessem em segurança nos Estados Unidos ou mortos, como seus pais, Meier e Sophie, Boas logo perceberia algo chocante. Alemão e judeu, um imigrante desfigurado cercado por negros, primitivos, mulheres que amavam outras mulheres e mais judeus, ele e seus amigos mais próximos, se estivessem na Alemanha, teriam sido os principais candidatos à prisão ou à morte.

No entanto, como Boas sabia, havia um fato igualmente assustador sobre o país que lhe tinha sido tão benevolente desde sua primeira visita, em 1884. A ideologia que selaria seu próprio destino como judeu, imigrante e intelectual dissidente — o nazismo — repousava sobre um conjunto de fundamentos pseudocientíficos que tinham um selo inegavelmente norte-americano.

—

**DURANTE ANOS, BOAS VISITOU** a Europa quase todos os verões, e assistiu a eventos no continente com uma tristeza que aumentava cada vez mais. Na Alemanha, bandidos nazistas haviam se infiltrado nas instituições estatais, valentões e falsos intelectuais se tornavam, aparentemente da noite para o dia, uma nova elite política. Na primavera de 1933,[8] Boas escreveu uma carta aberta ao presidente Paul von Hindenburg pedindo que impedisse Adolf Hitler de criar uma ditadura de partido único. Ele escreveu um ensaio sobre "Arianos e Não Arianos" às pressas, que criticava o fanatismo nazista e a má ciência. Traduzido para o alemão, circulou amplamente no submundo antinazista. Ele usou todas as oportunidades em entrevistas e discursos para denunciar Hitler e suas políticas. Quando os nazistas assumiram o poder, houve repercussões imediatas. As autoridades da universidade em Kiel rescindiram o doutorado de Boas. Seus livros foram retirados de bibliotecas alemãs,[9] jogados em pilhas com obras de Marx, Freud e outros pensadores judeus, e queimados.

Logo começaram a pipocar cartas de colegas alemães no departamento de antropologia à procura de uma posição como professor visitante ou qualquer outra rota de fuga. Boas aparecia sem aviso prévio no escritório de Mead no museu, esperando que ela ou outros colegas tivessem uma ideia de como ajudar "seus judeus desapossados",[10] como Mead os chamava. Junto a Benedict e a outros professores universitários de todo o país, Boas logo estabeleceu o Comitê da Democracia e Liberdade Intelectual. Seu objetivo era combater o racismo, defender a liberdade de expressão e encontrar casas para os acadêmicos deslocados cujas instituições haviam sido inundadas pelo nazismo e seus imitadores na Itália e em outros países.

Em uma série de transmissões nacionais na rádio WNYC, Boas alertou que a linguagem da ciência era uma faca de dois gumes, que poderia ser usada para promover o senso de humanidade ou para sustentar doutrinas perigosas embasadas nas diferenças. "A liberdade intelectual em muitos países europeus tem sido destruída pela intolerância e opressão política",[11] disse ao microfone, com seus "*Rs*" alemães guturais e dicção confusa. Porém, a liberdade intelectual precisava também ser defendida em casa, por meio do que chamou de campanha "para tornar nossas escolas fortalezas da democracia".[12] Seu nome logo apareceu nos papéis timbrados de organizações de interesse especial, grupos de promoção da democracia e comitês de assistência a refugiados. Ele mobilizou redes de amigos e colegas a fazer o que pudessem para ajudar as pessoas que fugiam da perseguição no exterior — e também para defender valores liberais em casa. Manifestos contra linchamento, contra a perseguição do governo a professores por suposta sedição e contra a remoção da literatura "imoral" das escolas chegaram às caixas de correio de todo o país com sua carta pessoal de apresentação, pedindo aos colegas que assinassem e repassassem aos amigos.

Como Boas observou, a maré crescente da intolerância não era de forma alguma exclusiva da Alemanha de Hitler. Na época, qualquer norte-americano razoável adotava muitas das ideias fundamentais que os nazistas defendiam como naturais e comprovadas, mesmo que não usasse uma suástica. Os alemães passaram a década de 1930 não somente criando a ideia de um estado obcecado pela raça como também instituindo um. A maior parte dos Estados Unidos, não apenas o velho Sul Confederado, tinha formas de segregação racial institucionalizada em escolas, escritórios públicos, teatros, piscinas, cemitérios e no transporte público. A maioria proibia o casamento inter-racial ou tratava os casais inter-raciais como criminosos. A maioria usava a esterilização forçada como ferramenta de melhoria eugênica ou forma de punição para os encarcerados. Em todas as jurisdições, o comportamento homossexual masculino era contra a lei.

Grupos paramilitares como a Ku Klux Klan, geralmente parceiros *de facto* de governos locais de Anaheim, Califórnia, a Dayton, Ohio, usavam marchas públicas, incêndios criminosos e assassinatos para intimidar comunidades minoritárias. A agência de vigilância doméstica dos Estados Unidos, o FBI, mantinha registros detalhados de acadêmicos, artistas, escritores e jornalistas vistos como potencialmente desleais, principalmente se fossem negros ou judeus. As leis de imigração do país foram explicitamente projetadas para aumentar a porcentagem da população representada por pessoas que os nazistas chamavam de arianos. Em várias ocasiões ao longo da década de 1930, qualquer pessoa que passasse pelo Madison Square Garden, em Nova York, toparia com uma multidão de milhares de camisas-marrons enchendo a arena e declarando slogans em apoio ao "norte-americanismo cem por cento", abaixo do retrato de três andares de George Washington. Alguns norte-americanos começaram a usar siglas abreviadas — como MIAFA, significando "meus interesses são pelo país"[13] (no acrônimo em inglês) — para evidenciar seu apoio aos valores propagados pela Klan e outras organizações autodeclaradas patriotas. E, até o início da década de 1940, era comum as crianças norte-americanas começarem o dia da mesma maneira que os alemães: com o braço esticado em direção à bandeira em uma saudação obrigatória. (A "saudação de Bellamy", como ficou conhecida, era a versão recomendada pelo autor do Juramento de Fidelidade, Francis J. Bellamy.)

Juristas e legisladores nazistas examinaram minuciosamente o que entendiam como a "raçocracia" vigente em todos os Estados Unidos, na época o sistema de maior amplitude de consciência racial e negação de direitos praticados por qualquer grande potência. O próprio Adolf Hitler elogiou o sistema norte-americano em *Mein Kampf.* Hitler sugeriu que o compromisso do país com o aprimoramento racial, sua política de extermínio dos índios primitivos, sua dedicação para impedir que imigrantes de outras raças saqueassem a nação e suas restrições aos casamentos inter-raciais garantiam que o colonizador ariano se tornaria o mestre supremo da América do Norte: "Ele continuará sendo o mestre[14] desde que não tenha seu sangue contaminado." Hitler até mantinha uma tradução de *Passing of the Great Race*, de Grant, encadernada em entretela amarela, em sua biblioteca pessoal. (Ela sobreviveu à guerra e hoje faz parte do acervo de livros raros da Biblioteca do Congresso.)

Durante anos, especialistas alemães estudaram as teorias de Grant e de seus sucessores, debruçaram-se sobre os relatórios do Escritório de Registro de Eugenia e participaram dos congressos de eugenia organizados pelo Museu Americano de História Natural. Heinrich Krieger,[15] um dos principais teóricos do direito, cujos escritos moldavam a política nazista, havia adquirido experiência em direito racial norte-americano como estudante de intercâmbio na Universidade do Arkansas. Por sua vez, as universidades alemãs concederam diplomas honorários[16] a alguns dos principais eugenistas dos EUA, incluindo Henry Fairfield Osborn, presidente do Museu de História Natural e um dos antigos detratores de Boas. Em seus diários e jornais, os nazistas catalogavam as várias maneiras pelas quais os Estados Unidos usavam requisitos de propriedade, impostos, testes de alfabetização, fraudes e violência eleitoral para moldar as instituições políticas nacionais. "Na maioria dos estados do Sul da União,[17] crianças brancas e negras são enviadas para escolas diferentes, seguindo os regulamentos estatutários. A maioria dos norte-americanos exigia ainda que a raça fosse registrada em certidões de nascimento, de casamento e de óbito", relatou um acadêmico alemão em *National Socialist Handbook for Law and Legislation* ["Manual Nacional Socialista de Direito e Legislação", em tradução livre], publicado em 1934. "Muitos estados norte-americanos chegam ao ponto de exigir, por estatuto, a segregação entre negros e brancos em salas de espera, vagões de trem com e sem dormitórios, ônibus, barcos a vapor e até em prisões." Como esses acadêmicos notaram, todos os norte-americanos recebiam uma raça ao nascer, registravam seus filhos em uma raça e morriam com uma raça — tudo meticulosamente supervisionado por instituições federais, estaduais e locais, do Census Bureau à escola do bairro. Muito antes de as universidades norte-americanas criarem programas de "estudos de área" para ajudar os estudantes a desenvolverem conhecimentos sobre as nações estrangeiras, os alemães trabalhavam diligentemente para entender como os Estados Unidos haviam conseguido instituir o racismo tão bem.

Em 1935, quando o governo nazista aprovou a própria legislação racial, as chamadas Leis de Nuremberg, os novos estatutos fundamentavam-se em anos de estudos minuciosos do "modelo norte-americano",[18] como as autoridades nazistas o chamavam. A diferença, obviamente, era os judeus no lugar dos afro-americanos como vítimas do medo. A raça judaica foi definida como o produto de uma essência biológica herdada, transmitida de pais para filhos: havia os judeus puros, com três ou quatro avós judeus, os *mischlinge*, com um ou dois, e os arianos puros, que, obviamente, não tinham nenhum. (Os teóricos nazistas temiam que a versão norte-americana da identificação racial — a "regra da única gota", em que a menor parcela de ascendência africana era suficiente para categorizar uma pessoa como negra — fosse impraticavelmente radical se aplicada aos judeus.)

Casamentos e relações sexuais entre essas linhagens foram declarados ilegais. A cidadania foi reformulada como privilégio dos *deutschblütiger*, ou povo de "sangue alemão", e de seus primos nórdicos. Criminosos reincidentes, doentes mentais, deficientes e homossexuais foram objeto de outras leis que exigiam a prisão ou esterilização dos impróprios, ou como os pesquisadores médicos alemães os chamavam, *lebensunwertes leben* — as vidas indignas de serem vividas. Afinal, como Rudolf Hess, vice-líder do Partido Nazista, alegou abertamente: "O nacional-socialismo[19] não passa de biologia aplicada." Uma nova tradução alemã[20] do estudo de Henry H. Goddard, de 1912, *The Kallikak Family*, que ajudou a lançar o movimento da eugenia norte-americana, foi elogiada nas publicações nazistas como pesquisa pioneira que justificava a nova lei da Alemanha sobre a erradicação da debilidade.

Um antropólogo alemão publicara um trabalho alegando que os judeus tinham um odor corporal repulsivo, escreveu Mead a Bateson no verão anterior à entrada em vigor das Leis de Nuremberg. "Esse é um dos baluartes[21] do preconceito racial neste país", disse, referindo-se a alegações semelhantes que os norte-americanos brancos fizeram sobre os negros. A lógica que conectava alguma suposta diferença a um sentimento de repulsa parecia funcionar "concomitantemente ao preconceito racial". Nos Estados Unidos, o Escritório do Censo havia há muito tempo implementado termos equivalentes ao *mischlinge* alemão: *mulatto* e *quadroon*, rótulos para pessoas declaradas metade ou um quarto negras. Esses termos volta e meia apareciam nos censos dos EUA, sendo descartados apenas na contagem de 1930, quando oficiais brancos do governo reorganizaram os afro-americanos em uma única categoria para qualquer um que possuísse o que era comumente chamado de "sangue negro".

Alguns anos depois, em uma conferência em Paris, Boas viu como eram essas ideias em suas versões norte-americana e alemã. Em 1937, assistiu a um representante da Associação Americana de Eugenia contar aos cientistas e especialistas em políticas públicas presentes sobre os avanços que estavam sendo feitos em casa. "Será uma nação afortunada,[22] a primeira a descobrir e a explorar as condições sociais favoráveis à ampla proliferação de seus melhores cidadãos", disse Frederick Osborn, um dos fundadores da sociedade. Uma série de alemães corroboraram sua postura com argumentos semelhantes e prepararam documentos abordando tópicos que iam desde a detecção de defeitos em embriões à suscetibilidade de determinadas raças à psicose.

Quando chegou o momento de entregar seu artigo, Boas concluiu com uma simples denúncia da maior parte do que ouvira. "Nossa consideração[23] da forma anatômica e das funções do corpo, incluindo atividades mentais e sociais", disse, "não embasa a teoria de que os hábitos e as atividades culturais são determinados, de maneira alguma, por descendência racial". A concepção de que qualquer coisa, positiva ou negativa, era inerente à determinada "raça" — ele passou a colocar até a própria palavra entre aspas — é, na melhor das hipóteses, uma ficção poética e perigosa.[24] Se sua definição básica de Estado-nação era um local de, por e para apenas um tipo de comunidade, você já havia dado um passo na direção errada. Depois de se apegar à ideia de que seu grupo ou modo de vida está vinculado a determinado solo por motivos históricos ou pelo destino, não haveria eleição livre capaz de mudar as consequências. O resultado seria um mundo em que toda sociedade se reduziria a apenas um povo, um país e um líder — cada um expressando sua vontade nacional específica, limitada e suspeita.

Foi um dos últimos grandes congressos científicos de que Boas pôde participar. Quando a guerra eclodiu, em setembro de 1939, ele já estava aposentado há três anos. Ele emagrecera e seu rosto afinara, seus cabelos se ouriçavam em todos os ângulos. Durante mais de um ano,[25] disse a Benedict, sentia-se inacreditavelmente fraco, com batimentos cardíacos acelerados e falta de ar. Porém, em seus escritos e palestras, ainda era impetuoso e truculento. Ele achava que se os líderes norte-americanos rapidamente reconheceram o racismo da Alemanha como a ideologia abominável que era, isso devia-se, em grande parte, ao fato de se identificarem com as pessoas que estavam sendo excluídas, expulsas ou presas. Em momentos como esses, é importante se enxergar como parte do problema. Era necessário entender como o próprio comportamento espelhava o horror visto nos outros. Se você olhasse as grades escolares[26] e os livros de geografia norte-americanos, disse ao *Baltimore Sun*, encontraria uma versão da teoria da raça semelhante à que os nazistas ensinavam às crianças alemãs. Ambos os sistemas reforçavam seus preconceitos com ciência ruim. A única diferença era que a versão local designara os afro-americanos para o papel que os nazistas reservavam aos judeus.

Boas acreditava que as únicas posições morais inatacáveis eram as baseadas em dados. Nas duas décadas desde a Primeira Guerra Mundial, os pesquisadores alemães ganharam mais Prêmios Nobel do que os de qualquer outra nação. Agora, os cientistas do país, como muitos de seus contemporâneos norte-americanos, priorizavam suas teorias em detrimento da observação. Não havia evidências que sustentassem a afirmação de que alguns grupos de pessoas eram naturalmente inferiores — menos inteligentes, menos bonitos, menos capazes de agregar valor para o mundo. Mas se a suposta ciência afirmava que havia, o que os impediria de segregá-los, oprimi-los ou mesmo destruí-los?

A descoberta de que comunidades humanas criam categorias mentais — pessoas mortas, pessoas vivas e zumbis, como disse Hurston — é uma constatação importante, reconheceu Boas. Mas o fato de aderirmos a esse comportamento de tantas maneiras significa que não devemos considerar as categorias de nenhuma sociedade, nem mesmo as da nossa, como as únicas adequadas. A divisão dos seres humanos em classes distintas é produto de nossa imaginação, não algo derivado das leis da natureza. E essa classificação é perigosa. Crer em hierarquias naturais implica crer na cultura do domínio, seja na forma do "sorriso de piedade" a que Boas se referiu em *A Mente do Ser Humano Primitivo* ou do estado dominante e supostamente purificador que se erguia na Alemanha. Os esquemas morais mais fortes repousam na verdade comprovada de que a humanidade é um todo indiviso.

Boas achava perfeitamente compatível acreditar tanto no relativismo cultural quanto na democracia e no governo representativo. A ciência apontava para o alargamento progressivo do círculo de pessoas a quem atribuímos comportamento moral, como o definimos, e a democracia liberal era a melhor maneira de garantir que o círculo se expandisse pelo menos até as fronteiras do país. O próximo passo era descobrir como expandi-la para todo o planeta. Os Estados Unidos não tinham conhecimentos específicos sobre esses assuntos, acreditava Boas. Ele vira a rapidez com que as portas abertas do país podiam se fechar, principalmente em tempos de guerra ou de ameaça, como havia acontecido durante a Primeira Guerra Mundial e com as políticas anti-imigração que se seguiram. Quando o governo valoriza a lealdade e alimenta a crença de que a própria sociedade é abençoada e pura, torna-se ainda mais importante proclamar sua lealdade a uma série de princípios, não a uma bandeira ou hino. A primeira das Leis de Nuremberg, afinal, declarou a suástica como o símbolo da própria nação — o emblema sagrado de um *volk* étnico —, e não apenas do Estado alemão. Os Kwakiutl e os Samoanos também tinham seus totens, mas nenhum deles ainda os havia vinculado às instituições de um Estado, usado a ciência para embasá-los ou aprisionado, ou assassinado, aqueles que ousavam os ofender. Foi preciso uma das maiores civilizações do mundo moderno para fazer isso.

À medida que o conflito na Europa se aprofundava — a invasão da Polônia durante o outono, uma longa primavera de esperança e paz, depois a incursão à França e aos Países Baixos —, nem Boas nem ninguém pôde prever os horrores que decorreriam dos arroubos nacionalistas da Alemanha. Se o futuro era difícil de prever, no entanto, era porque muito dele já fazia parte do presente. A mania da separação racial, o tratamento dos imigrantes como indesejáveis e potencialmente criminosos, o desejo de eliminar o anti-higiênico e o inferior, a aplicação da ciência precária à melhoria da sociedade — a versão nazista dessas ideias já era uma extensão de crenças e práticas bem estabelecidas nos Estados Unidos e em outros países desenvolvidos. Os refugiados alemães tinham uma palavra para a preocupação com a pureza comunal e a separação sancionada dos povos: *rassenwahn* — "loucura racial". Era uma palavra que Boas considerava igualmente bem aplicada em ambos os lados do Atlântico. "Vou tentar eliminar parte do absurdo que está sendo espalhado sobre raça nos dias atuais",[27] disse em seu discurso de despedida na Columbia. "As pessoas também estão surtando por aqui."

—

**ENQUANTO BOAS ESTAVA HOSPEDANDO** cientistas itinerantes e acadêmicos refugiados, a vida de Mead e a de Benedict mudavam de maneiras profundas. Stanley, ainda casado[28] com Benedict no papel, embora os dois tivessem se separado há quase uma década, morreu de ataque cardíaco no final de 1936. Sapir morreu menos de três anos depois, no início de 1939, vítima de uma doença cardiovascular de longa data. Benedict escreveu o obituário oficial para o *American Anthropologist*. Ela o descreveu como "brilhante" e "desafiador",[29] em um tipo de código privado que revela muito sobre a história que somente ela, Mead e Sapir realmente conheciam. A verdadeira causa de sua morte, especulou Mead mais tarde, foi um "ressentimento corrosivo"[30].

O relacionamento de Mead com Sapir havia degringolado, em parte devido às questões de família e carreira. Ela nunca se tornaria[31] o tipo de esposa e mãe que ele desejava. Pouco depois de voltar da Samoa, um médico lhe disse que ela nunca teria filhos. Era difícil ignorar o momento sinistro de partidas e chegadas. Nos últimos meses em Bali, ela e Bateson estavam tentando engravidar. Os abortos espontâneos[32] foram anotados no calendário. "Ficarei em casa, trabalhando com moderação em um ritmo mais leve e tomando vitamina E", [33] disse à sogra depois de sofrer mais um. De volta a Nova York e abrigada em seu escritório no sótão, descobriu que estava grávida de novo. "A Inglaterra declara guerra",[34] observou em sua agenda em 2 de setembro de 1939, e *Vi o bebê se mexer pela primeira vez*", quatro dias depois. Naquele mês de dezembro, na presença de um jovem pediatra chamado Benjamin Spock, ela deu à luz. Os novos pais chamaram a filha de Mary Catherine — uma criança soberba, alegre e rabugenta, como Mead a descrevia, e que "não se entusiasmava com colo"[35].

A família e o advento da guerra impossibilitaram o trabalho de campo no padrão antigo. Mas, com o passar dos meses, Mead, Bateson e Benedict começaram a imaginar uma maneira de continuar seu trabalho sem retomar postagens remotas e perigosas. Benedict vinha pensando cada vez mais a respeito da própria sociedade e de seus *deficits*, principalmente a respeito da adoção do racismo. "O rótulo 'ciência'[36] vende quase qualquer coisa hoje", lamentou em um livro sucinto e acessível, *Race: Science and Politics* ["Raça: Ciência e Política", em tradução livre], publicado em 1940, "e vende perseguição tão facilmente quanto vende rouge". Mas e quanto a outras sociedades modernas? Um antropólogo é capaz de revelar seus códigos a distância — "decifrar" uma cultura, como Bateson colocou —, observando algumas das ideias consideradas inquestionáveis contidas em sua arte, jornais, filmes e livros?

Pouco antes da guerra, Bateson tentara algo nesse sentido, embora em um cenário pré-moderno. Em *Naven* (1936), elaborou um relato de como um povo compreendia a si mesmo — neste caso, o dos Iatmul da Nova Guiné — analisando um de seus principais rituais (que conferiu o título ao livro). Ele viu toda a complexidade da sociedade Sepik estabelecida em um carnaval popular que revertia papéis estabelecidos por hierarquia e gênero por meio do figurino e da dança. O que uma sociedade faz e fez, do ponto de vista antropológico, pode ser a chave para descobrir como os indivíduos dessa sociedade pensam. Na época, muitos outros antropólogos, sociólogos e psicólogos já trabalhavam no que viria a ser chamado de abordagem da "cultura e personalidade" nas ciências sociais. Pensou-se que a psicanálise, o trabalho de campo em longo prazo, a psicologia experimental e os testes padronizados ajudariam a mapear como uma sociedade específica e seus habitantes entendiam a realidade. Pode-se fazer uma análise a partir do comportamento individual para chegar a conclusões sobre os traços dominantes de uma sociedade como um todo, ou partir da sociedade em direção aos hábitos e às tendências dos indivíduos.

À medida que a guerra se intensificava, a necessidade de entender o campo de batalha e a frente doméstica deu à decodificação dos padrões culturais uma nova urgência. Boas sempre insistiu que a academia deveria ir além da torre de marfim, evitando uma relação subordinada demais aos interesses do governo. Agora, para os filhos e netos intelectuais de Boas, os riscos eram grandes: o inimigo era um conjunto de poderes — Alemanha, Japão e seus aliados — que acreditavam ser naturalmente mais aptos e melhores do que as nações que os cercavam. Se você descobrisse como a maioria dos cidadãos alemães realmente pensava e se comportava — bem à parte dos mitos racistas e nacionalistas que seus líderes lhes impunham —, seria possível moldar a propaganda e a estratégia militar para que visassem os alvos certos. A mesma abordagem também se aplica em casa. Quais foram as principais divisões sociais ou fontes de descontentamento? As pessoas se identificariam e apoiariam questões ambíguas no exterior? A democracia e a verdade permaneceriam coerentes com a segurança em um momento de desordem global?

Bateson e Mead logo entraram em ação. Eles se uniram a um grupo consultivo do presidente Franklin D. Roosevelt, o Committee for National Morale, um grupo de pesquisadores que incluía o pesquisador George Gallup e o psicólogo Erich Fromm, todos comprometidos em usar as ciências sociais para combater a desinformação nazista. O escritório de Mead no museu tornou-se a nova sede do Conselho (mais tarde, Instituto) de Relações Interculturais, um órgão que ela estabeleceu para administrar bolsas de pesquisa, organizar sua pilha crescente de papéis e anotações de campo, orientar seus assistentes de pesquisa e dar a Bateson — ainda sem trabalho acadêmico permanente — um cartão de visita. Por meio de conexões de Benedict, ela conseguiu garantir uma posição remunerada no Comitê de Hábitos Alimentares, uma unidade do Conselho Nacional de Pesquisa encarregada de estudar a disponibilidade e a distribuição de alimentos nos Estados Unidos. O que está mais intimamente ligado ao senso que uma sociedade tem de si mesma do que aquilo que ela consome? Mead teria que tirar outra licença do museu e se mudar para Washington, pelo menos em período parcial, mas seria uma chance de colocar em prática muitas das ideias nas quais vinha trabalhando há anos — algo que já denominava "antropologia aplicada". Ela soube de sua nomeação formal em 7 de dezembro de 1941.[37]

Mead chegou a Washington, onde estava repleto de cientistas sociais. Talvez metade de todas[38] as pessoas que reivindicavam o rótulo de antropólogo — muitas orientados por Sapir, Lowie, Kroeber e, claro, Boas — estivesse empregada no governo em tempo integral. Seus conhecimentos culturais e habilidades linguísticas se mostraram úteis em quase todas as agências do governo. Sua familiaridade com o terreno estrangeiro alimentava as máquinas de cartógrafos e geógrafos descritivos, ocupados produzindo mapas e manuais em todas as arenas de guerra. No verão seguinte, Mead produziu outro livro, *And Keep Your Powder Dry* [a expressão da cultura norte-americana com o sentido de "não se apresse"], uma tentativa descontraída de "desvendar" a própria sociedade. A vida norte-americana, concluiu, enfatizava o sucesso e o movimento, tratava a violência de maneira banal, era obcecada principalmente pela virtude e pelo pecado, tinha uma urgência do presente sobre o passado e uma ambivalência notória sobre o valor de outras culturas. Inúmeros exemplares foram rapidamente vendidos,[39] e Mead foi destaque em uma nova onda de artigos de revistas e em listas de mulheres de destaque de sua época.

Para Mead, a rotina da vida agora envolvia reuniões de comitês, visitas a escritórios, relatórios sobre os hábitos nutricionais dos norte-americanos e viagens regulares entre Nova York e Washington. Suas duas casas — uma na cidade de Greenwich Village, onde Bateson cuidava de Mary Catherine com a ajuda de uma babá e de amigos da família, e uma perto do Dupont Circle, em Washington — tornaram-se grandes experimentos de vida comunitária e explorações culturais. Cientistas sociais famosos faziam visitas regulares. As duas afilhadas adolescentes de Bateson foram enviadas da Grã-Bretanha para escapar da guerra. Mead fez planos para um documentário sobre o conceito de confiança na infância, tomando notas enquanto Mary Catherine brincava de deslizar nas ladeiras do Central Park. Talvez fosse o mais perto que tinha chegado desde a Samoa de realizar seu ideal de um arranjo familiar natural: multifacetado, geograficamente fluido e às vezes caótico, com crianças correndo pela casa e ameaçando derrubar uma mesa de fotografias e anotações etnográficas. Ela chamou de "agregado familiar organizado e tempestuoso".[40]

—

**QUANDO OS ESTADOS UNIDOS ENTRARAM** na Segunda Guerra Mundial, Boas estava com seus 80 e poucos anos e com problemas de saúde. Convites para atuar em conselhos ou presidir causas dignas tinham que ser rejeitados. Cartas sobre todos os assuntos continuavam a chegar, e ele fazia o possível para respondê-las. "Acabei de aprender que,[41] de acordo com a Bíblia, Adão foi o primeiro homem", escreveu Leon J. Fish, de 7 anos, de Cincinnati, Ohio. "Se ele era branco, não consigo entender como existem pessoas negras, amarelas e marrons hoje." "Querido Leon",[42] escreveu Boas de volta com uma pitada de exaustão. "Não consideramos a história da Bíblia como história de verdade."

Ele viveu o suficiente, até os primeiros meses de 1942, para ver o racismo científico prevalecer no país em que nasceu. Governos fascistas de uma forma ou de outra controlavam a maior parte da Europa. Esquadrões nazistas matavam milhares de judeus em penhascos na União Soviética ocupada. Muitos outros seriam intoxicados em recém-inauguradas instalações mortíferas, criadas exclusivamente com essa finalidade — lugares como Belzec, Treblinka e Auschwitz-Birkenau — instalados na Polônia subjugada. Em dezembro daquele ano, os Aliados finalmente emitiram uma declaração conjunta reconhecendo que os alemães estavam "realizando a intenção de Hitler,[43] frequentemente reiterada, de exterminar os judeus da Europa".

Alguns dias depois, em 21 de dezembro, uma segunda-feira, Boas se reuniu com alguns colegas no Columbia Faculty Club. A ocasião foi um almoço em homenagem a Paul Rivet, ilustre fundador do Musée de l'homme, o principal museu etnográfico da França. Retirado de seu cargo pela ocupação alemã de Paris, Rivet era um dos acadêmicos deslocados que Boas tentava ajudar.

Boas estava ansioso para voltar à ativa. Ele havia lido que cientistas alemães admitiram o quão difícil era encontrar dados para apoiar suas teorias de diferenças físicas absolutas entre os tipos raciais. Essa era uma notícia boa. "Nunca devemos parar de repetir que o racismo é um erro monstruoso e uma mentira descarada",[44] disse a Rivet.

Nesse momento, Boas se ajeitou e se recostou na cadeira, silencioso, exceto por um ruído baixo e gorgolejante.

Os participantes dispararam em direção a ele, fazendo tremer pratos e copos. Um jovem visitante francês,[45] Claude Lévi-Strauss, mais tarde alegaria ter estado próximo quando a respiração de Boas se tornou cada vez mais rasa — uma passagem mística da tocha para a pessoa que mais tarde se tornaria um dos principais antropólogos e intelectuais públicos da França. Mas Lévi-Strauss não conhecia Boas,[46] e, de qualquer forma, a cena provavelmente era caótica, com pessoas afrouxando a gravata de Boas, gritando em francês e inglês ou correndo para chamar uma ambulância. Em questão de minutos, seu coração parou.

As notícias da morte de Boas correram pelo mundo por telefone e telégrafo. Os jornais traziam obituários proeminentes, muitos refletindo sobre o fato de Boas ter falecido exatamente quando o mundo mais precisava dele. "Ele acreditava que o mundo deveria ser um lugar seguro para as diferenças",[47] escreveu Benedict no *Nation*. Cartas de condolências inundaram o departamento de antropologia, a maioria dirigida a Benedict, no papel de parente mais próxima. Outra correspondência empilhada sem resposta — a respeito de manuscritos inacabados, projetos de pesquisa em andamento, homenagens e memoriais sendo planejados por grupos em todo o mundo. Um estaleiro de Baltimore escreveu dizendo ter batizado uma nova categoria de navios de carga militares da classe Liberty, ainda em desenvolvimento, de *Franz Boas*. "Ele teria adorado",[48] respondeu Benedict.

Na Universidade da Columbia, o falecimento de Boas foi profundamente sentido. Qualquer proteção que sua presença tivesse proporcionado a Benedict e a seus alunos se fora. Ela era professora associada,[49] promovida ao cargo em 1937, mas ainda ganhava menos do que qualquer outro membro do corpo docente. O departamento era, na prática, o próprio Linton. Ele detestava Benedict, e o sentimento era recíproco. Toda rivalidade na profissão parecia despertar uma disputa: Harvard versus Columbia; os homens que ocupavam as cadeiras de professor versus as mulheres que ocupavam apenas os cargos de assistentes de pesquisa (ou nem isso); o antropólogo como um gastrônomo presunçoso, consumindo culturas e cuspindo grandes teorias versus o cuidadoso coletor de dados de campo. Os apoiadores de Linton se lembram dele como, no mínimo, "sensível".[50] Benedict o considerava "um porco".[51] Ela devia ser comunista,[52] sugeriu Linton, e fez mau uso dos fundos de pesquisa para ajudar os próprios alunos de doutorado.

Entre o público em geral, Benedict estava se tornando uma espécie de para--raios, principalmente quando se tratava de questões raciais. Com um professor mais jovem do departamento, Gene Weltfish, ela havia condensado alguns de seus escritos anteriores sobre o assunto em um pequeno tratado, *The Races of Mankind* ["As Raças da Humanidade", em tradução livre], publicado em 1943. A publicação em formato de bolso era um ataque direto a equívocos comuns. "Algumas pessoas afirmaram[53] que, se colocarmos em nossas veias o sangue de alguém com determinado formato de cabeça, cor dos olhos, textura do cabelo ou cor da pele, adquiriríamos algumas das características físicas e mentais dessa pessoa", escreveram ela e Weltfish. "A ciência moderna revelou que isso é pura superstição."

A resposta foi massiva e inesperada. Cartas de ódio lotavam a caixa postal de seu departamento. "O negro deve ser parecido com os judeus,[54] mas não com os brancos", disse um leitor de Palm Beach. "Eles sempre foram escravos desde a época dos romanos. Tenho certeza de que os judeus de Nova York a pagaram para divulgar esse relatório tolo, pois desejam igualdade social." O Exército dos EUA abandonou um plano de usar o relatório como um reforço moral antinazista. A USO o considerou subversivo e incendiário. A mensagem do panfleto era adequada e relevante ao se tratar dos judeus, insistia um congressista do Kentucky, mas a ideia de que os norte-americanos não mostravam diferenças intelectuais precisas entre negros e brancos era "propaganda comunista".[55] O FBI[56] enviou entrevistadores para averiguar o departamento da Columbia.

A controvérsia pública estimulou as vendas. As igrejas e os grupos cívicos acabariam[57] por encomendar até 750 mil cópias de *The Races of Mankind*, que se tornou um dos textos mais amplamente distribuídos sobre o assunto de seu tempo. Ainda assim, as cartas venenosas continuaram. "Você não é melhor do que o mais negro[58] que temos aqui, e suspeito que fede muito mais", escreveu um cidadão do Mississipi. "Criar uma confusão dessas em tempos de crise [...] Você deveria ter dedicado seu tempo ao esforço de guerra."

Benedict concordou com essa última recomendação, se é que não agiu em função dela. No outono de 1943,[59] pegou o trem para o sul para se juntar a Mead, em Washington.

—

**NA CIDADE MOVIMENTADA,** não foi difícil encontrar o que fazer. Benedict rapidamente ingressou em uma iniciativa do governo chamado Escritório de Informações de Guerra, ou OWI, da sigla em inglês, estabelecido pouco mais de um ano antes. No país, sua missão era fornecer um órgão centralizador para informações verdadeiras sobre o progresso da guerra, que estabeleceu contato com jornalistas e também produziu as próprias campanhas de filmes, rádio e imprensa a respeito de tudo, desde a vida nas nações inimigas até o moral na fronte doméstica. Suas ramificações no exterior concentravam-se em combater a desinformação alemã, italiana e japonesa e mudar a opinião pública em favor dos Aliados. Muitos dos noticiários clássicos em preto e branco da época, tanto os que evocavam o caos da batalha quanto os que ofereciam lembretes calorosos da pátria pela qual os soldados deveriam lutar, eram produzidos por escritores, emissoras, diretores e cientistas sociais na folha de pagamento do OWI.

Analistas de outra agência adotaram um nome que poderia ter se aplicado igualmente aos colegas de Benedict no OWI: "Divisão de Gabinete."[60] Jornalistas trabalhavam ao lado de professores e executivos de publicidade. Escriturários multilíngues rapidamente faziam traduções. Técnicos de rádio monitoravam transmissões no exterior. Resmas de relatórios, transcrições e recomendações de ação foram enviadas a estrategistas, diplomatas e comandantes da linha de frente. Como lembrou o diretor do OWI e professor de psicologia de Yale, Leonard W. Doob, quando se trata de análise "o rápido e o abundante"[61] tendem a preponderar. O papel de Benedict era reunir estudos de sociedades estrangeiras, usando a sensibilidade que havia desenvolvido como antropóloga para caracterizar lugares que nunca havia visitado e cujas línguas não conhecia — o que viria a se tornar a versão definitiva de decodificação de cultura a distância, como Bateson e Mead haviam imaginado. Assim que um oficial do OWI recebia uma nova atribuição, uma equipe de assistentes partia para recolher todas as informações possíveis: entrevistar estrangeiros de um determinado país, conversar com pessoas que recentemente haviam estado no lugar em questão, ler traduções das obras literárias, escolher quaisquer artefatos encontrados no Smithsonian. Vidas dependiam de quão bem as pessoas conheciam os lugares que estavam sendo solicitadas a bombardear, libertar ou patrulhar.

Em junho de 1944, os chefes de Benedict mudaram o foco de seu trabalho para uma análise detalhada do Japão. A guerra estava entrando em uma nova fase decisiva. Os Aliados apontavam todo seu poderio para a Alemanha, atacando a oeste na Operação Overlord e a leste na Operação Bagration da União Soviética. No Pacífico, bombardeiros norte-americanos de longo alcance atacaram o continente japonês pela primeira vez em dois anos. Grupos de transportadores aliados faziam incursões da Nova Guiné para Guam. Os lugares que Benedict conhecia principalmente das cartas de campo de Mead eram agora campos de batalha ou bases operacionais avançadas no Pacífico Sul.

Ela reuniu toda informação que pôde. Outros colegas redigiram memorandos sobre a história japonesa. John Embree, um antropólogo treinado em Chicago e analista do OWI, escrevera um livro importante sobre a vida nas aldeias japonesas, *Suye Mura*, publicado próximo ao início da guerra. Geoffrey Gorer, um antropólogo britânico carismático conhecido mundialmente e amigo íntimo de Mead, contribuiu com leituras psicanalíticas da cultura japonesa, algumas muito especulativas para os gostos de Benedict. Havia filmes, romances,[62] peças de teatro, transcrições de transmissões de rádio, guias de viagem, livros de história, lembranças de missionários, memórias, pilhas de haiku e charadas, e relatos do zen budismo — qualquer coisa que detalhasse a sociedade japonesa.

A tarefa era mais complicada do que qualquer uma que Benedict havia encarado, mas essa dificuldade se devia, em grande parte, ao muro de ferro de suposições que circundavam o entendimento de seu país sobre o Japão e os japoneses. A visão-padrão do governo dos EUA, do Departamento de Guerra ao próprio OWI, era a de que o conflito no Pacífico era essencialmente diferente daquele no cenário europeu. A Alemanha era uma sociedade civilizada normal que havia sido tomada por uma ideologia diabólica e por um ditador bárbaro. Os cidadãos alemães eram, de certa forma, vítimas, pessoas boas que haviam sido enganadas ou subjugadas por uma elite política que visava expansão e conquista. A guerra contra os japoneses, por outro lado, não passava de uma luta pelo domínio racial. "Na Europa, sentíamos[63] que nossos inimigos, por mais horríveis e mortais que fossem, ainda eram pessoas", relatou o célebre jornalista Ernie Pyle após sua transferência para o Pacífico. "Mas aqui logo percebi que os japoneses eram vistos (pelos soldados norte-americanos) como algo subumano e repulsivo, como algumas pessoas se sentem em relação a baratas ou a ratos." Se a guerra na Europa era por territórios, no Pacífico, era por sangue.

Filmes, pôsteres, romances e jornais norte-americanos frequentemente retratavam os japoneses como asiáticos sorrateiros e traiçoeiros, indignos de confiança por essência, obcecados por uma aliança militante de parentes e amigos. Logo após Pearl Harbor,[64] a revista *Life* publicou um guia com a manchete COMO DIFERENCIAR JAPONESES DE CHINESES. As fotografias destacavam as diferenças físicas que você deveria usar para distinguir um sabotador nascido em Tóquio de um empresário de Pequim: altura, formato do nariz, contorno dos olhos, tom de pele. O almirante William Halsey Jr., um dos principais comandantes da frota do Pacífico, costumava se referir ao inimigo em declarações públicas como "homens-macaco" e "bastardos amarelos". "Os japoneses são um produto do acasalamento[65] entre macacas e os piores criminosos chineses que foram banidos da China", afirmou certa vez em uma entrevista coletiva — complicando bastante o guia de instruções fornecido pela *Life*.

Para Benedict e outros cientistas sociais do OWI, essas visões não apenas demonstravam uma birra descarada como também eram contraproducentes. Qualquer declaração racista de uma autoridade norte-americana seria divulgada na mídia japonesa com o objetivo de incitar o medo e reforçar o compromisso do outro lado com a vitória. O moral do combate japonês era tão mutável quanto o de qualquer outro poder beligerante, acreditavam os analistas do OWI. Não havia razão para pensar que os japoneses lutariam até o fim, ou que os civis estavam cegos por uma lealdade eterna ao governo no poder. Os analistas do OWI começaram a olhar para o futuro, buscando um possível fim da guerra e o que poderia ser feito no caso de um pouso de emergência ou uma ocupação de longo prazo dos Aliados no Japão. Quaisquer que fossem as características[66] que Washington atribuíra ao imperador japonês — aos olhos dos norte-americanos, um símbolo de objetivos de guerra intransigentes e militarismo culturalmente arraigado —, os japoneses o viam de maneira bem diferente. Conduzir a guerra para o fim dependia de educar os formuladores de políticas norte-americanos e o público em geral sobre um povo que desconheciam profundamente.

A antropologia exigia muitas das habilidades do comando militar: organização impecável, audácia, capacidade de intuir mais do que era visível superficialmente. Você tinha que ser capaz de enxergar o campo de batalha pelo cheiro da pólvora — uma flâmula regimental aqui, um segmento de boinas ali do lado de uma encosta, calma e caos — e em seguida imaginar tudo isso em uma superfície plana. Três dimensões se reduziam a duas, símbolos substituindo nomes próprios. A realidade confusa solidificada em abstração pura, ordenando-se em uma descrição inteligível de dado tempo, lugar e situação, usando termos e taquigrafia que pudessem viajar facilmente pelo mundo. Um complexo sistema de parentesco era representado por um fluxograma: triângulos para homens, círculos para mulheres, sinais de igual para casais. Uma cultura inteira, em teoria, seria mapeada como um conjunto de propensões, obsessões e disposições principais. Era tudo uma maneira de dizer resumidamente o que tornava o comportamento das pessoas daqui diferente do comportamento das de lá — nem assustador, precipitado ou ilógico, apenas diferente.

Benedict já havia feito tudo isso — essa técnica havia produzido algumas de suas principais ideias de *Padrões de Cultura*. Mas, entre as mesas cinza e os arquivos de aço do OWI, ela estava fora de sua área. Cercada por velhos auxiliares japoneses que conheciam o idioma e que, em alguns casos, publicaram trabalhos importantes sobre o país antes da guerra. Ainda assim, enquanto vasculhava pilhas de relatórios e documentos primários, tinha à sua disposição uma arma secreta: alguém que se tornaria seu parceiro essencial na descoberta do inimigo. Ele era, pelo menos de acordo com o governo dos EUA, um inimigo.

—

**DOIS ANOS ANTES,** em 1942, centenas de famílias haviam desembarcado de ônibus lotados em uma parada a nordeste de Los Angeles. Carregavam trouxas de roupas, utensílios de cozinha e envelopes cuidadosamente selados contendo papéis de hipotecas e extratos bancários. As montanhas de San Gabriel se erguiam nebulosas e cobertas de neve a distância. No vale próximo, as arquibancadas em estilo *art déco*, pintadas em verde chiffon e amarelo persa, levavam a uma pista circular. Espreitando do alto[67] das arquibancadas, estavam os canos de duas metralhadoras.

Muitos dos passageiros teriam facilmente reconhecido o lugar, mesmo sem perceber a placa que indicava a direção de Santa Anita. Fotografias do local estavam em todos os jornais. Não muito tempo antes, um audacioso cavalo de corrida lesionado chamado Seabiscuit se aproximara da linha de chegada na mesma pista, ganhando um prêmio gigantesco e confirmando a crença dos norte-americanos no azarão. Agora, milhares de famílias nipo-americanas eram conduzidas por uma barreira de arame farpado, por meio de cordões de soldados armados que espiavam das torres de vigia em direção aos estábulos, que foram equipados com camas.

Em 19 de fevereiro, o presidente Roosevelt emitiu a Ordem Executiva 9066, que autorizou as Forças Armadas dos EUA a designarem zonas do país das quais qualquer pessoa poderia ser removida por razões de segurança nacional. No mês seguinte, comandantes militares ao longo da Costa Oeste ordenaram a "evacuação obrigatória", no jargão da época, de cidadãos japoneses e pessoas de ascendência japonesa. Seu destino era uma rede de acampamentos construídos para fins específicos, localizados mais ao leste, com lugares como Santa Anita servindo como centros de agrupamento ao longo do caminho.

"Na guerra em que nos encontramos,[68] as afinidades raciais não são consideradas pela migração", informou o tenente-general John L. Dewitt, responsável pelas remoções, ao secretário da guerra Henry L. Stimson. "A raça japonesa é uma raça inimiga, e, embora muitos japoneses de segunda e terceira geração nascidos em solo norte-americano, detentores de cidadania norte-americana, tenham se tornado 'norte-americanizados', as linhagens raciais não são diluídas." Algumas das figuras mais proeminentes do país concordavam. "Acho provável que,[69] se Seattle for bombardeada, será possível olhar para cima e ver alguns garotos vestidos com suéteres da Universidade de Washington!", disse o jornalista Edward R. Murrow ao público. "Acredito que somos orientados[70] por uma falsa sensação de segurança", concordou Earl Warren, procurador-geral da Califórnia, mais tarde governador e mais tarde ainda presidente do Supremo Tribunal dos EUA, em depoimento perante o Congresso. "O dia de nosso acerto de contas está prestes a chegar."

Um novo órgão governamental, a Autoridade de Realocação de Guerra, foi inaugurado para supervisionar uma rede de controle das famílias deslocadas. O Escritório do Censo[71] forneceu à WRA os endereços, quadra a quadra, das pessoas que se declararam japonesas nos formulários de censo orientados por raça do país. Ao final de outubro,[72] números oficiais contavam 117.116 pessoas que haviam sido transferidas para centros de agrupamentos temporários ou um dos dez campos permanentes oriundos de acampamentos e matagais no Arizona, Colorado, Wyoming, Idaho, Utah, Arkansas e outras partes da Califórnia. A WRA, com sua liderança totalmente branca, foi direta sobre como o sistema deveria ser descrito. "As áreas de trabalho[73] devem ser chamadas de 'centros de realocação' ou 'projetos de realocação', e nunca de 'centros de internamento' ou 'campos de concentração'", disse uma diretiva confidencial. "Até mesmo o uso da palavra 'campo' deve ser evitado, pois implica internação e vigilância militar rigorosa." A população de Santa Anita rapidamente aumentou para quase 19 mil pessoas antes de se reduzir, quando as famílias foram transportadas para as instalações de longo prazo. Desde a primavera até o outono de 1942, 194 crianças nasceram no antigo estábulo de Seabiscuit e em novas barracas de lona.[74]

Robert Seido Hashima tinha 20 e poucos anos quando chegou a Santa Anita. Nasceu em Hawthorne, sudoeste de Los Angeles, mas em 1932 seus pais se mudaram com ele de volta para sua aldeia ancestral, no sul da província de Hiroshima, no Japão. Hashima se formou em uma escola japonesa e começou a trabalhar em uma academia de formação de professores. No início de 1940, ele retornou à Califórnia para se matricular na faculdade, trabalhando meio período como auxiliar de campo e de hotel para cobrir suas despesas.

A ordem executiva do presidente Roosevelt[75] o sujeitou à evacuação obrigatória. Ele recebeu um número, 23.146, foi examinado por um médico,[76] desprovido de qualquer navalha ou outro instrumento oriundo de possível contrabando e recebeu uma cama. Como o resultado da guerra era uma incógnita, não havia outro plano de longo prazo senão manter pessoas como ele presas indefinidamente. No final de maio de 1942, ele foi transferido de Santa Anita para Poston, um acampamento permanente no oeste do Arizona.

Poston estava situado em uma área extensa no meio do deserto do Arizona. Apesar de ser cercado por arame farpado, as perspectivas de fuga eram tão reduzidas que as torres de vigia habituais nem sequer foram construídas. Os edifícios de adobe substituíam os quartéis de madeira e papelão encontrados em outros acampamentos. Campos irrigados forneciam suplementos para a produção de rações enlatadas. Em novembro, uma greve por tratamento desumano paralisou as atividades do acampamento, com os internos se recusando a trabalhar e se reunindo na multidão diante do encarceramento. Jornais locais informaram que um "motim japonês" havia tomado a instalação. Durante outra greve no mês seguinte, em Manzanar, um acampamento no centro da Califórnia, soldados dispararam contra a multidão, matando duas pessoas.

A situação em Poston foi resolvida pacificamente, mas o aumento da tensão convenceu os oficiais de que eles sabiam muito pouco sobre as pessoas que foram designados a supervisionar. Ao final do ano, cada uma das dez instalações tinha um "analista comunitário"[77] para ajudar a equipe a elaborar estratégias para evitar tumultos e garantir o bom funcionamento de fábricas, escolas e centros de recreação. Os materiais de relações públicas e os relatórios do governo mostravam fotos de concursos de comer melancia, adolescentes usando macacão, orquestras de acampamento e um transporte organizado de ônibus e trens. "Muito cuidado foi tomado[78] com o conforto dos evacuados que viajavam dos Centros de Agrupamento aos Centros de Realocação de Guerra", como um resumo afirmava. "Cada trem levava um médico caucasiano e duas enfermeiras." Mas os relatos de cientistas sociais que estiveram presentes eram crônicas de perplexidade, incredulidade e tristeza. "Uma evacuação em massa[79] de pessoas com ascendência japonesa criou nos evacuados um sentimento de desilusão ou mesmo amargura sobre a democracia norte-americana", escreveu um cientista social. "Guardas armados, cercas de arame farpado, holofotes de busca, visitas de agentes do governo [...] geram a sensação de estar em um campo de concentração."

Poston logo se tornou o principal objeto de análise do programa de ciências sociais aplicadas da WRA. Um psiquiatra e oficial da Reserva Naval, Alexander Leighton, reuniu uma bateria de jovens antropólogos e sociólogos não japoneses, alguns com não mais do que um mestrado. Sua tarefa era oferecer conselhos sobre a gestão adequada de uma instalação em expansão, na qual nenhum dos habitantes desejava estar. Leighton recrutou ocupantes para efetuar pesquisas, fazer anotações de campo e aconselhar a respeito de tudo, desde normas culturais à comida da cantina.

Na hierarquia racial do sistema de acampamentos, os *issei* estavam na camada mais baixa: imigrantes de primeira geração e, portanto, dado o ato de imigração de raça restritiva de 1924, considerados indignos de ter cidadania. Os *nissei* eram cidadãos norte-americanos de ascendência japonesa, cujos filhos eram *sansei*, ou japoneses norte-americanos de terceira geração. Essas categorias segregavam o acesso a melhores condições de moradia, assistência médica e até mesmo a um melhor tratamento cotidiano por parte de um policial militar ou comandante. Hashima, no entanto, era *kibei*, alguém de nacionalidade norte-americana que havia sido educado no Japão, a hierarquia mais alta. No caos de 1942, com pessoas empilhando seus pertences em vagões, fechando seus comércios e tentando desesperadamente encontrar um vizinho branco disposto a cuidar de sua casa ou apartamento, esse rótulo fazia toda a diferença.

Por meio de John Embree, um dos cientistas sociais empregados em Poston, Leighton reconheceu o potencial de Hashima e rapidamente percebeu a importância do jovem. Hashima conhecia o Japão e os Estados Unidos por vivência e era particularmente adequado para se tornar um intérprete cultural. Pouco tempo depois, as autoridades do acampamento notificaram-no de que deveria ser libertado em função de uma tarefa especial. Logo estaria a caminho de Washington e de seu novo trabalho na equipe da OWI. Foi aí que ele conheceu "uma senhora esbelta[80] de lindos cabelos prateados", como recordaria mais tarde.

Os dois se conheceram[81] quando Benedict apareceu em sua mesa e pediu que traduzisse um haiku. Nos meses seguintes, Hashima se tornou um defensor de Benedict. Ela contava com o trabalho de Embree e de outros especialistas e consumia memorandos escritos por colegas da OWI. Hashima, no entanto, era diferente. Em conversas e correspondências por escrito, "Bob", como veio a chamá-lo, servia como tutor particular de diversos temas, desde a cerimônia japonesa do chá até os diários capturados de soldados japoneses, de rituais de trote nas escolas a filmes populares. Quando seus relatórios[82] exigiam um termo ou frase em japonês, escrito à mão em *kanji*, era Hashima quem escrevia.

Durante a primavera e o início do verão de 1945, Benedict produziu breves notas e memorandos de pesquisa que reuniu em um compilado de sessenta páginas sobre "padrões de comportamento japoneses", o título ecoando o livro que havia produzido pouco mais de uma década antes. Depois vieram as notícias dos atentados de Hiroshima e Nagasaki. Benedict começou a pensar em como fazer com que algumas de suas descobertas ultrapassassem os corredores do governo. Mais do que nunca, os Estados Unidos precisavam de um guia interpretativo para o país que se preparava para ocupar. Havia maneiras melhores e piores de ser uma potência vitoriosa, pensava ela, e os gestores norte-americanos — e também os cidadãos — precisavam entender as vantagens da repressão. Uma sociedade não pode refazer outra a partir do zero, mesmo após a derrota militar.

Em 15 de agosto de 1945, quando o imperador japonês[83] anunciou o fim da guerra, Benedict estava de volta à fazenda da sua família, em Norwich, Nova York. Escreveu imediatamente para Hashima. Chorou quando soube que o imperador divulgaria a notícia pelo rádio. "Gostaria de saber como dizer ao Japão que nenhuma nação ocidental jamais demonstrou tanta dignidade e virtude na derrota e que a história a honrará pela forma como terminou a guerra." Quando voltou das férias de verão, escreveu: "Você precisa me ajudar a dizer isso."

Nos meses seguintes, ela trabalhou com sua antiga editora, ponderando sobre os possíveis títulos de um livro de estudos abrangente. Já tinha o material, retirado de seu relatório da OWI. Agora, precisava compilá-lo. Títulos como[84] *Nós e os Japoneses* e *Estirpe Japonesa* foram sugeridos por um editor, assim como *O Cetro dos Cetros*.[85] Por fim, optaram por algo poético e sugestivo, *O Crisântemo e a Espada*. "Esse título me envergonha",[86] confidenciou Benedict a Mead, apesar de ter se sentido consolada pelo fato de que um subtítulo mais sóbrio, "Padrões da cultura japonesa", seria usado em todo o marketing. Quando o livro foi publicado, no outono de 1946, Benedict enviou um exemplar a Hashima. Quando o abriu, descobriu ser a primeira pessoa homenageada nos agradecimentos. Até então, ele havia deixado Washington e se mudado para Tóquio, mas estava presente, de uma maneira ou de outra, em quase todas as páginas.

—

"OS JAPONESES ERAM OS INIMIGOS[87] mais diferentes que os EUA já haviam enfrentado em uma batalha decisiva", começou Benedict. A guerra no Pacífico não se baseava somente em linhas de suprimentos e cabeças de praia, como também na diferença entre os norte-americanos e seus adversários. Toda interação entre sociedades é um ato de tradução, de aceitação de conceitos estrangeiros e do entendimento deles como comuns. "O antropólogo tem fortes evidências,[88] em sua experiência, de que nem o fato de determinado comportamento ser bizarro impede que alguém o entenda", escreveu. "Mais do que qualquer outro cientista social, usa profissionalmente a diferença como um ativo, em vez de um passivo." O ponto de partida era abraçar a sensação de estar "desnorteado", uma palavra que Benedict usaria repetidamente no texto. A desorientação era a ponte essencial entre a sua concepção de lugar-comum e a de outra pessoa.

Benedict sentia que não havia segredo para entender o Japão. Como toda sociedade, o Japão era contraditório e complexo, com valores e comportamentos relacionados, mesmo quando pareciam incompatíveis. Este era o ponto do crisântemo e da espada no título: uma sociedade com ideias delicadas, refinadas, de beleza e expressão criativa poderia valorizar também o militarismo, a honra e a subserviência. Porém, contradições à parte, uma "sociedade humana deve criar para si mesma diretrizes para o convívio",[89] disse. A cultura não passa de maneiras de interpretarmos nosso comportamento e o de nossas famílias, vizinhos de longa data e pessoas que consideramos como nós. É a maneira como crenças, práticas, rituais, pressuposições e maneiras de falar se "correlacionam".[90]

Benedict focou a pesquisa "nos hábitos esperados e considerados normais no Japão".[91] Os mais importantes deles eram os motivadores da guerra. Os líderes políticos e militares japoneses viam o mundo sofrendo de uma profunda anarquia, atiçada pelos europeus e pelos norte-americanos. Era necessária a restauração da ordem, uma nova hierarquia internacional, com o Japão desempenhando o papel dominante entre os estados asiáticos. Os norte-americanos deviam achar essa ideia bastante familiar. Não era mais do que uma versão traduzida do domínio racial que impulsionara a política externa norte-americana de Theodore Roosevelt: a raça branca, considerada mais ajustada, sobrepondo sua vontade à dos negros inferiores. Contudo, no Japão, esse senso de hierarquia era também levado aos lares. Cada indivíduo tinha um lugar predefinido, classificado dentro de uma comunidade ou família. Ter sucesso na vida significava ter plena consciência de seu lugar em um plano maior, cumpri-lo e fazê-lo bem. "Assumir a postura adequada"[92] era a essência das relações interpessoais, entre os cidadãos e o Estado, e entre o Estado japonês e os países estrangeiros.

As relações hierárquicas também envolviam um sistema complexo de dever e obrigação, um sentimento de endividamento expresso no conceito japonês de *on*. Para Benedict, o *on* era um tipo de fardo que se carregava em praticamente qualquer interação social. Estava contido no dever de responsabilidade dedicado a um superior social, como um credor financeiro. Era a devoção mútua que os cônjuges deviam um ao outro. Entretanto, sempre houve um sentimento de vergonha recíproco, afirmava Benedict. Era a dívida que nunca seria completamente paga, que mantinha todos em um estado de ansiedade mútua pela inadequação de suas respostas. Hierarquia, honra, vergonha, o fardo do endividamento — para Benedict, esses não eram apenas os segredos para "decifrar" a sociedade japonesa, como também eram as ideias que nos aproximavam de sua realidade —, ou seja, que nos permitiam acesso à sociedade japonesa.

As sociedades que privilegiam a ideia da culpa geralmente se fundamentam em moralidades absolutas. Entendem uma vida ética como aquela em que um indivíduo é agente na batalha do bem contra o mal. Enfatizam conceitos como transgressão, ilegalidade, pecado e confissão. Seus rituais lutam pela expiação — o desejo de reparar um ato que violou um código explícito de conduta. As sociedades que privilegiam a vergonha, por outro lado, têm uma visão diferente. As más ações não são aquelas que ultrapassam um limite explícito, e sim as inapropriadas ou inadequadas a determinada circunstância. Ao contrário da culpa, a vergonha é difícil de reparar. Nenhuma confissão a mitiga, nenhuma expiação a ameniza. Um sentimento de vergonha é sempre o produto de como os outros veem suas ações, o que significa estar sempre alerta: é impossível ter certeza de quais comportamentos serão vergonhosos e quais não. Tudo o que você tem são as vagas pistas de adequação e correspondência, bem como, no caso japonês, o conceito de *on*, as obrigações devidas às hierarquias. Porém, quando suas obrigações entram em conflito — você fica até mais tarde no escritório ou visita sua mãe doente? —, o comportamento virtuoso é sempre um "dilema", como afirmava Benedict. Ser a pessoa que se deve ser é uma eterna busca pela conciliação de compromissos irrefutáveis que estão sempre em conflito.

Para Benedict, essas ideias estão no centro da instituição política japonesa mais importante: o próprio imperador. O anúncio do final da guerra feito pelo imperador Hirohito em 15 de agosto, pouco mais de duas semanas antes da assinatura da rendição incondicional a bordo do *USS Missouri*, foi incomparável e histórico. Foi um momento crítico, mas não porque o imperador representava a identidade japonesa. Tampouco o cidadão japonês o considerava um deus, ideia que Benedict disse ser um produto dos conceitos de divindade ocidentais mais do que da espiritualidade japonesa. Pelo contrário, era porque o imperador estava no topo de uma hierarquia social amplamente reconhecida. Ele representava a essência do equilíbrio e da virtude que se estende desde as relações familiares até a maneira como os cidadãos japoneses concebiam suas tradições nacionais.

Nesse aspecto, Benedict não estava abrindo novos caminhos. Todos os auxiliares japoneses no OWI sabiam da reverência dedicada ao imperador. Ela havia levantado o mesmo argumento anos antes em alguns de seus memorandos de pesquisa, incluindo um que abordava precisamente o lugar do imperador na sociedade japonesa. As forças de ocupação dos EUA, lideradas pelo general Douglas MacArthur, já haviam tomado a decisão fundamental de permitir que o imperador permanecesse no posto, em vez de forçar sua abdicação. Essa decisão provavelmente decorreu[93] das próprias inclinações de MacArthur, principalmente sua opinião de que o imperador não tinha relevância particular em uma sociedade que, em qualquer caso, logo seguiria o exemplo da democracia norte-americana. Mas o que Benedict ofereceu foi um argumento sobre por que tudo isso fazia sentido — ou seja, por que os EUA, um país que fora brutalmente atacado por uma potência estrangeira, deveria então responder vitoriosamente com uma política restrita, atenta aos costumes locais e de ambições limitadas. *O Crisântemo e a Espada* foi, assim, mais um manual sobre o Japão do que um informativo para o público norte-americano. Era uma espécie de antídoto: uma maneira de neutralizar a ideia de que — inculcada na cultura norte-americana desde muito antes de Pearl Harbor, depois reforçada pela guerra e pela exclusão de pessoas pelo governo dos EUA por causa de sua suposta "raça", como Boas teria descrito — os japoneses eram, por natureza, inescrutáveis e terríveis.

Benedict reconheceu na primeira página a dívida do livro em relação à traição aos cidadãos japoneses por parte dos EUA. "Homens e mulheres japoneses que nasceram[94] ou foram educados no Japão e que viviam nos Estados Unidos durante os anos da guerra foram colocados na situação mais difícil", escreveu discretamente. "Foram descreditados por muitos norte-americanos." Dava-lhe um prazer especial, disse ela, escrever um livro que exigia que se levasse a sério o que eles tinham a dizer sobre si mesmos.

Em cerca de trezentas páginas, ela havia demonstrado a técnica boasiana de transformar a diversidade em diferença — uma ideia que, apenas um ano após a guerra, era um tipo próprio de revelação. "Qualquer leitor deste livro[95] terá uma nova concepção em relação ao Japão", escreveu o Clube do Livro do Mês a seus membros. Para alguns leitores, o livro exerceu também seu papel de justiça em prol daqueles que perderam parte de suas vidas cercados por arame farpado. "É como se a névoa se dissipasse",[96] escreveu uma mulher nipo-americana a Benedict.

Nos anos que se seguiram, *O Crisântemo e a Espada* foi a obra de antropologia mais lida já escrita. Em cinco anos, passou por oito edições. Uma tradução para o japonês foi lançada em 1948, vendendo aos milhões.[97] Os estudiosos japoneses discordaram de alguns argumentos de Benedict. Ela se precipitara em algumas de suas descrições e generalizações, apontaram. Sua visão da cultura japonesa às vezes parecia um retrato idealizado da classe média japonesa ou da elite militar, precisamente o tipo de pessoas que Hashima e outros informantes conheciam melhor. Mas, em uma época em que a sociedade japonesa passava por uma profunda reconsideração da própria história e valores, o livro era um presente esclarecedor: o relato de um norte-americano distante que lutara para aprender algo verdadeiro sobre um velho adversário.

O trabalho de Benedict foi um grande monumento em honra às promessas e às limitações de duas sociedades que se encaravam por meio de uma cortina sombria. Escondida nos agradecimentos estava uma ironia fundamental. O livro mais influente dos Estados Unidos, que exigia um tratamento melhor de um país inimigo, devia muito às pessoas que os próprios norte-americanos haviam definido como raça inimiga. Claro, teria sido ainda melhor se Benedict visitasse o Japão e verificasse suas descobertas. E ela de fato tentou. Logo após a guerra, esperava se juntar às forças de ocupação do general MacArthur, trabalhando ao lado de estrangeiros na transformação do governo e da sociedade japonesa. Os superiores negaram seu pedido. O motivo era claro: seus chefes norte-americanos não aprovariam a transferência de uma mulher com mais de 45 anos.[98]

"Por que eu não fingi ser homem quando era jovem?",[99] perguntou a Mead.

*Capítulo Catorze*

# LAR

········

"**L**i empolgada[1] sua publicação, que aborreceu tanto os brass-hats[1], e sorri", escreveu Hurston a Benedict no verão de 1945, referindo-se a seu controverso livro *The Races of Mankind*. "A realidade é muito dura para algumas pessoas." A Segunda Guerra Mundial foi uma competição global entre nações, economias e sistemas políticos, mas a verdade desconfortável é que também foi uma luta entre teóricos. Como Boas ensinara a seus alunos, as visões de mundo representadas pelo nacionalismo japonês, pela loucura racial nazista e pela eugenia norte-americana surgiram da mesma fonte. Eram todas produto de uma ilusão moderna ferrenha de que o percurso do desenvolvimento social humano leva direto a nós mesmos. Nenhum dos inimigos dos Estados Unidos se opunha aos valores norte-americanos. Nem Adolf Hitler afirmou ser contra a liberdade, a justiça ou a prosperidade. Em vez disso, pensavam ser versões melhores e mais avançadas do que acreditavam que os norte-americanos queriam ser. A verdadeira liberdade significava a subjugação das raças inferiores. A verdadeira justiça, permitir que os indivíduos e os países mais aptos assumissem seu devido lugar no cenário mundial. O verdadeiro progresso, limpar e segregar, levando adiante os capazes e avançados, e varrendo os primitivos e retrógrados.

---

[1] "Chapéus de latão", em tradução livre. Apelido dado aos militares de alto escalão. [N. da T.]

Vencer um inimigo não era a mesma coisa que derrotar um universo de ideias que sua sociedade ajudou a criar. Por essa razão, nem sempre era fácil ser otimista em relação ao futuro. "O mundo cheira a matadouro",[2] disse Hurston, sombria. O então presidente Roosevelt definiu os Estados Unidos como um "repositório da democracia", mas talvez quisesse dizer "supositório da democracia",[3] escreveu ela na *Negro Digest*, uma versão para negros da popular *Reader's Digest*, que se destinava a brancos. "Sou louca pela ideia da democracia", mas "o que me impede de mergulhar de cabeça nessa onda é a presença das inúmeras leis de Jim Crow nos estatutos do país". A guerra teria derrotado um tipo de tirania para preservar outro, do extremo sul à Índia controlada pelos britânicos? "Lutarei pelo meu país",[4] declarou em uma passagem editada de sua autobiografia, "mas não mentirei por ele".

Hurston havia pulado[5] de casa em casa, em Daytona Beach, na Flórida, dando palestras esporádicas para soldados negros em férias, parte de um programa supervisionado pela esposa do governador. A partir deste ponto de vista — conversar com soldados segregados em um estado que só recentemente começara a condenar réus brancos em casos de linchamento —, a guerra parecia muito diferente daquela testemunhada por Mead e Benedict. Para Hurston, o principal levante popular[6] fora o massacre de Detroit, em 1943, o assassinato de mais de trinta civis, a maioria, negros, pela polícia e pelas tropas federais. Os assassinatos passaram quase despercebidos pelos outros membros do círculo de Boas, sendo considerados apenas um incômodo e uma oportunidade. "Por mais perturbadoras que sejam nossas 'minorias étnicas' aos olhos de nosso corpo político",[7] disse Robert Lowie à Associação Americana de Antropologia no ano seguinte, "elas oferecem campos de pesquisa gratificantes e ainda utilizados de forma inadequada".

Para Mead, o apaziguamento da guerra foi uma chance de retornar a Nova York e continuar a empreitada científica. Ela logo se uniu a Benedict no tipo de relacionamento inabalável que sempre lhe prometera. Bateson ausentou-se por longos períodos durante a guerra; fora enviado ao Ceilão e à Birmânia pelo Escritório de Serviços Estratégicos, o departamento do governo que logo seria transformado na Agência Central de Inteligência. O fardo da distância[8] e os próprios devaneios românticos de Bateson afetaram seu casamento. Um ano após a guerra acabar,[9] ele saiu de casa. Em 1950, eles se divorciaram. "O casamento é como o metrô de Nova York",[10] brincou Mead depois. "Você precisa entrar no vagão para descobrir que está na linha errada."

Mead superou seu término com Bateson usando a pesquisa etnográfica. Ela fez cadernos de campo[11] sobre suas conversas para descobrir por que a emoção intensa daqueles dias no Sepik desaparecera. Benedict assumiu novamente o papel de confidente. Porém, pela primeira vez, em grande parte por causa do sucesso de *O Crisântemo e a Espada*, a fama de Benedict superava a de qualquer outro membro do círculo de Boas. Ralph Linton, presidente do departamento, havia se mudado da Columbia, assumindo o cargo de professor de Yale, em 1946. Após sua partida, Benedict foi promovida a professora titular — a primeira mulher a ter o título em um dos departamentos de ciências sociais da universidade. A Associação Americana de Antropologia a elegeu presidente. Não faltaram subsídios para pesquisa, para viabilizar o tipo de trabalho que esboçara em seu estudo sobre o Japão. Pipocaram convites para conferências e palestras, incluindo uma longa viagem pela França, Holanda, Bélgica e Tchecoslováquia, um país que ainda não havia desaparecido atrás da Cortina de Ferro. Ela viu de perto um sistema social muito diferente, que pretendia se basear na libertação e na igualdade, mas que sucumbia ao próprio autoritarismo.

Benedict estava no auge de sua reputação: uma autora muito lida, palestrante muito procurada, líder entre seus colegas acadêmicos e uma das cientistas sociais mais reconhecidas do país. *O Crisântemo e a Espada* era leitura obrigatória para os universitários, diplomatas e intelectuais em geral. Seus cabelos estavam totalmente brancos. Seus olhos ainda eram misteriosos e cativantes, como Mead achara um quarto de século antes.

Mas quando Benedict voltou aos Estados Unidos de sua viagem pela Europa, no verão de 1948, estava pálida e exausta. Alguns dias depois, sofreu um ataque cardíaco e foi levada às pressas para o hospital. Mead passou dias a fio ao lado dela. A cama do hospital foi cercada por velhos amigos, que conversavam baixinho com ela sobre trabalhos e arranjos futuros. Ela morreu em 17 de setembro. Era a data de nascimento de seu pai, o homem cuja morte prematura, disse ela certa vez, havia determinado toda a trajetória de sua vida. Ela fez antropologia até o último minuto. Quando os amigos vasculharam[12] o conteúdo de sua bolsa, encontraram traços normais da vida cotidiana — recibos bancários, rascunhos — e também um caderno com pensamentos esboçados a respeito de como os austríacos são diferentes dos noruegueses.

Mead recebeu condolências,[13] como se fosse sua parente mais próxima. Nos principais aspectos, ela realmente era. "A descoberta da antropologia[14] — e do Dr. Boas — provou ser sua salvação. Foi aí que você entrou em cena, Margaret", escreveu a irmã mais nova de Benedict, Margery Freeman. "Uma das mais profundas satisfações da vida dela foi o privilégio de instigar seu intelecto e observá-la guiando os estudos por lugares aos quais ela nunca teria ido." Apesar do intenso pesar que Mead deve ter vivenciado, ela decidiu seguir em frente. Criou forças para encarar as tarefas práticas e as afetivas, confortando a família, comiserando-se com os amigos e notificando o maior número de pessoas possível — enviando telegramas para aqueles que podia, cartas mais longas para os mais difíceis de acessar e silenciando-se com os velhos colegas cujo paradeiro foi impossível de rastrear.

Mead enviou um telegrama a Deloria, comentando sobre a cerimônia fúnebre que aconteceria em breve. Entretanto, ela não podia pagar pela viagem de Dakota do Sul.[15] Deloria disse que sentia a obrigação de permanecer a postos e continuar o que vinha fazendo desde a publicação da gramática dakota: ajudar a manter funcionando a escola que seu pai administrara na reserva de Standing Rock. Quando Mead finalmente se sentou para trabalhar em sua maneira pública de vivenciar o luto — uma mistura dos escritos acadêmicos, memórias e poesias de Benedict, intitulados por Mead de *An Anthropologist at Work* ["Uma Antropóloga em Ação", em tradução livre] —, enviou um exemplar a Deloria. "E obrigada também por me chamar de antropóloga",[16] respondeu Deloria, por carta. O simples fato de saber que Mead a considerava assim, como alguém que gostaria de ler as considerações da vida acadêmica e literária de Benedict, a animou. Essa carta estava entre as últimas correspondências entre as duas. Deloria continuou com os próprios estudos e escritos, mas a maior parte ainda não havia sido publicada à época de sua morte, em 1971. Seu último endereço era o de um motel.

Se Mead tentou entrar em contato com Hurston para avisá-la do funeral de Benedict, não há registros. No final da década de 1940, Hurston havia perdido contato com muitas pessoas de seu passado, tanto da Columbia quanto do Harlem. Ao longo dos anos, vez ou outra traçava planos para retornar ao trabalho de campo. "Juntas, podemos fazer algo[17] que deixará a 'SAMOA', da Dra. Margaret Meade (*sic*), semelhante ao relatório da W.C.T.U." — a União de Temperança Cristã da Mulher, disse à antiga parceira de pesquisa, Jane Belo, em 1944. Contudo, sua vida mais parecia um pinheiro da Flórida: as raízes cada vez mais entranhadas, mas seus pés mal tocando o chão. No ano em que Benedict morreu,[18] foi presa sob acusações falsas de molestar três meninos vizinhos. Ela acabou sendo liberada, mas era difícil encontrar o caminho de volta. Caiu em outra depressão[19] e começou a cogitar o suicídio.

Demorou décadas até que uma pista sobre o desaparecimento de Hurston fosse parar na mesa de Mead, por meio de uma fonte surpreendente: um artigo da revista *Ms.* Em 1975, a jovem poeta e romancista Alice Walker registrou os próprios esforços para se manter fora dos holofotes, como Hurston. A matéria analisou os primeiros trabalhos de Hurston e lembrou os leitores do antigo mundo das festas de aluguel do Harlem e da moda negra. Equiparou Hurston a homens como Ralph Ellison e James Baldwin, que a sucederam como vozes da experiência negra. Segundo Walker, ela era "uma das autoras não lidas mais relevantes dos Estados Unidos".[20]

No artigo de Alice Walker, Mead descobriu que Hurston continuara a escrever pequenas histórias, colunas de jornais, ensaios curtos e a responder muitas perguntas dos editores sobre projetos planejados, mas nunca concluídos. Seus romances e volumes folclóricos estavam, há muito tempo, esgotados. Ela fazia bicos para se manter entre as publicações. Organizou livros em uma biblioteca,[21] cuidou de estudantes indisciplinados em salas de aula, limpou casas, saiu da própria casa e em seguida, após sofrer um derrame, mudou-se para uma casinha de blocos de concreto cercada por um gramado pantanoso. Era uma moradia administrada pelo condado para indigentes em uma área barrosa de uma pequena cidade costeira da Flórida — segregada por raças, é claro. Quando Mead leu o artigo, Hurston já estava morta há quinze anos. Seu nome estava errado no atestado de óbito.[22]

Mead colocou o artigo em seus arquivos,[23] uma espécie de artefato da antiga sala de seminários, desenterrado depois de todos aqueles anos. O que se seguiu foram conversas entre colegas, uma enxurrada de cartas, lembranças de um nome que nunca seria esquecido e, depois, os esforços para localizar as anotações e os negativos de Hurston, alguns guardados em arquivos e coleções de museus em todo o país. A maioria de seus manuscritos e documentos pessoais fora perdida ao longo dos anos. Um zelador dedicado[24] queimou parte do que restou após sua morte, até que um xerife que passava pegou uma mangueira de jardim e resgatou o que poderia ser salvo. "Não é vergonhoso como as pessoas ficam interessantes depois que morrem?",[25] disse Alan Lomax, proeminente colecionador de registros da vida folclórica do país e ex-parceiro de trabalho de campo de Hurston. "Pobre Zora."

Ninguém podia prever o sucesso que ela teria um dia. O ensaio de Alice Walker apresentou Hurston a um público mais amplo de leitores. Era o começo de um reavivamento que a elevaria ao panteão de grandes escritores norte-americanos, com seguidores devotados. Alice conseguira rastrear o cemitério onde ela fora enterrada, um cemitério isolado em Fort Pierce, na Flórida, mas o túmulo de verdade fora perdido no tempo e em razão da péssima manutenção de registros. Mesmo assim, ela pagou por uma lápide, que ela mesma fixou em um local aproximado. Hoje, um visitante pode encontrá-la repleta de flores velhas, uma garrafa de bebida alcoólica ou um bilhete para uma escritora cuja reputação excede a de Langston Hughes, Alain Locke e outros contemporâneos do Renascimento do Harlem. Alice também organizou uma honraria bem específica. De todos os principais membros do círculo de Boas, a lápide de Hurston é a única que contém a palavra *antropóloga*.

—

**MEAD CERTA VEZ TENTOU** fazer um mapa de todos os seus relacionamentos,[26] tanto pessoais quanto profissionais, como se mapeasse as redes de parentesco de uma aldeia da Nova Guiné. Indicando os graus de influência, traçou linhas estreitas para influências menores, linhas grossas para maiores e duplas para seus amores: Luther, Edward, Reo e Gregory, estes últimos unidos por linhas duplas entre si. Marcas de lápis a conectavam a Boas, às Ash Can Cats, a outros membros do departamento da Columbia, a círculos e triângulos, símbolos de um etnógrafo para mulheres e homens anônimos. Separada de todos eles, estava Ruth, com a própria conexão subentendida, sem necessidade de linhas — como o Sol e a Lua compartilhando o espaço no centro de uma galáxia.

Mead viveu mais do que a maioria deles. As salas em sua homenagem no Museu Americano de História Natural[27] eram um arsenal de cadernos de campo, artefatos etiquetados, cartas manuscritas e estêncis datilografados, anotações de palestras e fotos, milhares e milhares de páginas e objetos — até o antigo revólver Webley de Reo Fortune, que ela e Bateson haviam escondido, há muito tempo, durante aqueles meses insanos no rio Sepik. Nos dias de semana, ela era vista caminhando pelos corredores, cheia de propósito, em sua típica capa de feltro — já evidenciando os traços da meia-idade. Tinha voltado a usar uma bengala alta, entalhada, a melhor para apoiar o tornozelo debilitado, desde que começara a mancar, em Pago Pago.

Os cargos formais que teve eram de professora adjunta ou visitante, nunca fora membro titular de seu antigo departamento. No entanto, foi por intermédio de Mead que as principais ideias de Boas sobreviveram e se difundiram para um público mais amplo do que Papa Franz jamais sonhara. Seus primeiros livros[28] sobre Samoa e Nova Guiné passaram por dezessete edições e vinte traduções. Sua produção anual típica geralmente incluía um livro acadêmico, artigos em revistas especializadas, ensaios em coleções editadas, entradas de enciclopédias, um monte de resenhas e peças curtas em publicações como *Camp Fire Girl*, *Good Housekeeping* e *Redbook*, que transformaram as descobertas antropológicas em orientações práticas. Jornais e organizadores de conferências solicitavam seus pontos de vista sobre puericultura, sexualidade, casamento, raça, a Guerra Fria e praticamente qualquer outro assunto de interesse popular. Por sua vez, seu arquivo do FBI,[29] um dos muitos mantidos sobre intelectuais públicos na época de J. Edgar Hoover, chegou a ter quase mil páginas de relatórios tediosos sobre seus movimentos e amizades. Assim como acontecia com Boas, pessoas que ela nunca conheceu lhe enviavam cartas pedindo seus conselhos ou opinião de especialista. "Cara Dra. Mead",[30] dizia uma do Bronx, de 1958:

> Sua renomada autoridade em antropologia fez com que eu me sentisse à vontade para consultá-la.
>
> Meu problema é ter um "desejo" de escrever um livro, motivado pelos fatos. No entanto, a falta de talento me impede.
>
> Esse comportamento é normal ou é um tipo de frustração que está profundamente enraizada na [minha] herança africana, indígena e anglo-saxônica?

A resposta de Mead, uma semana depois, era ciência social na prática:

Acho que você descobrirá que é bem normal que as pessoas de todas as partes do mundo sintam que possuem uma grande quantidade de fatos que gostariam de colocar em um livro, mas não têm talento para escrever. Não acho que você deva relacionar isso à sua herança étnica, que é particularmente interessante.[31]

Ela se tornou o cartão de visitas de sua disciplina, o epítome de um acadêmico engajado, mesmo que outros acadêmicos de destaque continuassem a tratá-la, como haviam feito por décadas, como alguém fora da corrente dominante. "O mundo inteiro é meu campo",[32] disse ela em um longo perfil na *New Yorker*. O artigo tomou como título sua frase para ensinar as pessoas a se conhecerem: "Tudo é antropologia."

A era foi inundada por novas ciências sociais, que derrubaram velhas formas de pensar. Os métodos e a perspicácia decorrentes da visão de mundo de Boas estavam se ramificando por quase todos os domínios. Logo após a Segunda Guerra Mundial, a Carnegie Corporation, de Nova York, encarregou o economista sueco Gunnar Myrdal de realizar um estudo abrangente sobre o problema racial nos Estados Unidos. Com precisão antropológica, Myrdal organizou histórias e estatísticas para mostrar os efeitos práticos, nas pessoas, das instituições norte-americanas que haviam sido projetadas para perpetuar a diferença e a desigualdade racial. As descobertas de Myrdal, presentes em seu monumental *An American Dilemma* ["Um Dilema Norte-americano", em tradução livre], acabaram influenciando a decisão da Suprema Corte, na ação Brown versus Board, de acabar com a segregação. Alfred Kinsey catalogou a enorme variedade de práticas sexuais que aconteciam nos quartos dos subúrbios, o que culminou em sua escala Kinsey, desenvolvida em parceria com o Dr. Wardell Pomeroy e com o Dr. Clyde Martin como uma escala de avaliação gradativa heterossexual-homossexual, o que o fez ser considerado pioneiro nos estudos da sexualidade humana. William H. Masters e Virginia E. Johnson conduziram estudos de laboratório sobre a resposta erótica humana que caracteriza a atração pelo mesmo sexo não como uma anormalidade, mas como uma forma de sexualidade a ser entendida. O trabalho deles acarretou a retirada, durante os anos 1980, da homossexualidade da lista de transtornos mentais do DSM, da Associação Americana de Psicologia.

Assim como Boas havia se correspondido com quase todos os seus contemporâneos de ciências humanas e de outras áreas, Mead estava no centro da própria rede de formadores de ideias. Uma lista datilografada de seus principais correspondentes chegava a mais de cem páginas. Seu caderno de endereços era um compêndio dos maiores sociólogos, filósofos, cientistas políticos, psicólogos e líderes políticos da época. Era capaz de fazer citações célebres, o que a tornava uma presença requisitada nos campi de faculdades e nos programas de entrevistas televisivos. Ela era uma pregadora nata, falando incessantemente sobre o movimento dos direitos civis, a revolução sexual e as diversas definições de doença mental, e uma incentivadora aparentemente incansável da necessidade de uma reavaliação das "cegueiras" culturais de sua própria sociedade.

Entretanto, em tempos de mudanças rápidas, até ela parecia conservadora. Sua retidão episcopal e o progressismo típico do condado de Bucks estavam cada vez mais descompassados com as opiniões de reformadores mais radicais. Em 1963, Betty Friedan intitulou um capítulo de *A Mística Feminina* em sua homenagem. Ela culpou Mead por suas ideias antiquadas sobre a feminilidade e por supostamente enfatizar demais as diferenças biológicas entre homens e mulheres. De acordo com Friedan, Mead "desconsiderava a própria visão sobre as mulheres, glorificando o misterioso milagre da feminilidade, que uma mulher internaliza simplesmente por ser do gênero feminino, deixando os seios crescerem, o sangue menstrual fluir e o bebê mamar do seio inchado".[33] Era uma caricatura do trabalho de Mead, porém ela se recusou a se defender. Temia que uma geração mais jovem[34] de feministas tivesse perdido o foco do que era verdadeiramente revolucionário segundo suas pesquisas. Ela lutou pelo reconhecimento real das mulheres como seres humanos, pelo poder de escolherem quaisquer papéis sociais que desejassem — mães e cuidadoras, assim como antropólogas e poetas.

Sua plataforma era global, com visitas de retorno à Samoa e a Manus, palestras esgotadas, aparições em listas de mulheres bem-sucedidas e controvérsias provocadas por uma ávida apreciação por escândalos. Com o passar do tempo, Mead assumiu uma postura arrogante em função do seu sucesso. Boas a ensinara a resistir a falar demais até ter todos os fatos, mas ela costumava ser ignorante por opção, até irritadiça e exasperante em suas aparições públicas. Tinha um ar de autoridade pedante, como disse o *New Yorker*: "Que vem de muitos anos dizendo a estudantes, antropólogos e pessoas em geral o que precisavam ouvir".[35] Com seus compromissos regulares para dar palestras sobre os grandes problemas da época, as pessoas a conheciam mesmo quando não conseguiam se lembrar de onde. Mary Catherine Bateson reclamava que era difícil ter "uma mãe que é 'meio famosa', [...] porque, quando presumo que as pessoas sabem quem você é, em geral, não sabem".[36]

Em seu aniversário de 75 anos, em dezembro de 1976, o *New York Times* fez uma matéria de página inteira em sua homenagem. Menos de dois anos depois, na primavera de 1978, Mead descobriu que estava com câncer no pâncreas. Ela morreu naquele novembro. Nas décadas que se seguiram, houve um selo postal nos EUA com seu retrato e uma Medalha Presidencial da Liberdade, outorgada postumamente por sua luta para mostrar, como dizia a citação da Casa Branca: "Que os padrões culturais variados expressam uma unidade humana subjacente." Sua capa e bengala foram finalmente postas em exibição permanente perto da exposição sobre as culturas do Pacífico do Museu Americano de História Natural. Hoje, quando as pessoas o visitam, veem na entrada uma placa que deseja boas-vindas ao Margaret Mead Hall.

—

**EM 1987, O FILÓSOFO** Allan Bloom publicou seu tratado sobre o estado perigoso em que se encontrava a sociedade norte-americana e as duvidosas universidades do país. *The Closing of the American Mind* ["O Fechamento da Mente Norte-americana", em tradução livre] tornou-se imediatamente um best-seller e um clássico entre os detratores conservadores da vida cultural norte-americana. Logo assumiu o posto de leitura-padrão em um movimento internacional — dos Estados Unidos à Grã-Bretanha e além —, destinado a tirar as virtudes ocidentais das garras do que viria a ser chamado de multiculturalismo e política de identidade. O conceito de relativismo cultural estava na mira do ataque de Bloom. "Quase todo estudante que ingressa na universidade acredita, ou diz acreditar, que a verdade é relativa",[37] afirma Bloom na primeira frase do livro. Ele passou a nomear as pessoas que conduziam os jovens a esse pântano amoral:

> Aventureiros sexuais como Margaret Mead e outros que achavam os Estados Unidos muito rígidos disseram-nos que não apenas devemos conhe-

cer outras culturas e aprender a respeitá-las, como também nos beneficiar delas. Poderíamos seguir suas influências e nos permitir, libertando-nos da concepção de que nossos tabus não são nada mais do que restrições sociais. Poderíamos ir ao bazar das culturas e encontrar reforços para inclinações reprimidas por sentimentos de culpa puritanos. Os defensores dessa mentalidade aberta ou não tinham interesse ou eram ativamente hostis à Declaração de Independência e à Constituição.[38]

Seu livro pretendia examinar o pensamento ocidental como um todo, mas Bloom conseguia pensar em poucas mulheres que mereciam ser mencionadas. Margaret Mead e Ruth Benedict estavam entre elas, assim como Jane Austen, Hannah Arendt, Yoko Ono, Erica Jong e Marlene Dietrich — todas partes do problema, no entendimento de Bloom. Ele acreditava que a perspectiva intelectual do Ocidente havia sofrido uma transformação fundamental, que envolvia se afastar da tradição e adotar a ideia equivocada de que não havia nada de especial no experimento norte-americano com a democracia. A educação moderna, argumentava Bloom, tinha como objetivo sombrio "estabelecer uma comunidade mundial e treinar seus membros[39] — pessoas desprovidas de preconceito". A relatividade da moralidade, da história e da realidade social tornou-se a nova ortodoxia, diminuindo a capacidade dos jovens de procurar entender o que constituía uma vida boa, autêntica e significativa.

Se estivessem por perto, Mead, Benedict e Boas teriam ficado surpresos com a notícia de que haviam triunfado. Eles viveram suas vidas como batalhas. Acostumaram-se a repetir os mesmos pontos filosóficos de novo e de novo. Todo ano parecia produzir outra frente na batalha contra os defensores das velhas certezas, uma nova fronteira na qual experimentar a ideia de que a diferença não era nada a temer. Em suas vidas, foram confrontados com coisas que agora reconhecemos ser grandes males morais: racismo científico, subjugação de mulheres, fascismo genocida, tratamento de gays como pessoas deliberadamente perturbadas. Boas sabia muito bem que as pessoas que defendiam a civilização europeia e a superioridade do "Ocidente" também haviam criado Jim Crow, esterilizado Carrie Buck e mandado os judeus para os campos de concentração. O manifesto de Bloom o deixaria indiferente.

"Fomos os primeiros a insistir em várias coisas",[40] escreveu o respeitado teórico e pesquisador de campo Clifford Geertz, integrante da geração de antropólogos que vieram depois de Boas e Benedict, e que ajudaram a consolidar o relativismo cultural como uma filosofia fundamental da área. "Que o mundo não se divide entre devotos e supersticiosos [...] que existem esculturas em selvas e pinturas em desertos [...] que as normas da razão não foram definidas na Grécia e a evolução da moralidade não foi consumada na Inglaterra. Mais importante, fomos os primeiros a insistir em que se enxergasse a vida de outras pessoas através das lentes de nossas próprias concepções e que elas olhassem para a nossa através das suas."

Não é de surpreender que essas ideias tenham feito muitas pessoas acharem — na verdade, ainda as faz — que o céu estava desabando. Quase todos os membros do círculo de Boas eram frequentemente denunciados como ingênuos, incivilizados, antipatriotas ou imorais. Boas era considerado um doente que negava a grandeza norte-americana. Mead era uma desmazelada que insistia em que o sexo não deveria ser necessariamente privado, complicado e vagamente errado. Benedict era uma megera. Deloria e Hurston eram, respectivamente, indígena e negra, não era preciso dizer mais nada. Mas o objetivo deles era mesmo perturbar. A superação era sempre difícil. A recompensa era ficar mais inteligente — a respeito do mundo, da humanidade e das múltiplas formas possíveis de viver uma vida significativa e próspera.

Algumas das descobertas específicas de Boas caíram por terra em função de novas pesquisas e dados. Hoje, ninguém faz antropologia exatamente como Mead ou Benedict faziam. Os estudiosos da atualidade são céticos a respeito de algumas das generalizações que os boasianos usavam. Os pesquisadores de campo acabariam por questionar todo o conceito de "cultura" como *algo* distinto, que poderia ser facilmente descrito e analisado, como uma asa de mariposa em um microscópio. (Two Crows nega.) Porém, das décadas de 1880 a 1940, esses pensadores orientaram o conhecimento humano em uma direção muito particular: abandonando a crença de que toda a história leva inexoravelmente a nós mesmos.

O trabalho das comunidades humanas continua. A genética demonstra o que pode e o que não pode ser dito sobre as populações humanas. A epigenética mostra o impacto multigeracional no âmbito genético das condições ambientais. Somos todos produtos de uma ancestralidade específica, que não está intimamente relacionada a raças ou a etnias, pelo menos não como as concebemos há tempos. Referimo-nos a nossos ancestrais como escoceses, italianos ou coreanos — e não como, digamos, babilônios, citas ou axumitas — em função de nossa história, não de nosso código genético. A maneira como definimos a inteligência é resultado de um processo social, não biológico. O que definimos como papéis apropriados aos gêneros, comportamento sexual adequado ou transtorno mental é uma criação dos seres humanos a partir das múltiplas interações entre si — isto é, originada de uma sociedade —, e não de nossas entranhas. O fato de ainda sermos tentados pelo desejo de enraizar nossos preconceitos vinculados às diferenças sociais em algo supostamente mais profundo que a própria imaginação coletiva é a melhor evidência de quão relevantes permanecem as ideias do círculo de Boas.

Distinguir o certo do errado é uma questão de filosofia, ainda que repouse sobre os fatos: nossa concepção do que é óbvio e determinado versus o que é ridículo ou absurdo. A expansão do nosso senso de moralidade depende, antes de mais nada, de ampliarmos o domínio dos questionamentos. E isso, por sua vez, muitas vezes exige, como exigiu de Boas e de seus alunos, ir com a cara e a coragem a lugares em que certamente encontraremos pessoas diferentes de nós — uma ilha congelada, um acampamento na floresta tropical ou o outro lado da cidade.

O relativismo cultural foi uma teoria sobre a sociedade humana, como também um manual de instruções para a vida, que pretendia aguçar nossa sensibilidade moral, não a extinguir. Todos os lugares de que temos conhecimento têm pessoas que você pode matar e outras que não pode, pessoas com quem devemos ser honestos e pessoas para quem deve mentir, pessoas com quem o sexo é proibido e pessoas com quem o sexo é incentivado. Boas afirmava que ainda que existisse algo como um código moral universal, nenhuma sociedade — nem mesmo a norte-americana — faria ideia de quais seriam suas regras. Uma determinada cultura normalmente tende a crer que seus gêneros alimentícios, estrutura familiar, religião, estética e sistema político são os mais lógicos. Se existe algum tipo de progresso moral, está em nossa capacidade de romper este hábito: desenvolver uma visão cada vez mais ampla da própria humanidade — uma rede cada vez maior de seres que merecem ser tratados com base em nossa conduta ética, seja o que for que consideremos conduta ética.

"Não existe evolução de ideias morais",[41] escreveu Boas, convicto, em 1928. O que muda são as pessoas que acreditamos que devem ser tratadas como seres humanos íntegros, engajados e dignos. Essa é a descoberta científica e a disposição ética que Boas e seus alunos queriam compartilhar com o mundo. Concentre-se menos nas regras de comportamento correto — coma isso, não toque naquilo, case-se com ele, não fale com ela — e mais no círculo da humanidade a que você acredita que as regras se aplicam. Empenhe-se em se distanciar de ideias que reforçam a concepção de que dado grupo é especial. Descubra o que a própria sociedade considera como seu melhor comportamento e estenda-o ao destinatário mais improvável de sua boa vontade — alguém do outro lado do mundo ou na mesma rua. Faça isso, não importa o quanto você considere desagradáveis suas crenças e práticas.

Com o benefício de olhar em retrospecto, é fácil perceber o quanto a ciência racial, a eugenia, o colonialismo e os excessos do nacionalismo estavam equivocados — e, em suas formas modernas, ainda estão. O mais difícil, mesmo para os cosmopolitas comprometidos, é reconhecer em si os erros que Boas e seus alunos tentavam corrigir. "Tenho visto e ouvido",[42] escreveu Hurston em uma passagem excluída de sua autobiografia, "tenho julgado os caminhos alheios e, na quietude silenciosa da noite, também a mim mesma". Os preconceitos mais duradouros são os confortáveis, os escondidos lá no fundo: perceber o mundo segundo eles, requer certo distanciamento, requer observá-los de cima, como deuses supremos.

Perceber as limitações da própria cultura, ainda que se afirme ser alheio a uma cultura específica e global, sentir o poder da oração ao rejeitar o deus de outra pessoa, compreender a lógica interna de preferências políticas perturbadoras, sentir a preocupação e a depressão, a inquietação e a raiva causadas em outras pessoas pelas perspectivas da realidade que para você são totalmente naturais — estas são as habilidades que devem ser desenvolvidas ao longo da vida. A promessa é a de que, com esforço suficiente, poderemos conhecer a humanidade em toda sua complexidade, aos trancos e barrancos, com vislumbres sombrios de um mundo diferente, surgindo através da névoa do costume, que nos transforma, nos inquieta e, de certa forma, nos destrói — a libertação desconcertante e aterrorizante de abandonar as verdades profundas.

# NOTAS

## *Abreviações*

| | |
|---|---|
| *AAW* | Mead, *An Anthropologist at Work* |
| APS | American Philosophical Society |
| BRC | Boas-Rukeyser Collection, APS |
| CU | Columbia University Rare Book and Manuscript Library |
| ECD | Ella Cara Deloria |
| Arquivos de ECD | Ella Deloria Archive |
| ECP | Elsie Clews Parson |
| ECP | Papers Elsie Clews Parsons Papers, APS |
| *EFB* | Rohner, *The Ethnography of Franz Boas* |
| ES | Edward Sapir |
| FB | Franz Boas |
| Arquivos de FB (digitalizados) | Documentos de Franz Boas, APS Digital Library |
| Arquivos de FB (microfilme) | Documentos de Franz Boas, cópia da Library of Congress |
| Arquivos do Prof. FB | Franz Boas Professional Papers, APS |
| *FBAI* | Müller-Wille, *Franz Boas Among the Inuit of Baffin Island* |

| | |
|---|---|
| GB | Gregory Bateson |
| JH | Papers Jane Howard Papers, Columbia University |
| LC | Luther Cressman |
| MM | Margaret Mead |
| Arquivos de MM | Documentos de Margaret Mead and South Pacific Fieldwork Archives, Library of Congress |
| NAA | National Anthropological Archives, Smithsonian Institution |
| PM | Peabody Museum, Harvard University |
| RB | Ruth Benedict |
| Arquivos de RB | Ruth Fulton Benedict Papers, Vassar College |
| RF | Reo Fortune |
| ZNH | Zora Neale Hurston |

Epígrafe: ZNH, *Dust Tracks*, 264 (do capítulo deletado "Seeing the World As It Is", incluso nesta edição); Max Planck, *Scientific Autobiography and Other Papers* (Londres: Williams and Norgate, 1950), 33–34.

## Capítulo Um: Distante

1    MM, "News Bulletin IX", 11 de dezembro de 1925, Arquivos de MM, Caixa N1, Pasta 5.
2    FB a MM, 7 de novembro de 1925, Arquivos de MM, Caixa N1, Pasta 1.
3    MM, "News Bulletin IV", 31 de agosto de 1925, Arquivos de MM, Caixa N1, Pasta 5.
4    MM a RB, 29 de março de 1926, Arquivos de MM, Caixa S3, Pasta 3.
5    MM a RB, 29 de março de 1926, ibid.
6    MM a RB, 15 de dezembro de 1925, Arquivos de MM, Caixa S3, Pasta 2.
7     FB a MM, 25 de janeiro de 1926, Arquivos de MM, Caixa N1, Pasta 1.
8    "Student of Man", *New York Times*, 23 de dezembro de 1942.
9    RB, "Younger Generation".
10   FB, "Foreword", em MM, *Coming of Age in Samoa* [*Adolescência, Sexo e Cultura em Samoa*].

## Capítulo Dois: Ilha de Baffin

1   Notas de entrevista de FB, Arquivos de RB, Pasta 115.2.
2   FB, "Curriculum Vitae", Arquivos do Prof. FB, Caixa 13, Arquivo "Boas —
    Curriculum Vitae #2".
3   Hedwig Boas Lehmann, memória, Arquivos do Prof. FB, Caixa 20, Arquivo
    "Lehmann, Hedwig Boas — Reminiscences of Franz Boas".
4   Citado em Wulf, *Invention of Nature*, 333.
5   Citado em Clark, *Iron Kingdom*, 429.
6   Hedwig Lehmann, memória, BRC, Caixa 1, Arquivo "Boas — Biographical —
    Reminiscences of relatives"; Helene Yampolsky, memória, Arquivos do Prof.
    FB, Caixa 3, Arquivo "Boas — Boas Family Life"; Cole, Franz Boas, 13.
7   Cole, Franz Boas, 16.
8   Lehmann, memória, BRC.
9   FB aos pais, 20 de fevereiro de 1869, Arquivos do Prof. FB, Caixa 3, Arquivo
    "Boas — Corresp. — Early 1869".
10  FB, "Curriculum Vitae", Arquivos do Prof. FB, Caixa 13, Arquivo "Boas —
    Curriculum Vitae #2".
11  Lehmann, memória, Arquivos do Prof. FB.
12  FB, "Curriculum Vitae"; Lehmann, memória, BRC.
13  Citado em Cole, Franz Boas, 28.
14  Ibid., 37.
15  Lehmann, memória, BRC.
16  Cole, Franz Boas, 41.
17  Ibid., 61.
18  Cole e Müller-Wille, "Franz Boas' Expedition", 39–40.
19  Clyde Kluckhohn e Olaf Prufer, "Influences During the Formative Years", em
    Goldschmidt, *Anthropology of Boas*, 8.
20  Cole, *Franz Boas*, 52.
21  Ludger Müller-Wille, "Introduction: Germans and Inuit on Baffin Island in
    the 1880s", em FBAI, 6.
22  Veja o documento em Arquivos do Prof. FB, Caixa 2, Arquivo "Boas — Arctic
    Expedition — Outline of proposed trip, 1883".
23  Müller-Wille, "Introduction", em FBAI, 9.
24  FB aos pais, 23 de janeiro de 1883, em FBAI, 36.
25  FB a Abraham Jacobi, 26 de novembro de 1882, em FBAI, 33.
26  Diário de FB, entrada de 9 de junho de 1883, em FBAI, 42.
27  Diário de FB, entrada de 20 de junho de 1883, em FBAI, 45.

28 Ibid.

29 Cole, Franz Boas, 71.

30 FB às irmãs, 14 de maio de 1882, em FBAI, 33.

31 FB, plano de sinopse sem título para expedição à Ilha de Baffin, Arquivos do Prof. FB, Caixa 2, Arquivo "Boas — Arctic Expedition — Outline of proposed trip, 1883".

32 Settle, Laste Voyage, n.p.

33 Ibid.

34 Vaughan, *Transatlantic Encounters*, 1–10.

35 FB a Abraham Jacobi, 26 de novembro de 1882, em FBAI, 35.

36 Diário de FB, entrada de 22 de junho de 1883, em FBAI, 46.

37 FB a Marie Krackowizer, 25 de junho de 1883, em FBAI, 48.

38 FB a Marie Krackowizer, 17 de agosto de 1883, em FBAI, 65.

39 FB, memória escrita para seus filhos, BRC, Caixa 1, Arquivo "Boas — Arctic Expedition — Reminiscence written for his children, n.d., #1", Mais tarde, escrito no estilo de uma história de aventura, Boas incluiu detalhes extraídos de suas cartas e cadernos escritos na época.

40 FB, memória escrita para seus filhos, BRC.

41 Diário de FB, entrada de 28 de agosto de 1883, em FBAI, 72–73.

42 Pelo menos um desses espécimes sobreviveu, quebradiço, mas ainda verde, entre os papéis de Boas. Veja Arquivos do Prof. FB, Caixa 2, Arquivo "Boas — Arctic Expedition — Plants, c. 1883".

43 FB, "Year Among Eskimo".

44 Cole, Franz Boas, 72.

45 FB, memória escrita para seus filhos, BRC.

46 Mais tarde, Boas publicou as músicas em FB, "Poetry and Music", e em outros artigos.

47 Veja os cadernos de campo in Arquivos do Prof. FB, Caixa 22.

48 Cole e Müller-Wille, "Franz Boas' Expedition", 52.

49 Cole, Franz Boas, 75; Diário de FB, entrada de 23 de outubro de 1883, em FBAI, 126.

50 Cole, Franz Boas, 75.

51 FB a Marie Krackowizer, 18 de novembro de 1883, em FBAI, 140.

52 FB aos pais e às irmãs, 31 de outubro de 1883, em FBAI, 130.

53 Cole, Franz Boas, 76; Diário de FB, entrada de 17–20 de janeiro de 1884, em FBAI, 168–69.

54 FB a Marie Krackowizer, 13 de dezembro de 1883, em FBAI, 151.

55  FB a Marie Krackowizer, 23 de dezembro de 1883, em FBAI, 159.

56  FB, memória escrita para seus filhos, BRC.

57  FB a Marie Krackowizer, 23 de dezembro de 1883, em FBAI, 159.

58  Ibid.

59  FB a Marie Krackowizer, 21 de dezembro de 1883, em FBAI, 157.

60  Cole e Müller-Wille, "Franz Boas' Expedition", 54.

61  Douglas Cole, "'The Value of a Person Lies in His Herzensbildung'", em *Stocking, Observers Observed*, 16.

62  Diário de FB, entrada de 23 de dezembro de 1883, em FBAI, 159.

63  Cole, Franz Boas, 77.

64  Ibid., 78.

65  Cole e Müller-Wille, "Franz Boas' Expedition", 42.

66  Kroeber et al., Franz Boas, 7; Ernst Boas, memória, Arquivos do Prof. FB, Caixa 17, Arquivo "Boas, Ernst — Reminiscences of his father".

67  Hinsley, *Smithsonian and American Indian*, 65–66.

68  Davis, *Biographical Memoir*, 14.

69  Powell, *Exploration of Colorado River*, 1.

70  Davis, Biographical Memoir, 56.

71  Cole, *Franz Boas*, 83–86.

72  Veja o quinto relatório anual do Bureau of Ethnology, 1883–84 (Washington, D.C.: U.S. Government Printing Office, 1887).

73  Cole, *Franz Boas*, 83.

74  Ibid., 86.

75  Ibid., 85.

76  Ibid., 86.

77  Ibid., 88.

## Capítulo Três: "Tudo É Individualidade"

1  Sophie Boas a Abraham Jacobi, 20 de abril de 1885, Arquivos de FB (microfilme), Rolo 1.

2  Tylor, *Anthropology*, 2.

3  Tylor, *Primitive Culture*, 1:12.

4  Frazer, *Golden Bough*, 1:viii.

5  Ibid., 1:ix.

6  Deloria, *Playing Indian*, 77.

7  Ibid., 79.

8  Morgan, *League of Ho-de'-no-sau-nee*, 1:ix.

9    Darnell, *Along Came Boas*, 89.

10   As citações do discurso de Powell estão em Powell, "From Barbarism to Civilization", embora dado na primavera de 1886, o texto só foi publicado dois anos depois.

11   Nadel, *Little Germany*, 19, 21.

12   Ibid., 1.

13   Cole, Franz Boas, 99.

14   Ibid., 99.

15   FB aos pais, 24 de agosto de 1886, citado em ibid., 99.

16   FB, "Letter Diary to Parents (1886)", entrada de 16 de dezembro, em EFB, 76.

17   FB, "Boas' Introduction", em EFB, 5.

18   Ibid.

19   Ibid., 7.

20   FB, "Letter Diary to Parents (1886)", entrada de 23 de outubro, em EFB, 45.

21   Cole, *Franz Boas*, 102; e FB, "Letter Diary to Parents (1886)", em EFB, várias entradas.

22   Para conhecer o papel fundamental de Hunt, veja Isaiah Lorado Wilder, "Friends in This World: The Relationship of George Hunt and Franz Boas", em Darnell et al., *Boas as Public Intellectual*, 163–89.

23   **Ela pensou**: FB, "Letter Diary to Parents (1886)", entrada de 18 de novembro, em EFB, 61.

24   Ibid., entrada de 8 de novembro, em EFB, 55.

25   Ibid., entrada de 20 de novembro, em EFB, 63.

26   Ibid., entrada de 6 de novembro, em EFB, 53.

27   Ibid., entrada de 15 de novembro, em EFB, 60.

28   Ibid., entrada de 16 de dezembro, em EFB, 77.

29   Cole, *Franz Boas*, 104–5.

30   Boas, "Study of Geography", 137.

31   FB a J. W. Powell, 12 de junho de 1887, em *Stocking, Shaping of American Anthropology*, 60.

32   Ibid.

33   Ibid.

34   FB, "Occurrence of Similar Inventions", 485.

35   Ibid.

36   Mason, "Occurrence of Similar Inventions", 534.

37   Ibid., 534.

38   FB, "Letter Diary to Parents (1886)", entrada de 31 de outubro, em EFB, 50.

39  FB, "Museums of Ethnology" (primeiro artigo de 1887), 589.
40  Powell, "Museums of Ethnology", 613.
41  FB, "Museums of Ethnology", 614.
42  Cole, Franz Boas, 129.
43  Ibid., 115.


## Capítulo Quatro: Ciência e Circo

1   Ross, G. *Stanley Hall*, 196.
2   Cole, *Franz Boas*, 121, 138.
3   Ibid., 137; Hall, *Life and Confessions*, 291.
4   Cole, *Franz Boas*, 138.
5   Hall, *Life and Confessions*, 293.
6   Ibid., 296.
7   Citado em Cole, *Franz Boas*, 140.
8   Kroeber et al., *Franz Boas*, 12.
9   Cole, *Franz Boas*, 145; Hall, *Life and Confessions*, 296.
10  Cole, *Franz Boas*, 154.
11  Worcester Superior Court, Worcester, Mass., 23 de fevereiro de 1892, os documentos da naturalização estão disponíveis em www.ancestry.com.
12  *Chicago Tribune,* 31 de maio de 1890, citado em Freed, *Anthropology Unmasked*, 1:121.
13  Ibid., 1:122.
14  *Worcester Daily Telegraph*, 15 de março de 1891, Citado em Cole, Franz Boas, 142–43.
15  Ibid., 154.
16  Plan and Classification: Department M (Chicago: World's Columbian Exposition, 1892), lançado em PM, arquivos de Frederic Ward Putnam, Caixa 4, Pasta 43.
17  Cole, Franz Boas, 155.
18  Veja Putnam Director Records, Caixa 9.
19  FB, "Report on the Section of Physical Anthropology", Putnam Director Records, Caixa 8, Pasta 8.
20  Ibid.
21  Ibid.
22  FB, "On Alternating Sounds", 47–53.
23  Ibid., 51.

24 World's Columbian Exposition Illustrated (1893), citado em Curtis M. Hinsley, "Anthropology as Education and Entertainment: Frederic Ward Putnam at the World's Fair", em Hinsley e Wilcox, *Coming of Age in Chicago*, 26.

25 Nota manuscrita sobre despesas justas com base no relatório dos auditores, 7 de agosto de 1893, PM, Frederic Ward Putnam Papers, Caixa 4, Pasta 39.

26 Hinsley, "Anthropology as Education and Entertainment", 27.

27 Holmes, "World's Fair Congress of Anthropology".

28 Cole, *Franz Boas*, 156.

29 Legenda da fotografia dos artistas Kwakiutl, PM, Coleção de fotografias da Exposição mundial da Colômbia, Caixa 1.

30 Citado em Cole, *Franz Boas*, 156.

31 Ibid., 158–59.

32 FB a William J. McGee, 17 de fevereiro de 1894, NAA, registros do Bureau of American Ethnology, Caixa 264, Pasta "Boas 1889".

33 Hinsley e Holm, "Cannibal in National Museum", 306.

34 Citado em Cole, *Franz Boas*, 172.

35 Ibid., 185.

36 Freed, *Anthropology Unmasked*, 1:31.

37 Ibid., 1:41.

38 Ibid., 1:43.

39 Cole, *Franz Boas*, 213.

40 FB, "Some Recent Criticisms of Physical Anthropology", 105.

41 FB, "Limitations of Comparative Method", 908.

42 Ibid., 902.

## Capítulo Cinco: Caçadores de Cabeças

1 Nott e Gliddon, *Types of Mankind*, 50.

2 Aleš Hrdlička, "Beauty Among the American Indians", em *Boas Anniversary Volume*, 38.

3 Citado em Harris, *Rise of Anthropological Theory*, 256.

4 Jefferson, *Note os State of Virginia*, 155.

5 Citado em Gould, *Mismeasure of Man*, 77. Sobre Agassiz e sua relação com outros pensadores contemporâneos, veja Menand, *Metaphysical Club*, esp. caps. 5–6; e Painter, *History of White People*, 190–200.

6 Darwin, *Descent of Man*, 190. Publicado no Brasil com o título *A Origem do Homem*.

7 Ibid., 192.

**8**   Anderson, *White Rage*, 17.

**9**   Veja López, *White by Law*.

**10**   Nott e Gliddon, *Types of Mankind*, xxxii–iii.

**11**   Spiro, *Defending Master Race*, 61–67. Sou grato ao exaustivo estudo de Spiro por compreender o impacto de Grant na visão norte-americana de raça.

**12**   Citado em ibid., 97.

**13**   Veja Ripley, Bibliografia Selecionada.

**14**   *Stocking, Race, Culture, and Evolution*, 52–53.

**15**   Ibid., 60.

**16**   Citado em ibid., 61.

**17**   Spiro, *Defending Master Race*, 93.

**18**   Ripley, *Races of Europe*, 273.

**19**   Spiro, *Defending Master Race*, 143–45.

**20**   Grant, *Passing of Great Race*, 6.

**21**   Ibid., 8.

**22**   Ibid., 6.

**23**   Ibid., 11.

**24**   Ibid., 27.

**25**   Ibid., 27.

**26**   Ibid., 14.

**27**   Ibid., 31.

**28**   Ibid., 19.

**29**   Ibid., 18.

**30**   Ibid., 227–28.

**31**   Spiro, *Defending Master Race*, 168.

**32**   Estatísticas de Singer, "Contemporary Immigrant Gateways".

**33**   Gustavo López e Jynnah Radford, "Statistical Portrait of the Foreign-born Population in the United States", Pew Research Center, 3 de maio de 2017, www.pewhispanic.org/2017/05/03/facts-on-u-s-immigrants-current-data/.

**34**   Singer, "Contemporary Immigrant Gateways".

**35**   Grant, *Passing of Great Race*, 14–15.

**36**   FB a Zelia Nuttall, 16 de maio de 1901, Arquivos de FB (microfilme), Rolo 4.

**37**   FB a Nicholas Murray Butler, 15 de novembro de 1902, ibid.

**38**   Helen Boas Yampolsky, memória, Arquivos do Prof. FB, Caixa 3, Arquivo "Boas — Boas Family Life"; Ernst Boas, memória, Arquivos do Prof. FB, Caixa 17, Arquivo "Boas, Ernst — Notes on a conversation with Franz Boas", em 1940 ou 1941".

39 FB a Nicholas Murray Butler, 13 de novembro de 1908, Arquivos de FB (microfilme), Rolo 9.

40 FB a Felix Adler, 6 de janeiro de 1908, ibid.

41 FB a A. L. Kroeber, 6 de janeiro de 1908, ibid.

42 FB a W. J. McGee, 20 de abril de 1901, Arquivos de FB (microfilme), Rolo 4.

43 Relatório sem título sobre o ensino no Department of Anthropology, n.d. [ca. 1908], Arquivos de FB (microfilme), Rolo 9.

44 FB a Booker T. Washington, 8 de novembro de 1908, ibid.

45 Para ler mais sobre a Dillingham Commission, veja Zeidel, *Immigrants, Progressives*; Benton-Cohen, *Inventing Immigration Problem*.

46 Jeremiah W. Jenks a FB, 11 de março de 1908, Arquivos de FB (microfilme), Rolo 9.

47 FB a Jenks, 23 de março de 1908, ibid.

48 Jenks a FB, 20 de novembro de 1908, ibid.

49 FB a E. B. Meyrowitz, 25 de maio de 1908, Arquivos de FB (microfilme), Rolo 12.

50 Relatórios da Comissão de Imigração: *Changes in Bodily Form*, 81–84.

51 FB a F. W. Hodge, 14 de março de 1910, NAA, gravações de Bureau of American Ethnology, Caixa 138, Pasta "Blumenthal, Walter Hart-Boas, Franz".

52 Relatórios da Comissão de Imigração: Changes in Bodily Form, 2.

53 Ibid., 5. A partir de 1912, e nas décadas de 1920 e de 1930, os estudiosos revisitaram os dados de Boas ou acrescentam as próprias observações. Alguns confirmaram suas descobertas sobre diferenças cranianas entre pais e filhos, que atribuíram principalmente a fatores ambientais. Outros encontraram discrepâncias nas medições ou na análise estatística de Boas. Estudos adicionais foram realizados recentemente, em 2002 e 2003. Dois grupos de estudiosos, trabalhando de modo independente, chegaram a conclusões diferentes sobre a magnitude da variabilidade, mas ambos confirmaram o fato básico da plasticidade craniana. Como uma equipe de pesquisa apontou, a revelação de qualquer variação, basicamente, distorceu a alegação central dos racistas científicos: "Na época em que Boas concebeu o estudo, a visão predominante entre os antropólogos físicos era a de que a humanidade consistia em algumas raças ou tipos imutáveis. O estudo de Boas com imigrantes é significativo porque tratou essa suposição como uma questão empírica. O resultado mais importante foi que o índice cefálico [...] era sensível ao meio ambiente. Dada a fé predominante na permanência absoluta da forma craniana, a demonstração de mudança de Boas — qualquer mudança — no índice cefálico dentro

de uma única geração foi nada menos que revolucionária", Gravlee, Bernard e Leonard, *"Boas' Changes in Bodily Form"*, 331. Nenhum cientista sério aceitaria agora a visão pré-boasiana da raça como uma classificação estável, herdável e anatomicamente mensurável para seres humanos individuais. Para uma discussão mais aprofundada, veja também Allen, "Franz Boas' Physical Anthropology"; Gravlee, Bernard e Leonard, "Heredity, Environment, and Cranial Form"; Sparks e Jantz, "Changing Times, Changing Faces"; Sparks e Jantz, "Reassessment"; e Teslow, *Constructing Race*.

54    FB, *Mind of Primitive Man*, 4.
55    concluiu: Ibid., 17.
56    Ibid., 22.
57    Ibid., 33.
58    Ibid.
59    Ibid., 44.
60    Ibid., 94.
61    Ibid., 98.
62    Ibid., 226.
63    Ibid., 107.
64    Ibid., 208–9.

## Capítulo Seis: Império Norte-americano

1    FB, *Handbook of American Indian Languages*, 1:14.
2    Weatherly, "First Universal Races Congress", 318.
3    FB, "Instability of Human Types", em Spiller, *Papers on Inter-Racial Problems*, 99.
4    Relatórios da Comissão de Imigração: *Dictionary of Races or Peoples*, 5:3.
5    Ibid., 1:13.
6    Jens Manuel Krogstad e Michael Keegan, "From Germany to Mexico: How America's Source of Immigrants Has Changed over a Century", Pew Research Center, 7 de outubro de 2015, http://www.pewresearch.org/fact--tank/2015/10/07/a-shift-from-germany-to-mexico-for-americas-immigrants/.
7    Citado em Luebke, *Bonds of Loyalty*, 146.
8    Ibid., 255–56.
9    Ibid., 252.

10  O caso da Suprema Corte foi Meyer v. Nebraska (1923), em que o tribunal decidiu que uma lei de 1919, que proibia o ensino em outros idiomas que não o inglês, violava a cláusula do devido processo da Décima Quarta Emenda.

11  Adam Hochschild, "When Dissent Became Treason", *New York Review of Books*, 28 de setembro de 2017, 82.

12  FB, "Warns of German Wrath", *New York Times*, 11 de dezembro de 1915.

13  FB, "Nationalism in Europe", 13–14.

14  FB, "Why German-Americans Blame America", *New York Times*, 8 de janeiro de 1916.

15  "Professor Boas Dissents", *New York Times*, 9 de fevereiro de 1917.

16  Citado em McCaughey, *Stand*, Columbia, 248.

17  "Professor Boas' Views", *New York Times*, 13 de fevereiro de 1917.

18  Citado em McCaughey, *Stand*, Columbia, 253.

19  FB a Pliny Goddard, 15 de julho de 1915, arquivos Elsie Clews Parsons, Série I, Pasta 1.

20  As citações que se seguem são de FB, "Inventing".

21  W. H. Holmes et al. a J. Walter Fewkes, 24 de dezembro de 1919, NAA, gravações do Bureau of American Ethnology, Caixa 267, Pasta "Boas, Franz — 1919–1920".

22  Citado em Spiro, *Defending Master Race*, 318.

23  Freed, *Anthropology Unmasked*, 1:431.

24  FB a Elsie Clews Parsons, 26 de novembro de 1925, arquivos de Elsie Clews Parsons, Série I, Pasta 3.

25  Para uma visão geral da legislação anti-imigração do período, veja Daniels, *Guarding Golden Door*, 49–58.

26  Citado em Spiro, *Defending Master Race*, 233.

27  Ibid., 166.

28  McCaughey, *Stand*, Columbia, 269.

29  Ibid., 270.

30  Ibid., 267.

31  Spiro, *Defending Master Race*, 357; Kühl, *Nazi Connection*, 85; Ryback, *Hitler's Private Library*, 109–10. A autenticidade desta citação foi contestada, já que a família de Grant destruiu seus documentos após sua morte, mas Kühl localizou uma fonte confiável: as memórias não publicadas de Leon Whitney, um eugenista norte-americano que se lembrou de ter visto a carta real na mesa de Grant. Grant foi publicado na Alemanha por J. F. Lehmanns Verlag, que

se tornou o editor mais importante sobre a teoria das raças nazistas e um dos principais fornecedores de volumes para a biblioteca pessoal de Hitler.

32  Hitler, *Mein Kampf*, 439.

33  Ibid., 688.

34  FB a Ernst Boas, 24 de julho de 1917, BRC, Caixa 3, Arquivo marcado como "Caixa 79".

35  Helen Boas Yampolsky, memória, Arquivos do Prof. FB, Caixa 3, Arquivo "Boas — Boas Family Life".

36  FB a ECP, 25 de junho de 1925, Elsie Clews Parsons Papers, Série I, Pasta 3.

37  FB a Ernst Boas, 14 de junho de 1915, BRC, Caixa 3, Arquivo marcado como "Caixa 79".

38  Yampolsky, memória, Arquivos do Prof. FB.

39  FB anthropometry chart, NAA, Aleš Hrdlička Papers, Caixa 127, Arquivo "Anthropometry Data Sheets on Members of the NAS".

40  FB a Ernst Boas, 15 de novembro de 1917, BRC, Caixa 3, Arquivo marcado como "Caixa 79".

41  FB a Ernst Boas, 29 de julho de 1917, ibid.

42  FB a Ernst Boas, 15 de novembro de 1917, ibid.

43  Goldfrank, *Notes on Undirected Life*, 4; AAW, 344.

44  FB a Ernst Boas, 21 de julho de 1917, BRC, Caixa 3, Arquivo marcado como "Caixa 79".

45  FB a Ernst Boas, 29 de julho 1917, ibid.

46  Caffrey, Ruth Benedict, 100; Kroeber et al., Franz Boas, 15–16.

47  Yampolsky, memória, Arquivos do Prof. FB.

48  Meyer, *It's Been Fun*, 9.

49  Ibid., 5. Sobre a história mais ampla do estabelecimento de Barnard e as mulheres na Columbia, veja Rosenberg, *Changing the Subject*.

50  Darnell, *Along Came Boas*, 294; Kroeber et al., *Franz Boas*, 14–15.

51  Darnell, *Along Came Boas*, 295.

52  LC, *Golden Journey*, 105–6.

53  Kroeber et al., *Franz Boas*, 14.

54  Kluckhohn, *Ralph Linton*, 238; Banner, *Intertwined Lives*, 379.

55  Young, *Ruth Benedict*, 42.

56  FB a Nicholas Murray Butler, 13 de novembro de 1908, Arquivos de FB (microfilme), Rolo 9.

57  Citado em Goldfrank, *Notes on Undirected Life*, 36.

58  Citado em Deacon, *Elsie Clews Parsons*, 255.

59  RB, entrada de diário de 7 de março de 1923, em AAW, 98.

60  Ibid.

61  Ibid., 99.

62  Caffrey, *Ruth Benedict*, 94.

63  Ibid., 81.

64  RB, entrada de diário de outubro de 1920 [sem registro do dia], em AAW, 143.

65  Citado em Caffrey, *Ruth Benedict*, 81.

66  Banner, *Intertwined Lives*, 138.

67  Parsons, *Fear and Conventionality*, xv.

68  Ibid., 216.

69  Parsons, *Social Freedom*, 8.

70  Caffrey, *Ruth Benedict*, 96.

71  Banner, *Intertwined Lives*, 148.

72  RB, entrada de diário de janeiro de 1917 [sem registro do dia], em AAW, 140.

73  Benedict, "Vision in Plains Culture", 21.

74  Ibid.

75  Caffrey, *Ruth Benedict*, 102–3.

76  Frank R. Lillie a Elsie Clews Parsons, 23 de maio de 1924, Arquivos de RB, Pasta 1.1.

77  Cushing, *My Adventures in Zuñi*, 14–15.

78  Citado em Caffrey, *Ruth Benedict*, 110.

79  Citado em ibid., 109.

80  RB, "Anthropology and Abnormal", em AAW, 263.

81  Ibid., 276.

82  Ibid., 275.

## Capítulo Sete: "Uma Garotinha Frágil como Margaret"

1  MM, livro de memórias, 1914, Arquivos de MM, Caixa A12, Pasta 7.

2  Diário de MM, 1911–1914, Arquivos de MM, Caixa Q7, Pasta 5.

3  Ibid.

4  Howard, *Margaret Mead*, 23.

5  Geoffrey Gorer, "Margaret Mead", datilografado (1949), Arquivos de GG, SxMs52/2/3/10/5.

6  LC, entrevista de Jane Howard, 3 de novembro de 1979, JH Arquivos, Caixa 38.

7  Howard, *Margaret Mead*, 22n.

8    Banner, *Intertwined Lives*, 75. A jovem Mead descreveu o evento, no final de dezembro de 1912, como "um dos dias mais felizes da minha vida", Diário de MM, 1911–1914, Arquivos de MM, Caixa Q7, Pasta 5.

9    Mead não se lembrava do nome do revolucionário como "Catherine Bushovka", MM, *Blackberry Winter*, 87.

10   Howard, *Margaret Mead*, 37.

11   MM, *Blackberry Winter*, 100.

12   Ibid., 98.

13   Ibid., 90.

14   MM, "Life History", 1935, Arquivos de MM, Caixa S9, Pasta 7.

15   MM, *Blackberry Winter*, 103.

16   MM, "Life History", 1935, Arquivos de MM, Caixa S9, Pasta 7.

17   John S. Wurtz a MM, 14 de maio de 1921, e John S. Wurtz a MM, 14 de junho de 1921, Arquivos de MM, Caixa R9, Pasta 8.

18   MM, "Life History", 1935, Arquivos de MM, Caixa S9, Pasta 7.

19   Melville Herskovits a MM, 9 de junho de 1923, Arquivos de MM, Caixa C1, Pasta 8.

20   MM a Emily Fogg Mead, 19 de novembro de 1922, Arquivos de MM, Caixa Q2, Pasta 7; cartão de dança para a aula de dança "Class of 1923" dance, 4 de fevereiro de 1921, Arquivos de MM, Q7, Pasta 3.

21   MM, manuscrito de *Blackberry Winter*, Arquivos de MM, Caixa I204, Pasta 4.

22   Anotações de aulas feitas por MM, Arquivos de MM, Caixa A15, Pasta 2.

23   Transcrição de MM em Barnard, Arquivos de MM, Caixa Q14, Pasta 8.

24   MM a Edward Mead, 6 de fevereiro de 1923, Arquivos de MM, Caixa Q1, Pasta 17.

25   MM a Emily Fogg Mead, 31 de janeiro de 1923, Arquivos de MM, Caixa Q2, Pasta 8; MM a Edward Mead, 6 de fevereiro de 1923, Arquivos de MM, Caixa Q1, Pasta 17.

26   Banner, *Intertwined Lives*, 177.

27   "Two College Girls Suicides Same Day", *New York Times*, 8 de fevereiro de 1923.

28   MM, "Life History", 1935, Arquivos de MM, Caixa S9, Pasta 7. Veja também MM, *Blackberry Winter*, 114–15.

29   MM a Emily Fogg Mead, 11 de fevereiro de 1923, Arquivos de MM, Caixa Q2, Pasta 8.

30   RB a MM, 8 de fevereiro de [1923], Arquivos de MM, Caixa B1, Pasta 5.

31   RB, entrada de diário de 7 de março de 1923, em AAW, 67.

32   Banner, *Intertwined Lives*, 182.

33   MM, *Blackberry Winter*, 114.

34   RB a MM, [1923], sem registro do dia, Arquivos de MM, Caixa T4, Pasta "Benedict, Ruth. Miscellany, 1923, Undated".

35   MM a RB, [março de 1923], sem registro da data, Arquivos de MM, S3, Pasta 1.

36   LC, *Golden Journey*, 91–92.

37   Notas sobre "Anthropometry", 1924, Arquivos de MM, Caixa A15, Pasta 4.

38   FB, "Evolution or Diffusion?", 340.

39   Ibid., 341.

40   Banner, *Intertwined Lives*, 226–27.

41   MM, "Life History", 1935, Arquivos de MM, Caixa S9, Pasta 7.

42   MM, "Apprenticeship Under Boas", em Goldschmidt, *Anthropology of Boas*, 42.

43   MM, manuscrito de *Blackberry Winter*, Arquivos de MM, Caixa I204, Pasta 4.

44   Banner, *Intertwined Lives*, 227.

45   ES a RB, 1º de setembro de 1925, Arquivos de MM, Caixa S15, Pasta 2.

46   Banner, *Intertwined Lives*, 227.

47   Ibid.; LC, entrevista de Jane Howard, 25 de setembro (sem ano), Arquivos de JH, Caixa 38.

48   Entrevista de MM por Jean Houston, 1975, transcrição, Arquivos de MM, Caixa Q18, Pasta 4, f. 426.

49   Veja Sapir, *Language*, cap. 1.

50   Sapir, "Culture, Genuine and Spurious", 402.

51   Ibid.

52   Ibid., 410.

53   Ibid., 413.

54   ES a RB, 8 de agosto de 1925, Arquivos de MM, Caixa S15, Pasta 2.

55   ES a RB, 11 de agosto de 1925, ibid.

56   Mead, *Blackberry Winter*, 116; LC, Golden Journey, 127.

57   Howard, Margaret Mead, 63.

58   LC, entrevista de Jane Howard, n.d., JH Papers, Caixa 38; LC, Golden Journey, 82, 88–91.

59   LC, *Golden Journey*, 117–18.

60   ES a RB, 17 de julho de 1925, Arquivos de MM, Caixa T4, Pasta "Benedict, Ruth. Correspondence. Sapir, Edward, 1922–1925".

61   ES a RB, 11 de agosto de 1925, Arquivos de MM, Caixa S15, Pasta 2. Boas, por sua parte, apoiava com veemência o desejo de Mead de ir para Samoa. Sapir,

sentia, tinha lido "muitos livros sobre psiquiatria", FB a RB, Arquivos de RB, Pasta 114.1.

62 Sobre o relacionamento ambivalente de Sapir com Benedict, veja Darnell, *Edward Sapir*, 172–83.

63 ES a RB, 1º de setembro de 1925, Arquivos de MM, Caixa S15, Pasta 2.

64 MM, entrevista de Jean Houston, 1975, transcrição, Arquivos de MM, Caixa Q18, Pasta 4, f. 427.

65 Folhas de código, Arquivos de MM, Caixa N4, Pasta 4.

66 Banner, *Intertwined Lives*, 233.

67 RB a MM, 24 de agosto de 1925, Arquivos de MM, Caixa R7, Pasta 13. Exatamente quando e em que nível Mead e Benedict foram fisicamente íntimas tem sido objeto de especulação. A investigação mais recente, de Lois W. Banner, sugere que as duas "se tornaram amantes" até o final de 1924. Banner, *Intertwined Lives*, 225. No entanto, Banner não fornece evidências claras desse cronograma. Com base em suas correspondências, o verão de 1925 é a época mais provável. Claramente, durante a viagem de trem para o oeste, houve mudanças em seu relacionamento. O contato delas até aquele momento, escreveu Mead, envolvia apenas "sonhos fantásticos [...] escondidos [...] com tanto cuidado, inclusive às vezes". No entanto, no início de agosto, ela finalmente sentiu que Benedict "se importava" e que podia "sentir isso", "agora, sempre", mencionou Benedict segurando Mead nos braços durante a viagem de trem. Veja MM a RB, 6 de agosto de 1925, Arquivos de MM, Caixa S3, Pasta 1; e RB a MM, 19 de agosto de 1925, Arquivos de MM, Caixa R7, Pasta 13.

68 MM a RB, [começo de agosto de 1925], sem registro da data, Arquivos de MM, Caixa S3, Pasta 1.

69 RB a MM, 25 de agosto de 1925, Arquivos de MM, Caixa R7, Pasta 13.

70 MM a RB, 6 de agosto de 1925, Arquivos de MM, Caixa S3, Pasta 1.

71 Ibid.

72 MM a RB, 6 de agosto de 6, 1925, Arquivos de MM, Caixa S3, Pasta 1.

73 MM a RB, agosto de 1925 [sem registro do dia, "4º dia no mar"], Arquivos de MM, Caixa S3, Pasta 1; LC, *Golden Journey*, 131–32.

74 RB a MM, 4 de agosto de 1925, Arquivos de MM, Caixa S4, Pasta 6; MM a RB, 15 de agosto de 1925, Arquivos de MM, Caixa S3, Pasta 1.

75 Folhas de código, Arquivos de MM, Caixa N4, Pasta 4.

76 MM a RB, 15 de agosto de 1925, Arquivos de MM, Caixa S3, Pasta 1.

77 Young, *Malinowski*, 292–93.

78 Veja Douglas, *Science, Voyages*; Tcherkézoff, "Long and Unfortunate Voyage".

79  Chris Ballard, "'Oceanic Negroes': British Anthropology of Papuans, 1820–1869", em Douglas e Ballard, *Foreign Bodies*, 157–204.

80  Malinowski, *Argonautas do Pacífico Ocidental*, 18.

81  Ibid., 6.

82  MM a RB, ("Agosto de 1925", sem registro do dia) [30 de agosto de 1925], Arquivos de MM, Caixa S3, Pasta 1; MM, "News Bulletin IV", ("5º dia no mar") [Agosto de 1925], Arquivos de MM, Caixa N1, Pasta 5.

83  MM, "News Bulletin V", 2 de setembro de 1925, Arquivos de MM, Caixa N1, Pasta 5.

84  Ibid.

85  MM, "News Bulletin V", 14 de setembro de 1925, ibid.

86  MM, "News Bulletin VI", 27 de setembro de 1925, ibid.

87  MM, "News Bulletin V", 14 de setembro de 1925, ibid.

88  MM, "News Bulletin VII", 31 de outubro de 1925, ibid.

89  MM, "News Bulletin VI", 27 de setembro de 1925, entrada de 3 de outubro, ibid. Mead era inconsistente com sua agenda e às vezes datava um boletim de notícias, mas incluía entradas de datas posteriores na mesma comunicação.

90  MM a FB, 11 de outubro de 1925, Arquivos de MM, Caixa N1, Pasta 1.

91  MM, "News Bulletin V", 2 de setembro de 1925, Arquivos de MM, Caixa N1, Pasta 5.

92  MM, "News Bulletin VI", 27 de setembro de 1925, entrada de 3 de outubro, ibid.

93  MM, "News Bulletin V", sem registro da data ("Labor Day"), ibid.

94  MM a FB, 3 de novembro de 1925, Arquivos de MM, Caixa N1, Pasta 1.

95  MM, "News Bulletin VI", 27 de setembro de 1925, entrada de 13 de outubro, e "News Bulletin VIII", 14 de novembro de 1925, ambos em Arquivos de MM, Caixa N1, Pasta 5.

96  MM a FB, 11 de outubro de 1925, Arquivos de MM, Caixa N1, Pasta 1.

97  MM, "News Bulletin VIII", 14 de novembro de 1925, Arquivos de MM, Caixa N1, Pasta 5.

98  MM, "News Bulletin IX", 11 de dezembro de 1925, ibid.

99  MM, "News Bulletin XII", 9 de fevereiro de 1926, ibid.

100 MM, "News Bulletin VIII", 14 de novembro de 1925, ibid.

101 MM, "News Bulletin XI", 16 de janeiro de 1926, ibid.

102 MM a RB, 3 de abril de 1926, Caixa S3, Pasta 3. Mead diria mais tarde que ela construiu uma grande fogueira e queimou todas as cartas de Sapir na praia

antes de partir de Samoa. MM, entrevista de Jean Houston, 1975, transcrição, Caixa Q18, Pasta 4, f. 429.

103 ES a RB, 1º de setembro de 1925, Arquivos de MM, Caixa S15, Pasta 2.

104 MM a RB, 15 de dezembro de 1925, Arquivos de MM, Caixa S3, Pasta 2.

105 Fa'amotu a MM, 5 de janeiro de 1926, Arquivos de MM, Caixa N1, Pasta 4.

106 MM, "News Bulletin X", 10 de janeiro de 1926, entrada de 12 de janeiro, Arquivos de MM, Caixa N1, Pasta 5.

107 MM a FB, 5 de janeiro de 1926, Arquivos de MM, Caixa N1, Pasta 1.

108 MM, "News Bulletin XI", 16 de janeiro de 1926, Arquivos de MM, Caixa N1, Pasta 5.

109 Veja cadernos de campo, em Arquivos de MM, Caixa N2, Pastas 1–2.

110 MM, "News Bulletin XIV", 24 de março de 1926, Arquivos de MM, Caixa N1, Pasta 5.

111 Faapua'a a MM, 17 de abril de 1926, Arquivos de MM, Caixa N1, Pasta 4.

112 MM a RB, 28 de março de 1926, Arquivos de MM, Caixa S3, Pasta 3.

113 MM, "News Bulletin XIV", 24 de março de 1926, Arquivos de MM, Caixa N1, Pasta 5.

114 Recorte de jornal sem data, Arquivos de MM, Caixa Q2, Pasta 8.

## Capítulo Oito: A Adolescência em Foco

1 Fa'amotu a MM, 4 de julho de 1926, Arquivos de MM, Caixa N1, Pasta 4.

2 MM a Sallie Jones, 21 de dezembro de 1926, Arquivos de MM, Caixa I4, Pasta 16.

3 MM a RB, 27 de maio de 1926, Arquivos de MM, Caixa S3, Pasta 4.

4 MM a RB, 13 de julho de 1926, Arquivos de MM, Caixa N1, Pasta 1.

5 MM a RB, 15 de julho de 1926, Arquivos de MM, Caixa S3, Pasta 4.

6 MM a RB, 27 de maio de 1926, ibid.

7 A comparação de Blake é devida a Gregory Bateson, que se tornaria o terceiro marido de Mead. GB a "E. J", 27 de fevereiro de 1936, Arquivos de MM, Caixa S1, Pasta 8.

8 MM, entrevista de Jean Houston, 1975, transcrição, Arquivos de MM, Caixa Q18, Pasta 4, f. 438.

9 MM a RB, 15 de julho de 1926, Arquivos de MM, Caixa S3, Pasta 4.

10 Meu relato das circunstâncias complicadas da chegada de Mead se baseia em "Note by MM on What Really Happened", 9 de julho de 1957, Arquivos de MM, Caixa S11, Pasta 1; LC, entrevistas de Jane Howard, 3 de novembro de 1979, e 25

de setembro [sem ano], JH Papers, Caixa 38; Banner, *Intertwined Lives*, 245–47; e LC, *Golden Journey*, 175–81.

11 MM a RB, 15 de julho de 1926, Arquivos de MM, Caixa S3, Pasta 4.

12 RB a MM, Agosto de 2, 1926, Arquivos de MM, Caixa S5, Pasta 1.

13 Banner, *Intertwined Lives*, 247.

14 LC, entrevista de Jane Howard, 25 de setembro [sem ano], JH Papers, Caixa 38.

15 MM a RB, July 17, 1925, Arquivos de MM, Caixa S3, Pasta 1.

16 MM, Blackberry Winter, 14–17.

17 MM a Herbert E. Gregory, 20 de dezembro de 1926, Arquivos de MM, Caixa I4, Pasta 16.

18 Ibid.

19 MM a "Dr. Handy", 21 de dezembro de 1926, Arquivos de MM, Caixa I4, Pasta 16.

20 MM a William Ogburn, 27 de abril de 1927, Arquivos de MM, Caixa Q11, Pasta 20.

21 Veja o original datilografado de "The Adolescent Girl in Samoa", Arquivos de MM, Caixa I2, Pasta 2.

22 MM a William Morrow, 25 de janeiro de 1928; MM a William Morrow, 11 de fevereiro de 1928; e William Morrow a MM, 20 de fevereiro de 1928, tudo em Arquivos de MM, Caixa I2, Pasta 1.

23 Panfleto promocional de William Morrow, Arquivos de MM, Caixa L3, Pasta 1.

24 MM, *Coming of Age in Samoa*, 60.

25 Ibid., 105.

26 Ibid., 126.

27 Ibid., 109.

28 Ibid., 162.

29 Ibid., 160.

30 Mais tarde na carreira de Mead, seu crítico mais obstinado foi o antropólogo neozelandês Derek Freeman, que dedicou grande parte de sua vida, desde meados da década de 1960 até sua morte, em 2001, a derrubar uma pessoa que ele acreditava ser uma cientista duvidosa, até charlatã. Freeman estava particularmente interessado no trabalho de Mead sobre Samoa, porque foi a pesquisa que julgou ter estabelecido sua autoridade e porque o próprio Freeman conduzira um trabalho de campo nas ilhas (embora, principalmente, na Samoa Ocidental — agora chamada simplesmente de Samoa —, e não na Samoa Americana).

Em vez de ser sexualmente livre e à vontade, afirmou Freeman, a sociedade samoana era altamente regulamentada e restrita, com muita violência sexualizada. Ele também argumentou que a confiança de Mead em jovens informantes distorceu seus dados. Aqueles jovens estavam simplesmente se envolvendo em piadas sexuais e bravatas, que Mead, uma forasteira ingênua, considerou realidade. Sobre esses pontos, veja Freeman, *Margaret Mead and Samoa* e *Fateful Hoaxing*.

A reação contra Freeman foi quase tão severa quanto sua crítica a Mead. Alguns estudiosos o culparam exatamente pelo que acusou Mead de fazer: usar evidências de forma seletiva e manipular mal os dados da entrevista, além de deturpar suas alegações originais. Mead exagerou sua tese em muitos pontos da sociedade samoana, como qualquer etnógrafo que generaliza a opinião de um conjunto limitado de informantes para uma sociedade inteira. Mas ninguém que examine os cadernos de Mead hoje poderia acusá-la de ser descuidada ou ingênua como trabalhadora de campo. O tom das cartas subsequentes entre as meninas samoanas e Mead também não sugere truques sistemáticos ou falsidade. Os cadernos estão agora totalmente disponíveis para consulta na Biblioteca do Congresso dos EUA, para que os leitores possam julgar por si mesmos — algo que Freeman nunca fez, uma vez que seu livro original sobre Mead foi publicado antes da publicação do artigo. Para um tratamento detalhado de toda a controvérsia, veja Shankman, *Trashing of Mead*, e, sobre o próprio Freeman, veja Hempenstall, *Truth's Fool*.

**31**  S. T. Galeai Pulefano para MM, 5 de maio de 1926, Arquivos de MM, Caixa N1, Pasta 4.

**32**  Citado em Lutkehaus, Margaret Mead, 50.

**33**  Bronislaw Malinowski a William Morrow, 22 de agosto de 1928, Arquivos de MM, Caixa S9, Pasta 2.

**34**  Alfred Kroeber a MM, 11 de outubro de 1929, Arquivos de MM, Caixa I2, Pasta 1.

**35**  ES a RB, 4 de setembro de 1928, Arquivos de MM, Caixa S15, Pasta 2.

**36**  William Morrow a MM, 11 de janeiro de 1929, Arquivos de MM, Caixa I2, Pasta 1.

**37**  MM a Stella Jones, 24 de maio de 1928, Arquivos de MM, Caixa I4, Pasta 16.

**38**  "Phila. Girl Plans Cannibal Sojourn", Philadelphia Public Ledger, 25 de agosto de 1928.

**39**  RF a MM, 26 de junho de 1928, Arquivos de MM, Caixa S1, Pasta 15.

**40**  MM a RF, 29 de agosto de 1928, Arquivos de MM, Caixa R4, Pasta 6.

41 MM a RB, 3 de setembro de 1928, Arquivos de MM, Caixa S3, Pasta 4.

42 MM a RB, 5 de setembro de 1928, e MM a RB, 4 de setembro de 1928, ambos em Arquivos de MM, Caixa S3, Pasta 4.

43 MM a RB (telegrama), 15 de outubro de 1928, Arquivos de MM, Caixa S3, Pasta 5.

44 MM a RB, 13 de outubro de 1928, ibid.

45 Mead, *Blackberry Winter*, 169.

46 MM a RB, 29 de novembro de 1928, Arquivos de MM, Caixa S3, Pasta 5.

47 MM, *Blackberry Winter*, 169.

48 MM a FB, 22 de dezembro de 1928, Arquivos de MM, Caixa R7, Pasta 16.

49 MM, manuscrito de Blackberry Winter, Arquivos de MM, Caixa I204, Pasta 4; MM a RB, 8 de abril de 1929, Arquivos de MM, Caixa S3, Pasta 6.

50 MM, *Blackberry Winter*, 175.

51 Veja Arquivos de MM, Caixa I1, Pasta 2. Ela publicou as conclusões do trabalho em MM, "Methodology of Racial Testing", um de seus primeiros artigos acadêmicos.

52 Boas, *Anthropology and Modern Life*, 206.

53 Goddard, *Kallikak Family*, 11–12.

54 Veja Gould, *Mismeasure of Man*.

55 Davenport, *State Laws Limiting Marriage*, 7.

56 Kühl, *Nazi Connection*, 17.

57 Black, *War Against Weak*, 236–38, 298.

58 Veja Laughlin, *Second International Exhibition of Eugenics*.

59 Buck v. Bell (1927), em https://caselaw.findlaw.com/us-supreme-court/274/200.html.

60 Cohen, *Imbeciles*, 300.

61 Reilly, *Surgical Solution*, 97.

62 Kluchin, *Fit to Be Tied*, 17.

63 Citado em Lovett, *Conceiving the Future*, 144.

64 Sanger, *Pivot of Civilization*, 283.

65 Era o método usado por Margaret Mead. Veja MM a GB, 3 de dezembro de 1934, Arquivos de MM, Caixa R2, Pasta 6.

66 FB, *Anthropology and Modern Life*, 15.

67 Ibid., 16.

68 Ibid., 23.

69 Ibid., 84.

70 Ibid., 108.

71 Ibid., 205.

72 Ibid., 124.

73 Kroeber, "Totem and Taboo", 51.

74 MM a William Ogburn, 27 de abril de 1927, Arquivos de MM, Caixa Q7, Pasta 20.

75 MM ao conselho de pesquisas em ciências sociais, 17 de abril de 1929, Arquivos de MM, Caixa I4, Pasta 11.

76 MM ao conselho de pesquisas em ciências sociais, 12 de fevereiro de 1929, ibid.

77 Ibid.

78 MM ao conselho de pesquisas em ciências sociais, 17 de abril de 1929, ibid.

79 MM ao comitê de bolsas para pesquisas, Social Science Research Council, 30 de novembro de 1928, Arquivos de MM, Caixa I4, Pasta 11.

80 MM, *Growing Up in New Guinea*, 6.

81 MM, manuscrito de Blackberry Winter, Arquivos de MM, Caixa I204, Pasta 4.

82 William Morrow a MM, 4 de junho de 1930, Arquivos de MM, Caixa Q12, Pasta 5.

83 MM a RF, 30 de abril de 1934, Arquivos de MM, Caixa R4, Pasta 10.

84 Henry Neil a MM, 3 de janeiro de 1929, Arquivos de MM, Caixa I2, Pasta 1.

85 R. F. Barton a MM, 6 de julho de 1929, ibid.

86 Acordo com Harry Blake, 8 de dezembro de 1930, Arquivos de MM, Caixa Q2, Pasta 2.

87 Merritt HulbuRB a MM, 9 de dezembro de 1930, Arquivos de MM, Caixa I5, Pasta 2.

88 MM, *Blackberry Winter*, 199.

89 Ibid., 185.

## Capítulo Nove: Multidões e Montanhas

1 Veja a tabela de estudantes em Darnell, junto de Boas, 171–72.

2 ZNH, *Dust Tracks*, 140.

3 Ibid., 13, 22.

4 ZNH, "How It Feels to Be Colored Me", em Folklore, *Memoirs, and Other Writings*, 828.

5 Hemenway, *Zora Neale Hurston*, 17–19.

6 Washburn, *Cosmos Club*, 149.

7 ZNH, *Dust Tracks*, 21.

8   Hemenway, *Zora Neale Hurston*, 13; Kaplan, *Zora Neale Hurston*, 773.

9   ZNH, *Dust Tracks*, 1.

10  Boyd, *Wrapped in Rainbows*, 15.

11  ZNH, *Dust Tracks*, 13.

12  Ibid., 70.

13  Boyd, *Wrapped in Rainbows*, 78.

14  Anderson, *White Rage*, 52.

15  Asch and Musgrove, *Chocolate City*, 220.

16  Ibid., 209.

17  Ibid., 237.

18  Ibid., 232–34.

19  ZNH, *Dust Tracks*, 131.

20  *The Bison* (Howard University Yearbook, 1923), n.p.

21  Hemenway, *Zora Neale Hurston*, 9; ZNH, *Dust Tracks*, 138.

22  Hurston, *Dust Tracks*, 139.

23  ZNH a Countee Cullen, 11 de março de 1926, em Kaplan, *Zora Neale Hurston*, 83.

24  Hughes, *Big Sea*, 238–39.

25  ZNH a Fannie Hurst, 16 de março de 1926, em Kaplan, *Zora Neale Hurston*, 85.

26  Hemenway, *Zora Neale Hurston*, 60–61.

27  Du Bois, "Criteria of Negro Art", *Crisis* (outubro de 1926), reimpresso em Gates e Jarrett, *New Negro*, 259.

28  Stewart, *New Negro*, 511.

29  Hughes, *Big Sea*, 239.

30  ZNH, *Dust Tracks*, 171.

31  Ibid., 25.

32  Ibid., 140.

33  Ibid.

34  ZNH a Melville Herskovits, 20 de julho de 1926, em Kaplan, *Zora Neale Hurston*, 87.

35  Hemenway, *Zora Neale Hurston*, 63; Hughes, *Big Sea*, 236.

36  Herskovits, *Anthropometry of American Negro*, 39.

37  Hughes, *Big Sea*, 239.

38  ZNH, *Dust Tracks*, 143.

39  "Chronology", em Kaplan, *Zora Neale Hurston*, 775.

40  ZNH, *Dust Tracks*, 143.

41 Meu relato do massacre de Ocoee é baseado em Ortiz, *Emancipation Betrayed*, 220–24, que, além de citar Hurston, corrobora seu relato com outras fontes.

42 Citado em ibid., 223.

43 ZNH a Annie Nathan Meyer, 7 de março de 1927, em Kaplan, *Zora Neale Hurston*, 91.

44 Ibid., 92.

45 ZNH a Lawrence Jordan, 24 de março de 1927, ibid., 94. Cracker era um termo amplamente utilizado para criadores de gado brancos da era colonial nos bosques e pradarias do norte e centro da Flórida. Não era considerado um insulto racial e ainda hoje é a maneira comum de se referir às antigas famílias da Flórida, cujas raízes remontam aos séculos XVIII e XIX.

46 Mormino, *Land of Sunshine*, 45.

47 Ibid., 7.

48 Miller, *Crime, Sexual Violence*, 16.

49 Ibid.

50 Citado em Sellers e Asbed, "Forced Labor in Florida Agriculture", 37.

51 FB a ZNH, 24 de março de 1927, Arquivos de FB (digitalizados).

52 ZNH a FB, Março de 29, 1927, Arquivos de FB (digitalizados).

53 ZNH a Carl van Vechten, 26 de agosto de 1927, em Kaplan, *Zora Neale Hurston*, 103.

54 Boyd, *Wrapped in Rainbows*, 145.

55 Hurston, Dust Tracks, 144.

56 ZNH a Annie Nathan Meyer, em Kaplan, *Zora Neale Hurston*, 100.

57 ZNH a Dorothy West, 24 de março de 1927, ibid., 96.

58 ZNH a FB, 29 de março de 1927, Arquivos de FB (digitalizados).

59 Ibid.

60 ZNH a Lawrence Jordan, 3 de maio de 1927, em Kaplan, *Zora Neale Hurston*, 98–99.

61 H a Carl Van Vechten, 26 de agosto de 1927, ibid., 105.

62 ZNH a Langston Hughes, 8 de março de 1928, ibid., 114.

63 Hemenway, *Zora Neale Hurston*, 96–99; Boyd, *Wrapped in Rainbows*, 153–54.

64 ZNH, *Dust Tracks*, 144.

65 FB a ZNH, 3 de maio de 1927, Arquivos de FB (digitalizados).

66 Kaplan, *Miss Anne in Harlem*, 197.

67 ZNH a Langston Hughes, 12 de abril de 1928, em Kaplan, *Zora Neale Hurston*, 115–16.

68 ZNH manuscrito (MS 7532), NAA.

69    ZNH a FB, 8 de junho de 1930, Arquivos de FB (digitalizados).

70    Baker, *From Savage to Negro*, 121.

71    Boas, *A Mente do Homem Primitivo*, 271.

72    Kroeber, *Anthropology*, 505.

73    FB, "Mythology and Folk-Tales", 379.

74    RB, "Folklore", 288.

75    Woodson, *African Background Outlined*, v.

76    Herskovits, "Negro in New World", 153.

77    Gershenhorn, *Melville Herskovits*, 66, 69–70.

78    ZNH, *Dust Tracks*, 144.

79    Boyd, *Wrapped in Rainbows*, 226.

80    ZNH a RB, 4 de dezembro de 1933, em Kaplan, *Zora Neale Hurston*, 284.

81    ZNH, *Dust Tracks*, 174–75.

82    Ibid., 175.

83    Edwin Rogers Embree a ZNH, 19 de dezembro de 1934, Arquivos de FB (digitalizados).

84    ZNH a FB, 4 de janeiro de 1935, Arquivos de FB (digitalizados).

85    ZNH, *Dust Tracks*, 213.

86    ZNH a RB, sem registro da data [inverno–primavera 1932], em Kaplan, *Zora Neale Hurston*, 248.

87    ZNH a FB, 20 de agosto de 1934, Arquivos de FB (digitalizados).

88    FB, "Preface" a ZNH, *Mules and Men*, xiii.

89    ZNH, *Mules and Men*, 1–2.

90    Citado em Boyd, *Wrapped in Rainbows*, 318–19.

91    ZNH, *Mules and Men*, 184.

92    Citado em Boyd, *Wrapped in Rainbows*, 285.

## Capítulo Dez: País Indígena

1    Jürgen Langenkämper, "Franz Boas' Correspondence with German Friends and Colleagues in the Early 1930s", em Darnell et al., *Boas as Public Intellectual*, 279.

2    Edward L. Bernays a FB, 8 de outubro de 1930, Arquivos de RB, Pasta 1.1.

3    Maurice Geller a FB, 15 de março de 1939, Arquivos de FB (microfilme), Rolo 42.

4    FB a Geller, 16 de março de 1939, ibid.

5    Wilbur Wood a FB, 31 de março de 1941, Arquivos de FB (microfilme), Rolo 44.

6    FB a Wood, 3 de abril de 1941, ibid.

7    FB a Ernst Boas, 12 de abril de 1919, BRC, Caixa 3, Arquivo marcado como "Caixa 79".

8    FB, "The Dream of the Biting Mice", 27 de fevereiro de 1928, Arquivos de MM, Caixa A3, Pasta 9. As reuniões do dia envolveram um esforço inútil para tentar conseguir que o Conselho Nacional de Pesquisa e o Conselho de Pesquisa em Ciências Sociais, dois importantes financiadores acadêmicos, coordenassem suas atividades.

9    RB a Marie Eichelberger, 23 de abril de 1932, Arquivos de MM, Caixa S15, Pasta 1.

10   ZNH a FB, 23 de outubro de 1934, Arquivos de FB (digitalizados).

11   Helene Boas Yampolsky, memória, Arquivos do Prof. FB, Caixa 3, Arquivo "Boas — Boas Family Life".

12   FB aos pais, 1º de novembro de 1897, Citado em Cole, *Franz Boas*, 209.

13   Ibid.; Harper, *Minik*, 84–85.

14   Cole, *Franz Boas*, 209.

15   Hrdlička, "Eskimo Brain", 500.

16   Jacknis, "First Boasian", 522.

17   Harper, *Minik*, 229–32.

18   George Hunt a FB, 10 de janeiro de 1899, Arquivos de FB (microfilme), Rolo 4. Alterei a gramática e a fonética originais de Hunt em prol da clareza.

19   George Hunt a FB, 24 de abril de 1899, ibid.

20   Harper, *Minik*, 2.

21   Veja Bradford e Blume, *Ota Benga*; Newkirk, *Spectacle*.

22   Citado em Victor Golla, "Ishi's Language", em Kroeber e Kroeber, *Ishi in Three Centuries*, 215.

23   Kroeber, *Ishi in Two Worlds*, 128.

24   Em 2000, o cérebro e o corpo cremado de Ishi foram entregues aos indígenas Pit River Tribe e Redding Rancheria e colocados em um cemitério não revelado. Sackman, *Wild Men*, 296–98. Veja também Starn, *Ishi's Brain*.

25   Madley, *American Genocide*, 346.

26   Starn, *Ishi's Brain*, 77.

27   Citado em Kroeber, *Ishi in Two Worlds*, 234. Sobre Sapir e Ishi, veja também Darnell, *Edward Sapir*, 79–82.

28   Ignacita Suina a RB, 26 de fevereiro de 1926, Arquivos de RB, Pasta 35.5.

29  Melville Herskovits a MM, 23 de agosto de 1923, Arquivos de MM, Caixa C1, Pasta 8.
30  Fa'amotu to MM, 31 de outubro de 1928, Arquivos de MM, Caixa S11, Pasta 11.
31  Redman, *Bone Rooms*, 193.
32  Ibid.
33  ZNH, "The Florida Expedition", *Committee on Native American Languages Collection*, APS, File 46.
34  MM a RB, 31 de julho de 1930, Arquivos de MM, Caixa S3, Pasta 7.
35  Dorsey, *Omaha Sociology*, 347.
36  Sapir, "Why Cultural Anthropology Needs", 2.
37  Ibid., 3.
38  Ibid., 6.
39  Ibid.
40  Sapir, "Do We Need a 'Superorganic'?"
41  Veja Deloria, *Playing Indian*, caps. 4 e 5.
42  Bederman, *Manliness and Civilization*, 94.
43  Hall, *Adolescence*, 2:650.
44  Paris, *Children's Nature*, 28–30. Veja também Van Slyck, *Manufactured Wilderness*, 169–213.
45  Hall, *Adolescence*, 1:206.
46  Citado em Bederman, *Manliness and Civilization*, 105.
47  Sargent, *Handbook of Summer Camps*, 38.
48  Citado em Cotera, *Native Speakers*, 41.
49  Os primeiros detalhes biográficos de Deloria foram retirados de seu próprio relato de sua vida, escrito para Mead. MM a ECD, 30 de janeiro de 1942, Arquivos de MM, Caixa I58, Pasta 10.
50  ECD, "Indian Chief Helped to Build Kingdom", Arquivos de ECD.
51  ECD, "The Study I Like Best; and Why" (6 de novembro de 1902), ibid.
52  Transcrição, *All Saints School* (1906–1910), ECD, ibid.
53  Deloria, *Indians in Unexpected Places*, 23.
54  Cotera, *Native Speakers*, 237n13.
55  ECD, "Indian Progress: A Pageant", 11 de novembro de 1927, Arquivos de ECD.
56  FB a ECP, 20 de junho de 1927, Arquivos de ECP [sem número], Pasta 3.
57  Cotera, *Native Speakers*, 46.
58  Walker, *Sun Dance*, 58–59.

59 Deloria, "Sun Dance of the Oglala Sioux".

60 ECD a FB, 11 de julho de 1932, Arquivos de FB (digitalizados).

61 Ibid.

62 ECD a RB, 23 de novembro de 1935 [1925, como escrito], Arquivos de RB, Pasta 28.3.

63 MM a ECD, 30 de janeiro de 1942, Arquivos de MM, Caixa C5, Pasta 13.

64 Cotera, *Native Speakers*, 47.

65 ECD, misc. notas, sem registro da data, Arquivos de ECD.

66 Susan Gardner, "Introduction", em Deloria, *Waterlily*, vi.

67 ECD a MM, 28 de janeiro de 1942, Arquivos de MM, Caixa C8, Pasta 11.

68 Leeds-Hurwitz, *Rolling in Ditches*, 132.

69 RB a Roland S. Morris, 27 de setembro de 1943, Arquivos de RB, Pasta 28.3.

70 FB a "Whom It May Concern", 7 de julho de 1937, Arquivos de ECD.

71 MM a RB, 2 de setembro de 1930, Arquivos de MM, Caixa S3, Pasta 7.

72 ECD, misc. notas, sem registro da data, Arquivos de ECD.

73 RB, "Special Report to the Council for Research in the Social Sciences", sem registro da data [provavelmente, 1934], gravações do Departamento de Antropologia, CU, Caixa 1, Pasta "Research—CRSS, Project 35, Acculturation, 1930–1938".

74 ECD a FB, "end of 1938", Arquivos de FB (digitalizados).

75 Ibid.

76 FB a ECD, 20 de julho de 1939, Arquivos de ECD.

77 FB e ECD, *Dakota Grammar*, vii.

78 ECD a FB, 15 de julho de 1941, Arquivos de FB (microfilme), Rolo 44.

## Capítulo Onze: Uma Teoria Viva

1 RB a MM, 25 de abril de 1933, Arquivos de MM, Caixa S5, Pasta 7.

2 ES a RB, 11 de maio de 1926, Arquivos de MM, Caixa T4, Pasta "Benedict, Ruth. Correspondence. Sapir Edward, 1922–1925"; MM, Blackberry Winter, 159.

3 MM, entrevista de Jean Houston, 1975, transcrição, Arquivos de MM, Caixa Q18, Pasta 4, f. 434.

4 Banner, *Intertwined Lives*, 281.

5 ES a RB, 29 de abril de 1929, Arquivos de MM, Caixa S15, Pasta 2.

6 ES, "Observations on Sex Problem", 529.

7 MM, "Jealousy: Primitive and Civilised", em Schmalhausen e Calverton, *Woman's Coming of Age*, 35–48; Banner, *Intertwined Lives*, 280–81.

8    FB, "Limitations of Comparative Method", 903.

9    MM a RB, 4 de julho de 1931, Arquivos de MM, Caixa S3, Pasta 8.

10   Sapir, "Franz Boas", 278.

11   Ibid., 279.

12   Lynd e Lynd, *Middletown*, 5.

13   MM a RB, 2 de dezembro de 1932, Arquivos de MM, Caixa S4, Pasta 1.

14   Imposto de MM de 1933, Arquivos de MM, Caixa Q24, Pasta 12.

15   Gravações do Departamento de Antropologia, CU, Caixa 2, Pasta "Adminis-
     trative—Budget, 1931–1954"; e listas de salário em Arquivos de RB, Pasta 42.5

16   Banner, *Intertwined Lives*, 378.

17   MM a RF, 6 de janeiro de 1928, Arquivos de MM, Caixa R4, Pasta 6.

18   MM a RB, 2 de dezembro de 1932, Arquivos de MM, Caixa S4, Pasta 1.

19   Henrietta Schmerler a FB, 4 de julho de 1931, gravações do Departamento de
     Antropologia, CU, Caixa 1, Pasta "Research — Fieldwork Expenditures. Sch-
     merler (Henrietta) murder, correspondence, 4 July 1931–18 January 1932".

20   MM a RB, 16 de janeiro de 1932, Arquivos de MM, Caixa S3, Pasta 8.

21   Mead, *Mountain Arapesh*, 1:11n1.

22   MM a RB, 16 de janeiro de 1932, Arquivos de MM, Caixa S3, Pasta 8.

23   MM a RB, 23 de abril de 1932, Arquivos de MM, Caixa S3, Pasta 9.

24   MM a RB, 25 de abril de 1932, ibid.

25   Ibid.

26   Mead, *Blackberry Winter*, 205–6.

27   Notas de campo de MM, Arquivos de MM, Caixa N101, Pasta 1.

28   MM a RB, 9 de outubro de 1932, Arquivos de MM, Caixa S4, Pasta 1.

29   MM a RB, 11 de outubro de 1932, ibid.

30   MM, *Blackberry Winter*, 208.

31   MM a RB, "Day After Christmas 1932", Caixa S4, Pasta 1.

32   GB a Martin Bateson, 4 de setembro de 1921, Arquivos de MM, Caixa Q1,
     Pasta 2.

33   Lipsept de Gregory Bateson, 70–92.

34   MM, *Blackberry Winter*, 217.

35   MM a RB, "Day After Christmas 1932", Caixa S4, Pasta 1.

36   Ibid.

37   Ibid.

38   O relato de Ambunti, a jornada rio acima e as origens do triângulo amoroso
     entre Mead, Fortune e Bateson estão em MM a RB, 30 de dezembro de 1932,
     Arquivos de MM, Caixa S4, Pasta 1; Lipsept de Gregory Bateson, 135–38;

Howard, *Margaret Mead*, 154–66; Banner, *Intertwined Lives*, 324–39; MM, *Blackberry Winter*, 208–22.

39    MM a GB, 3 de novembro de 1934, Arquivos de MM, Caixa R2, Pasta 7; Banner, *Intertwined Lives*, 324.

40    Descrição dos Tchambuli de Mead, *Sexo e Temperamento*, 221–28.

41    MM a RB, 9 de janeiro de 1933, Arquivos de MM, Caixa S4, Pasta 1.

42    MM a GB, sem registro do dia ("sexta-feira"), de "Tsambuli", Arquivos de MM, Caixa R1, Pasta 6.

43    Ibid.

44    MM a GB, sem registro do dia ("manhã de domingo"), Arquivos de MM, Caixa R1, Pasta 6.

45    Ibid.

46    MM a RB, 23 de fevereiro de 1933, Arquivos de MM, Caixa S4, Pasta 1.

47    MM a RB, 14 de fevereiro de 1933, ibid.

48    MM a RB, 29 de março, 1933, Caixa R7, Pasta 13.

49    Mead, *Blackberry Winter*, 216.

50    MM a RB, 29 de março de 1933, Arquivos de MM, Caixa R7, Pasta 13.

51    RF a LC, 9 de abril 1933, Arquivos de MM, Caixa R4, Pasta 7.

52    MM a RB, 16 de junho de 1933, Arquivos de MM, Caixa S4, Pasta 1; MM a GB, 12 de junho de 1934, Arquivos de MM, Caixa R2, Pasta 7.

53    RF a MM, 12 de setembro de 1933, Arquivos de MM, Caixa R4, Pasta 7.

54    MM, entrevista de Jean Houston, 1975, transcrição, Arquivos de MM, Caixa Q18, Pasta 5, f. 441.

55    MM a RB, 16 de junho de 1933, Arquivos de MM, Caixa S4, Pasta 1.

56    Ibid.

57    MM a RF, 10 de setembro de 1933, Arquivos de MM, Caixa R4, Pasta 7. Mead diria mais tarde que, antes, enquanto eles ainda estavam em Tchambuli, Fortune a derrubou e lhe causou um aborto espontâneo. MM, entrevista de Jean Houston, 1975, transcrição, Caixa Q18, Pasta 5, f. 441.

58    RF a MM, 25 de junho de 1934, Arquivos de MM, Caixa R4, Pasta 11; RF a RB, sem registro do dia ("final de outubro") [marcas de lápis: 1934], Caixa R5, Pasta 2.

59    MM a RB, 26 de agosto de 1933, Arquivos de MM, Caixa S4, Pasta 1.

60    Ibid.

61    GB a "E. J", 27 de fevereiro de 1936, Caixa S1, Pasta 8.

62    MM a GB, sem registro do dia [marcas de lápis: 2 de outubro de 1933], Arquivos de MM, Caixa R1, Pasta 6.

63 MM a GB, [aparentemente, setembro de 1933, sem registro do dia; segunda metade datada de 28 de setembro de 1933], ibid.

64 RB a MM, 19 de julho de 1933, Arquivos de MM, Caixa S5, Pasta 7.

65 MM a RF, 29 de agosto de 1928, Arquivos de MM, Caixa R4, Pasta 6.

66 RF a MM, 25 de junho de 1934, Arquivos de MM, Caixa R4, Pasta 11.

67 Ann McLean, "In the Footprints of Reo Fortune", em Hays, *Ethnographic Presents*, 37.

68 MM a GB, 1º de novembro de 1933, Arquivos de MM, Caixa R1, Pasta 7.

69 GB to MM (telegram), 3 de setembro de 1933, Caixa R1, Pasta 6.

70 Banner, *Intertwined Lives*, 272–73.

71 Ibid., 315.

72 GB, entrevista de Jane Howard, sem registro do dia, JH Papers, CU, Caixa 38.

73 RB, *Patterns of Culture*, 1.

74 Ibid., 24.

75 Ibid., 49.

76 Ibid., 228.

77 Ibid., 237.

78 Ibid., 278.

79 MM a GB, 9 de outubro de 1933, Arquivos de MM, R1, Pasta 6.

80 Kroeber, "Review of Patterns of Culture", 689.

81 "Review of Patterns of Culture", *New York Times*, 21 de outubro de 1934.

82 MM a GB, 12 de junho de 1934, Arquivos de MM, Caixa R2, Pasta 7.

83 Ibid.

84 MM a RB, 29 de março de 1933, Arquivos de MM, Caixa R7, Pasta 13.

85 GB a RF, 22 de janeiro de 1935, Arquivos de MM, Caixa R2, Pasta 9.

86 Ibid.

87 RF a MM, [marcas de lápis: 1933], sem registro do dia, Arquivos de MM, Caixa R4, Pasta 8.

88 MM a GB, 21 de dezembro de 1933, Arquivos de MM, Caixa R1, Pasta 7.

89 Ibid.

90 RF a MM, 19 de julho de 1935, Arquivos de MM, Caixa R5, Pasta 5.

91 Banner, *Intertwined Lives*, 405.

92 MM, *Sexo e Temperamento*, xxxv.

93 Ibid., 298.

## Capítulo Doze: Reinos Espirituais

1 Henry Lee Moon, "Big Old Lies", *New Republic*, 11 de dezembro de 1935, 142.

2    Boyd, *Wrapped in Rainbows*, 284.
3    MM a GB, 18 de abril de 1934, Arquivos de MM, Caixa R2, Pasta 5.
4    Boyd, *Wrapped in Rainbows*, 286.
5    Ibid.
6    Hurston, *Dust Tracks*, 143.
7    Citado em Boyd, *Wrapped in Rainbows*, 288.
8    ZNH a Melville Herskovits, 15 de abril de 1936, em Kaplan, *Zora Neale Hurston*, 372.
9    Boyd, *Wrapped in Rainbows*, 288.
10   ZNH, *Tell My Horse*, 6.
11   Ibid., 7.
12   Ibid., 31–37.
13   Ibid., 39–56.
14   Discurso no Haiti Pavilion, Feira Mundial de Chicago, 1893, texto disponível em faculty.webster.edu/corbetre/haiti/history/1844-1915/douglass.htm.
15   ZNH, *Tell My Horse*, 71.
16   Ibid., 73.
17   Ibid., 135.
18   Ibid., 139.
19   Herskovits, *Life in Haitian Valley*, 139.
20   Ibid.
21   Gershenhorn, *Melville Herskovits*, 84.
22   Herskovits, *Life in Haitian Valley*, 268.
23   Herskovits, "Problem, Method and Theory in Afroamerican Studies", *Afroamerica* 1 (1945), reimpresso em Herskovits, *New World Negro*, 53.
24   Herskovits, *Life in Haitian Valley*, 47.
25   Herskovits, "Some Next Steps in the Study of Negro Folklore", *Journal of American Folklore* 56 (1943), reimpresso em Herskovits, *New World Negro*, 174.
26   Herskovits, *Life in Haitian Valley*, 12.
27   Ibid., 13.
28   Renda, *Taking Haiti*, 213.
29   Citado em Dubois, *Haiti*, 272.
30   Ibid., cap. 6; Ramsey, *Spirits and Law*, cap. 3.
31   Seabrook, *Magic Island*, 12–13.
32   ZNH, *Tell My Horse*, 134.
33   Seabrook, *Magic Island*, 93.
34   ZNH, *Tell My Horse*, 179.

35 A descrição de Hurston de seu encontro com Felix-Mentor está em ibid., 179–81, 195–97.

36 Boyd, *Wrapped in Rainbows*, 299–300.

37 ZNH, *Tell My Horse*, 179.

38 RB, "Magic", 39.

39 ZNH, *Dust Tracks*, 232.

40 ZNH, *Tell My Horse*, 219.

41 ZNH, *Dust Tracks*, 175.

42 ZNH a Henry Allen Moe, 26 de agosto de 1937, em Kaplan, *Zora Neale Hurston*, 404.

43 Melville e Frances Herskovits passaram pouco mais de três meses em Mirabelais. Herskovits, *Life in Haitian Valley*, 320.

44 Howard, *Margaret Mead*, 71.

45 Boyd, *Wrapped in Rainbows*, 300, 306.

46 Ibid., 271–74, 286–87.

47 ZNH, *Dust Tracks*, 205.

48 ZNH, *Their Eyes*, 192.

49 MM a GB, 12 de setembro de 1933, Arquivos de MM, Caixa R1, Pasta 1.

50 MM a GB, 21 de junho de 1935, Arquivos de MM, Caixa R2, Pasta 9.

51 Boyd, *Wrapped in Rainbows*, 270.

52 MM a GB, 7 de junho de 1935, Arquivos de MM, Caixa R2, Pasta 9.

53 Veja Arquivos de MM, Caixa R2, Pasta 8.

54 MM a GB, 10 de maio de 1935, Arquivos de MM, Caixa R2, Pasta 9.

55 MM a GB, 27 de junho de 1934, Arquivos de MM, Caixa R2, Pasta 7.

56 MM a GB, 3 de setembro de 1935, Arquivos de MM, Caixa R2, Pasta 9.

57 MM a GB, 17 de outubro de 1935, ibid.

58 GB a MM, 14 de dezembro de 1935, ibid.

59 Citado em Lipsept de Gregory Bateson, 151.

60 MM, *Blackberry Winter*, 234.

61 Ibid., 224.

62 MM, manuscrito de *Blackberry Winter*, Caixa I204, Pasta 4.

63 MM a Eleanor Pelham Kortheuer, 21 de maio de 1938, Arquivos de MM, Caixa Q12, Pasta 9.

64 MM a Eleanor Pelham Kortheuer, 16 de dezembro de 1936, ibid.

65 MM a Kortheuer, 21 de maio de 1938, ibid.

66 ZNH a Edwin Osgood Grover, 12 de outubro de 1939, em Kaplan, *Zora Neale Hurston*, 422.

67 Boyd, *Wrapped in Rainbows*, 326.
68 Citado em Stewart, *New Negro*, 748.
69 ZNH a James Weldon Johnson, fevereiro de 1938, em Kaplan, *Zora Neale Hurston*, 413.
70 Boyd, *Wrapped in Rainbows*, 336.
71 ZNH, "Ritualistic Expression from the Lips of Communicants of the Seventh Day Church of God, Beaufort, South Carolina" (1940), Arquivos de MM, Caixa C5, Pasta 13.
72 MM a ZNH, 29 de maio de 1940, ibid.
73 Hughes, *Big Sea*, 332.
74 Boyd, *Wrapped in Rainbows*, 345–46.
75 ZNH, *Dust Tracks*, 231.
76 Boyd, *Wrapped in Rainbows*, 349.

## Capítulo Treze: Guerra e Absurdo

1 RB a RF, 8 de junho de 1936, Arquivos de MM, Caixa R5, Pasta 8.
2 Ibid.
3 Goldfrank, *Notes on Undirected Life*, 110. Sobre a evolução das relações de Benedict com Linton e a sucessão de Boas, veja Young, Ruth Benedict, 47–51.
4 Ralph Linton a FB, 24 de fevereiro de 1942, Arquivos de FB (microfilme), Rolo 44.
5 FB a ECP, 5 de janeiro de 1940, ECP Papers, Caixa 1.
6 Veja gravações do Departamento de Antropologia, CU, Caixa 2, Pasta "Administrative-Executive Officers and Chairman. Benedict, Ruth — re. Franz Boas Support Fund, 1936–1938".
7 FB a ECP, 3 de setembro de 1936, ECP Papers, Caixa 1.
8 Herskovits, *Franz Boas*, 117.
9 "Dr. Boas on the Blacklist", *New York Times*, 6 de maio de 1933.
10 MM a GB, 14 de novembro de 1933, Arquivos de MM, Caixa R1, Pasta 7.
11 FB, "On Democracy and Freedom".
12 Ibid.
13 Gordon, *Second Coming of KKK*, 73.
14 Hitler, *Mein Kampf*, 286.
15 Whitman, *Hitler's American Model*, 114.
16 Kühl, *Nazi Connection*, 86.
17 Citado em Whitman, *Hitler's American Model*, 122.
18 Citado em Kühl, *Nazi Connection*, 37.

19 Ibid., 36.

20 Ibid., 41–42.

21 MM a GB, 12 de junho de 1935, Arquivos de MM, Caixa R1, Pasta 9.

22 Frederick Osborn, "The Application of Measures of Quality", em Congrès international de la population, 8:121–22.

23 FB, "Heredity and Environment", ibid., 8:91.

24 Ibid., 8:92.

25 FB a RB, 20 de dezembro de 1939, Arquivos de RB, Pasta 114.4.

26 "Freedom of Mind in Schools Urged", Baltimore Sun, 22 de agosto de 1939.

27 "The Race Question", New York Times, 5 de julho de 1936.

28 Caffrey, Ruth Benedict, 286.

29 RB, "Edward Sapir", 465.

30 MM, entrevista de Jean Houston, 1975, transcrição, Arquivos de MM, Caixa Q18, Pasta 4, f. 429.

31 MM a RB, 28 de agosto de 1926, Arquivos de MM, Caixa S3, Pasta 4.

32 Agenda de MM de 1939, Arquivos de MM, Caixa Q8, Pasta 4.

33 MM a Caroline Beatrice Bateson, 15 de março de 1939, Arquivos de MM, Caixa R1, Pasta 1.

34 MM agenda de 1939, Arquivos de MM, Caixa Q8, Pasta 4.

35 MM a Caroline Beatrice Bateson, 27 de fevereiro de 1940, Arquivos de MM, Caixa R1, Pasta 1.

36 RB, Race: Science and Politics, 147.

37 Banner, Intertwined Lives, 416.

38 Mandler, Return from Natives, 65.

39 Ibid., 80–84.

40 MM, Blackberry Winter, 271.

41 Leon J. Fish a FB, 5 de fevereiro de 1942, Arquivos de FB (microfilme), Rolo 44.

42 FB a Fish, Fevereiro de 19, 1942, ibid.

43 "11 Allies Condemn Nazi War on Jews", New York Times, 8 de dezembro de 1942.

44 Rivet, "Franz Boas". Anos depois, Rivet fez um relato um pouco diferente (Rivet, "Tribute to Franz Boas"), em 1958, mas a versão escrita em 1943, logo após o evento, é provavelmente uma lembrança mais precisa. Mead foi a fonte de um relato mais dramático, que fez Boas começar a anunciar uma nova teoria da raça no momento em que ele morreu. Parece não haver evidências para

essa afirmação, nem outras pessoas a confirmaram mais tarde. Veja Gold-frank, *Notes on Undirected Life*, 121.

45 Loyer, *Lévi-Strauss*, 316.

46 Boas nunca tinha ouvido falar de Lévi-Strauss quando alguém perguntou sobre uma carta de referência para ele no outono de 1940. Eles foram apresentados pela primeira vez por Benedict no verão de 1941. FB a Alvin Johnson, 21 de outubro de 1940, Arquivos de FB (microfilme), Rolo 43; Claude Lévi-Strauss a FB, 26 de agosto de 1941, Arquivos de FB (microfilme), Rolo 44.

47 RB, "Franz Boas", *Nation*, 2 de janeiro de 1943, 15.

48 RB a J. M. Willis, 27 de setembro de 1943, Arquivos de RB, Pasta 114.10.00.

49 Veja as tabelas de salário em Arquivos de RB, Pasta 42.5.

50 Kluckhohn, *Ralph Linton*, 244.

51 Citado em Banner, *Intertwined Lives*, 379.

52 Ibid.

53 RB e Weltfish, "The Races of Mankind", em RB, *Race: Science and Politics*, 174.

54 Fred Hastings to RB, 4 de março de 1944, Arquivos de RB, Pasta 12.3.

55 Violet Edwards, "Note on The Races of Mankind", em RB, *Race: Science and Politics*, 167–68; Mandler, *Return from Natives*, 77.

56 Price, *Threatening Anthropology*, 111.

57 Violet Edwards, "Note on The Races of Mankind", em RB, *Race: Science and Politics*, 168; Mandler, *Return from Natives*, 77.

58 "A Citizen of Mississippi" a RB, 7 de março de 1944, Arquivos de RB, Pasta 12.3.

59 MM, "The Years as Boas' Left Hand", em AAW, 252–53.

60 Mandler, *Return from Natives*, 66.

61 Doob, "Utilization of Social Scientists", 655.

62 Veja Kent, "Apêndice", para uma lista reconstruída de fontes com base nos documentos particulares de Benedict.

63 Citado em Dower, *War Without Mercy*, 78.

64 "How to Tell Japs from the Chinese", *Life*, 22 de dezembro de 1941, 81–82.

65 Citado em Dower, *War Without Mercy*, 85.

66 Mandler, *Return from Natives*, 163–69.

67 Hayashi, *Democratizing Enemy*, 92.

68 Departamento de Guerra dos Estados Unidos, relatório final, 34.

69 Citado em Daniels, *Prisoners Without Trial*, 38.

70 Citado em ibid., 37.

71 Seltzer e Anderson, "After Pearl Harbor"; Steven A. Holmes, "Report Says Census Bureau Helped Relocate Japanese", *New York Times,* 17 de março de 2000.

72 Departamento de Guerra dos Estados Unidos, relatório final, 362.

73 Citado em Suzuki, "Overlooked Aspects", 230–31n25.

74 "Santa Anita", Densho Encyclopedia, em encyclopedia.densho.org/Santa_ Anita_%28detention_facility%29/.

75 Hayashi, *Democratizing Enemy,* 57.

76 Os documentos sobre Hashima estão em ancestry.com ("Final Accountability Rosters of Evacuees at Relocation Centers, 1942–1946: Colorado River, November 1945"), bem como nos documentos da autoridade de realocação de guerra da Administração Nacional de Arquivos e Registros dos EUA.

77 Vejo Starn, "Engineering Internment".

78 U.S. Departamento de guerra, relatório final, 505.

79 Citado em Spicer, "Use of Social Scientists", 20.

80 Suzuki, "Ruth Benedict, Robert Hashima", 58.

81 Ibid.

82 Suzuki, "Overlooked Aspects", 219. Sobre o papel de Hashima, veja também C. Douglas Lummis, "Ruth Benedict's Obituary for Japanese Culture", em Janiewski e Banner, *Reading Benedict/Reading Mead,* 126–40; e notas de entrevista de Benedict com Hashima, em Arquivos de RB, Pasta 105.8.

83 Citado em Suzuki, "Overlooked Aspects", 225.

84 Nanko Fukui, "The Lady and the Chrysanthemum: Ruth Benedict and the Origins of The Chrysanthemum and the Sword", em Janiewski e Banner, *Reading Benedict/Reading Mead,* 123.

85 RB a MM, 25 de julho de 1946, Arquivos de MM, Caixa Q11, Pasta 6.

86 Ibid.

87 RB, *O Crisântemo e a Espada,* 1.

88 Ibid., 10.

89 Ibid., 12.

90 Ibid., 13.

91 Ibid., 16.

92 Ibid., 43.

93 Mandler, *Return from Natives,* 168–69; Price, *Anthropological Intelligence,* 171–99.

94 RB, *O Crisântemo e a Espada,* vi.

95  Separata do livro do Month Club News, dezembro de 1946, em Arquivos de RB, Pasta 50.2.

96  Citado em Caffrey, *Ruth Benedict*, 326.

97  Bennett e Nagai, "Japanese Critique", 404.

98  RB a Capt. Donald V. McGranahan, 12 de setembro de 1945, Arquivos de RB, Pasta 13.7; Mandler, *Return from Natives*, 169. Mais de um ano após o término da guerra, em dezembro de 1946, Benedict foi convidada pessoalmente pela sede de MacArthur a ir ao Japão em uma missão de dois a três meses. Sua resposta não foi achada em seus documentos pessoais. Veja D. Donald Klous a RB, 26 de dezembro de 1946, Arquivos de RB, Pasta 13.10.

99  RB a MM, 20 de setembro de 1945, Arquivos de MM, Caixa Q11, Pasta 6.


## Capítulo Catorze: Lar

1  ZNH a RB, 19 de junho de 1945, em Kaplan, *Zora Neale Hurston*, 523.

2  Citado em Hemenway, *Zora Neale Hurston*, 301.

3  Hurston, "Crazy for This Democracy", 45–46.

4  Hurston, *Dust Tracks*, 261.

5  Hemenway, *Zora Neale Hurston*, 297.

6  Ibid.

7  Lowie, "American Contributions", 327.

8  Bateson, *With Daughter's Eye*, 49.

9  Banner, *Intertwined Lives*, 433; Lipsept de Gregory Bateson, 175–76.

10  Citado em Michael Kernan, "Ringing the Tocsin", *New York Times*, 1º de abril de 1976.

11  Veja as notas em Arquivos de MM, Caixa R3, Pasta 9.

12  Veja Arquivos de RB, Pasta 39.8.

13  Howard, Margaret Mead, 281.

14  Margery Freeman a MM, 18 de setembro de 1948, Arquivos de RB, Pasta 117.2.

15  ECD a MM, [após 1948], sem registro do dia, Arquivos de MM, Caixa I58, Pasta 10.

16  ECD a MM, 18 de dezembro de, 1958, Arquivos de MM, Caixa C41, Pasta 7.

17  ZNH a Jane Belo, 1º de outubro de 1944, em Kaplan, *Zora Neale Hurston*, 507.

18  Boyd, *Wrapped in Rainbows,* 387–90.

19  Ibid., 396–97.

20  Walker, "In Search of Hurston", 74.

21  Boyd, *Wrapped in Rainbows*, 426–31.

22  Hemenway, *Zora Neale Hurston*, 348.

23  Veja Arquivos de MM, Caixa K57, Pasta 9.

24  Boyd, *Wrapped in Rainbows*, 436.

25  Alan Lomax a Solon Kimball, 15 de fevereiro de 1978, Arquivos de MM, Caixa K57, Pasta 9.

26  Gráfico de relacionamentos e influências de MM, Arquivos de MM, Caixa S11, Pasta 1.

27  Bateson, *With Daughter's Eye*, 130.

28  Molloy, *Creating Usable Culture*, 14.

29  Price, *Threatening Anthropology*, 255.

30  Lenora De Lusia a MM, 20 de fevereiro de 1958, Arquivos de MM, Caixa C38, Pasta 4.

31  MM a De Lusia, 28 de fevereiro de 1958, ibid.

32  Sargeant, "It's All Anthropology", 32.

33  Friedan, *Feminine Mystique*, 122.

34  Howard, *Margaret Mead*, 363–64.

35  Sargeant, "It's All Anthropology", 31.

36  MM, *Blackberry Winter*, 289.

37  Bloom, *Closing of American Mind*, 25.

38  Ibid., 33.

39  Ibid., 36.

40  Clifford Geertz, "Anti-Anti-Relativism", em Geertz, *Available Light*, 65.

41  Boas, *Anthropology and Modern Life*, 227.

42  ZNH, *Dust Tracks*, 264.

# REFERÊNCIAS

## Arquivos e Documentos Privados

Acervo da Barnard College
    Arquivos Biográficos de Ex-alunos
American Indian Studies Research Institute, Indiana University
    Ella Deloria Archive (online)
American Philosophical Society
    Acervo de Boas-Rukeyser
    American Council of Learned Societies Committee on Native American Languages
    Artigos de Franz Boas
    Cadernos de Campo e Dados Antropométricos de Franz Boas
    Documentos da Família Boas
    Documentos de Elsie Clews Parsons
    Documentos de Franz Boas
Biblioteca do Congresso dos EUA
    Documentos de Franz Boas (microfilme)
    Documentos e Arquivos de Etnografia do Pacífico Sul de Margaret Mead
Columbia University, Rare Book and Manuscript Library
    Documentos de Jane Howard

Documentos de Nicholas Murray Butler

Registros do Department of Anthropology

Harvard Medical School, Center for the History of Medicine, Francis A. Countway
Library of Medicine

Documentos de Walter B. Cannon

Harvard University, Houghton Library

Documentos de Oswald Garrison Villard

Harvard University, Peabody Museum

Acervo da Exposição de Fotografia da World Columbian

Documentos de Charles P. Bowditch

Documentos de Frederic Ward Putnam

Gravações de Frederic Ward Putnam, Diretor do Peabody Museum

Harvard University, Tozzer Library

Documentos de Cora Alice Du Bois

The Keep, Brighton

Arquivo de Geoffrey Gorer

Smithsonian Institution, Arquivos do National Anthropological

Documentos de Aleš Hrdlička

Documentos de Esther Schiff Goldfrank

Documentos de Ruth Schlossberg Landes

Manuscrito de Zora Neale Hurston Gulf Coast (MS 7532)

Registros de Anthropological Society of Washington

Registros de Bureau of American Ethnology

Vassar College, Arquivos e Acervos Especiais

Documentos de Ruth Fulton Benedict

## *Fontes Públicas*

Adams, William Y. *The Boasians: Founding Fathers and Mothers of American Anthropology*. Lanham, Md.: Hamilton Books, 2016.

Allen, John S. "Franz Boas' Physical Anthropology: The Critique of Racial Formalism Revisited", *Current Anthropology* 30, nº 1 (fevereiro de 1989): 79–84.

Anderson, Carol. *White Rage: The Unspoken Truth of Our Racial Divide*. Nova York: Bloomsbury, 2016.

*Annual Reports of the Bureau of Ethnology to the Secretary of the Smithsonian Institution.* 15 vols. Washington, D.C.: U.S. Government Printing Office, 1881–97.

Asch, Chris Myers e George Derek Musgrove. *Chocolate City: A History of Race and Democracy in the Nation's Capital.* Chapel Hill: University of North Carolina Press, 2017.

Baker, Lee D. *Anthropology and the Racial Politics of Culture.* Durham, N.C.: Duke University Press, 2010.

———. "The Cult of Franz Boas and His 'Conspiracy' to Destroy the White Race", *Proceedings of the American Philosophical Society* 154, n° 1 (março de 2010): 8–18.

———. "Franz Boas Out of the Ivory Tower", *Anthropological Theory* 4, n° 1 (2004): 29–51.

———. *From Savage to Negro: Anthropology and the Construction of Race,* 1896–1954. Berkeley: University of California Press, 1998.

Banner, Lois W. *Intertwined Lives: Margaret Mead, Ruth Benedict, and Their Circle.* Nova York: Vintage, 2003.

Barnes, R. H. *Two Crows Denies It: A History of Controversy in Omaha Sociology.* Lincoln: University of Nebraska Press, 1984.

Bateson, Gregory. *Naven.* 2° ed. Stanford, Califórnia.: Stanford University Press, 1958.

Bateson, Mary Catherine. *With a Daughter's Eye: A Memoir of Margaret Mead and Gregory Bateson.* Nova York: William Morrow, 1984.

Bederman, Gail. *Manliness and Civilization: A Cultural History of Gender and Race in the United States,* 1880–1917. Chicago: University of Chicago Press, 1995.

Benedict, Ruth. "Animism", em *Encyclopedia of the Social Sciences,* editado por Edwin R. A. Seligman, 2:65–67. Nova York: Macmillan, 193.

———. *The Chrysanthemum and the Sword: Patterns of Japanese Culture.* Boston: Houghton Mifflin, 2005 [1946].

———. "Edward Sapir", *American Anthropologist* 41, n° 3 (julho a setembro de 1939): 455–77.

———. "Folklore", em *Encyclopedia of the Social Sciences,* editado por Edwin R. A. Seligman e Alvin Johnson, 6:288–93. Nova York: Macmillan, 1931.

———. "Franz Boas", *Nation* (2 de janeiro de 1943): 15–16.

———. "The Future of Race Prejudice", *American Scholar* 15, nº 4 (outono de 1946): 455–61.

———. "Human Nature Is Not a Trap", *Partisan Review* 10, nº 2 (março a abril de 1943): 159–64.

———. "Magic", em *Encyclopedia of the Social Sciences*, editado por Edwin R. A. Seligman, 10:39–44. Nova York: Macmillan, 1933.

———. *Patterns of Culture.* Boston: Houghton Mifflin, 2005 [1934].

———. *Race: Science and Politics.* Rev. ed. Nova York: Viking, 1959 [1940].

———. "Racism Is Vulnerable", *The English Journal* 35, nº 6 (junho de 1946): 299–303.

———. "Tales of the Cochiti Indians", *Bureau of American Ethnology Bulletin*, nº 98. Washington, D.C.: U.S. Government Printing Office, 1931.

———. "Transmitting Our Democratic Heritage in the Schools", *American Journal of Sociology* 48, nº 6 (maio de 1943): 722–27.

———. "Victory Over Discrimination and Hate: Differences vs. Superiorities", *Frontiers of Democracy* 9 (dezembro de 15, 1942): 81–82.

———. "The Vision in Plains Culture", *American Anthropologist* 24, nº 1 (janeiro a março de 1922): 1–23.

———. "The Younger Generation with a Difference", *New Republic*, 28 de novembro de 1928.

———. *Zuni Mythology.* 2 vols. Nova York: Columbia University Press, 1935.

Bennett, John W. e Michio Nagai. "The Japanese Critique of the Methodology of Benedict's 'Chrysanthemum and the Sword'", *American Anthropologist* 55, nº 3 (1953): 404–11.

Benton-Cohen, Katherine. *Inventing the Immigration Problem: The Dillingham Commission and Its Legacy.* Cambridge, Mass.: Harvard University Press, 2018.

Berkhofer, Robert F., Jr. *The White Man's Indian: Images of the American Indian from Columbus to the Present.* Nova York: Alfred A. Knopf, 1978.

Berman, Marshall. *All That Is Solid Melts into Air: The Experience of Modernity.* Nova York: Penguin, 1988.

Black, Edwin. *War Against the Weak: Eugenics and America's Campaign to Create a Master Race.* Nova York: Four Walls Eight Windows, 2003.

Bloom, Allan. *The Closing of the American Mind*. Nova York: Simon and Schuster, 1987.

Boas Anniversary Volume: *Anthropological Papers Written in Honor of Franz Boas*. Nova York: G. E. Stechert and Co., 1906.

Boas, Franz. "The Aims of Anthropological Research", *Science* 76, nº 1983 (Dezembro de 30, 1932): 605–13.

——. "An Anthropologist's Credo", *Nation*, 27 de agosto de 1938, 201–4.

——. "Anthropology", *Science* 9, nº 212 (20 de janeiro de 1899): 93–96.

——. *Anthropology*. Nova York: Columbia University Press, 1908.

——. *Anthropology and Modern Life*. Nova York: Dover, 1986 [1928].

——. "Are the Jews a Race?" *World Tomorrow* 6 (janeiro de 1923): 5–6. Reimpresso como "The Jews", em Franz Boas, *Race and Democratic Society*, 38–42. Nova York: J. J. Augustin, 1945.

——. *Aryans and Non-Aryans*. Nova York: Information and Service Associates, n.d.

——. *The Central Eskimo*, em *Sixth Annual Report of the Bureau of Ethnology to the Secretary of the Smithsonian Institution*, 1884–1885 (Washington, D.C.: U.S. Government Printing Office, 1888): 399–670.

——. "Changes in the Bodily Form of Descendants of Immigrants", *American Anthropologist* 14, nº 3 (julho a setembro de 1912): 530–62.

——. "The Coast Tribes of British Columbia", *Science* 9, nº 216 (25 de março de 1887): 288–89.

——. "Cumberland Sound and its Eskimos", *Popular Science Monthly* (26 de abril de 1885): 768–79.

——. "The Eskimo of Baffin Land", *Transactions of the Anthropological Society of Washington* 3 (2 de dezembro de 1884): 95–102.

——. "Eskimo Tales and Songs", *Journal of American Folk-Lore* 7, nº 24 (janeiro a março de 1894): 45–50 e 10, nº 37 (abril a junho de 1897): 109–15.

——. "An Eskimo Winter", em *American Indian Life by Several of Its Students*, editado por Elsie Clews Parsons, 363–80. Nova York: Viking Press, 1922.

——. "Evolution or Diffusion?", *American Anthropologist* 26, nº 3 (julho a setembro de 1924): 340–44.

——, ed. *General Anthropology*. Boston: D.C. Heath & Co., 1938.

————, ed. *Handbook of American Indian Languages*. Part 1. Washington, D.C.: U.S. Government Printing Office, 1911.

————. "History and Science in Anthropology: A Reply", *American Anthropologist* 38, nº 1 (janeiro a março de 1936): 137–41.

————. "The History of Anthropology", *Science* 20, nº 512 (21 de outubro de 1904): 513–24.

————. "Human Faculty as Determined by Race", *Proceedings of the American Association for the Advancement of Science* 43 (agosto de 1894): 301–27.

————. *Indian Myths & Legends from the North Pacific Coast of America: A Translation of Franz Boas' 1895 Edition of Indianische Sagen von der Nord-Pacifischen Küste Amerikas*. Vancouver: Talonbooks, 2006 [1895].

————. "Individual, Family, Population, and Race", *Proceedings of the American Philosophical Society* 87, nº 2 (agosto de 1943): 161–64.

————. "Introductory", *International Journal of American Linguistics* 1, nº 1 (julho de 1917): 1–8.

————. "Inventing a Great Race", *New Republic* (13 de janeiro de 1917): 305–7.

————. "A Journey in Cumberland Sound and on the West Shore of Davis Strait in 1883 and 1884", *Journal of the American Geographical Society of New York* 16 (1884): 242–72.

————. "The Limitations of the Comparative Method of Anthropology", *Science* 4, nº 103 (18 de dezembro de 1896): 901–8.

————. "The Method of Ethnology", *American Anthropologist* 22, nº 4 (outubro a dezembro de 1920): 311–21.

————. *The Mind of Primitive Man*. Nova York: Macmillan, 1922 [1911].

————. "Museums of Ethnology and Their Classification", *Science* 9, nº 228 (17 de junho de 1887): 587–89 e nº 229 (24 de junho de 1887): 614.

————. "Mythology and Folk-Tales of the North American Indians", *Journal of American Folklore* 27, nº 106 (outubro de 1915): 374–410.

————. "Nationalism in Europe", em *Germany and the Peace of Europe*, editado por Ferdinand Schevill, 3–15. Chicago: Germanistic Society of Chicago, 1915.

————. "Notes on the Ethnology of British Columbia", *Proceedings of the American Philosophical Society* 24 (julho a dezembro de 1887): 422–28.

————. "The Occurrence of Similar Inventions in Areas Widely Apart", *Science* 9, nº 224 (20 de maio de 1887): 485–86.

———. "On Alternating Sounds", *American Anthropologist* 2, nº 1 (janeiro de 1889): 47–53.

———. "On Democracy and Freedom of Thought", WNYC broadcast, 3 de maio de 1939, http://www.wnyc.org/story/leader-american-anthropology-launches-wnyc-series/.

———. "Poetry and Music of Some North American Tribes", *Science* 9, nº 220 (22 de abril de 1887): 383–85.

———. "The Problem of the American Negro", *Yale Review* 10 (maio de 1921): 392–95. Reimpresso como "The Negro in America", em Franz Boas, *Race and Democratic Society*, 70–81. Nova York: J. J. Augustin, 1945.

———. "The Problem of Race", em *The Making of Man: An Outline of Anthropology*, editado por V. F. Calverton, 113–41. Nova York: Random House, 1931.

———. "Psychological Problems in Anthropology", *American Journal of Psychology* 21, nº 3 (julho de 1910): 371–84.

———. "The Question of Racial Purity", *American Mercury* (outubro de 1924): 163–69.

———. *Race, Language, and Culture*. Nova York: Macmillan, 1940.

———. "The Race-War Myth", *Everybody's Magazine* 31 (julho a dezembro de 1914): 671–74.

———. "Remarks on the Theory of Anthropometry", *Publications of the American Statistical Association* 3, nº 24 (dezembro de 1893): 569–75.

———. *The Social Organization and the Secret Societies of the Kwakiutl Indians*. Washington, D.C.: Smithsonian Institution, 1897 [1895].

———. "Some Philological Aspects of Anthropological Research", *Science* 23, nº 591 (27 de abril de 1906): 641–45.

———. "Some Recent Criticisms of Physical Anthropology", *American Anthropologist* 1, nº 1 (ianeiro de 1899): 98–106.

———. "The Study of Geography", *Science* 9, nº 210 (11 de fevereiro de 1887): 137–41.

———. "A Year Among the Eskimo", *Bulletin of the American Geographical Society* 19, nº 4 (1887): 383–402.

Boas, Franz e Ella Deloria. *Dakota Grammar*. Memoirs of the National Academy of Sciences. Washington, D.C.: U.S. Government Printing Office, 1941.

———. "Notes on the Dakota, Teton Dialect", *International Journal of American Linguistics* 7, nº 3-4 (janeiro de 1933): 97-121.

Boas, Franz e Elsie Clews Parsons. "Spanish Tales from Laguna and Zuñi, N. Mex", *Journal of American Folklore* 33, nº 127 (janeiro a março de 1920): 47-72.

Boyd, Robert. *A Different Kind of Animal*. Princeton: Princeton University Press, 2017.

Boyd, Valerie. *Wrapped in Rainbows: The Life of Zora Neale Hurston*. Nova York: Scribner, 2003.

Bradford, Phillips Verner e Harvey Blume. *Ota Benga: The Pygmy in the Zoo*. Nova York: St. Martin's Press, 1992.

Browman, David L. *Cultural Negotiations: The Role of Women in the Founding of Americanist Anthropology*. Lincoln: University of Nebraska Press, 2013.

———. "The Peabody Museum, Frederic W. Putnam, and the Rise of U.S. Anthropology, 1866-1903", *American Anthropologist* 104, nº 2 (junho de 2002): 508-19.

Browman, David L. e Stephen Williams. *Anthropology at Harvard: A Biographical History*, 1790-1940. Cambridge, Mass.: Peabody Museum Press, 2013.

Bruinius, Harry. *Better for All the World: The Secret History of Forced Sterilization and America's Quest for Racial Purity*. Nova York: Alfred A. Knopf, 2006.

Buettner-Janusch, John. "Boas and Mason: Particularism Versus Generalization", *American Anthropologist* 59, nº 2 (abril de 1957): 318-24.

Caffrey, Margaret M. Ruth Benedict: *Stranger in This Land*. Austin: University of Texas Press, 1989.

Caffrey, Margaret M. e Patricia A. Francis, eds. *To Cherish the Life of the World: Selected Letters of Margaret Mead*. Nova York: Basic Books, 2006.

Clark, Christopher. *Iron Kingdom: The Rise and Downfall of Prussia, 1600-1947*. Cambridge, Mass.: Belknap Press of Harvard University Press, 2006.

———. *The Politics of Conversion: Missionary Protestantism and the Jews in Prussia, 1728-1941*. Oxford: Clarendon Press, 1995.

Cohen, Adam. *Imbeciles: The Supreme Court, American Eugenics, and the Sterilization of Carrie Buck*. Nova York: Penguin, 2016.

Cole, Douglas. *Franz Boas: The Early Years, 1858-1906*. Seattle: University of Washington Press, 1999.

Cole, Douglas e Ludger Müller-Wille. "Franz Boas' Expedition to Baffin Island, 1883–1884", *Études/Inuit/Studies* 8, n° 1 (1984): 37–63.

Cole, Sally. *Ruth Landes: A Life in Anthropology*. Lincoln: University of Nebraska Press, 2003.

*Congrès international de la population*. 8 vols. Paris: Hermann et Cie., 1938.

Conklin, Alice L. *In the Museum of Man: Race, Anthropology, and Empire in France, 1850–1950*. Ithaca, N.Y.: Cornell University Press, 2013.

Côté, James E. "Was Coming of Age in Samoa Based on a 'Fateful Hoaxing'? A Close Look at Freeman's Claim Based on the Mead-Boas Correspondence", *Current Anthropology* 41, n° 4 (2000): 617–20.

Cotera, María Eugenia. *Native Speakers: Ella Deloria, Zora Neale Hurston, Jovita González, and the Poetics of Culture*. Austin: University of Texas Press, 2008.

Cressman, Luther S. *A Golden Journey: Memoirs of an Archaeologist*. Salt Lake City: University of Utah Press, 1988.

Cushing, Frank Hamilton. *My Adventures in Zuñi*. Palo Alto: American West Publishing Company, 1970.

Dain, Bruce. *A Hideous Monster of the Mind: American Race Theory in the Early Republic*. Cambridge, Mass.: Harvard University Press, 2002.

Daniels, Roger. *Guarding the Golden Door: American Immigration Policy and Immigrants Since 1882*. Nova York: Hill and Wang, 2004.

———. *Prisoners Without Trial: Japanese Americans in World War II*. Nova York: Hill and Wang, 1993.

Darnell, Regna. *And Along Came Boas: Continuity and Revolution in Americanist Anthropology*. Amsterdã: John Benjamins Publishing Co., 1998.

———. *Edward Sapir: Linguist, Anthropologist, Humanist*. Lincoln: University of Nebraska Press, 1990.

———. *Invisible Genealogies: A History of Americanist Anthropology*. Lincoln: University of Nebraska Press, 2001.

Darnell, Regna, and Frederic W. Gleach. *Anthropologists and Their Traditions Across National Borders*. Lincoln: University of Nebraska Press, 2014.

Darnell, Regna, Michelle Hamilton, Robert L. A. Hancock, and Joshua Smith, eds. *Franz Boas as Public Intellectual: Theory, Ethnography, Activism*. Documentos de Franz Boas, vol. 1. Lincoln: University of Nebraska Press, 2015.

Darwin, Charles. *The Descent of Man*. Nova ed. Lovell, Coryell and Co., 1874 [1871].

Davenport, Charles B. *State Laws Limiting Marriage Selection Examined in the Light of Eugenics*. Cold Spring Harbor, N.Y.: Eugenics Record Office, 1913.

Davis, W. M. *Biographical Memoir of John Wesley Powell, 1834–1902*. Washington, D.C.: National Academy of Sciences, 1915.

Deacon, Desley. *Elsie Clews Parsons: Inventing Modern Life*. Chicago: University of Chicago Press, 1997.

Deloria, Ella Cara. *Dakota Texts*. Nova York: G. E. Stechert and Co., 1932.

———. *Speaking of Indians*. Nova York: Friendship Press, 1944.

———. "The Sun Dance of the Oglala Sioux", *Journal of American Folklore* 42 (outubro a dezembro de 1929): 354–413.

———. *Waterlily*. Nova ed. Lincoln: University of Nebraska Press, 1988.

Deloria, Philip J. *Indians in Unexpected Places*. Lawrence: University Press of Kansas, 2004.

———. *Playing Indian*. New Haven: Yale University Press, 1998.

———. "Thinking About Self in a Family Way", *Journal of American History* 89, n° 1 (junho de 2002): 25–29.

Dobrin, Lise M. e Ira Bashkow. "'Arapesh Warfare': Reo Fortune's Veiled Critique of Margaret Mead's Sex and Temperament", *American Anthropologist* 112, n° 3 (2010): 370–83.

———. "'The Truth in Anthropology Does Not Travel First Class': Reo Fortune's Fateful Encounter with Margaret Mead", *Histories of Anthropology Annual* 6 (2010): 66–128.

Doerries, Reinhard R. "German Emigration to the United States: A Review Essay on Recent West German Publications", *Journal of American Ethnic History* 6, n° 1 (Fall 1986): 71–83.

Doob, Leonard W. "The Utilization of Social Scientists in the Overseas Branch of the Office of War Information", *American Political Science Review* 41, n° 4 (1947): 649–67.

Dorsey, James Owen. *Omaha Sociology*. Washington, D.C.: U.S. Government Printing Office, 1885.

Douglas, Bronwen. *Science, Voyages, and Encounters in Oceania, 1511–1850*. Londres: Palgrave Macmillan, 2014.

Douglas, Bronwen e Chris Ballard, eds. *Foreign Bodies: Oceania and the Science of Race*, 1750–1940. Canberra: Australian National University Press, 2010.

Dower, John W. *Embracing Defeat: Japan in the Wake of World War II*. Nova York: W. W. Norton, 1999.

———. *War Without Mercy: Race and Power in the Pacific War*. Nova York: Pantheon, 1986.

Dubois, Laurent. *Haiti: The Aftershocks of History*. Nova York: Metropolitan Books, 2012.

Embree, John F. *Suye Mura: A Japanese Village*. Chicago: University of Chicago Press, 1939.

Engels, Friedrich. *The Origin of the Family, Private Property, and the State*. Nova York: Pathfinder Press, 1972 [1884].

Federal Writers' Project. *WPA Guide to Florida*. Nova York: Pantheon Books, 1984 [1939].

Fortune, Reo. *Omaha Secret Societies*. Nova York: Columbia University Press, 1932.

———. "The Social Organization of Dobu", tese de doutorado, Columbia University, 1931.

———. *Sorcerers of Dobu: The Social Anthropology of the Dobu Islanders of the Western Pacific*. Nova York: E. P. Dutton, 1932.

Frazer, J. G. *The Golden Bough: A Study in Comparative Religion*. 2 vols. Londres: Macmillan, 1890.

Freed, Stanley A. *Anthropology Unmasked: Museums, Science, and Politics in New York City*. 2 vols. Wilmington, Ohio: Orange Frazer Press, 2012.

Freeman, Derek. *The Fateful Hoaxing of Margaret Mead: A Historical Analysis of Her Samoan Research*. Boulder, Colorado: Westview Press, 1999.

———. *Margaret Mead and Samoa: The Making and Unmaking of an Anthropological Myth*. Cambridge, Mass.: Harvard University Press, 1983.

Friedan, Betty. *The Feminine Mystique*. Nova York: W. W. Norton, 2013 [1963].

Gates, Henry Louis, Jr. *Stony the Road: Reconstruction, White Supremacy, and the Rise of Jim Crow*. Nova York: Penguin, 2019.

Gates, Henry Louis, Jr. e Gene Andrew Jarrett, eds. *The New Negro: Readings on Race, Representation, and African American Culture, 1892–1938*. Princeton: Princeton University Press, 2007.

Gay, Peter. *The Enlightenment: An Interpretation*. Londres: Weidenfeld and Nicolson, 1966.

Geertz, Clifford. *Available Light: Anthropological Reflections on Philosophical Topics*. Princeton: Princeton University Press, 2000.

———. *Works and Lives: The Anthropologist as Author*. Stanford, Calif.: Stanford University Press, 1988.

Gershenhorn, Jerry. *Melville J. Herskovits and the Racial Politics of Knowledge*. Lincoln: University of Nebraska Press, 2004.

Gildersleeve, Virginia Crocheron. *Many a Good Crusade*. Nova York: Macmillan, 1954.

Gilkeson, John S. *Anthropologists and the Rediscovery of America, 1886–1965*. Cambridge, U.K.: Cambridge University Press, 2010.

Goddard, Henry Herbert. *The Kallikak Family: A Study in the Heredity of Feeble-Mindedness*. Nova York: Macmillan, 1912.

Goldfrank, Esther S. *Notes on an Undirected Life: As One Anthropologist Tells It*. Flushing, N.Y.: Queens College Press, 1978.

Goldschmidt, Walter, ed. *The Anthropology of Franz Boas: Essays on the Centennial of His Birth*. Washington, D.C.: American Anthropological Association, 1959.

Gordon, Linda. *The Second Coming of the KKK: The Ku Klux Klan of the 1920s and the American Political Tradition*. Nova York: Liveright, 2017.

Gould, Stephen Jay. *The Mismeasure of Man*. Rev. ed. Nova York: W. W. Norton, 1996.

Grant, Madison. *The Passing of the Great Race; or, The Racial Basis of European History*. Nova York: Charles Scribner's Sons, 1916.

Gravlee, Clarence C., H. Russell Bernard e William R. Leonard. "Heredity, Environment, and Cranial Form: A Reanalysis of Boas' Immigrant Data", *American Anthropologist* 105, nº 1 (2003): 125–38.

———. "Boas' Changes in Bodily Form: The Immigrant Study, Cranial Plasticity, and Boas' Physical Anthropology", *American Anthropologist* 105, nº 2 (2003): 326–32.

Hall, G. Stanley. *Adolescence: Its Psychology and Its Relations to Physiology, Anthropology, Sociology, Sex, Crime, Religion, and Education*. 2 vols. Nova York: D. Appleton and Co., 1904.

———. *Life and Confessions of a Psychologist*. Nova York: Arno Press, 1977 [1923].

Hammond, Joyce D. "Telling a Tale: Margaret Mead's Photographic Portraits of Fa'amotu, a Samoan Tāupou", *Visual Anthropology* 16 (2003): 341–74.

Harper, Kenn. *Minik: The New York Eskimo*. Hanover, N.H.: Steerforth Press, 2017.

Harris, Marvin. *The Rise of Anthropological Theory: A History of Theories of Culture*. Ed. atualizada. Walnut Creek, Califórnia: AltaMira Press, 2001.

Hayashi, Brian Masaru. *Democratizing the Enemy: The Japanese American Internment*. Princeton: Princeton University Press, 2004.

Hays, Terrence E., ed. *Ethnographic Presents: Pioneering Anthropologists in the Papua New Guinea Highlands*. Berkeley: University of California Press, 1992.

Hemenway, Robert E. *Zora Neale Hurston: A Literary Biography*. Urbana: University of Illinois Press, 1977.

Hempenstall, Peter. *Truth's Fool: Derek Freeman and the War over Cultural Anthropology*. Madison: University of Wisconsin Press, 2017.

Herrnstein, Richard J. e Charles Murray. *The Bell Curve: Intelligence and Class Structure in American Life*. Nova York: Free Press, 1994.

Herskovits, Melville J. *The Anthropometry of the American Negro*. Nova York: Columbia University Press, 1930.

———. *Franz Boas: The Science of Man in the Making*. Nova York: Charles Scribner's Sons, 1953.

———. *Life in a Haitian Valley*. Nova York: Alfred A. Knopf, 1937.

———. *Man and His Works: The Science of Cultural Anthropology*. Nova York: Alfred A. Knopf, 1948.

———. *The Myth of the Negro Past*. Boston: Beacon Press, 1958 [1941].

———. "The Negro in the New World: The Statement of a Problem", *American Anthropologist* 32, nº 1 (1930): 145–55.

———. *The New World Negro*. Editado por Frances S. Herskovits. Bloomington: Indiana University Press, 1966.

Herskovits, Melville J. e Frances S. Herskovits. *Rebel Destiny: Among the Bush Negroes of Dutch Guiana*. Nova York: Whittlesey House, 1934.

Hermann, Elfriede, ed. *Changing Context, Shifting Meanings: Transformations of Cultural Traditions in Oceania*. Honolulu: University of Hawai'i Press, 2011.

Higham, John. *Strangers in the Land: Patterns of American Nativism, 1860–1925*. 2º ed. Nova York: Atheneum, 1975.

Hinsley, Curtis M. *The Smithsonian and the American Indian: Making a Moral Anthropology in Victorian America*. Washington, D.C.: Smithsonian Institution Press, 1981.

Hinsley, Curtis M. e Bill Holm. "A Cannibal in the National Museum: The Early Career of Franz Boas in America", *American Anthropologist* 78, nº 2 (junho de 1976): 306–16.

Hinsley, Curtis M. e David R. Wilcox, eds. *Coming of Age in Chicago: The 1893 World's Fair and the Coalescence of American Anthropology*. Lincoln: University of Nebraska Press, 2016.

Hitler, Adolf. *Mein Kampf*. Traduzido por Ralph Manheim. Boston: Houghton Mifflin, 1971.

Hobsbawm, E. J. *The Age of Revolution, 1789–1848*. Cleveland: World Publishing Co., 1962.

Holmes, W. H. "The World's Fair Congress of Anthropology", *American Anthropologist* 6, nº 4 (outubro de 1893): 423–34.

Howard, Jane. *Margaret Mead: A Life*. Nova York: Simon and Schuster, 1984.

Hrdlička, Aleš. "An Eskimo Brain", *American Anthropologist* 3, nº 3 (julho a setembro de 1901): 454–500.

Hughes, Langston. *The Big Sea*. Nova York: Hill and Wang, 1993 [1940].

Huhndorf, Shair M. "Nanook and His Contemporaries: Imagining Eskimos in American Culture, 1897–1922", *Critical Inquiry* 27, nº 1 (2000): 122–48.

Hurston, Zora Neale. "Crazy for This Democracy", *Negro Digest* 4 (dezembro de 1945): 45–48.

———. "Dance Songs and Tales from the Bahamas", *Journal of American Folklore* 43 (julho a setembro de 1930): 294–312.

———. *Dust Tracks on a Road*. Nova York: Harper Perennial Modern Classics, 2006 [1942].

———. *Every Tongue Got to Confess: Negro Folk-Tales from the Gulf States*. Nova York: HarperCollins, 2001.

———. *Folklore, Memoirs, and Other Writings*. Editado por Cheryl A. Wall. Nova York: Library of America, 1995.

——. "Hoodoo in America", *Journal of American Folk-Lore* 44, nº 174 (outubro a dezembro de 1931): 317–417.

——. *Jonah's Gourd Vine*. Nova York: Harper Perennial Modern Classics, 2008 [1934].

——. *Moses, Man of the Mountain*. Nova York: Harper Perennial Modern Classics, 2009 [1939].

——. *Mules and Men*. Nova York: Harper Perennial Modern Classics, 2008 [1935].

——. "My Most Humiliating Jim Crow Experience", *Negro Digest 2* (junho de 1944): 25–26.

——. "The 'Pet Negro' System", *American Mercury* 56 (março de 1943): 593–600.

——. *Seraph on the Sewanee*. Nova York: Harper Perennial Modern Classics, 2008 [1948].

——. *Tell My Horse: Voodoo and Life in Haiti and Jamaica*. Nova York: Harper Perennial Modern Classics, 2009 [1938].

——. *Their Eyes Were Watching God*. Harper Perennial Modern Classics, 2013 [1937].

Jacknis, Ira. "The First Boasian: Alfred Kroeber and Franz Boas, 1896–1905", *American Anthropologist* 104, nº 2 (junho de 2002): 520–32.

——. "Margaret Mead and Gregory Bateson in Bali: Their Use of Photography and Film", *Cultural Anthropology* 3, nº 2 (maio de 1988): 160–77.

Janiewski, Dolores e Lois W. Banner, eds. *Reading Benedict/Reading Mead: Feminism, Race, and Imperial Visions*. Baltimore: Johns Hopkins University Press, 2004.

Jefferson, Thomas. *Notes on the State of Virginia*. Richmond: J. W. Randolph, 1853 [1785].

Kaplan, Carla. *Miss Anne in Harlem: The White Women of the Black Renaissance*. Nova York: HarperCollins, 2013.

——, ed. *Zora Neale Hurston: A Life in Letters*. Nova York: Doubleday, 2002.

Keller, Phyllis. *States of Belonging: German-American Intellectuals and the First World War*. Cambridge, Massachusetts: Harvard University Press, 1979.

Kendi, Ibram X. *Stamped from the Beginning: The Definitive History of Racist Ideas in America*. Nova York: Nation Books, 2016.

Kent, Pauline. "An Appendix to The Chrysanthemum and the Sword: A Bibliography", *Japan Review* 6 (1995): 107–25.

———. "Japanese Perceptions of The Chrysanthemum and the Sword", *Dialectical Anthropology* 24, nº 2 (1999): 181–92.

———. "Ruth Benedict's Original Wartime Study of the Japanese", *International Journal of Japanese Sociology* 3, nº 1 (1994): 81–97.

Kluchin, Rebecca M. *Fit to Be Tied: Sterilization and Reproductive Rights in America, 1950–1980*. New Brunswick: Rutgers University Press, 2009.

Kluckhohn, Clyde. *Ralph Linton, 1893–1953*. Washington, D.C.: National Academy of Sciences, 1958.

Kroeber, A. L. *Anthropology*. Nova York: Harcourt, Brace and Co., 1923.

———. "Review of Patterns of Culture", *American Anthropologist* 37 (novo ser.), nº 4, pt. 1 (outubro a dezembro de 1935): 689–90.

———. "The Superorganic", *American Anthropologist* 19, nº 2 (abril a junho de 1917): 163–213.

———. "Totem and Taboo: An Ethnologic Psychoanalysis", *American Anthropologist* 22, nº 1 (janeiro a março de 1920): 48–55.

Kroeber, A. L., Ruth Benedict, Murray B. Emeneau, Melville J. Herskovits, Gladys A. Reichard e J. Alden Mason. *Franz Boas, 1858–1942. Special issue of American Anthropologist* 45, nº 3, pt. 2 (julho a setembro de 1943).

Kroeber, A. L. e Clifton Kroeber, eds. *Ishi in Three Centuries*. Lincoln: University of Nebraska Press, 2003.

Kroeber, Theodora. *Ishi in Two Worlds*. Berkeley: University of California Press, 1961.

Kuechler, Manfred. "The NSDAP Vote in the Weimar Republic: An Assessment of the State-of-the-Art in View of Modern Electoral Research", *Historical Social Research/Historische Sozialforschung* 17, nº 1 (1992): 22–52.

Kühl, Stefan. *The Nazi Connection: Eugenics, American Racism, and German National Socialism*. Oxford: Oxford University Press, 1994.

Kuklick, Henrika, ed. *A New History of Anthropology*. Oxford: Blackwell, 2008.

Laland, Kevin N. *Darwin's Unfinished Revolution*. Princeton: Princeton University Press, 2017.

Lapsley, Hilary. *Margaret Mead and Ruth Benedict: The Kinship of Women*. Amherst, Massachusetts.: University of Massachusetts Press, 1999.

Laughlin, Harry H. *The Second International Exhibition of Eugenics*. Baltimore: Williams and Wilkins Co., 1923.

Laurière, Christine. "Anthropology and Politics, the Beginnings: The Relations Between Franz Boas and Paul Rivet (1919–42)", *Histories of Anthropology Annual* 6 (2010): 225–52.

Leavitt, John. "The Shapes of Modernity: On the Philosophical Roots of Anthropological Doctrines", *Culture* 11, n° 1–2 (1991): 29–42.

Leeds-Hurwitz, Wendy. *Rolling in Ditches with Shamans: Jaime de Angulo and the Professionalization of American Anthropology*. Lincoln: University of Nebraska Press, 2004.

Leighton, Alexander H. *The Governing of Men: General Principles and Recommendations Based on Experience at a Japanese Relocation Camp*. Princeton: Princeton University Press, 1945.

Leonard, Thomas C. *Illiberal Reformers: Race, Eugenics, and American Economics in the Progressive Era*. Princeton: Princeton University Press, 2016.

Lévi-Strauss, Claude. *Tristes Tropiques. Traduzido por John and Doreen Weightman*. Nova York: Penguin, 1992 [1955].

Lewis, Herbert S. "Boas, Darwin, Science, and Anthropology", *Current Anthropology* 42, n° 3 (junho de 2001): 381–406.

———. "The Misrepresentation of Anthropology and Its Consequences", *American Anthropologist* 100, n° 3 (setembro de 1998): 716–31.

———. "The Passion of Franz Boas", *American Anthropologist* 103, n° 2 (junho de 2001): 447–67.

Linton, Ralph. *The Study of Man: An Introduction*. Nova York: D. Appleton-Century Company, 1936.

Lipset, David. Gregory Bateson: *The Legacy of a Scientist*. Boston: Beacon Press, 1982.

———. "Rereading Sex and Temperament: Margaret Mead's Sepik Triptych and Its Ethnographic Critics", *Anthropological Quarterly* 76, n° 4 (2003): 693–713.

Lombardo, Paul A. *Three Generations, No Imbeciles: Eugenics, the Supreme Court, and Buck v. Bell*. Baltimore: Johns Hopkins University Press, 2008.

Longerich, Peter. *Holocaust: The Nazi Persecution and Murder of the Jews*. Oxford: Oxford University Press, 2010.

Lovett, Laura L. *Conceiving the Future: Pronatalism, Reproduction, and the Family in the United States, 1890–1938*. Chapel Hill: University of North Carolina Press, 2007.

Lowie, Robert H. "American Contributions to Anthropology", *Science* 100, nº 2598 (13 de outubro de 1944): 321–27.

———. *Franz Boas, 1858–1942*. Washington, D.C.: National Academy of Sciences, 1947.

———. "Review of Coming of Age in Samoa", *American Anthropologist* 31 (1929): 532–34.

Loyer, Emmanuelle. *Lévi-Strauss*. Paris: Flammarion, 2015.

Luebke, Frederick C. *Bonds of Loyalty: German-Americans and World War I*. DeKalb: Northern Illinois University Press, 1974.

Lutkehaus, Nancy C. *Margaret Mead: The Making of an American Icon*. Princeton: Princeton University Press, 2008.

Lynd, Robert S. e Helen Merrell Lynd. *Middletown: A Study in Contemporary American Culture*. Nova York: Harcourt, Brace & Co., 1929.

Lyons, Andrew P. e Harriet D. Lyons. *Irregular Connections: A History of Anthropology and Sexuality*. Lincoln: University of Nebraska Press, 2004.

Madley, Benjamin. *An American Genocide: The United States and the California Indian Catastrophe, 1846–1873*. New Haven: Yale University Press, 2016.

Malinowski, Bronislaw. *Argonauts of the Western Pacific*. Nova York: Routledge, 2014 [1922].

Mandler, Peter. *Return from the Natives: How Margaret Mead Won the Second World War and Lost the Cold War*. New Haven: Yale University Press, 2013.

Martin, Susan F. *A Nation of Immigrants*. Cambridge: Cambridge University Press, 2011.

Mason, Otis T. "The Occurrence of Similar Inventions in Areas Widely Apart", *Science* 9, nº 226 (3 de junho de 1887): 534–35.

McCaughey, Robert A. *Stand, Columbia: A History of Columbia University in the City of New York, 1754–2004*. Nova York: Columbia University Press, 2003.

Mead, Margaret. *And Keep Your Powder Dry: An Anthropologist Looks at America*. Nova York: William Morrow, 1942.

———. *An Anthropologist at Work: Writings of Ruth Benedict*. Boston: Houghton Mifflin, 1959.

——. "An Anthropologist Looks at Our Marriage Laws", *Virginia Law Weekly Dicta* 2, nº 3 (6 de outubro de 1949): 1, 4.

——. "Are Children Savages?" *Mademoiselle*, julho de 1948, 33, 110–11.

——. *Blackberry Winter: My Earlier Years*. Nova York: Simon and Schuster, 1972.

——. "Broken Homes", *Nation* (fevereiro de 27, 1929): 253–55.

——. *The Changing Culture of an Indian Tribe*. Nova York: Columbia University Press, 1932.

——. *Coming of Age in Samoa: A Psychological Study of Primitive Youth for Western Civilization*. Nova York: Perennial Classics, 2001 [1928].

——. "An Ethnologist's Footnote to Totem and Taboo", *Psychoanalytic Review* 17, nº 3 (julho de 1930): 297–304.

——. *Growing Up in New Guinea: A Comparative Study of Primitive Education*. Nova York: Perennial Classics, 2001 [1930].

——. "Jealousy: Primitive and Civilised", em *Woman's Coming of Age*, editado por S. D. Schmalhausen e V. F. Calverton, 35–48. Nova York: Liveright, 1931.

——. "A Lapse of Animism Among a Primitive People", *Psyche* 33 (julho de 1928): 72–77.

——. *Letters from the Field*, 1925–1975. Nova York: Perennial, 2001 [1977].

——. "Life as a Samoan Girl", em *All True! The Record of Actual Adventures That Have Happened to Ten Women of Today*. Nova York: Brewer, Warren, and Putnam, 1931.

——. *Male and Female*. Nova York: Perennial, 2001 [1949].

——. *The Maoris and Their Arts*. American Museum of Natural History Guide Leaflet Series, Nº 71 (maio de 1928).

——. "Melanesian Middlemen", *Natural History* 30, nº 3 (março a abril de 1930): 115–30.

——. "The Methodology of Racial Testing: Its Significance for Sociology", *American Journal of Sociology* 31, nº 5 (março de 1926): 657–67.

——. "More Comprehensive Field Methods", *American Anthropologist* 35, nº 1 (janeiro a março de 1933): 1–15.

——. *The Mountain Arapesh*. 2 vols. New Brunswick: Transaction, 2002 [1938].

——. "Must Marriage Be for Life?" '*47: The Magazine of the Year* 1, nº 9 (novembro de 1947): 28–31.

———. "Review of Patterns of Culture by Ruth Benedict", *Nation*, dezembro de 12, 1934, 686.

———. *Sex and Temperament in Three Primitive Societies*. Nova York: Harper Perennial, 2001 [1935].

———. "Social Change and Cultural Surrogates", *Journal of Educational Sociology* 14, nº 2 (outubro de 1940): 92–109.

———. *Social Organization of Manua*. Honolulu: Bernice P. Bishop Museum, 1930.

———, et al. "Culture and Personality", *American Journal of Sociology* 42, nº 1 (julho de 1936): 84–87.

Menand, Louis. *The Metaphysical Club: A Story of Ideas in America*. Nova York: Farrar, Straus and Giroux, 2001.

Meyer, Annie Nathan. *Barnard Beginnings*. Boston: Houghton Mifflin, 1935.

———. *It's Been Fun: An Autobiography*. Nova York: Henry Schuman, 1951.

Meyerowitz, Joanne. "'How Common Culture Shapes the Separate Lives': Sexuality, Race, and Mid-Twentieth-Century Social Constructionist Thought", *Journal of American History* 96, nº 4 (março de 2010): 1057–84.

Mikell, Gwendolyn. "When Horses Talk: Reflections on Zora Neale Hurston's Haitian Anthropology", *Phylon* 43, nº 3 (1982): 218–30.

Miller, Vivien M. L. *Crime, Sexual Violence, and Clemency: Florida's Pardon Board and Penal System in the Progressive Era*. Gainesville: University Press of Florida, 2000.

Millman, Chad. *The Detonators: The Secret Plot to Destroy America and an Epic Hunt for Justice*. Nova York: Little, Brown, 2006.

Molloy, Maureen A. *On Creating a Usable Culture: Margaret Mead and the Emergence of American Cosmopolitanism*. Honolulu: University of Hawai'i Press, 2008.

Morgan, Lewis Henry. *Ancient Society; or, Researches in the Lines of Human Progress from Savagery Through Barbarism to Civilization*. Cleveland: World Publishing Co., 1963 [1877].

———. *League of the Ho-de'-no-sau-nee or Iroquois*. 2 vols. Nova ed. Nova York: Burt Franklin, 1966 [1851].

Mormino, Gary R. *Land of Sunshine, State of Dreams: A Social History of Modern Florida*. Gainesville: University Press of Florida, 2005.

Morris, Aldon D. *The Scholar Denied: W. E. B. Du Bois and the Birth of Modern Sociology*. Berkeley: University of California Press, 2015.

Mukherjee, Siddhartha. *The Gene: An Intimate History*. Nova York: Scribner, 2016.

Müller-Wille, Ludger. *The Franz Boas Enigma: Inuit, Arctic, and Sciences*. Montreal: Baraka Books, 2014.

———, ed. *Franz Boas Among the Inuit of Baffin Island, 1883–1884: Journals and Letters*. Traduzido por William Barr. Toronto: University of Toronto Press, 1998.

Murray, Stephen O. *American Anthropology and Company: Historical Explorations*. Lincoln: University of Nebraska Press, 2013.

Nadel, Stanley. *Little Germany: Ethnicity, Religion, and Class in New York City, 1845–1880*. Urbana: University of Illinois Press, 1990.

Newkirk, Pamela. *Spectacle: The Astonishing Life of Ota Benga*. Nova York: Amistad, 2015.

Nott, Josiah Clark e George R. Gliddon, eds. *Types of Mankind: Ethnological Researches Based Upon the Ancient Monuments, Paintings, Sculptures, and Crania of Races, and Upon Their Natural, Geographical, Philological, and Biblical History*. 4. ed. Philadelphia: Lippincott, Grambo, 1854.

Ortiz, Paul. *Emancipation Betrayed: The Hidden History of Black Organizing and White Violence in Florida from Reconstruction to the Bloody Election of 1920*. Berkeley: University of California Press, 2005.

Painter, Nell Irvin. *The History of White People*. Nova York: W. W. Norton, 2010.

Paris, Leslie. *Children's Nature: The Rise of the American Summer Camp*. Nova York: New York University Press, 2008.

Parsons, Elsie Clews. *Fear and Conventionality*. Nova York: G. P. Putnam's Sons, 1914.

———. *Social Freedom: A Study of the Conflicts Between Social Classifications and Personality*. Nova York: G. P. Putnam's Sons, 1915.

Paxson, Margaret. *Solovyovo: The Story of Memory in a Russian Village*. Bloomington: Indiana University Press, 2005.

Powell, John Wesley. *The Exploration of the Colorado River*. Garden City, NY: Anchor Books, 1961 [1875].

———. "From Barbarism to Civilization", *American Anthropologist* 1, n° 2 (abril de 1888): 97–123.

———. "Museums of Ethnography and Their Classification", *Science* 9, nº 229 (24 de junho de 1887): 612–14.

Prahlad, Sw. Anand. "Africana Folklore: History and Challenges", *Journal of American Folklore* 118, nº 469 (2005): 253–70.

Price, David H. *Anthropological Intelligence: The Deployment and Neglect of American Anthropology in the Second World War*. Durham, N.C.: Duke University Press, 2008.

———. "Anthropologists as Spies", *Nation* (2 de novembro de 2000): Online.

———. *Cold War Anthropology: The CIA, the Pentagon, and the Growth of Dual Use Anthropology*. Durham, N.C.: Duke University Press, 2016.

———. *Threatening Anthropology: McCarthyism and the FBI's Surveillance of Activist Anthropologists*. Durham, N.C.: Duke University Press, 2004.

Ramsey, Kate. *The Spirits and the Law: Vodou and Power in Haiti*. Chicago: University of Chicago Press, 2011.

Rapport, Mike. *1848: Year of Revolution*. Nova York: Basic Books, 2008.

Redman, Samuel J. *Bone Rooms: From Scientific Racism to Human Prehistory in Museums*. Cambridge, Mass.: Harvard University Press, 2016.

Reilly, Philip R. *The Surgical Solution: A History of Involuntary Sterilization in the United States*. Baltimore: Johns Hopkins University Press, 1991.

Renda, Mary A. *Taking Haiti: Military Occupation and the Culture of U.S. Imperialism, 1915–1940*. Chapel Hill: University of North Carolina Press, 2001.

*Reports of the Immigration Commission: Abstracts of Reports of the Immigration Commission*. 2 vols. Washington, D.C.: U.S. Government Printing Office, 1911.

*Reports of the Immigration Commission: Changes in Bodily Form of Descendants of Immigrants*. Washington, D.C.: U.S. Government Printing Office, 1911.

*Reports of the Immigration Commission: Dictionary of Races or Peoples*. Washington, D.C.: U.S. Government Printing Office, 1911.

Ripley, William Z. *The Races of Europe: A Sociological Study*. Nova York: D. Appleton & Co., 1899.

———. *A Selected Bibliography of the Anthropology and Ethnology of Europe*. Nova York: D. Appleton & Co., 1899.

Rivet, Paul. "Franz Boas", *Renaissance* 1, nº 2 (1943): 313–14.

———. "Tribute to Franz Boas", *International Journal of American Linguistics* 24, nº 4 (1958): 251–52.

Rohner, Ronald P., ed. *The Ethnography of Franz Boas: Letters and Diaries of Franz Boas Written on the Northwest Coast from 1886 to 1931*. Chicago: University of Chicago Press, 1969.

Roscoe, Paul. "Margaret Mead, Reo Fortune, and Mountain Arapesh Warfare", *American Anthropologist* 105, nº 3 (setembro de 2003): 581–91.

Rosenberg, Rosalind. *Changing the Subject: How the Women of Columbia Shaped the Way We Think About Sex and Politics*. Nova York: Columbia University Press, 2004.

Rosenthal, Michael. *Nicholas Miraculous: The Amazing Career of the Redoubtable Dr. Nicholas Murray Butler*. Nova York: Columbia University Press, 2015.

Ross, Dorothy. *G. Stanley Hall: The Psychologist as Prophet*. Chicago: University of Chicago Press, 1972.

Ryback, Timothy W. *Hitler's Private Library: The Books That Shaped His Life*. Nova York: Alfred A. Knopf, 2008.

Sackman, Douglas Cazaux. *Wild Men: Ishi and Kroeber in the Wilderness of Modern America*. Oxford: Oxford University Press, 2010.

Sanger, Margaret. *The Pivot of Civilization*. Nova York: Brentano's, 1922.

Sapir, Edward. "Culture, Genuine and Spurious", *American Journal of Sociology* 29, nº 4 (janeiro de 1924): 401–29.

——. *Culture, Language, and Personality: Selected Essays*. Editado por David G. Mandelbaum. Berkeley: University of California Press, 1949.

——. "Do We Need a 'Superorganic'?" *American Anthropologist* 19, nº 3 (julho a setembro 1917): 441–47.

——. "Franz Boas", *New Republic*, 23 de janeiro de 1929, 278–79.

——. *Language: An Introduction to the Study of Speech*. Nova York: Harcourt, Brace & Co., 1921.

——. "Observations on the Sex Problem in America", *American Journal of Psychiatry* 85, nº 3 (1928): 519–34.

——. *Time Perspective in Aboriginal American Culture: A Study in Method*. Canada Department of Mines, Geological Survey Memoir no. 90. Ottawa: Government Printing Bureau, 1916.

——. "Why Cultural Anthropology Needs the Psychiatrist", *Psychiatry* 64, nº 1 (2001) [1938]: 2–10.

Sargeant, Winthrop. "It's All Anthropology", *New Yorker*, 30 de dezembro de 1961.

Sargent, Porter. *A Handbook of Summer Camps*. 12. ed. Boston: Porter Sargent, 1935.

Schmalhausen, Samuel D. e V. F. Calverton, eds. *Woman's Coming of Age: A Symposium*. Nova York: Horace Liveright, 1931.

Schmerler, Gil. *Henrietta Schmerler and the Murder That Put Anthropology on Trial*. Eugene, Ore.: Scrivana Press, 2017.

Seabrook, W. B. *The Magic Island*. Nova York: Literary Guild of America, 1929.

Sellers, Sean e Greg Asbed. "The History and Evolution of Forced Labor in Florida Agriculture", *Race/Ethnicity: Multidisciplinary Global Contexts* 5, nº 1 (outono de 2011), 29–49.

Seltzer, William e Margo Anderson. "After Pearl Harbor: The Proper Role of Population Data Systems in Time of War", artigo não publicado, 2000, https://margoanderson.org/govstat/newpaa.pdf.

Settle, Dionyse. *Laste Voyage into the West and Northwest Regions*. Nova York: Da Capo Press, 1969 [1577].

Shankman, Paul. "The 'Fateful Hoaxing' of Margaret Mead", *Current Anthropology* 54, nº 1 (fevereiro de 2013): 51–70.

———. *The Trashing of Margaret Mead: Anatomy of an Anthropological Controversy*. Madison: University of Wisconsin Press, 2009.

Simpson, George Eaton. *Melville J. Herskovits*. Nova York: Columbia University Press, 1973.

Sinclair, Upton. *The Goose-Step: A Study of American Education*. Pasadena, Califórnia: publicado pelo autor, 1923.

Singer, Audrey. "Contemporary Immigrant Gateways in Historical Perspective", *Daedalus* (verão de 2013): 76–91.

Smith, J. David. *Minds Made Feeble: The Myth and Legacy of the Kallikaks*. Rockville, Md.: Aspen Systems Corp., 1985.

Sparks, Corey S. e Richard L. Jantz. "A Reassessment of Human Cranial Plasticity: Boas Revisited", *Proceedings of the National Academy of Sciences* 99, nº 23 (novembro de 2002): 14636–39.

———. "Changing Times, Changing Faces: Franz Boas' Immigrant Study in Modern Perspective", *American Anthropologist* 105, nº 2 (junho 2003): 333–37.

Spicer, Edward H. "The Use of Social Scientists by the War Relocation Authority", *Applied Anthropology* 5, n° 2 (primavera de 1946): 16–36.

Spiller, G., ed. *Papers on Inter-Racial Problems Communicated to the First Universal Races Congress.* Londres: P. S. King & Son, 1911.

Spindel, Carol. *Dancing at Halftime: Sports and the Controversy over American Indian Mascots.* Nova York: NYU Press, 2000.

Spiro, Jonathan Peter. *Defending the Master Race: Conservation, Eugenics, and the Legacy of Madison Grant.* Burlington: University of Vermont Press, 2009.

Starn, Orin. "Engineering Internment: Anthropologists and the War Relocation Authority", *American Ethnologist* 13, n° 4 (novembro de 1986): 700–720.

———. *Ishi's Brain: In Search of America's Last "Wild" Indian.* Nova York: W. W. Norton, 2004.

Stern, Alexandra Minna. *Eugenic Nation: Faults and Frontiers of Better Breeding in America.* Berkeley: University of California Press, 2005.

Stern, Fritz. *Five Germanys I Have Known.* Nova York: Farrar, Straus and Giroux, 2006.

Steward, Julian H. *Alfred Kroeber.* Nova York: Columbia University Press, 1973.

Stewart, Jeffrey C. *The New Negro: The Life of Alain Locke.* Oxford, U.K.: Oxford University Press, 2018.

Stocking, George W., Jr., ed. *American Anthropology, 1921–1945.* Lincoln: University of Nebraska Press, 1976.

———, ed. *Bones, Bodies, Behavior: Essays on Biological Anthropology.* Madison: University of Wisconsin Press, 1988.

———. *The Ethnographer's Magic and Other Essays in the History of Anthropology.* Madison: University of Wisconsin Press, 1992.

———, ed. *Functionalism Historicized: Essays on British Social Anthropology.* Madison: University of Wisconsin Press, 1984.

———, ed. *Malinowski, Rivers, Benedict, and Others: Essays on Culture and Personality.* Madison: University of Wisconsin Press, 1986.

———, ed. *Observers Observed: Essays on Ethnographic Fieldwork.* Madison: University of Wisconsin Press, 1983.

———, ed. *Romantic Motives: Essays on Anthropological Sensibility.* Madison: University of Wisconsin Press, 1989.

————, ed. *The Shaping of American Anthropology, 1883–1911: A Franz Boas Reader*. Nova York: Basic Books, 1974.

————, ed. *Volksgeist as Method and Ethic: Essays on Boasian Ethnography and the German Anthropological Tradition*. Madison: University of Wisconsin Press, 1996.

Sussman, Robert Wald. *The Myth of Race: The Troubling Persistence of an Unscientific Idea*. Cambridge, Massachusetts: Harvard University Press, 2014.

Suzuki, Peter T. "Anthropologists in Wartime Camps for Japanese Americans: A Documentary Study", *Dialectical Anthropology* 6, nº 1 (1981): 23–60.

————. "Overlooked Aspects of The Chrysanthemum and the Sword", *Dialectical Anthropology* 24, nº 2 (1999): 217–32.

————. "Ruth Benedict, Robert Hashima, and The Chrysanthemum and the Sword", *Research: Contributions to Interdisciplinary Anthropology* 3 (1985): 55–69.

Taylor, C. J. "First International Polar Year, 1882–83", *Arctic* 34, nº 4 (dezembro de 1981): 370–76.

Taylor, Yuval. *Zora and Langston: A Story of Friendship and Betrayal*. Nova York: W. W. Norton, 2019.

Tcherkézoff, Serge. "A Long and Unfortunate Voyage Towards the 'Invention' of the Melanesia/Polynesia Distinction, 1595–1832", *Journal of Pacific History* 38, nº 2 (setembro de 2003): 175–96.

Teslow, Tracy. *Constructing Race: The Science of Bodies and Cultures in American Anthropology*. Cambridge, U.K.: Cambridge University Press, 2014.

Thomas, Caroline. "Rediscovering Reo: Reflections on the Life and Anthropological Career of Reo Franklin Fortune", *Pacific Studies* 32, nº 2–3 (junho a setembro de 2009): 299–324.

Toulmin, Stephen. "The Evolution of Margaret Mead", *New York Review of Books*, 6 de dezembro de 1984.

Tozzer, Alfred M. *Biographical Memoir of Frederic Ward Putnam, 1839–1915*. Washington, D.C.: National Academy of Sciences, 1935.

Tylor, Edward Burnett. *Anthropology*. Nova York: D. Appleton & Co., 1920 [1881].

————. *Primitive Culture: Researches into the Development of Mythology, Philosophy, Religion, Language, Art and Custom*. 3ª edição norte-americana, 2 vols. Nova York: H. Holt, 1883 [1871].

United States Department of War. *Final Report: Japanese Evacuation from the West Coast, 1942*. Nova York: Arno Press, 1978 [1943].

Valentine, Lisa Philips e Regna Darnell, eds. *Theorizing the Americanist Tradition*. Toronto: University of Toronto Press, 1999.

Van Slyck, Abigail A. *A Manufactured Wilderness: Summer Camps and the Shaping of American Youth, 1890–1960*. Minneapolis: University of Minnesota Press, 2006.

Vaughan, Alden T. *Transatlantic Encounters: American Indians in Britain, 1500–1776*. Cambridge, U.K.: Cambridge University Press, 2006.

Vermeulen, Han F. *Before Boas: The Genesis of Ethnography and Ethnology in the German Enlightenment*. Lincoln: University of Nebraska Press, 2015.

Walker, Alice. "In Search of Zora Neale Hurston", *Ms. Magazine*, março de 1975, 74–89.

Walker, James R. *Lakota Belief and Ritual*. Editado por Raymond J. DeMallie e Elaine A. Jahner. Lincoln: University of Nebraska Press, 1980.

———. *Lakota Myth*. Editado por Elaine A. Jahner. Nova ed. Lincoln: University of Nebraska Press, 1983.

———. *Lakota Society*. Editado por Raymond J. DeMallie. Lincoln: University of Nebraska Press, 1982.

———. *The Sun Dance and Other Ceremonies of the Oglala Division of the Teton Dakota*. Nova York: American Museum of Natural History, 1917.

Washburn, Wilcomb E. *The Cosmos Club of Washington: A Centennial History, 1878–1978*. Washington, D.C.: Cosmos Club, 1978.

Weiss-Wendt, Anton e Rory Yeomans, eds. *Racial Science in Hitler's New Europe, 1938–1945*. Lincoln: University of Nebraska Press, 2013.

Weitz, Eric D. *Weimar Germany: Promise and Tragedy*. Nova ed. Princeton: Princeton University Press, 2013.

Westbrook, Laurel e Aliya Saperstein. "New Categories Are Not Enough: Rethinking the Measurement of Sex and Gender in Social Surveys", *Gender and Society* 29, n° 4 (2015): 534–60.

White, Leslie A. "The Ethnography and Ethnology of Franz Boas", *Bulletin of the Texas Memorial Museum* 6 (abril de 1963): 1–76.

White, Marian Churchill. *A History of Barnard College*. Nova York: Columbia University Press, 1954.

White, Richard. *The Republic for Which It Stands: The United States During Reconstruction and the Gilded Age, 1865–1896*. Oxford, U.K.: Oxford University Press, 2017.

Whitman, James Q. *Hitler's American Model: The United States and the Making of Nazi Race Law*. Princeton: Princeton University Press, 2017.

Winkler, Allan M. *The Politics of Propaganda: The Office of War Information, 1942–1945*. New Haven: Yale University Press, 1978.

Woodbury, Richard B. e Nathalie F. S. Woodbury. "The Rise and Fall of the Bureau of American Ethnology", *Journal of the Southwest* 41, n° 3 (outono de 1999): 283–96.

Woodson, Carter G. *The African Background Outlined*. Washington, D.C.: Association for the Study of Negro Life and History, 1936.

Wulf, Andrea. *The Invention of Nature: Alexander von Humboldt's New World*. Nova York: Knopf, 2015.

Young, Michael W. *Malinowski: Odyssey of an Anthropologist, 1884–1920*. New Haven: Yale University Press, 2004.

Young, Virginia Heyer. *Ruth Benedict: Beyond Relativity, Beyond Pattern*. Lincoln: University of Nebraska Press, 2005.

Yudell, Michael, et al. "Taking Race Out of Human Genetics", *Science* 351, n° 6273 (5 de fevereiro de 2016): 564–65.

Zeidel, Robert F. *Immigrants, Progressives, and Exclusion Politics: The Dillingham Commission, 1900–1927*. DeKalb: Northern Illinois University Press, 2004.

Zumwalt, Rosemary *Lévy. Wealth and Rebellion: Elsie Clews Parsons, Anthropologist and Folklorist*. Urbana: University of Illinois Press, 1992.

Zumwalt, Rosemary Lévy e William Shedrick Willis. *Franz Boas and W. E. B. Du Bois at Atlanta University, 1906*. Filadélfia: American Philosophical Society, 2008.

## Créditos das Imagens

*Franz Boas a bordo do* Germania: Documentos de Franz Boas, American Philosophical Society

*Boas com sua esposa, Marie Krackowizer*: Documentos de Franz Boas, American Philosophical Society

*John Wesley Powell, ca. 1890*: Divisão de Impressões e Fotografias da Biblioteca do Congresso dos EUA

*Edifício de Antropologia na Feira Mundial de Chicago*: Presente de Frederic Ward Putnam, 1893. Cortesia do Museu Peabody de Arqueologia e Etnologia, Universidade de Harvard, PM93-1-10 / 100266.1.17

*Dançarinos de kwakiutl na feira mundial de Chicago*: Presente de Frederic Ward Putnam, 1893. Cortesia do Museu Peabody de Arqueologia e Etnologia, Universidade de Harvard, PM93-1-10 / 100266.1.37

*Boas demonstrando o* hamatsa kwakiutl: Arquivos Antropológicos Nacionais, Instituto Smithsonian

*Inventário de antropometria de Franz Boas*: Arquivos Antropológicos Nacionais, Smithsonian Institution

*Ruth Benedict em 1924*: Documentos de Margaret Mead, Biblioteca do Congresso dos EUA

*Uma página do relatório de Boas para a Comissão de Dillingham*: Escritório de Impressão do Governo dos EUA

*Exposição da mesa usada pela Sociedade Americana de Eugenia*: Registros da Sociedade Americana de Eugenia, American Philosophical Society

*Madison Grant*: Divisão de Livros Raros e de Coleções Especiais da Biblioteca do Congresso

*Cópia de Adolf Hitler de* The Passing of the Great Race: Divisão de Livros Raros e Coleções Especiais da Biblioteca do Congresso

*Uma dedicatória a Hitler do editor*: Divisão de Livros Raros da Biblioteca do Congresso e de Coleções Especiais

*Margaret Mead na infância*: Documentos de Margaret Mead, Biblioteca do Congresso

*Margaret Mead como estudante*: Documentos de Margaret Mead, Biblioteca do Congresso

*Edward Sapir*: Documentos de Margaret Mead, Biblioteca do Congresso

*A casa da família Holt*: Documentos de Margaret Mead, Biblioteca do Congresso

*Margaret Mead com Fa'amotu*: Documentos de Margaret Mead, Biblioteca do Congresso

*Reo Fortune com meninos da vila de Pere*: Documentos de Margaret Mead, Biblioteca do Congresso

*Margaret Mead com crianças na lagoa da vila de Pere*: Documentos de Margaret Mead, Biblioteca do Congresso

*Zora Neale Hurston no carro*: Documentos de Zora Neale Hurston, coleções de estudos especiais e de área, bibliotecas George A. Smathers, Universidade da Flórida, Gainesville, Flórida

*Gregory Bateson*: Documentos de Margaret Mead, Biblioteca do Congresso

*Ella Deloria*: *The Indian Leader*, 25 de setembro de 1925. Cortesia de Haskell Indian University University Library

*Bateson, Mead e Fortune em um jornal australiano*: Documentos de Margaret Mead, Biblioteca do Congresso

*Felicia Felix-Mentor em* Life: *Life*, 13 de dezembro de 1937

*Zora Neale Hurston por Carl Van Vechten*: Documentos de Margaret Mead, Biblioteca do Congresso

*Bateson e Mead comendo na Nova Guiné, 1938*: Documentos de Margaret Mead, Biblioteca do Congresso

*Hurston com músicos, 1935*: Documentos de Margaret Mead, Biblioteca do Congresso

*Boas na capa do* Time: *Time*, 11 de maio de 1936

*Benedict, ca. 1931*: Documentos, arquivos e coleções especiais de Ruth Benedict, Vassar College Library

*Nipo-americanos internos da pista de Santa Anita, 1942*: Divisão de Impressões e Fotografias da Biblioteca do Congresso

*Mapa das relações de Mead no círculo de Boas*: Documentos de Margaret Mead, Biblioteca do Congresso

*Mead em seu escritório no Museu Americano de História Natural*: Imagem# 338667, Biblioteca do Museu Americano de História Natural

Franz Boas a bordo do *Germania*, a caminho da Ilha de Baffin, no verão de 1883. Boas escreveu, em um livro de memórias de estudante ,que sua vida fora definida pelo desejo de fazer comparações entre as coisas que observava no mundo natural. No Ártico, pretendia fazer isso com as pessoas que chamava de "meus esquimós".

Boas com sua esposa, Marie Krackowizer, no ano de seu casamento, em 1887. "Mama Franz", como seus alunos a conheciam, fazia parte da considerável comunidade de falantes de alemão em Nova York na segunda metade do século XIX.

John Wesley Powell, diretor do Bureau of American Ethnology, do Smithsonian Institution, ca. 1890. As explorações de Powell sobre o ocidente norte-americano e seu lobby enérgico e sua organização científica ajudaram a definir a maneira como museus, escolas e agências governamentais entenderiam a fronteira e seus povos indígenas.

O Edifício da Antropologia na Feira Mundial de Chicago, em 1893. O prédio abrigou temporariamente a maior exposição do mundo de artefatos etnológicos, mas a fraca participação desapontou Boas. Ele prometeu "nunca mais brincar de empresário circense".

Dançarinos de Kwakiutl (identificados apenas como John Drabble, segundo da esquerda, e Sra. Drabble, terceira da esquerda; o restante, desconhecido) na Feira Mundial de Chicago, em 1893. Eles foram convidados a demonstrar cerimônias tribais ao lado do prédio de comércio de couro e sapatos, visto ao fundo. "Pare! Pare com isso! Este é um país cristão!", exclamou um turista.

Boas demonstra o Kwakiutl *hamatsa*, ou "dança canibal", para auxiliar os curadores do Smithsonian na construção de um diorama do ritual secreto, ca. 1895.

Uma folha de inventário típico de antropometria; neste caso, de Franz Boas. Suas medições de cabeça e corpo foram tomadas como parte de um projeto do Smithsonian para determinar se os principais intelectuais dos EUA eram biologicamente superiores à média dos norte-americanos. (Descobriram que não eram.)

Ruth Benedict em 1924, quando atuou como assistente de Boas em seus cursos de palestras no Barnard College. "A descoberta da antropologia — e o Dr. Boas — provou ser sua salvação", recordaria sua irmã mais tarde. Embora ainda casada, Benedict viveu grande parte de sua vida separada da do marido. A sala de aula de Boas se tornou um lar substituto. Como disse a um amigo: "Não tenho filhos, por isso devo ter hotentotes."

Uma página de dados do relatório de Boas para a Comissão de Dillingham, de 1911. "A adaptabilidade do imigrante parece ser muito maior do que éramos capazes de supor antes de iniciarmos nossas investigações", concluiu Boas.

Uma tela de mesa usada pela Sociedade Americana de Eugenia, em 1926, com luzes brilhantes que ilustram os custos financeiros e sociais das pessoas "com má hereditariedade, como os loucos, débeis mentais, criminosos e pessoas com outros tipos de defeitos".

Madison Grant *(acima, à esquerda)* e o exemplar de Adolf Hitler *(acima, à direita)* de *Passing of the Great Race*, de Grant (edição alemã, de 1925), com uma dedicatória da editora a Hitler *(abaixo, à direita)*. Nos anos de 1930, estudiosos e formuladores de políticas nazistas aprendiam a construir um Estado baseado na raça estudando a experiência norte-americana.

Margaret Mead menina na Pensilvânia, ca. 1912. De acordo com a tradição familiar, ela aprendeu a pronunciar as palavras "sociologia" e "economia" antes mesmo de saber o que significavam.

Margaret Mead quando estudava na Barnard College, a instituição de graduação de mulheres da Colômbia, ca. 1923, sentada em uma passarela acima da Amsterdam Avenue. "Pela primeira vez, senti que havia encontrado algo realmente maior do que eu e estava feliz", lembrou ela mais tarde.

Edward Sapir, provavelmente no final da década de 1920, "a mente mais gratificante que já conheci", como Mead se lembrava dele. Ela e Sapir começaram um relacionamento pouco antes de ela partir para Samoa. Sua frustração com o fim do relacionamento se transformou em um desdém vitalício pelo trabalho dela.

A casa da família Holt, com quem Mead viveu durante o tempo que passou na Samoa Americana. A maior parte de seu quarto — a varanda à direita — foi destruída por um furacão, no início de 1926.

Margaret Mead com Fa'amotu, uma amiga e informante samoana, na Samoa Americana, ca. 1926, ambas em trajes festivos. Mead passou a maior parte dos dias na Ilha de Ta'u, cercada por meninas e crianças, que embasaram seu estudo sobre a adolescência — *Coming Age in Samoa* —, que logo causaria polêmica.

Reo Fortune com os meninos da vila de Pere, Manus, 1928. Fortune reclamaria que, subordinado a Mead, uma autora best-seller, sua própria pesquisa seria "o último livro escrito sozinho".

Margaret Mead com crianças na lagoa da vila de Pere, Manus, 1928. O livro que resultou de sua pesquisa, *Growing Up in New Guinea* ["Crescendo na Nova

Guiné", em tradução livre], concluiu que todas as culturas são "experimentos no tocante às possibilidades da natureza humana".

"As flores são lindas agora, os crackers não me incomodam", escreveu Zora Neale Hurston durante sua primeira expedição de campo, em sua terra natal, a Flórida. Ela carregava uma pistola cromada para proteção. "Desculpe-me, mas você conhece algum conto popular ou música?", perguntava no que chamava de "sotaque barnardese minucioso".

"É Gregory Bateson, é claro", escreveu Mead a Ruth Benedict no Natal de 1932. Como antropólogo, Bateson leu *Growing Up in New Guinea* [Crescendo na Nova Guiné, em tradução livre], e Mead se apaixonou por ele quase imediatamente quando se conheceram, em uma vila remota.

Ella Deloria, 1920, enquanto instrutora do Instituto Haskell, de Lawrence, Kansas. De volta à Columbia, onde atuou como assistente de pesquisa de Boas e, mais tarde, coautora, foi uma das poucas pessoas que poderia afirmar ser observadora objetiva e objeto de estudo.

Bateson, Mead e Fortune, registrados por um fotógrafo de jornal australiano, voltando da Nova Guiné, no verão de 1933. O caso de amor tempestuoso deles esgotara a todos. Mas algumas das ideias que surgiram lá mais tarde estruturariam o pensamento de Mead sobre sexualidade e gênero.

Felicia Felix-Mentor, a mulher fotografada por Hurston no Haiti — a primeira representação registrada de um zumbi, como dizia a legenda da revista *Life*. No Haiti, as conversas sobre zumbis "perpassam no país como uma corrente de ar frio", lembrou Hurston.

Hurston, pelo notável fotógrafo do Harlem Renaissance, Carl Van Vechten, 1938. A pesquisa era uma espécie de "curiosidade institucionalizada", escreveu mais tarde. "Basta esperar um pouco", disse, "e depois disso as coisas começam a acontecer".

O antropólogo observou: Bateson e Mead desfrutando de uma refeição dentro de sua rede mosquiteira, enquanto os Iatmul a observam, em Nova Guiné, 1938. "Sinto-me como um porco terrível por ter uma vida tão adorável", escreveu Mead a uma de suas amigas.

O antropólogo observando: Hurston com os músicos Rochelle French e Gabriel Brown, fotografado por Alan Lomax, 1935. Com um gravador a tiracolo, Hurston e Lomax registraram histórias, canções de trabalho, spirituals e números de blues para a Biblioteca do Congresso.

Na década de 1930, Boas era um intelectual público amplamente conhecido, cujos pontos de vista sobre os assuntos da época eram solicitados em todo o mundo. Sua aparência provavelmente reforçou sua imagem de gênio das ciências sociais. Cartas infindas voavam de sua mesa todos os anos, passavam por Nova York e onde quer que seus alunos, colegas e agentes de campo estivessem, além de agradecimentos e desculpas a editores, jornalistas, líderes cívicos e dignitários estrangeiros.

Benedict, ca. 1931. Para Mead, ela era um "belo palácio murado […] a raiz inevitável, a única sede homossexual que não há como sobreviver sem saciar". Benedict mantinha o departamento de Columbia funcionando como coordenadora efetiva de Boas. Sua própria estrela começaria a brilhar com a publicação de *Patterns of Culture*, em 1934.

Nipo-americanos internos na pista de corrida de Santa Anita, Califórnia, em junho de 1942. A recitação do Juramento de Fidelidade foi acompanhada pela "saudação de Bellamy", um gesto amplamente usado até sua semelhança com a saudação nazista torná-lo constrangedor. Robert Hashima, um informante crucial de Benedict, começou sua jornada no sistema de campos de concentração dos EUA no local.

Mead certa vez tentou fazer um mapa de todos os seus relacionamentos no círculo de Boas, tanto pessoais quanto profissionais: linhas estreitas para influências menores, linhas grossas para as maiores, linhas duplas para amantes, e Benedict, o Sol gêmeo no centro de sua galáxia.

Mead em seu escritório, no Museu Americano de História Natural. Era o único lugar em que alegava se sentir segura e em casa. Suas salas de trabalho eram um ninho de cadernos de campo e marcavam artefatos, cartas manuscritas e mimeógrafos datilografados, notas de aula e fotos, milhares e milhares de páginas e objetos em geral.

# ÍNDICE

Franz Boas a bordo do *Germania*, a caminho da Ilha de Baffin, no verão de 1883. Boas escreveu, em um livro de memórias de estudante ,que sua vida fora definida pelo desejo de fazer comparações entre as coisas que observava no mundo natural. No Ártico, pretendia fazer isso com as pessoas que chamava de "meus esquimós".

Boas com sua esposa, Marie Krackowizer, no ano de seu casamento, em 1887. "Mama Franz", como seus alunos a conheciam, fazia parte da considerável comunidade de falantes de alemão em Nova York na segunda metade do século XIX.

John Wesley Powell, diretor do Bureau of American Ethnology, do Smithsonian Institution, ca. 1890. As explorações de Powell sobre o ocidente norte-americano e seu lobby enérgico e sua organização científica ajudaram a definir a maneira como museus, escolas e agências governamentais entenderiam a fronteira e seus povos indígenas.

O Edifício de Antropologia na Feira Mundial de Chicago, em 1893. O prédio abrigou temporariamente a maior exposição do mundo de artefatos etnológicos, mas a fraca participação desapontou Boas. Ele prometeu "nunca mais brincar de empresário circense".

Dançarinos de Kwakiutl (identificados apenas como John Drabble, segundo da esquerda, e Sra. Drabble, terceira da esquerda; o restante, desconhecido) na Feira Mundial de Chicago, em 1893. Eles foram convidados a demonstrar cerimônias tribais ao lado do prédio de comércio de couro e sapatos, visto ao fundo. "Pare! Pare com isso! Este é um país cristão!", exclamou um turista.

Boas demonstra o Kwakiutl *hamatsa*, ou "dança canibal", para auxiliar os curadores do Smithsonian na construção de um diorama do ritual secreto, ca. 1895.

Tribe. *F. Boas.*                                                                 Sex.

| Measurements. | OBSERVATIONS. |
|---|---|

**Measurements.**

No._____          Age *68*

Deformation of head_____ *+*

**BODY:**

Stature_____ *167.4*

Max. finger reach_____ _____ *(disab.)*

Height sitting _____ *88.3 = 52.74*

*l. limb* 79.1

**HEAD:**

Length ____ *19.6*         @.2. *77.5~*

Breadth ____ *15.2*

Height *10.6 — 3.1 = 12.6*
        *Q. m. 15.8*

**FACE:**

Length to nasion ____ *11.3*

Length to crinion____ *(hair pont)*

Breadth, bizygom. ____ *13.4*

Diam. front min. ____ *10.3*

Diam. bigonial ____ —

**Nose:**

Length to nasion ____ —

Breadth ____ —  .

**Mouth:**

Breadth ____ —

**Left Ear:**

Length ____ *7.6*

Breadth ____ *4.2*

**MISCELLANEOUS.**

**Chest:**

Breadth at nipple height ____ *30.2*

Depth at nipple height ____ *23.3*

**Left Hand:**

Length ____ *19.5*

Breadth ____ *7.—*

**Left Foot:**

Length ____ *26.4*

Breadth ____ *9.8*

**Left Leg:**

Girth, max. ____

Weight of Body:. *163*
(With shoes, but without outer garments.)

**OBSERVATIONS.**

Color of skin ____ *+*

Color of eyes ____ *d. br.*

Color of hair ____ *v. d. br. (abt ½ brs, abt ⅔ gr.)*

Nature of hair ____ *+*

Moustache ____ —

Beard ____ —

Forehead ____ *+*

Supraorb. ridges ____ *subm.*

Eye-slits ____ *+*

Malars ____ *subm.*

Nasion depress. ____ *+*

Nose ____ *sl. conv.*

Nasal septum ____ *n. hor. (sl. i. z.*

Lips ____ *+*

Alveol. progn. ____ *sl. alв. med.*

Chin ____ *+*

Angle of l. jaw ____ *+*

Body and limbs ____ *+*

Toes ____ *+*

Breasts ____

**PHYSIOLOGICAL.**

Pulse ____

Respiration ____

Temperature ____

Time of day ____

State of health ____

Strength:

Pressure { r. hand *28.5 (rt. hand.)* }
         { l. hand *21.5* }

**TEETH**

1st { upper { r. ____ }
          { l. ____ }
     lower { r. ____ }
          { l. ____ }

2nd { upper { r. ____ }
          { l. ____ }
     lower { r. ____ }
          { l. ____ }

Uma folha de inventário típico de antropometria; neste caso, de Franz Boas. Suas medições de cabeça e corpo foram feitas como parte de um projeto do Smithsonian para determinar se os principais intelectuais dos Estados Unidos eram biologicamente superiores à média dos norte-americanos. (Descobriram que não eram.)

(Abaixo) Ruth Benedict em 1924, quando atuou como assistente de Boas em seus cursos na Barnard College. "A descoberta da antropologia — e do Dr. Boas — provou ser sua salvação", recordaria sua irmã mais tarde. Embora ainda casada, Benedict viveu grande parte de sua vida separada do marido. A sala de aula de Boas se tornou um lar substituto. Como disse a um amigo: "Não tenho filhos, por isso devo ter hotentotes."

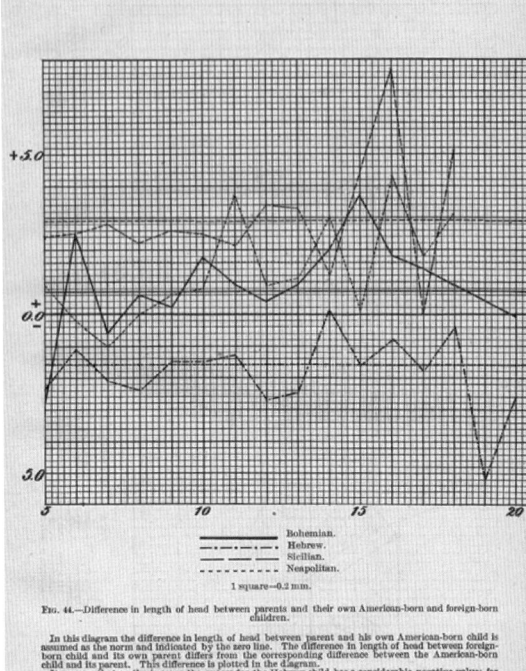

Bohemian.
Hebrew.
Sicilian.
Neapolitan.

1 square=0.2 mm.

Fig. 44.—Difference in length of head between parents and their own American-born and foreign-born children.

In this diagram the difference in length of head between parent and his own American-born child is assumed as the norm and indicated by the zero line. The difference in length of head between foreign-born child and its own parent differs from the corresponding difference between the American-born child and its parent. This difference is plotted in the diagram.
It appears that on the average the excess for the Hebrew child has a considerable negative value; for the Sicilian and Neapolitan, a considerable positive value; while for the Bohemian the difference is rather small. This shows that the heads of American-born Hebrew children increase considerably in length, while those of Sicilian and Neapolitan children decrease in length.

(Acima) Uma página de dados do relatório de Boas para a Comissão Dillingham, de 1911. "A adaptabilidade do imigrante parece ser muito maior do que éramos capazes de supor antes de iniciarmos nossas investigações", concluiu Boas.

(À direita) Uma tela de mesa usada pela Sociedade Americana de Eugenia, em 1926, com luzes brilhantes que ilustram os custos financeiros e sociais de pessoas "com má hereditariedade, como os loucos, débeis mentais, criminosos e pessoas com outros tipos de defeitos".

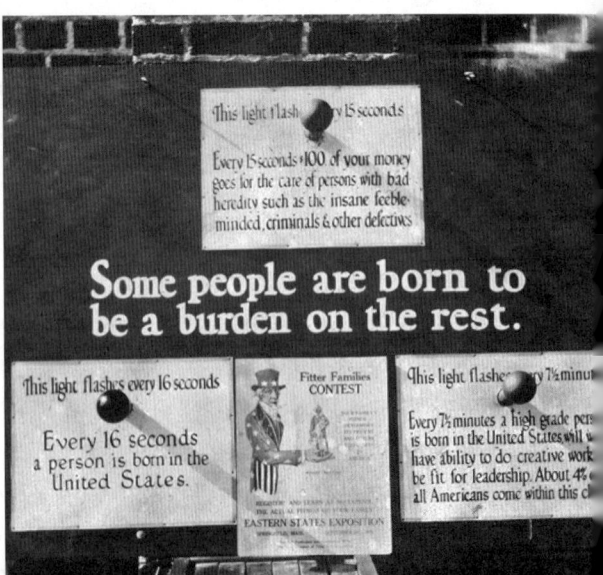

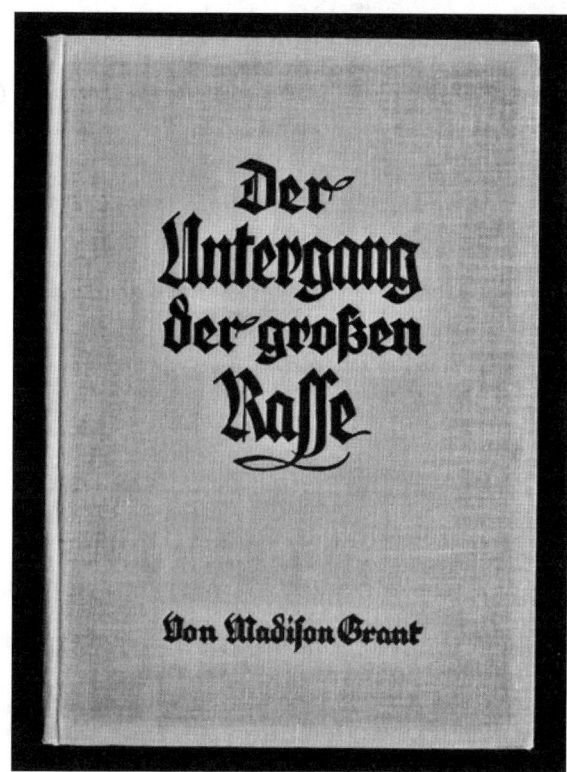

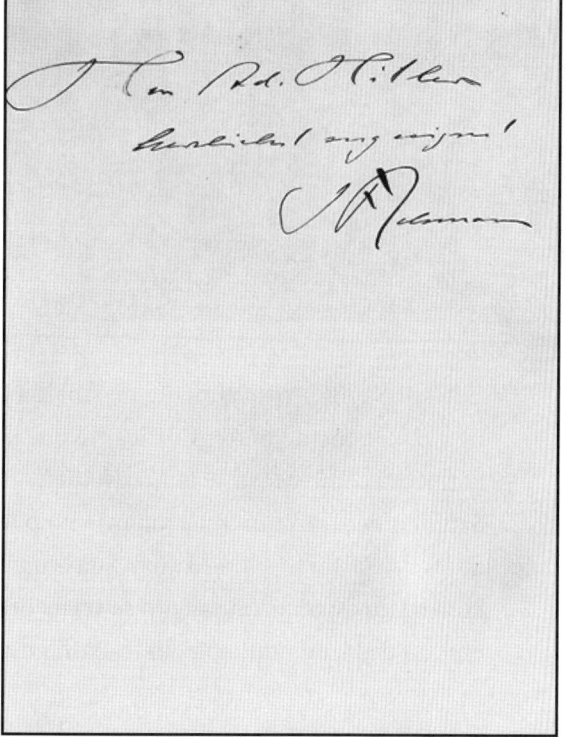

Madison Grant *(acima, à esquerda)* e o exemplar de Adolf Hitler *(acima, à direita)* de *Passing of the Great Race*, de Grant (edição alemã, de 1925), com uma dedicatória da editora a Hitler *(abaixo, à direita)*. Nos anos de 1930, estudiosos e formuladores de políticas nazistas aprendiam a construir um Estado baseado na raça estudando a experiência norte-americana.

Margaret Mead menina na Pensilvânia, ca. 1912. De acordo com a tradição familiar, ela aprendeu a pronunciar as palavras "sociologia" e "economia" antes mesmo de saber o que significavam.

Margaret Mead quando estudava na Barnard, instituição da Columbia para universitárias, ca. 1923, sentada em uma passarela acima da Amsterdam Avenue. "Pela primeira vez, senti que havia encontrado algo realmente maior do que eu e estava feliz", lembrou ela mais tarde.

Edward Sapir, provavelmente no final da década de 1920, "a mente mais gratificante que já conheci", como Mead se lembrava dele. Ela e Sapir começaram um relacionamento pouco antes de ela partir para Samoa. Sua frustração com o fim do relacionamento se transformou em um desdém vitalício pelo trabalho dela.

A casa da família Holt, com quem Mead viveu durante o tempo que passou na Samoa Americana. A maior parte de seu quarto — a varanda à direita — foi destruída por um furacão, no início de 1926.

Margaret Mead com Fa'amotu, amiga e informante samoana, na Samoa Americana, ca. 1926, ambas em trajes festivos. Mead passou a maior parte dos dias na Ilha de Ta'u cercada por meninas e crianças que embasaram seu estudo sobre a adolescência — Coming Age in Samoa —, que logo causaria polêmica.

Reo Fortune com os meninos da vila de Pere, Manus, 1928. Fortune reclamaria que, subordinado a Mead, uma autora best-seller, sua própria pesquisa seria "o último livro escrito sozinho".

Margaret Mead com crianças na lagoa da vila de Pere, Manus, 1928. O livro que resultou de sua pesquisa, *Growing Up in New Guinea* ["Crescendo na Nova Guiné", em tradução livre], concluiu que todas as culturas são "experimentos no tocante às possibilidades da natureza humana".

"As flores são lindas agora, os crackers não me incomodam", escreveu Zora Neale Hurston durante sua primeira expedição de campo, em sua terra natal, a Flórida. Ela carregava uma pistola cromada para proteção. "Desculpe-me, mas você conhece algum conto popular ou música?", perguntava no que chamava de "sotaque barnardese minucioso".

"É Gregory Bateson, é claro", escreveu Mead a Ruth Benedict no Natal de 1932. Como antropólogo, Bateson leu *Growing Up in New Guinea* ["Crescendo na Nova Guiné", em tradução livre], e Mead se apaixonou por ele quase imediatamente quando se conheceram, em uma vila remota.

Ella Deloria, 1920; na época, instrutora no Instituto Haskell, em Lawrence, Kansas. De volta a Columbia, onde atuou como assistente de pesquisa de Boas e, mais tarde, coautora, foi uma das poucas pessoas que poderia afirmar ser observadora objetiva e objeto de estudo.

ANTHROPOLOGISTS FROM NEW GUINEA.

From left: Mr. G. Bateson, Dr. Margaret Mead, and Dr. Reo Fortune, who arrived from New Guinea yesterday by the Macdhui.

Bateson, Mead e Fortune, registrados por um fotógrafo de jornal australiano, voltando da Nova Guiné, no verão de 1933. O caso de amor tempestuoso deles esgotara a todos. Mas algumas das ideias que surgiram lá mais tarde estruturariam o pensamento de Mead sobre sexualidade e gênero.

Felicia Felix-Mentor, a mulher fotografada por Hurston no Haiti — a primeira representação registrada de um zumbi, como dizia a legenda da revista Life. No Haiti, as conversas sobre zumbis "perpassam no país como uma corrente de ar frio", lembrou Hurston.

THIS IS THE ONLY ZOMBIE EVER PHOTOGRAPHED

Hurston, pelo notável fotógrafo do Harlem Renaissance, Carl
Van Vechten, 1938. A pesquisa era uma espécie de "curiosidade
institucionalizada", escreveu mais tarde. "Basta esperar um pouco",
disse, "e depois disso as coisas começam a acontecer".

O antropólogo observou: Bateson e Mead desfrutando de uma refeição dentro de sua rede mosquiteira, enquanto os Iatmul a observam, em Nova Guiné, 1938. "Sinto-me como um porco terrível por ter uma vida tão adorável", escreveu Mead a uma de suas amigas.

O antropólogo observando: Hurston com os músicos Rochelle French e Gabriel Brown, fotografado por Alan Lomax, 1935. Com um gravador a tiracolo, Hurston e Lomax registraram histórias, canções de trabalho, spirituals e números de blues para a Biblioteca do Congresso.

Na década de 1930, Boas era um intelectual público amplamente conhecido, cujos pontos de vista sobre os assuntos da época eram solicitados em todo o mundo. Sua aparência provavelmente reforçou sua imagem de gênio das ciências sociais. Cartas infindas voavam de sua mesa todos os anos, passavam por Nova York e onde quer que seus alunos, colegas e agentes de campo estivessem, além de agradecimentos e desculpas a editores, jornalistas, líderes cívicos e dignitários estrangeiros.

Benedict, ca. 1931. Para Mead, ela era um "belo palácio murado [...] a raiz inevitável, a única sede homossexual que não há como sobreviver sem saciar". Benedict mantinha o departamento de Columbia funcionando como coordenadora efetiva de Boas. Sua própria estrela começaria a brilhar com a publicação de Patterns of Culture, em 1934.

Nipo-americanos internos na pista de corrida de Santa Anita, Califórnia, em junho de 1942. A recitação do Juramento de Fidelidade foi acompanhada pela "saudação de Bellamy", um gesto amplamente usado até sua semelhança com a saudação nazista torná-lo constrangedor. Robert Hashima, um informante crucial de Benedict, começou sua jornada no sistema de campos de concentração dos EUA no local.

Mead certa vez tentou fazer um mapa de todos os seus relacionamentos no círculo de Boas, tanto pessoais quanto profissionais: linhas estreitas para influências menores, linhas grossas para as maiores, linhas duplas para amantes, e Benedict, o Sol gêmeo no centro de sua galáxia.

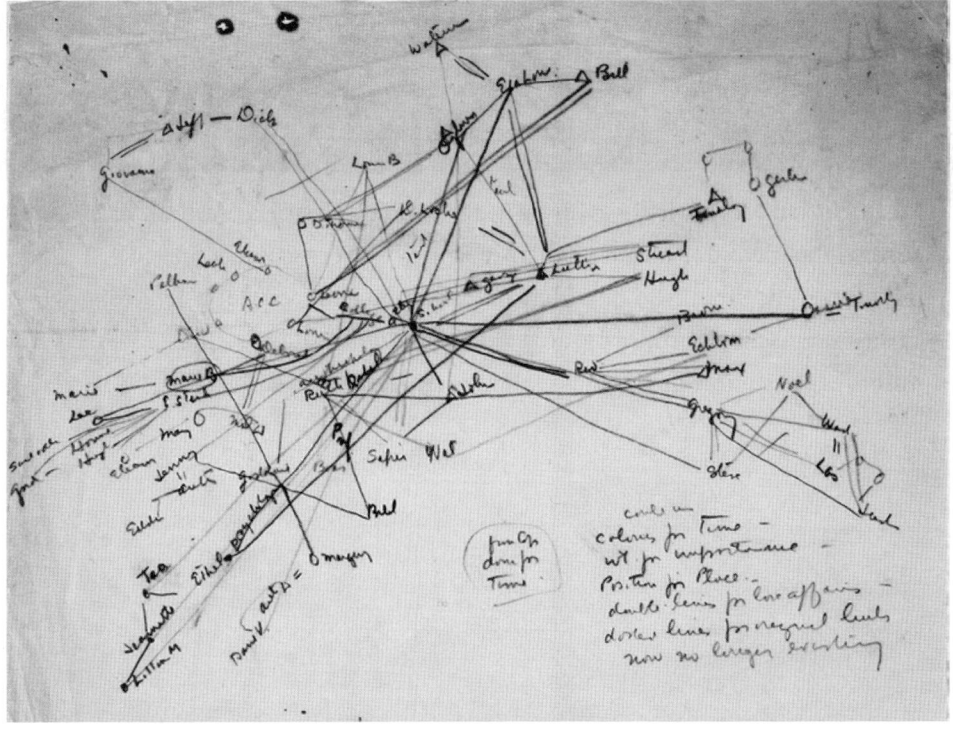

Mead em seu escritório, no Museu Americano de História Natural. Era o único lugar em que alegava se sentir segura e em casa. Suas salas de trabalho eram um ninho de cadernos de campo e marcavam artefatos, cartas manuscritas e mimeógrafos datilografados, notas de aula e fotos, milhares e milhares de páginas e objetos em geral.

# Projetos corporativos e edições personalizadas
dentro da sua estratégia de negócio. Já pensou nisso?

**Coordenação de Eventos**
Viviane Paiva
viviane@altabooks.com.br

**Assistente Comercial**
Fillipe Amorim
vendas.corporativas@altabooks.com.br

A Alta Books tem criado experiências incríveis no meio corporativo. Com a crescente implementação da educação corporativa nas empresas, o livro entra como uma importante fonte de conhecimento. Com atendimento personalizado, conseguimos identificar as principais necessidades, e criar uma seleção de livros que podem ser utilizados de diversas maneiras, como por exemplo, para fortalecer relacionamento com suas equipes/ seus clientes. Você já utilizou o livro para alguma ação estratégica na sua empresa?

Entre em contato com nosso time para entender melhor as possibilidades de personalização e incentivo ao desenvolvimento pessoal e profissional.

## PUBLIQUE
## SEU LIVRO

Publique seu livro com a Alta Books.
Para mais informações envie um e-mail
para: autoria@altabooks.com.br

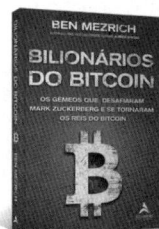

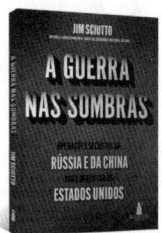

  /altabooks    /alta-books   /altabooks  /altabooks